이야기
고려왕조사

＊표지에 사용된 유물 : 청자투각칠보문향로 [국립중앙박물관 소장 200702-039]

이야기 고려왕조사 정성희 지음

초판 1쇄 발행	2007. 2. 15.
초판 4쇄 발행	2011. 10. 25.
발행인	이상용 이성훈
발행처	청아출판사
	경기도 파주시 교하읍 문발리
	출판문화정보산업단지 507-7 우편번호 413-756
대표전화	031-955-6031
편집부	031-955-6032
팩시밀리	031-955-6036
홈페이지	www.chungabook.co.kr
E-mail	chunga@chungabook.co.kr
등록번호	제 9-84호
등록일자	1979. 11. 13.

Copyright ⓒ 2007 by Chung-A Publishing Co.

ISBN 978-89-368-0360-5 03910

＊값은 뒤표지에 있습니다.

＊잘못된 책은 구입한 서점에서 바꾸어 드립니다.

이야기 고려왕조사

高麗王朝史

고려왕조 찬란한 흥망성쇠의 역사 속으로 — 정성희 지음

청아출판사

이야기로 풀어본
고려왕조사

  요즘 들어 주몽이라는 드라마가 국민사극일 정도로 인기를 끌고 있다. 이에 질세라 연개소문, 대조영 등 우리 역사에서 고대 역사를 만들어나간 영웅들의 일대기가 드라마로 만들어져 방송을 타고 있다.

  오늘날처럼 사극이 국민들에게 사랑받은 적이 있었을까 싶을 정도로 사극은 단연 인기드라마로 자리 잡고 있다. 이참에 단군의 일대기를 드라마로 만날 날도 멀지 않은 듯싶다.

  몇천 년 혹은 몇백 년 전의 우리 역사가 여전히 많은 사람들의 마음을 사로잡는 이유는 무엇일까? 역사는 과거사일 뿐만 아니라 현재사이기도 하기 때문이 아닐까.

  유명한 역사학자 E.H. Carr는 "역사는 과거와 현재와의 대화다."라는 유명한 말을 남겼다. 역사가 과거사로만의 의미만 있다면 무슨 의미가 있겠는가. 오늘날의 한국인이 왜 한국인인가를 알고자 한다면 역사를 알지 않으면 안 되는 것이다.

조선왕조 5백년과 신라 천년왕조를 기억하는 사람은 많아도 고려 5백년 왕조의 역사를 떠올리는 사람은 많지 않을 것이다. 그만큼 고려는 우리 역사에서 다른 왕조에 비해 제대로 된 조명을 받지 못한 감이 있다. 그러나 실상 우리 역사에서 고려는 무려 475년간 지속하면서 실로 찬란한 문화유산과 대외업적을 이끌어낸 시대였다. 코리아라는 국명에서 알 수 있듯이 우리 역사를 세계에 알린 나라는 신라도, 조선도 아닌 고려였다.

고려는 우리나라를 온 세계에 알린 이른바 '세계화'에 걸맞은 왕조였고, 송과 원을 비롯한 대륙의 강대국들과 함께 동아시아의 역사를 지배한 주인공이었다. 우리 역사에서 최초로 자력 통일을 이룩한 고려는 고대 사회를 단절하고 근세 사회로 나아가는 중계자로서 실로 파란만장한 역사를 만들어냈던 것이다.

고려라는 나라를 일반인들에게 알리기 위해 필자는 밀레니엄이 시작되던 해에 《인물로 읽는 고려사》라는 한 권의 책을 출판하였다. 과문한 탓에 깊이 있는 내용을 선보이지는 못했지만, 고려 시대에 어떤 왕과 인물들이 있었는지 궁금증을 풀어주자는 취지에서 출발하였다.

그동안 세월이 흘러 《인물로 읽는 고려사》가 분량도 너무 많고 진부한 느낌이 있다는 출판사의 요구를 받아들여 《이야기 고려왕조사》로 책명과 원고 내용을 수정하여 다시 출판하게 되었다. 이 책으로 독자들은 보다 간략하면서도 왕대별로 정리된 고려사를 볼 수 있으리라 기대한다.

끝으로 이 책을 출판하기까지 도움을 주신 청아출판사에게 고마움을 전한다.

2007년 1월 28일
필자 정성희

서문 · 4 이야기로 풀어본 고려왕조사

고려의 성립과 전개

태조 · 11   왕위쟁탈전과 신라 말의 혼란 · 11 고려를 건국할 용의 후손, 왕건 · 12
라이벌 궁예와의 만남 · 15 고경문의 예언 · 21 의기를 들고 일어나다 · 24
견훤과의 신경전 · 28 후삼국 통일전쟁이 불붙다 · 30 고창 전투의 승리 · 35
백제의 내분과 견훤의 귀부 · 37 신라왕조의 최후 · 38
후백제의 멸망과 후삼국의 통일 · 41 왕건의 정치와 훈요십조 · 43 왕건의 여인들 · 47

혜종 · 58   '주름살 임금' 혜종의 즉위 · 58 왕규의 반란과 혜종의 요절 · 60

정종 · 66   왕자의 난 · 66 서경으로 천도하라 · 69

광종 · 72   왕권을 강화하라 · 72

경종 · 80   경종의 즉위와 탕평 정치 · 80 훈구 세력의 반란 · 81 전시과 제도의 정비 · 81

성종 · 83   부인의 후광으로 왕이 되다 · 83 고려왕조 체제를 정비한 신라인 최승로 · 85
최승로와 〈시무 28조〉· 88 서희, 세치의 혀로 거란군을 물리치다 · 96

목종 · 109   천추태후와 김치양 · 109 태후의 간통과 암살 계획 · 111
강조의 쿠데타와 목종의 폐립 · 113 목종의 비명횡사 · 118
거란의 침입과 강조의 절개 · 120 거란의 3차 침입과 명장 강감찬 · 125
귀주대첩의 신화 · 128 문무를 겸비한 재상 강감찬 · 132

현종 · 135   불륜으로 태어난 왕 · 135 개경을 떠난 현종 · 136
피난길에 왕비마저 잃어버리다 · 140 고려의 안정기반을 마련한 현종 · 142

고려의 발전과 혼란

덕종 · 149   태평성대의 씨를 뿌리다 · 149 아들 없이 요절한 덕종 · 152

정종 · 153   정종과 천리장성 · 153 왕녀를 부인으로 맞지 않은 최초의 왕 · 156

문종 · 157   태평성세를 이룩한 명군주 · 157 문종의 13자와 왕자 의천 · 159
밀항선을 타고 송나라로 간 의천 · 162 천태종의 창시와 속장경의 간행 · 164
명재상 최충, 고려 유학을 꽃피우다 · 167 9재학당의 설립 · 168

이자연과 인주 이씨의 등장 · 170

순종 · 173   4개월 만에 끝난 순종의 '효도치세' · 173 왕비 복이 없었던 순종 · 174

선종 · 176   선종과 천재지변 · 176

헌종 · 180   어린 헌종의 즉위와 계림공의 야망 · 180

이자의와 계림공의 왕위쟁탈전 · 182 숙종의 쿠데타와 헌종애사 · 186

숙종 · 188   숙종의 즉위와 '회한의 정치' · 188

예종 · 193   문치의 왕 · 193 예종의 탐미적 취향 · 195

윤관과 예종, 여진을 정벌하다 · 196 국민총동원부대 '별무반'의 창설 · 198

20만 대군을 이끌고 출정하다 · 200 동북 9성의 축조 · 203

여진의 반격과 척준경의 대활약 · 206 9성의 반환과 윤관의 불명예 퇴진 · 208

인종 · 212   인종의 즉위와 이자겸의 등장 · 212 척신 이자겸의 전횡 · 213

이자겸과 척준경의 반란 · 217 척준경을 이용하여 이자겸을 제거하라 · 222

이자겸, 최후의 날이 오다 · 225 이보다 더 나은 제왕이 있겠는가 · 227

두 명의 왕비를 폐비로 만들다 · 229 묘청과 김부식, 서경천도론의 등장 · 231

도선의 후계자 묘청 · 233 대화궁의 건설 · 235 칭제건원과 금국정벌론 · 236

개경파의 역공 · 238 묘청의 반란 · 240 반란군을 토벌하라 · 242

김부식의 지연작전과 반란군의 최후 · 243

의종 · 247   의종의 즉위와 방종 정치 · 247 무인들의 반발 · 252

명종 · 257   무인 시대 · 257 이고의 반란 · 258

김보당의 반란과 의종의 피살 · 260 조위총의 반란 · 262 망이·망소이의 난 · 265

중방 정치를 실시하다 · 268 경대승의 등장과 정중부의 죽음 · 270

이의민의 집권과 전횡 · 273 이의민 일족의 몰락과 최충헌 형제의 등장 · 278

최충헌의 암중모색 · 280 왕후장상에 씨가 따로 있으랴 · 282

신종 · 286   명종의 폐립과 신종의 즉위 · 286 최충헌 형제의 암투 · 287

희종 · 289   희종의 즉위와 최충헌 암살 기도 · 289

강종과 고종 · 293　국왕 못지않은 권세를 누리다 · 294

몽골의 침입과 최씨 정권의 몰락 · 297　부친 못지않은 권세를 누리다 · 298

정방과 서방의 조직 · 301　몽골의 1, 2차 침입과 강화 천도 · 302　전란 속의 효자 · 313

최씨 정권의 종말 · 323　계속되는 몽골의 침입과 최의의 집권 · 326

원종 · 331　원종의 즉위 · 331　김준과 임연, 무인 시대의 종말 · 332

개경 환도와 삼별초의 항쟁 · 337

고려의 황혼

충렬왕 · 347　일본 원정과 원 황실과의 통혼 · 347　원의 부마국 · 352

매사냥을 좋아한 충렬왕 · 355

충선왕 · 358　세자 원의 정략 결혼과 충렬왕의 양위 · 358　반복되는 왕위교체 · 360

전지만으로 다스린 충선왕 · 366　귀양살이를 할망정 고려로는 돌아가지 않겠다 · 368

충숙왕 · 371　충숙왕과 심왕 고의 왕위다툼 · 371

충혜왕 · 376　충혜왕의 패륜 정치 · 376　충혜왕의 객사 · 381

충목왕과 충정왕 · 384　어린 충목왕의 병사와 충정왕의 독살 · 384

공민왕 · 387　공민왕의 즉위와 배원 정치 · 387　친원 세력의 제거 · 388

김용과 최유의 반역 · 393　신돈의 등장 · 396　성인인가, 요승인가 · 401

우왕의 탄생과 공민왕의 죽음 · 406

우왕 · 411　우왕의 즉위와 권신 이인임의 득세 · 411　요동 정벌과 위화도 회군 · 416

최영의 죽음과 우왕의 폐위 · 418

창왕 · 422

공양왕 · 425　고려 마지막 왕 · 425　정몽주의 피살 · 431　고려왕조 최후의 날 · 436

고려왕조표 · 438
찾아보기 · 443
참고문헌 · 447

고려의 성립과 전개

고려의 성립과 전개

신라 말, 중앙정부의 세력이 약해진 틈을 노려 지방 호족들의 세력이 팽창되었다. 드디어 신라는 세 조각으로 나누어져 겨우 경주 일원만을 지배하게 되고, 태봉국을 세운 궁예와 후백제를 표방하고 나선 견훤이 신라의 영토를 균점해 갔다.

왕건은 궁예의 휘하에 들어가 후백제군과 여러 차례 격전을 벌이고, 그 후 궁예의 실덕과 민심의 이완을 노려 고려를 건국하였다. 왕실을 다지기 위해 여러 세력들과 혼인관계를 맺어 인맥을 형성하였으며, 후삼국을 통일하면서는 신라의 마지막 왕인 경순왕이 고려에 귀부하였다.

왕건은 고구려 정신을 이어받아 대북방 정책에 힘을 기울이는 한편, 왕실의 기틀을 튼튼히 마련해 놓고 후세 왕에게 내리는 〈훈요십조〉를 유언처럼 남기고 건국 드라마의 막을 내렸다. 이후 고려는 과거 제도를 도입하고 불교를 활성화시켜 나라의 기반을 확고히 다져 나가지만, 왕위쟁탈전이 끊이지 않았다. 왕건 이후 역대 임금들의 근친혼은 왕실을 후궁들의 세력 쟁탈장으로 만들었다.

그러나 정종대의 호족 세력의 견제를 통한 왕건 강화 시도, 광종대의 과거 제도 및 개혁 정책으로 왕권의 안정과 국가 체제가 정비되었다. 성종 때에는 유교를 정치 이념으로 내세우며 여러 정치 제도를 정비하며 중앙 집권 체제의 기틀을 마련했다.

이후 북진 정책을 통해 옛 고구려의 땅을 수복하는 등 국내의 안정을 이룩했으나 수차례에 걸친 거란의 침입으로 다시 한 번 어려움에 빠지게 되었다. 그러나 거란의 침임을 막아내며 국가적 위기를 극복한 고려는 발전을 거듭하며 수준 높은 귀족 문화의 발전을 이룩하는 등 눈부신 전성기를 맞게 되었다.

태조

왕위쟁탈전과 신라 말의 혼란

당나라와 동맹을 맺어 백제와 고구려를 차례로 멸망시킨 신라는 이후 1세기 동안 태평성대를 구가하였다. 귀족들은 개인적으로 사찰을 지을 정도로 호화로운 생활을 누렸고, 그 가운데는 3천 명에 가까운 노비를 부리는 대귀족도 있었다.

신라 혜공왕(765~780년)대를 기점으로 수많은 반란 사건이 일어나기 시작했다. 왕권을 비롯한 중앙정부가 흔들리고 있다는 증거였다. 반란의 와중에 임금이 살해되고, 싸움에서 승리한 자가 임금이 되는 일도 다반사였다. 150여 년간 무려 20여 명의 임금이 바뀌었고, 즉위한 지 1년이 못 되어 죽임을 당하는 경우도 있었다.

822년 웅천(공주) 도독 김헌창은 왕위 계승권자인 자기 아버지가 왕이 되지 못한 것에 불만을 가지고 반란을 일으켰다. 그런가 하면 45대 신문왕은 왕위쟁탈전에서 패하여 청해진(완도)의 장보고에게 몸을 의탁했다가 장보고의 힘을 빌려 즉위한 일도 있었다. 신라의 통일 위업을 달성하는 데 큰 힘이 되었던 화랑마저도 전쟁이 없는 태평성대 속에서 유흥과 향락에 빠져들었다. 신라는 점점 속으로 곪아가고 있었다.

최치원과 같이 쓰러져가는 천년 왕국을 되살리고자 한 사람들도 있었으

876
당 송위, 왕선지를 쳐부숨

877
고려 태조 송악에서 태어남

895
궁예, 후고구려 건국

나 그러한 사람들의 말을 귀담아 듣는 사람은 없었다. 최치원이 선택한 길은 신라를 떠도는 방랑 생활이었다. 52대 효공왕 무렵에 신라는 겨우 경주 일원만을 지키는 힘만 남았다. 그 대신 지방 세력들이 전국 각지에서 일어났고 중앙정부는 이들을 견제할 능력이 없었다.

이들 지방 세력에서 가장 두각을 나타낸 인물이 궁예와 견훤이었다. 이들이 큰 세력을 이루다 나라를 세움으로써 한반도의 역사는 신라·후백제·태봉이라는 후삼국 시대로 접어들었다. 중원에서 뿌리를 내린 고구려와 일본 건국에 지대한 영향을 끼친 백제를 통일이라는 명분을 앞세워 무너뜨린 천년 왕국 신라. 그런 신라가 통일 시대 이후 불과 2세기 만에 바람 앞의 등불처럼 몰락의 길을 걷고 있었다.

고려를 건국할 용의 후손, 왕건

고려를 창건한 태조 왕건(王建)은 신라 헌강왕 3년(877) 정월 14일 송악에서 태어났다. 아버지는 송악 지방 호족인 용건(龍建, 나중에 왕융으로 개명)이며 어머니는 한씨 부인이다.

왕건의 아버지 융은 몸집이 크고 아름다운 수염을 길렀다. 도량이 넓어 삼한을 통일하려는 큰 뜻을 품고 있었다. 어느 날 밤 융은 꿈을 꾸었다. 아름다운 미인이 꿈속에 나타나 아내 되기를 약속했다. 그는 먼 훗날 송악산에서 영안성으로 가는 길에 한 여인을 만났다.

견훤, 후백제 건국
900

후고구려 궁예, 왕을 칭하고 국호를 고려로 함
901

907

하랄드, 노르웨이 왕국 창건

5대10국 시작

"꿈속에서 만난 여인이 바로 저 여인이구나."

융은 곧장 그 여인에게 청혼했다.

그런데 이 여자가 어디서 왔는지 아무도 몰랐다. 사람들은 융의 부인을 꿈속에서 본 여인이라 하여 몽부인이라고 불렀다. 이 여자는 삼한의 어머니가 되었기에 성을 한씨(韓氏)로 택했다.

융은 송악산 옛집에서 여러 해 동안 살다가 새집을 남쪽에 지었다. 그 터는 곧 연경궁 봉원전(延慶宮 奉元殿) 터이다. 그 무렵 동리산 조사 도선(道詵)이 당나라에 들어가 일행(一行, 당나라의 유명한 승려로 풍수지리의 대가)의 지리법을 배워 돌아왔다. 그는 백두산에 올랐다가 곡령까지 왓서 융의 새집을 보고 말했다.

"쯧쯧, 기장을 심을 터에 어찌 삼을 심었는고?"

한씨 부인이 마침 그 말을 듣고 남편인 융에게 이야기하니 천방지축 급히 따라가서 그와 만났는데 한 번 만난 후에는 단박 구면과 같이 되었다. 드디어 함께 곡령에 올라가서 산수의 내맥을 연구하며 위로는 천문을 보고 아래로는 시운을 살핀 다음 도선이 다음과 같이 말했다.

"이 땅의 지맥은 북방(壬方) 백두산 수모 목간(水母木幹)으로부터 내려와서 마두 명당(馬頭名堂)에 떨어졌으며 당신은 또한 수명(水命)이니 마땅히 수(水)의 대수(大數)를 좇아서 六六三十六(6×6=36) 구(區)의 집을 지으면 천지의 대수(大數)에 부합하여 다음해에는 반드시 슬기로운 아들을 낳을 것

왕건, 나주포구에서 견훤 격파
910

왕건, 고려 건국, 팔관회 설치
918

오월, 한(漢)으로 개칭

송악으로 천도, 평양성 축성
919

동프랑크 하인리히 1세 즉위(작센왕조)

이니 그에게 왕건(王建)이라는 이름을 지을 것이다."

　도선은 그 자리에서 봉투를 만들고 그 겉에 쓰기를 "삼가 글을 받들어 백 번 절하면서 미래에 삼한을 통합할 주인 대원 군자(大原君子) 당신께 드리노라."라고 하였으니 때는 당 희종(僖宗) 건부(乾符) 3년 4월이었다.

　융은 도선의 말대로 집을 짓고 살았는데 그달부터 한씨 부인이 태기가 있어 왕건을 낳았다.

　민지의《편년강목》에는 다음과 같이 기록되어 있다.

> 　태조의 나이 17세 되었을 때에 도선이 다시 와서 만나기를 청하며 이렇게 말하였다.
> 　"당신은 이 혼란한 때(百六之運)에 상응하여 하늘이 정한 명당에 났으니 삼국 말세(三季)의 창생들(백성들)은 당신이 구제해 주기를 기다리고 있다."
> 　그 자리에서 도선은 태조에게 군대를 지휘하고 진을 치는 법, 유리한 지형과 적당한 시기를 선택하는(天時) 법, 산천의 형세를 바라보아 감통보우(感通保佑)하는 이치 등을 가르쳐 주었다.

　왕건의 탄생을 예언하고 그에게 천하를 얻을 수 있는 비결을 전해 준 도선(道詵, 827~898)은 어떤 인물이었을까? 도선은 풍수지리설을 발전시켜 고려 건국에 큰 영향을 끼친 인물로 알려져 있다. 훗날 태조 왕건은 죽음을 앞

흑수말갈 추장, 고자라 항복
921

발해, 신덕 등 5백여 명 고려에 투항
925

거란에 의해 발해 멸망
926

거란, 야율아보기 죽음. 태종 즉위

두고 〈훈요십조〉에서 "도선이 정한 곳이 아니면 절을 짓지 말라." 하였다고 하니 왕건이 도선을 얼마나 숭모했는지 알 만하다. 도선은 화엄사에서 득도한 후 많은 제자들의 추앙을 받았는데, 고려 숙종은 그를 왕사(王師)로 추존했다.

    십대 후반의 왕건이 도선을 만난 일화 외에는 그의 소년 시절이 어떠했는지 알려진 기록은 없다. 다만, 이 시기는 신라 정치가 문란하고 각지에 반란이 일어나던 때였으므로 소년 왕건은 이러한 분위기 속에서 성장기를 보냈을 것이다. 예컨대 왕건이 13세 되던 진성여왕 3년(889)에는 전국적으로 반란이 일어난 시기였고, 16세가 되던 진성여왕 6년(892)에는 견훤이 완산주에서 세력을 키웠다. 또한 895년에 궁예가 강원도 일대에서 독립 세력을 키우고 있을 무렵은 그의 나이 19세였다.

라이벌 궁예와의 만남

왕건의 나이 19세였던 895년, 이 무렵 궁예는 강원도에서 한강 일대까지 세력권을 펼쳐 나가고 있었다. 왕건이 살던 예성강 일대 여러 호족들은 궁예가 세력을 뻗치자 아연 긴장하며 속속 그에게 귀부하기 시작했다. 왕건의 부친 왕융은 당시 송악군의 사찬(沙粲)이었는데 때마침 궁예의 세력이 예성강 일대에까지 뻗쳐오자 다른 호족들과 마찬가지로 궁예 밑으로 들어갔다.

    왕융이 귀부해 오자 궁예는 즉시 그를 금성태수로 삼고 맏아들 왕건에게

견훤, 금성에 침입. 경순왕 옹립
927

태조, 서경에 행차하여 학교 세움
930

울릉도에서 공물을 바침

중앙아시아에 터키계 이라크한 왕조 일어남

는 발어참성을 쌓게 하여 그곳 성주로 삼았다. 이때가 왕건의 나이 약관 20세였다. 궁예와의 운명적 만남을 시작으로 왕건은 출세가도를 달리게 되었다.

궁예의 부장이 된 왕건은 수많은 전쟁터를 온 몸으로 누비며 혁혁한 공을 세우기 시작했다. 광주(廣州), 충주, 당성(경기 남양), 청주, 괴양(괴산) 등 여러 고을을 평정하여 궁예에게 바쳤다. 왕건의 활약에 흡족한 궁예는 그를 아찬으로까지 승진시켰는데 이후로도 왕건의 승전보는 계속 이어졌다.

효공왕 7년(903)에는 수군을 거느리고 금성(뒤의 나주) 일대로 가서 10여 군현을 공략, 점거하기도 했고, 날로 세력을 더해가는 후백제의 팽창을 견제하기 위해서 견고한 보루를 쌓기도 했다. 이 일을 계기로 나주는 왕건과 밀접한 관계를 갖는 요충지로서 부상하게 되는데 나주를 평정한 왕건은 곧 남해 진도마저 확보하여 견훤의 세력이 남쪽으로 더 이상 내려오지 못하게 했다.

이로부터 3년 후, 정예부대 3천을 이끌고 상주에 사화진을 친 왕건은 견훤과 여러 차례 대적하며 백전백승을 거두었다. 이때 거듭 패한 견훤에게 있어서 왕건은 마치 망령 같은 존재였을 것이다.

이와 같이 궁예의 성장에는 실상 왕건의 공로와 지략이 있었다고 해도 과언이 아니었다. 특히 그의 전과는 후백제의 왕 견훤으로부터 얻어낸 것이기에 더욱 값진 것이었다. 더욱이 뛰어난 외교가이기도 한 견훤이 중국 오월

왕건, 신라의 금성 방문
931
후당, 전세를 균등하게 함

932
이란에 부와이 왕조 일어남

발해 세자 대광현, 고려에 투항
934

압록 섬진강과 보성강이 만나는 압록은 과거 무진주라 불리었으며, 견훤이 세력을 떨치던 곳이었다.

에 사신을 파견하려 한다는 정보를 재빨리 입수하여 이를 저지한 것도 왕건이었다.

해상 세력 출신답게 왕건은 뛰어난 해상 제독이기도 했다. 함선 1백여 척과 말을 타고 달릴 정도로 큰 대선 10여 척을 보유했던 그는 이 전함들을 이끌고 나주를 근거로 서남해 일대를 평정하여 궁예 세력의 확장에 결정적인 도움을 주었다. 물론 이러한 왕건의 충성에 궁예도 상당한 신뢰를 표시하며

후백제 신검, 견훤 유폐하고 왕 즉위
935

신라 경순왕 고려에 항복

후백제 멸망, 고려 한반도 통일
936

후당 멸망, 후진 건국

파진찬 겸 시중으로 승진시키기도 했다. 이렇듯 뛰어난 공적을 세운 덕에 수상의 지위까지 오른 왕건은 공평무사한 인물로 평가받으며 주위의 신임을 더욱 얻어 나갔다.

그러나 제아무리 뛰어난 공적을 쌓았다 하더라도 왕건은 일개 궁예의 부하장수일 뿐이었다. 이 시기 궁예의 위세를 거스를 수 있는 사람은 아무도 없었다. 궁예는 한반도의 심장부에 해당하는 한강 유역과 임진강 유역을 점령했으며 왕건의 해상 활동을 통해 후백제의 배후를 위협하는 등 한반도 통일에 한 발자국 더 다가가고 있는 중이었다.

하지만 궁예는 철원으로 도읍한 905년경을 전후로 자신의 세력을 과신하며 주위를 의심하기 시작, 급기야 신하들을 죽이고 부인 강씨마저 죽이는 등 폭군의 길을 걷고 있었다. 따라서 철원 땅에서 왕건은 항상 신변의 안전을 도모해야 하는 신세로 전락하였다. 이런 이유로 914년 왕건은 날로 포악해져 가는 궁예를 뒤로 하고 자신의 목숨을 부지하기 위해 대외원정을 표방하며 나주로 떠났다.

궁예를 피해 나주에 온 왕건은 자기 세력 확충에 온 힘을 기울였다. 이 지역을 견훤의 세력으로부터 보호함으로써 민심을 얻어내는 한편, 정주 지역 대부호인 유천궁의 딸을 부인으로 맞아들여 향호 세력과 결탁하기도 했다. 이를 계기로 서해 해상 세력권은 왕건의 지배하에 들어왔다.

왕건이 나주에서 돌아와 해상의 경제적 이득과 군사 방책들을 보고하니

개태사·미륵사·내천사·염양사 창건

938

역분전제 정함

940

프랑스, 농노제 성립

궁예가 기뻐하며 좌우의 신하들에게 물었다.

"나의 여러 장수들 중에 누가 이 사람과 견줄 수 있겠는가."

그러나 궁예는 의심이 많은 인물이었다. 궁예의 칭찬에도 왕건은 불안할 따름이었다.

궁예의 의심병은 신하에게만 그치지 않았다.

"나는 미륵 관심법(彌勒觀心法)을 체득하여 부녀들의 음행까지도 알아낼 수 있다. 만일 나의 관심법에 걸리는 자가 있으면 곧 엄벌에 처하겠다."

그는 3척이나 되는 쇠방망이를 만들어 놓고 죽이고 싶은 자가 있으면 곧 그것을 달구어 여자의 음부를 찔러 연기가 입과 코로 나오게 하여 죽이곤 했다. 부녀들의 공포와 원망이 하늘을 찔렀다.

하루는 궁예가 왕건을 대궐 안으로 급히 불러들였다. 그때에 궁예는 처형한 사람들로부터 몰수한 금은보물과 가재도구들을 점검하고 있었다. 그는 성난 눈으로 한참이나 왕건을 바라보고 있다가 다음과 같이 말하였다.

"그대가 어젯밤에 사람들을 모아서 반란을 일으키려고 음모한 것은 웬일인가?"

왕건은 얼굴빛을 조금도 변하지 않고 태연하게 웃으면서 말하였다.

"어찌 그럴 리가 있겠습니까."

"그대는 나를 속이지 말라. 나는 능히 관심(觀心)을 하기 때문에 그것을 안다. 나는 지금 곧 입정(入定)을 하여 보고 나서 그 일을 이야기하겠다."

태조 〈훈요십조〉 전함

궁예는 곧 눈을 감고 뒷짐을 지더니 한참이나 하늘을 향하여 고개를 젖히고 있었다. 그때에 장주(掌奏, 벼슬 이름) 최응(崔凝)이 옆에 있다가 짐짓 붓을 떨어뜨리고는 뜰로 내려와 그것을 줍는 척하고 왕건의 곁으로 달음질하여 지나가면서 귓속말로 말하였다.

"왕의 말대로 복종하지 않으면 목숨이 위태롭습니다."

왕건은 그제야 궁예의 속마음을 깨닫고 엎드렸다.

"사실은 제가 모반하였으니 죽을죄를 지었습니다."

"허허허, 그대는 정직한 사람이라고 할 만하다."

상으로 궁예는 금은으로 장식한 말안장과 굴레를 주었다.

"다시는 나를 속이지 말라."

궁예가 막 나주에서 돌아온 왕건에게 '미륵관심법'을 빌미삼아 역모죄를 뒤집어씌우려 했다는 사실은 의미심장하다. 왕건의 나주행은 단순한 신변보호 차원만이 아닌 자기 세력의 확충이 더 큰 요인이었던 것이다.

궁예 미륵불

물론 왕건이 없었던 역모죄를 시인함으로써 오히려 궁예의 사면을 받아내었지만, 실제 왕건이 역모를 하려고 했을 가능성도 있지 않았을까. 말하자면, 역모를 안 궁예가 고도의 술책으로 왕건을 협박한 것이 이른바 '미륵관심법'인 듯하다. 이 일을 계기로 왕건은 918년에 궁정 쿠데타를 일으킬 때까지 궁예의 감시망을 피하며 숨죽이는 처신을 계속해야 했다.

고경문의 예언

왕건이 궁예 휘하에서 살얼음판을 걷고 있을 즈음, 한 가지 미묘한 사건이 발생한다. 918년 3월의 일이었다. 중국 상인 왕창근(王昌瑾)이라는 사람이 시장에서 갑자기 웬 사람을 만났다. 그는 얼굴이 이상하고 수염과 머리가 희며 옛날 관을 쓰고 거사(居士)가 입는 옷을 입고 있었다. 왼손에는 도마 세 개를 들고 오른손에는 옛날 거울 한 개를 들었는데 거울은 사방이 1척 가량이었다.

그 사람은 왕창근을 보고 다가와 물었다.

"내 거울을 사겠느냐?"

"네."

왕창근은 쌀 두 말을 주고 거울을 샀다. 노인은 거울 값으로 받은 쌀을 길가 거지들에게 다 나눠주고 가버렸는데 그 빠르기가 바람과도 같았다. 왕창근이 거울을 시장 담벼락에 걸어 놓았는데 햇빛이 옆으로 비치는 순간, 가늘게 쓴 글이 은은히 보였다. 이상하게 여겨 거울에 나타난 글씨를 읽어보았지만, 도무지 그 뜻을 알 수가 없었다. 거울에 비친 글의 내용은 매우 난해하여 마치 고시(古詩)를 방불케 했다.

삼수 가운데와 사유(동서남북) 아래, 옥황상제가 '진마'에 아들을 내려보냈다. 먼저 닭을 잡고 뒤에 오리를 칠 것인바 이를 일러 운수가 일삼갑에 찼다고 하는 것이다. 밤이면 하늘에 오르고 낮이면 세상을 다스려 자년이 되면 중흥 위업을 이룩하리. 종적과 성명을 감추거니 혼돈 속에서 누가 '신' 과 '성'을 알리요. 부처님 뇌성이 진동하고 신령한 번개가 번쩍이며 사년(巳年)에 두 용이 나타나서 그 하나는 '청목' 속에 몸을 감추고 다른 하나는 '흑금' 동쪽에 형적을 드러내리. 지혜로운 자는 이것을 보고 우매한 자는 보지 못하나 구름을 일으키고 비를 따르면서 사람들을 데리고 정벌을 한다. 때로는 성하고 때로는 쇠하기도 하나니 이렇게 하는 것은 악독한 잔재를 없애기 위함이다.
이 용의 아들 서넛이 여섯 갑자에 대를 바꾸어 가면서 계승하리.
이 사유(동서남북)에서 기필코 '축'을 멸하리니 바다 건너오는 때는 '유'를 기다려라. 이 글을 만일 현명한 임금에게 보이면 나라와 백성이 편안하고 임금은 길이 행복하리. 나의 기록은 전부가 1백 47자이다.

三水中四維下上帝降子於辰馬 先操鷄後搏鴨 此謂運滿一三甲
暗登天明理地 遇子年中興大事 振法雷揮神電 於巳年中二龍見

一則藏身靑木中 一則現形黑金東 智者見愚者盲 與雲注雨與人征

或見盛或見衰 盛衰爲滅惡塵滓 此一龍子三四遞代相承六甲子

此四維定滅丑 越海來降須待酉 此文若見於明王 國秦人安帝永昌

吾之記凡一百四十七字

 거울의 문구가 예사롭지 않음을 느낀 왕창근은 그 길로 곧장 궁예에게 달려갔다. 거울을 본 궁예도 그 뜻이 궁금하여 거울을 판 노인을 찾게 했으나 종적을 찾을 길이 없었다. 다만 왕창근이 수소문한 끝에 기이하게도 동주(東州, 철원) 발삽사(勃颯寺)의 치성광여래(熾盛光如來) 불상 앞에 토성(土星)을 맡은 신의 옛날 소상이 있는데 그것이 거울 주인의 모습과 같이 그 좌우 손에는 역시 도마와 거울을 들고 있었다. 왕창근이 기뻐하여 그 사실을 자세히 써서 올리니 궁예는 경탄하고 이상히 여겨 글을 잘 아는 송함홍(宋含弘), 백탁(白卓), 허원(許原) 등에게 그 글을 해석하게 하였다.

 문제의 고시를 받아든 송함홍과 백탁, 허원은 다음과 같이 그 뜻을 풀이해 냈다.

 "'삼수중과 사유 아래 옥황상제가 진마에 아들을 내려 보냈다.'는 것은 진한, 마한이라는 뜻이오. '사년에 두 용이 나타나서 그 하나는 청목 속에 몸을 감추고 다른 하나는 흑금 동쪽에 형적을 드러내리.'라는 것은 '청목'은 소나무니 송악군 사람으로서 '용'으로 이름을 삼은 사람의 자손이 임금이 되리라는 말이다. 왕 시중(왕건)은 왕으로 될 기상이 있는데 아마 그를 두고 이른 말일 것이다. '흑금'이라는 것은 철인데 그것은 지금 국도 철원을 의미하는 것이다. 지금 궁예왕이 처음 여기서 일어났는데 결국 여기서 멸망한다는 말일 것이다. '먼저 닭을 잡고 뒤에 오리를 칠 것'이라는 것은 왕 시중이 임금이 된 후에 먼저 계림(신라)을 점령하고 다음에 압록강 강안까지 회복하리라는 뜻이다."

이렇듯 문제의 내용을 해독해낸 이들이지만, 그렇다고 이 해석을 그대로 궁예에게 알릴 경우 목숨을 부지하지 못할 것이라 판단했다.

"왕은 시기가 많아 사람 죽이기를 좋아하니 만일 이 글을 사실대로 고한다면 왕 시중이 반드시 해를 입을 것이요, 우리도 역시 화를 면치 못할 것이다."

결국 송함홍 등은 듣기 좋은 말로 적당하게 꾸며서 궁예에게 알렸을 뿐이었다.

의기를 들고 일어나다

궁예의 폭정이 철원 땅을 뒤덮을 무렵인 918년 6월, 홍유, 배현경, 신숭겸, 복지겸은 폭군 궁예를 몰아내고 당시 백성의 신망을 받고 있던 왕건을 추대하고자 비밀리에 왕건을 찾아갔다.

"왕 시중, 지금 왕은 처자를 살해하고 신하들을 마구 죽이므로 백성들이 도탄에 빠지고 있습니다. 옛날부터 암군(暗君)을 폐하고 명군(明君)을 세우는 것은 천하의 대의니 왕 시중께선 저 은나라 탕왕과 주나라 무왕의 일을 본받아 행하십시오."

"나는 충의로운 신하라고 항상 자부해 왔는데, 지금 주상이 포악하다고 두 마음을 가질 수는 없소. 무릇 신하가 임금을 바꾸는 것을 '혁명'이라 하는데, 나같이 부덕한 자가 감히 탕왕과 주왕의 일을 본받을 수 있겠소?"

왕건은 낯을 붉히며 정중히 거절했다. 그러나 그의 대답은 내심 반승낙이나 다름없었다. 이때 그 뜻을 간파한 홍유가 다시 왕건을 설득하고 나섰다.

"때를 만나기는 어려우나 잃기는 쉽소이다. 더욱이 하늘이 주는 것을 얻지 않으면 도리어 그 허물을 받는 법이올시다. 지금 백성들은 모두 왕을 원수처럼 미워하고 있고 게다가 전날에 왕창근이 지녔던 거울의 예언도 있으니 어찌 가만히 엎드려 죽기만을 기다리고 있겠소?"

언변 좋은 홍유의 말에 왕건은 잠시 대답을 못하고 머뭇거렸다. 그러자 밖에서 이들의 대화를 몰래 엿듣고 있던 부인 유씨가 나타나 왕건을 독려했다. 부인 유씨는 부호 유천궁의 딸로 일찍이 왕건이 나주 정벌에 가서 얻은 부인인데, 장부 못지않은 기개가 있었다.

"의병을 일으켜 포학한 임금을 바꾸는 것은 예전부터 있었던 일입니다. 지금 여러 장수들의 의논을 들으니 저도 분발이 되는데 하물며 대장부는 어떻겠습니까?"

말을 마친 유씨는 서둘러 갑옷을 가져다가 왕건에게 손수 입혀 주었다. 왕건이 갑옷을 다 입자 홍유 등 4명의 장군이 왕건을 부축하고 밖으로 나왔다.

밖에는 왕건을 지지하는 장군들이 그가 나오기만을 애타게 기다리고 있었다. 왕건의 모습이 보이자 이들은 일제히 "왕공이 의기(義旗)를 들고 일어났다."라며 크게 외쳤다. 순식간에 왕건을 추종하는 무리들이 몰려와 그 수가 1만여 명에 이르렀다.

"와! 와!"

추종자들은 왕건 일행보다 먼저 궁예의 궁성에 도착해 북을 울리고 고함치며 분위기를 북돋았다.

그날 밤, 궁예를 권좌에서 단숨에 몰아낸 왕건의 쿠데타는 문자 그대로 무혈혁명이었다. 그만큼 민심이 이미 궁예에게서 떠났다는 것을 증명하는 것이었다.

거사 다음날인 918년 6월 15일, 왕위에 오른 왕건은 국호를 '고려(高麗)'로 정하고 연호를 '천수(天授)'라 했다. 이때 그의 나이 불혹을 약간 넘긴 42세였다. 이듬해 태조 왕건은 도읍을 철원에서 자신의 근거지인 송악으로 옮겼다.

그런데 고려라는 국호는 태조 왕건이 처음 지은 것은 아니고 태조가 전에 섬기던 궁예의 첫 국호가 고려였다. 당시 궁예가 국호를 고려로 택한 것은 견훤의 영향 때문이었다. 옛 백제 땅에서 일어난 견훤은 그곳 인심을 얻으려는 목적에서 국호를 백제라고 명명했는데 이를 흔히 후백제라고 부르는 것은 옛 백제와 구별하기 위해서이다.

궁예는 이것을 그대로 본떠 효공왕 5년(901)에 '옛날 신라에게 망한 고구려를 다시 세운다.'는 슬로건 아래 국호를 고려라고 했다. '고려'는 궁예의 말대로 고구려의 약칭이었고 때문에 중국사적은 예로부터 고구려를 흔히 고려로 쓰곤 했다. 궁예는 뒤에 국호를 고려에서 마진, 태봉으로 고쳤는데 뒷날 고려왕조는 마치 '고려' 국호를 태조가 처음 지어낸 것처럼 꾸몄다. 왕건이 굳이 국호를 고려로 정한 것은 무엇보다 고구려를 계승한다는 의식이 앞섰기 때문이었다.

고려의 도읍지 송악은 한반도의 중앙부에 위치하여 수도로서는 매우 좋은 지리적 요건을 갖춘 곳이었다. 또한 송악은 태조 왕건의 선조 대부터 대대로 살아왔던 땅인데다가 풍수지리설에 '마두명당(馬頭明堂)', '부소명당(扶蘇明堂)', '송악명당' 등으로 불리는 명당지였다. 송악의 북쪽에는 송악산과 천마산이 있고 좌우로 임진강과 예성강 두 강이 흐르고 있어 풍수지리상 최적의 조건을 타고난 지역이었다. 뿐만 아니라 강화도, 교동 등의 섬이 마치 방파제처럼 앞바다에 놓여 천연의 요새지로도 손색이 없었다. 이전 수도였던 철원 지역이 수륙 교통이 없어 교통상 난점이 있었던 반면, 송악은 예성강이라는 수륙의 큰 관문이 있어 수도로서는 그야말로 안성맞춤이었다.

만월대 개성시 송악산 남쪽 기슭에 있는 옛 고려의 왕궁지(王宮址)

고려 수도가 된 송악은 이후 개주(開州)라고도 불렸는데 뒤에 수도권이 확장됨에 따라 개성부로 고쳐지고 때에 따라 개경(開京), 황도(皇都), 송경(松京), 송도(松都) 등의 별칭도 쓰이면서 고려왕조와 함께 흥망성쇠를 거듭하였다.

견훤과의 신경전

태조 8년(925) 조물성 전투를 중심으로 고려가 승기를 잡자 후백제의 견훤은 외조카인 진호를 인질로 내놓으면서 휴전을 청하였다. 이에 태조도 종제인 왕신을 인질로 교환하는 동시에 10살 연상인 견훤을 '상부'라 불렀다. 그런데 조물성 전투에서 누가 먼저 휴전 요청을 했는가는 기록에 따라 다르게 전하고 있다. 《고려사》에는 견훤이 먼저 화의를 요청한 것으로 되어 있고, 《삼국사기》에는 그와 반대로 견훤의 군사가 매우 강하자 태조가 짐짓 화의를 맺고자 왕신을 인질로 후백제에 보냈다고 되어 있다.

화의 신청자가 누구였든 간에 고려와 후백제의 평화는 반년도 채 못가서 깨지고 말았다. 앞서 고려에 왔던 후백제의 인질 진호가 갑자기 병을 얻어 죽는 일이 발생한 것이다. 태조가 시랑 익훤을 시켜 진호의 시체를 보내 주었더니 견훤은 고려에서 그를 죽인 것으로 생각하여 인질 왕신을 죽이고 웅진 방면으로 진격하여 왔다. 태조는 여러 성에 명령하여 성을 고수하고 나와 싸우지 못하게 하였다. 이때에 신라 왕이 사절을 파견하여 말했다.

"견훤이 맹약을 위반하고 고려에 출병하였으니 하늘이 반드시 그를 돕지 않을 것이다. 만일 대왕이 그에 반격하면 견훤은 반드시 스스로 패망할 것이다."

"내가 견훤을 두려워하는 것은 아니다. 다만 그의 죄악이 가득 차서 스스로 넘어질 것을 기다릴 뿐이다."

이 일에 앞서 견훤은 "절영도의 좋은 말이 고려로 가면 백제가 멸망한다."고 하는 도참(예언)을 듣게 되었다. 견훤은 일전에 태조에게 말을 선물한 것이 몹시 후회되어 사람을 시켜 돌려줄 것을 요구했다. 이 이야기를 전해들은 태조는 웃으면서 말을 돌려보냈다고 전한다.

후삼국 통일전쟁이 불붙다

후백제 인질 진호의 죽음을 계기로 견훤과 태조 왕건은 불공대천(不共戴天)의 원수지간이 되었다. 은인자중하던 태조도 이듬해인 927년에 친히 대군을 거느리고 운주(홍성)와 웅진을 공략하는 등 적극적인 공세로 돌아섰다.

태조의 파상적인 공격이 시작되자 견훤은 예봉을 신라로 돌렸다. 견훤이 신라의 근품성을 불사르고 고울부로 쳐들어가자 태조는 신라를 도와 견훤을 공략하였다. 그러는 사이 태조는 영창과 능식에게 수군을 이끌고 강주(진주)를 공략하게 했다. 이때 강주에는 왕봉규가 독립 세력을 이루고 자칭 지강주사라 하면서 후당과 통하고 있었다. 영창과 능식은 왕봉규 세력을 진압하고 그 근해의 도서를 경략하고 돌아왔다. 태조가 강주를 경략한 것은 나주와 강주를 잇는 해상 세력을 구축하여 견훤을 견제하기 위해서였다.

전세는 고려에 유리하게 돌아갔다. 태조가 고사갈이성(문경) 방면으로 진군하자 그곳의 성주 홍달이 자진해서 성문을 열고 투항하였다. 그러자 주변의 여러 성주들도 후백제에 등을 돌리고 고려로 속속 투항하기 시작했다. 고사갈이성은 태백산맥으로 넘어가는 관문으로 이로써 태조는 경상도를 관통할 수 있는 완전한 통로를 확보하게 되었다.

이제 한반도는 고려와 후백제의 싸움터로 변하여 신라는 단지 경주만 다스리는 일개 지방국으로 전락했다. 신라는 고려에 의지할 수밖에 없는 처지가 되었다. 의지할 곳 없는 경애왕은 틈만 나면 태조 왕건에게 견훤의 음험

후삼국 통일 지도

포석정 신라 왕족이 쉬기 위해 만든 곳. 《삼국사기》에는 경애왕이 927년 포석정에서 연회 중에 견훤의 습격을 받았다는 기록이 있다.

함을 지적하면서 후백제와 화친하지 말 것을 충고하곤 했다.

신라의 이러한 태도에 불안과 증오감을 품은 견훤은 질풍노도처럼 대군을 휘몰아 신라로 쳐들어갔다. 그때에 경애왕은 왕비, 궁녀, 종실들과 함께 포석정(鮑石亭)에 나가 연회를 차려 즐겁게 놀고 있었다. 갑자기 적병이 왔다는 소식을 들은 경애왕은 왕비와 후궁 몇을 데리고 숨을 곳도 없이 달아나고 있었다. 견훤은 신라 궁궐을 마음껏 약탈하고 경애왕을 찾아내어 스스로 목숨을 끊도록 했다. 경애왕은 겨우 임금의 체면을 세우는 자결의 허락을 받아내어 사치와 향락의 끝을 죽음으로 마무리했다. 견훤의 행각은 거기서 그치지 않았다. 왕비를 겁탈하고 부하들을 시켜서 궁녀들을 강간하게 하였다. 그런 후 견훤은 경애왕의 고종사촌이며 헌강왕의 외손인 김부(金傅)를 신라 왕으로 세웠다. 그가 신라 마지막 임금인 제56대 경순왕이다. 견훤이 신라를 갑자기 습격한 것은 고려와 친한 경애왕 중심의 신라 정권을 타도하고 신라에 새 정권을 세우려고 한 것이다. 견훤은 경순왕을 세운 후 많은 인재를 인질로 잡아가고 재물과 보물도 훔쳐 갔다.

경애왕의 사망소식을 들은 태조 왕건은 치를 떨었다. 곧 사신을 신라에 파견하여 조제(弔祭)를 지내게 한 다음 몸소 5천의 정예군을 이끌고 견훤을 공산동수에서 기다리다 요격했다. 하지만 이 싸움에서 태조는 패하고 말았다. 태조는 아끼던 신숭겸과 김낙 두 장수를 잃고 자신은 구사일생으로 간신히 목숨만 건졌을 뿐이었다. 의기양양해진 견훤은 태조가 아끼던 장군 김낙의 목을 베어 미리사라는 절 앞에다 내다버렸다.

승리에 도취한 견훤은 태조에게 다음과 같이 야유 편지를 보냈다.

"나는 이제 평양성의 다락에 활을 걸고 패강(예성강)의 물을 말에게 먹여야겠다."

이에 태조도 견훤을 폭군에 비유하며 쏘아붙였다.

"해를 돌아오게 할 정성으로 매가 참새를 쫓듯이 신라를 도울 것이다."

패전도 패전이지만 신숭겸과 김낙을 잃은 태조는 심한 충격을 받았다. 이

신숭겸 유허비와 용산재 왕건의 부하로서 고려 건국에 큰 역할을 한 신숭겸은 후백제군과의 전투에서 왕건을 대신하여 죽임을 당했다.

에 태조는 김낙의 아우 김철과 신숭겸의 아우 신능길, 아들 신보를 모두 원윤으로 삼고 지묘사를 창건하여 이들의 명복을 빌었다.

927년 12월, 승리감에 도취된 견훤은 후백제와 고려를 사냥개와 토끼에 비유하며 의기양양해 했다.

"구멍에 든 토끼와 사냥개가 다투다가 서로 피곤해지면 마침내 반드시 남의 조롱을 받는 것이요. 조개와 황새가 서로 버티는 것은 역시 남의 웃음거리가 되는 것이니 마땅히 고집을 경계할 것이요, 스스로 후회를 남기지 말도록 하라."

사실 이때까지만 해도 견훤의 오만은 과장이 아니었다. 당시 후백제는 군사력에서뿐만 아니라 중국 대륙의 오월국은 물론이고 거란국과도 국교를 트는 등 활발한 대외관계를 유지하여 국제무대에서는 고려보다 한발 앞서고 있었다.

고창 전투의 승리

공산동수에서 태조가 견훤에게 패한 뒤로 고려와 후백제는 자주 충돌을 일으켰다. 928년 11월 견훤이 고려의 부곡성을 공격했다. 그 다음해에는 의성부와 순주에 침입하여 성주 홍술을 죽였다. 또 그해 12월에는 고창군(안동 부근)을 포위했다. 이 싸움에서 고려의 유금필이 오랜만에 대승을 거두었다.

태조 13년(930) 정월, 왕건은 스스로 군사를 거느리고 고창군 병산으로 가 의성 북쪽의 고창군(안동)을 치려 했다. 이를 위해 견훤은 석산에다 진을 쳤는데 태조는 석산의 코앞인 병산에 진을 치고 견훤과 맞서 대승을 거뒀다. 이것이 바로 고려와 후백제의 운명을 결정지은 유명한 고창 전투였다. 양군이 격전을 거듭한 끝에 후백제군 8천여 명이 죽고 견훤은 패주하였다.

태조의 고창 승리는 후백제의 판도 확장을 저지했다는 점에서 중요한 것이었다. 그러나 경순왕에게는 신라의 영토가 크게 줄어들었다는 점에서 자못 충격적이었다. 그동안 자신을 왕위에 올려준 견훤을 의지했지만, 이제 태조와 화친하는 수밖에는 다른 대비책이 없었다. 경순왕은 태조가 고창에서 승리하자마자 사신을 보내 축하하고 왕건과의 회동을 청했다. 그러나 왕건은 싸움터에서 빠져 나올 수가 없었다.

이듬해 2월 신라가 다시 사신을 보내어 회견을 청하자 왕건은 50여 명의 기병만을 이끌고 경주로 갔다. 경순왕은 백관을 거느리고 교외까지 나와 맞이하고 임해전에서 성대한 연회를 베풀었다.

"초청해 주셔서 감사합니다."

왕건이 의례적인 인사를 건네었다. 그러자 경순왕은 눈물을 흘리며 하소연했다.

"우리나라가 불운하여 견훤에게 짓밟혔소. 이보다 더 원통하고 슬픈 일이 어디 있겠소?"

이 말에 좌우의 백관들도 모두 흐느꼈다. 왕건도 눈물을 흘리며 위로의 말을 건네었다.

"서로 힘을 합하여 적을 물리치도록 합시다. 다시는 후회하지 않도록 말입니다."

태조는 경주에서 십여 일을 묵은 후 고려로 돌아갔다. 경순왕은 혈성까지 따라 나와 전송했다. 그리고 당제 유렴을 인질로 삼아 왕건을 따르게 했다. 전격적인 신라 방문으로 태조는 경순왕을 비롯한 신라인의 마음을 한순간에 사로잡았다. 견훤과 태조에 대한 신라인의 느낌은 하늘과 땅 차이였다.

"옛날에 견훤이 왔을 적에는 늑대와 호랑이를 만난 것 같더니 지금 왕공이 오니 마치 부모를 뵙는 것 같구나."

백제의 내분과 견훤의 귀부

태조가 고창 승리를 계기로 일대 전환을 꾀하고 있을 시점, 후백제에 내분이 일어났다. 먼저 태조 15년(932), 견훤의 심복이던 장군 공직이 고려에 귀부한 사건이 일어났다. 태조 8년(935)에는 궁정 쿠데타마저 일어났다. 이처럼 후백제의 불행은 고려가 아닌 왕실 내부에 있었다.

견훤은 아들이 10여 명이나 되었다. 그 가운데 넷째 아들 금강(金剛)을 사랑하여 견훤은 왕위를 넷째에게 물려주려고 했다. 이를 알게 된 금강의 형인 신검(神劍)·양검(良劍)·용검(龍劍) 등이 불만을 품고 견훤을 금산사(김제)에 가두고 금강을 죽인 뒤 맏아들 신검이 왕위에 올랐다.

견훤은 금산사에 석 달이나 갇혀 있었다. 6월에 그곳을 탈출하여 고려의 속령인 나주로 몸을 피했다. 여기서 그는 전날의 라이벌 태조에게 망명의 뜻을 알렸다.

뜻밖에 견훤의 망명의사를 접한 태조는 감격하여 즉시 장군 유금필과 대광 만세를 보내 견훤을 맞아오게 했다. 태조는 일찍이 상부라 존칭했던 것을 상기하며 견훤을 상부로 대접했으며, 남궁(南宮)이란 대저택을 주었다. 그리고 그의 지위를 모든 백관의 위에 두고 양주(楊州)를 식읍으로 주었다. 그러나 한때 천하를 포효하던 대왕 견훤의 신세로는 초라하기 그지없는 것

금산사 석연대 아들 신검에 의해 견훤이 갇혔던 금산사는 통일신라 시대 후기에 건축된 사찰이다. 석연대는 호화스러운 양식으로 보아 통일신라에서 고려로 이행되는 시기에 만들어진 것으로 보인다.

이었다. 호남 일대를 주름잡던 영웅호걸의 말로치고는 기구하기 짝이 없다 하겠다. 이제 천하의 대세는 결정되고 태조의 통일 작업은 매우 빠르게 진전되어 갔다.

신라왕조의 최후

견훤의 귀부에 가장 큰 충격을 받은 사람은 신라 경순왕이었다. 국운이 기울어 더 이상 유지할 수 없다고 판단한 경순왕은 망설이다가 결단을 내렸다. 경순왕은 친히 군신회의를 열었다.

"짐이 생각하건대 이대로 가다가는 우리나라는 무고한 백성을 희생시킬 뿐 다시 일어설 힘이 없소. 이에 짐은 차라리 고려에 선양할까 하오."

"아니 되옵니다. 그럴 수는 없습니다. 이제라도 민심을 수습하고 천년 사직을 지킬 길을 모색해야 하옵니다. 선양이란 말씀을 거두어 주소서."

"짐은 아무 계획도 없소. 좋은 계책이 있으면 말해 보오."

그러나 충신·열사를 자처하는 신하들은 입으로만 애국을 부르짖을 뿐 애국할 구체적 방법을 모르고 있었다.

"계책이 없으면 짐은 선양 사신을 고려에 보내겠소."

"아니 되옵니다. 아바마마! 아바마마 대에 나라가 망한다면 지하에 가서 열성조를 무슨 면목으로 보시겠습니까! 이보시오 백관들, 나라를 이 지경으로 만들어 놓고 꿀 먹은 벙어리가 되었다는 말이오? 개인의 영달과 부귀만을 탐하다가 나라가 위급할 때 살길만을 찾는 게 천년 사직을 지키겠다고 조정에 출사한 당신들이란 말이오? 나라가 망하면 어디 가서 영광과 부귀를 누리겠소? 모두 새 나라에 빌붙을 궁리만으로 벙어리가 된 게요?"

태자가 통곡을 하며 울부짖었으나 회의장은 적막강산이었다. 군신회의는 찬성과 반대로 나뉘어 좀처럼 결론이 나지 않았다.

경순왕은 이미 마음을 정한 상태였다.

"외롭고 위태로워서 더 이상 나라를 지탱할 수가 없다. 어찌 죄 없는 백성들만 참혹하게 죽일 수가 있겠느냐?"

경순왕은 태자의 반대를 뒤로 하고 최후 결정을 내렸다.

한 사람의 반대가 있어도 의결이 되지 못하는 게 신라의 화백회의였지만 이 날의 화백회의는 여느 때와 달랐다. 경순왕은 반대 의견을 모두 물리친 채 스스로 답안을 내려 시랑 김봉휴(金封休)를 고려에 보내 항복 사실을 알렸다.

끝까지 항복을 반대했던 태자는 통곡하면서 부왕과 하직하고 개골산(금강산)으로 들어갔는데 이 사람이 바로 개골산 바위에 의지해 마의(麻衣)를 입고 초식으로 일생을 마쳤다는 전설의 마의태자이다.

935년 11월, 왕건은 시정 서리 왕철과 시랑 한헌옹을 신라에 보내어 신라왕을 맞아오게 했다. 경순왕은 눈물의 환송을 받으며 신라 천년의 왕도를 버리고 귀부의 길을 떠났다. 백성들이 왕을 따랐다. 이때 향나무로 꾸민 수레와 구슬로 장식된 말이 30리나 뻗쳐 길을 메웠다.

경순왕의 행렬이 개성에 접근하자 태조는 직접 교외로 나가 경순왕 김부를 맞이했다. 이때 김부는 태조에게 신하의 예를 취할 것을 자청했으며 태조도 마지못해 받아들였다. 귀부에 대한 보답으로 태조는 김부를 자신의 장녀 낙랑공주(신명태후 소생)와 혼인시켰다. 또한 정승에 봉하여 태자보다 상위에 두게 했다. 그리고 해마다 1천 석의 녹을 내렸으며 경주를 식읍으로 삼게 하고 그곳의 부호장 이하의 향직을 관할하는 사심관이 되게 했다. 이로써 신라는 경순왕을 끝으로 56왕 992년 만에 역사의 뒤안길로 사라졌다.

이후로 신라계열들은 고려에서 귀족 행세를 할 수 있었으며 신라의 문물 또한 고려에 많이 반영되었다. 더구나 태조는 김부의 백부 김억렴의 딸을 왕후(신성왕후)로 맞아들여 왕자 욱을 보았는데, 욱이 곧 고려 8대 왕 현종의 부친이니 신라 귀족의 피는 고려 왕실로 이어졌다고 할 수 있다.

후백제의 멸망과 후삼국의 통일

신라를 평화적으로 병합한 고려는 후백제를 칠 계획을 세웠다. 신검이 이끄는 후백제군은 국정이 어지러워 갈 길을 잃고 있었다. 이 무렵 후백제의 장군인 박영규(朴英規)란 자가 있었다. 승주 사람으로 견훤의 딸을 아내로 삼았으니 견훤의 사위인 셈이다. 장인 견훤과 신라 경순왕 김부가 고려에 귀부해 버리자 자신도 귀부할 뜻을 품었다.

박영규가 투항하기 전 태조는 그에게 다음과 같은 말을 했었다.

"영규 장군을 뵌 후에 당상에 올라가 부인에게 절하고 공을 형으로 섬기고 공의 부인을 누님으로 높이며 반드시 끝까지 후히 보답하겠습니다. 천지신명이 모두 나의 이 말을 중언해 줄 것입니다."

진심은 역시 마음을 움직이는 힘이던가. 태조는 박영규의 마음을 완전히 사로잡았다. 박영규는 곧 태조에게 후백제를 공격하면 자신이 배후에서 이를 도와주겠노라고 전하였다. 이 무렵 귀부한 견훤도 태조에게 자신의 아들 신검을 속히 공격하라고 성화였다.

936년 9월, 왕건이 대군을 이끌고 일선군(一善郡, 선산)으로 진격했다. 이에 맞서 신검도 군대를 거느리고 북으로 올라와 고려와 겨루었다. 일선군 전투는 양국의 운명을 판가름하는 일대 결전장이었다. 이 전투에서 후백제를 공격할 고려 군대가 10만 대군에 이르렀다고 하니 아마 태조는 이때 후백제와 최후의 결전을 치를 각오를 했음이 분명하다.

둥둥둥, 고려의 3군이 북을 울리며 진군했다. 진두지휘하는 사람은 놀랍게도 전 백제의 왕 견훤이었다.

"대왕이시다."

견훤을 본 순간, 효봉·덕술·애술·명길 등 후백제의 4장군이 갑옷을 벗고 창을 던지며 항복하였다. 이렇듯 후삼국 통일전쟁의 마지막 결전인 일리천 전투는 후백제가 싸우지도 않고 항복하는 바람에 싱겁게 끝나고 말았다.

고려군은 5천 명도 넘는 후백제군을 죽이고 패주하는 후백제군을 쫓아 탄령(대전 동쪽 식장산)을

개태사 왕건이 후백제를 멸망시킨 후 그 유민을 위로하기 위해 창건한 절이다.

넘어 마성에 이르렀다. 이 길은 일찍이 신라군이 계백의 백제군을 무찌른 경로이기도 했다. 이곳에서 후백제의 신검은 양검·용검과 함께 고려 진영에 항복하였다. 이로써 후백제는 견훤이 거병한 지 45년, 칭왕한 지 2대 36년 만에 패망하고 말았다.

삼한을 평정하여 통일 국가를 세운 태조는 개성으로 돌아와 위봉루에서 문무백관의 조하를 받았다. 이때에 태조의 나이 60세, 궁예를 대신한 지 19년 만의 일이었다. 삼한을 평정한 태조 왕건은 이후 67세의 일기로 사망할 때까지 수많은 업적을 남겼다.

왕건의 정치와 훈요십조

후삼국을 통일한 후 태조에게 부과된 가장 큰 문제는 호족들을 회유하고 억압하는 일이었다. 태조는 환선길 등의 반역을 겪으면서 자신에게 반기를 든 세력은 억압하는 한편, 그 밖의 호족들에 대해서는 타협과 연합을 통해 왕권의 안정을 꾀하였는데 이들 호족들에 대한 정책이 바로 혼인 정책과 사심관 제도, 기인 제도였다.

왕건은 각 지방 호족 출신 관료의 딸과 혼인함으로써 그들과의 결합을 굳게 하는 한편, 유력자들에게는 왕씨 성을 하사하는 사성 정책도 폈다. 그리고 김부를 비롯한 다른 공신들에게 각각 그 출신 지방의 사심관에 임명하여 호족 세력을 무마하고 통제하기도 했다. 이 사심관 제도는 각지에 남아 있는 반고려 세력을 무마하고 그들을 이용하여 지방의 동요를 막으려는 태조의 원대한 정책 중의 하나였다. 또한 지방에 대한 견제책으로 향리의 자제를 뽑아 경성에 볼모를 삼는 기인 제도를 실시하기도 했는데, 이 기인 제도는 신라 때의 상수리 제도를 그대로 본뜬 것이다.

그 외에도 태조는 서경 경영을 통해 고구려의 옛 땅을 회복하고자 하는 의지를 밝힘과 동시에 이를 통해 고려 왕실의 독자적인 세력기반을 구축하고자 했다. 서경은 표면상 고구려 옛 땅을 수복하기 위한 전략적 요충지로

고려 왕궁 복원도

내세워졌지만, 개경의 호족 세력을 억제하고 왕권을 안정시키기 위한 새로운 세력기반으로 안성맞춤의 지역이었던 것이다.

호족 세력에 대한 우려는 태조가 후삼국을 통일한 직후 신하들로 하여금 예절을 밝게 하고자 친

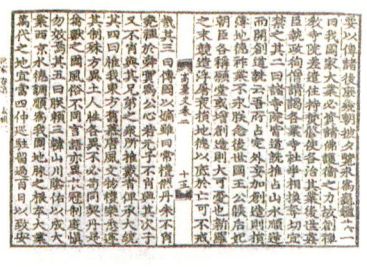

〈훈요십조〉 고려 태조가 남긴 10가지 지침으로 〈고려사절요〉에 그 내용이 나와 있다. (국립중앙도서관)

히 지었다는 《정계(政誡)》1권과 《계백료서(誡百寮書)》8편의 저작에서도 드러난다. 지금은 전해지지 않아 그 내용을 알 수 없지만, 아마도 신하들이 지켜야 할 정치적 도의에 대한 것으로 추측되고 있다. 그는 이어서 후대 왕들에 대한 당부도 잊지 않았는데, 말년에 박술희를 통해 전한 〈훈요십조〉가 그것이다. 여기서 그는 불교를 존중할 것과 풍수지리에 대한 그의 믿음 등을 조목조목 나열하였다.

태조는 이 밖에도 창업주답게 민심의 수습에 힘써 세금을 가볍게 하는 한편, 거란에 멸망한 발해의 유민들이 망명해 오자 이들을 따뜻하게 맞아들이는 등 민족 융합의 일대 전기를 마련한 왕이었다. 그러나 그가 가장 주의를 기울였던 호족 문제가 완전히 해결된 것은 아니어서 고려왕조는 태조의 죽음과 함께 왕위계승의 소용돌이 속으로 들어가게 되었다.

〈훈요십조〉

고려 태조가 자손에게 남긴 10가지 지침으로 고려 정치의 기본 방향이 제시되었다. 주요 내용은 다음과 같다.

1조, 고려의 대업은 부처님의 호위에 힘입은 것이니, 선종과 교종의 사원을 창건할 것

2조, 사원의 창설은 지덕(地德)이 손상되지 않도록, 도선(道詵)의 설에 따라 지은 절을 제외하고는 함부로 창건하지 말 것

3조, 왕위계승은 적자·적손을 원칙으로 할 것

4조, 거란과 같은 야만국의 풍속을 본받지 말 것

5조, 서경(西京)은 수덕(水德)이 순조로운 곳이니, 이를 중시하여 나라의 안녕을 이루게 할 것

6조, 연등회와 팔관회를 잘 지켜 거행할 것

7조, 간언(諫言)을 받아들이고 참소를 멀리하며, 세금을 가볍게 하여 민심을 얻을 것

8조, 차현(차령산맥) 이남, 공주강(금강) 밖의 인물을 조정에 등용치 말 것

9조, 관리의 녹은 그 직무에 따라 정하되, 함부로 증감하지 말 것

10조, 경사(經史)를 널리 읽어 옛 일을 거울로 삼을 것

왕건의 여인들

고려를 건국한 태조 왕건은 일생 동안 29명에 이르는 많은 후비를 두었다. 태조는 29명에 이르는 부인들로부터 25명의 왕자와 9명의 공주를 얻었다. 태조가 이렇게 많은 부인을 두게 된 것은 혼인관계를 통해서 강력한 호족 세력을 통합하고자 했기 때문인 것으로 알려져 있다. 그러나 이러한 정략결혼 외에도 왕가의 혈통을 확장시켜 왕실을 공고히 하고자 한 의도도 있었다.

고려 시대 왕실 여성들은 각각 그 위치에 따라 차등이 있었다. 예컨대 왕의 모는 왕태후라 부르고 적처는 왕후라 했으며 첩은 부인이라 호칭했다. 따라서 29명의 후비들은 각각 그 위치에 따라 그 격이 달랐다. 태조의 후비는 모두 6명의 왕후와 23명의 부인으로 구분된다. 이 중 6명의 왕후를 소개하면 다음과 같다.

신혜왕후 유씨

제1비 신혜왕후 유(柳)씨는 태조의 첫째 부인으로 경기도 정주의 대부호인 삼중대광 유천궁 딸이다. 유천궁은 정주의 향호 출신으로 상당한 재력가였다. 태조 왕건이 정주에서 신혜왕후를 만난 때는 궁예의 부하장군 시절이었다. 태조가 정주를 언제 방문했는지는 알 수 없으나, 혜공왕 12년(909)인 33세 때 궁예의 명을 받고 나주를 평정하고 난 후 전함을 수리하기 위해 정주에 잠시 머무른 적이 있었다. 이때 왕건이 유씨를 부인으로 맞아들인 것으로 추정된다.

왕건과 유씨가 만난 곳은 정주 지역의 어느 시냇가 버드나무 아래에서였다. 정주에 잠시 들른 왕건이 시냇가 버드나무 아래서 휴식을 취하고 있다가 냇가에 서 있는 유씨를 보게 되었다. 그러나 우연히 만났다고는 할 수 없다. 이미 충청도를 석권한 왕건이었기에 그의 명성을 정주 사람들이 모를 리 없었기 때문이다.

왕건은 유씨의 덕스런 용모에 반하여 먼저 그녀에게 말을 붙였다.

"너는 누구의 딸이더냐?"

"이 고을에서 큰 어른이라 불리는 집 딸이옵니다."

곧바로 왕건은 그녀의 집으로 갔다. 유씨의 아버지 유천궁은 왕건의 명망을 익히 들은 터라 내심 기뻐하며 후하게 대접하고 동침을 허락했다.

그러나 왕건은 유씨와 동침만 했을 뿐, 그녀를 정식 부인으로 맞지 않고 매정히 정주를 떠났다. 왕건이 떠나가자 유씨는 지조를 지킨다며 삭발을 하고 비구니가 되었다.

유씨를 정식 부인으로 삼지 않은 이유는 알 수 없지만, 이후에도 왕건은 여러 번 정주에 주둔할 일이 생기게 되었다. 그때 마침 유씨 부인이 비구니가 되어 수절한다는 소식을 듣고 그녀를 정식 부인으로 맞아들였다.

하룻밤 정만으로 지조를 지킬 정도로 유씨 부인은 강인한 성격의 소유자였고 이후 남편에 대한 내조도 대단했다. 특히 왕건이 궁예를 폐하려 할 때

태조 현릉 왕건의 무덤으로 신혜왕후 유씨도 함께 묻혔다.

용기를 북돋아 준 조강지처가 바로 유씨 부인이었다.

그러나 불행히도 왕건과의 사이에서 자식을 얻지 못하였다. 죽은 뒤 왕건의 묘 현릉에 합장되었다.

장화왕후 오씨

태조의 제2비인 장화왕후 오(吳)씨는 목포 출신으로 조부는 오부순이고 부는 오다련(吳多憐)이다. 오씨의 집안은 대대로 목포에 살았던 집안으로 오다련은 이 지역 향호였다. 오다련은 연립의 딸 덕교라는 여성과 혼인하여 장화왕후 오씨를 낳았다.

오씨가 태조를 만난 과정은 다른 후비들에 비해 약간의 미화된 흔적이 엿보인다. 오씨는 태조를 만나기 직전에 기이한 꿈을 꾸었는데, 포구의 용이 자신의 배안으로 들어오는 꿈이었다.

며칠 후 태조가 수군장군으로 나주에 와 목포에 들르게 되었다. 그때 태조는 목포에다 배를 정박해 놓고 있었는데, 냇가에 신비한 오색구름이 은은히 서려 있는 것을 문득 보았다. 기이하게 생각되어 가보니 한 여인이 빨래를 하고 있었다. 태조가 곧바로 불러 함께 동침했으니 이 여인이 바로 장화왕후 오씨이다.

태조는 오씨와 하룻밤을 보냈으나 임신되기를 원치 않아 요에다 사정을 하였다. 그러나 오씨가 얼른 이를 주워 담아 자신의 몸 안에 넣어 임신하니, 이가 바로 태조를 이어 왕위에 오른 혜종이다. 오씨가 왕자 무(혜종)를 낳은 해가 신덕왕 1년(912)이니, 아마도 오씨는 910년을 전후로 태조를 만난 듯하다.

장화왕후는 아들인 혜종이 제2대 왕으로 즉위하였음에도 불구하고 왕모를 가리키는 태후의 칭호를 받지 못했다. 아마도 혜종 즉위 직후에는 왕모에 대한 책봉이 없었거나 혹은 혜종과 정종의 왕위교체 과정에서의 정치적 변수 때문에 왕태후의 칭호가 삭제되었을 가능성이 있다.

장화왕후 오씨는 신혜, 신명순성왕후와 같은 왕후들과 달리 한미한 가문 출신임이 누누이 강조되었다. 문벌이 그리 중요하지 않았을 것 같은 시대에 미천한 신분임이 강조된 것에는 사연이 있을 것이다. 그리고 이러한 점은 혜종의 왕위계승에서도 심각한 문제가 되었다.

왕자 무가 장남이기는 하나 장화왕후의 세력이 미미하여

나주 완사천 태조 왕건이 장화왕후와 만났다고 전해지는 샘이다.

순탄한 왕위계승이 힘들다는 것을 태조는 일찌감치 걱정하였다. 따라서 박술희로 하여금 그의 후원자가 되어 왕위계승을 돕도록 하였다. 이후 혜종의 즉위 과정에 대한 것은 뒤의 혜종편에서 상세히 다루므로 여기서는 생략하도록 하겠다.

혜종의 왕위계승에 영향을 줄 정도로 오씨가문이 한미한 데는 몇 가지 원인이 있었던 것으로 지적되고 있다. 건국 후 오씨들의 본관인 나주가 고려의 최대 적대 세력이던 후백제의 궁벽 지역에 위치하였기 때문에 중앙으로 진출하기에 불리했을 것이라는 점이다. 이와 함께 나주에서 왕건이 철수한 후, 견훤의 맹렬한 공격을 받아 나주 지역이 상실되었을 때 오씨가문이 견훤의 보복으로 타격을 받아 몰락하지 않았을까 하는 추측도 있다.

태조가 나주의 오씨 부인을 취한 데는 상당한 전략적 이유가 있었던 것으로 보인다. 효공왕 10년(910), 나주 지역은 견훤의 세력기반에서 등을 돌려 궁예에 항복하였다. 궁예는 왕건을 나주로 보내 주둔하게 했는데 이때 오씨를 만나 혼인한 것으로 보인다. 태조가 오씨를 만난 과정은 신혜왕후 유씨와 유사하다. 두 여인 모두 물가에서 태조를 만났는데 이러한 상황을 두고 태조가 해상 세력을 지닌 호족들과 연관을 맺은 것에 대한 상징으로 해석하기도 한다.

신명순성왕태후 유씨

제3비 신명순성왕태후 유(劉)씨는 충주 출신으로 중태사내사령 유긍달의 딸이다. 유긍달 집안은 충청 내륙 지방을 지배하던 강대한 호족 세력이었다. 유씨는 태조와의 사이에서 태자 태, 정종, 광종, 문원대왕 정, 증통국사와 낙랑공주, 흥방공주 등 5남 2녀를 낳았다. 왕자와 공주의 면면을 보더라도 유씨 부인은 29명의 후비 중에서도 가장 성공한 여성이었다. 정종과 광종 등 두 아들이 왕이 되는 기쁨을 맛보았으며 신라 왕 김부를 사위로 삼은 영광도 누린 여성이다.

태조가 유씨 부인과 혼인한 시기는 정확한 기록이 없어 알 수는 없다. 다만 여러 가지 정황으로 추측해 볼 때, 태조 즉위를 전후하여 혼인하였던 것으로 보인다. 유씨 부인의 둘째 아들인 요(정종)의 탄생이 태조 6년(923)이며, 그 위 누이인 낙랑공주가 김부에게 출가한 때가 태조 18년(935)이다. 따라서 낙랑공주의 나이를 20세 전후로 가정한다면, 대략 태조 즉위를 전후하여 혼인하였다는 결론이 나온다.

유씨 부인의 첫아들은 태자 태였다. 그러나 태자 태는 정종이 즉위하기 전에 요절한 것으로 보인다. 죽은 시점은 알 수 없으나 태자 태는 장자 무와 함께 왕위계승 서열을 다투었던 것으로 보인다. 태자 태의 존재로 장자 무가 왕위계승을 하는 데 어려움이 있었을 것이다. 이 과정에서 태조는 외가 세력이 탄탄한 태자 태보다 비록 한미하나 자질이 뛰어난 무를 후계자인 정윤태자로 선택했다.

유씨 부인은 태자 태의 왕위계승에는 좌절했지만, 서경 세력의 우두머리인 왕식렴의 도움을 받아 기어코 자신의 두 아들을 왕으로 만들었다. 이후 유씨 부인은 왕후 중 가장 부귀영화를 누린 후비가 되었다.

신정왕태후 황보씨

제4비 신정왕태후 황보씨는 황해도 황주 출신으로 태위삼중대광 황보제공의 딸이다. 황주의 황보씨는 강력한 세력을 가진 호족 집안이었다. 궁예를 폐출하고 왕건을 추대할 때 황해도 향호들이 힘을 몰아주었는데, 황보제공도 왕건을 도와 고려를 건국하는 데 기여한 것으로 보인다.

태조가 신정왕후를 맞이한 것은 황해도 지역의 향호 세력을 결속시킨 태조 즉위년이나 그 직전쯤이었다. 신정왕태후는 상당히 장수한 후비였다. 태조가 붕어하고 난 후 40년을 더 살다 성종 2년(983) 여든을 넘긴 나이로 사망했다.

신정왕태후가 죽었을 당시 칭호는 사실 명복궁대부인이었다. 대종 욱과 대목왕후를 낳아 명복궁대부인이 되었던 것이다. 그런데 어떻게 왕태후가 되었을까. 《고려사》〈후비전〉서문에 따르면, 태후의 칭호는 왕모에게 주어진 것으로 고려 시대에 왕태후라는 칭호를 받은 왕비는 모두 17명에 이른다. 그런데 이들 중 왕모가 아님에도 불구하고 태후의 칭호를 가진 왕비가 2명이 있었다. 그 한 명이 바로 신정왕태후이다.

그녀의 아들인 대종 욱은 왕위에 오르지 않은 채 사망했다. 그런데도 신정왕태후라는 칭호를 갖고 있는 것은 친손자인 성종이 왕위에 오른 후 할머니인 황보씨를 대왕태후로 추존하였기 때문이다. 이와 같은 사례로서 태조의 제5비인 신성왕태후가 있다.

성종은 일찍이 아버지 대종 욱과 어머니 선의태후를 잃고 할머니인 황보씨 밑에서 자라났다. 따라서 할머니에 대한 애정이 각별했다. 황보씨가 죽자 성종은 백관을 거느리고 빈전에 친히 왕림하여 시호를 올려 신정대왕태후라고 하였다.

황보씨는 품성이 덕스럽고 인자하여 모든 사람의 존경을 받았던 인물이었다고 전해진다. 성종 이후에도 목종, 현종, 문종, 인종, 고종 등이 계속적으로 신정태후를 기리는 시호를 더했을 정도로 후대 왕들의 존경과 사랑을 한몸에 받았다. 그것은 물론 이들 왕들이 황보씨 계통이었기 때문이기도 한데 신명순성왕태후는 살아생전에, 신정왕태후는 죽은 후에 영광을 누린 왕비였다. 죽은 후 수릉에 장사지냈으며 불천의 묘에 처했다.

신성왕태후 김씨

제5비 신성왕태후 김씨는 신라 왕족 출신으로 경순왕 김부의 백부인 김억렴의 딸이다. 경순왕 김부가 고려 태조에 귀순해 옴에 따라 결혼동맹으로 맺어진 사이이다. 태조가 자신의 딸 낙랑공주를 김부에게 출가시키자 김부가 그에 대한 보답으로 자신의 사촌 누이인 김씨를 태조에게 출가시켰다.

태조가 김씨를 후비로 맞이한 것은 태조 18년(935)으로 이미 60세 고령의 나이였다. 그럼에도 불구하고 신성왕후 김씨를 제5비로 맞이한 것은 후삼국을 통일한 후 안정된 정국을 이끌어 나가기 위해 관료층과 구별되는 신성한 왕족 신분이 될 필요가 있었기 때문이다.

신성왕태후 김씨는 신정왕태후 황보씨와 마찬가지로 왕모가 아님에도 태후 호칭을 받은 후비이다. 김씨는 태조와의 사이에서 안종 욱을 낳았다. 그런데 안종 욱은 대종 욱의 딸이자 성종의 누이가 되며 경종의 비인 헌정왕후와 그만 사통을 하였다. 이들 사이에서 대량원군 순이 태어났는데 이가 바로 현종이다.

현종은 즉위하자 할머니인 김씨를 신성왕태후로 봉한 것이다. 현종은 또한 신성왕태후의 능을 정릉이라 존칭하였다.

신성왕후의 성씨에 대하여 이설이 하나 전해지고 있다. 《삼국사기》와 《고려사》에는 신성왕후가 김씨라고 하였으나, 《삼국유사》는 김관의의 《왕대종록(王代宗錄)》을 인용하여 신성왕태후는 태위 이정언의 딸이라고 하여 이씨라고 전제하였다. 《고려사》 기록은 사실 김부식의 《삼국사기》를 그대로 답습한 것이었다. 김부식은 현종이 신라 왕족 김씨의 외손이며 이로써 이후 고려의 대통은 신라의 외손들이 계승했다고 기재하였다. 이를 두고 신성왕후의 성씨는 신라계승을 내세우기 위한 김부식의 조작이었다는 주장도 제기되었다. 그러나 기록상의 혼동일 뿐 신성왕후의 성씨는 김씨가 맞는 것으로 보인다.

정덕왕후 유씨

제6비 정덕왕후 유(柳)씨는 정주 출신의 후비이다. 아버지는 시중 유덕영이다. 그녀는 태조와의 사이에서 왕위군과 인애군, 그리고 원장태자 조이군과 문혜 · 선 두 왕후를 낳았다.

유씨는 서해 해운의 요충지인 한강 관문 정주에 우거한 강대한 호족 집안이다. 유덕영은 신혜왕후 유씨를 낳은 삼중대광 유천궁의 일족으로 정주 유씨 세력들은 서해 해상 세력을 장악하여 부를 축적한 호족이었다. 중앙에 진출한 후에는 문벌 귀족화됐다.

　숙종의 비인 명의태후도 이들 가문 출신이었다. 아울러 문종대의 내사령 유윤부, 평장사 유소도 이들 가문의 출신으로 이른바 정주 유씨 문벌가문을 형성했다.

혜종

'주름살 임금' 혜종의 즉위

태조 왕건이 재위 26년 만인 943년 67세로 사망하자, 고려 제2대 임금에 혜종이 즉위했다. 혜종은 인덕(仁德)·명효(明孝)·선현(宣顯)·의공(義恭) 대왕으로 부르고 이름은 무(武)이며, 자는 승건(承乾)으로 태조와 장화왕후 오씨 사이에 태어난 맏아들이다.

태조의 뒤를 이은 제2대 왕 혜종(惠宗)은 불행히도 즉위하자마자 왕위쟁탈이라는 큰 시련에 부닥치게 되었다.

역사상 왕조의 창업이 있은 후에는 곧바로 왕위쟁탈전이 일어나는 경향이 많다. 고려왕조도 예외는 아니어서 태조 사후 후계자를 두고 치열한 다툼이 일어났다. 무려 29명에 달하는 부인에게서 34명의 자녀를 얻은 태조는 근친혼을 통해 왕실의 유대를 강화했지만, 부작용도 있었다.

태조는 일찍이 궁예의 부하로 있을 적에 나주로 출정 갔다가 제2 왕비인 오씨를 부인으로 맞아들였다. 오씨는 왕건을 만나기 직전, 용이 자신의 품속으로 들어오는 꿈을 꾸었다고 전한다. 오씨는 마침 나주에 온 태조의 눈에 띄어 혜종을 임신하였다.

왕건은 오씨가 한미한 출신이라 하여 관계를 가진 후 돗자리에다 사정을 하였다고 전한다. 그러나 오씨가 곧바로 돗자리에 뿌려진 정액을 자기 몸속

혜종 즉위
943
민영정, 제를 칭하고 국호를 은이라고 함

후진에 사신 보냄
944
민(閩) 망함

왕규의 난
945
후진, 거란에 사신 보냄

으로 주워 담아 혜종을 임신했다. 그래서인지 혜종의 얼굴에는 돗자리 무늬 같은 자국이 있었다고 전해지며, '주름살 임금'이란 별명을 달고 다녔다.

혜종은 물을 좋아한 왕이었다. 항상 요에다 물을 뿌리고 또 큰 병에 물을 담아 팔꿈치 씻는 것을 좋아했다. 이를 두고 당시 사람들은 혜종이 과연 용의 아들이 틀림없다고 여겼다고들 한다.

혜종은 탄생부터 그리 환대를 받지 못한 왕이었다. 그러나 기개와 도량이 뛰어나고 지용을 겸비한 인물로 어릴 적부터 태조를 따라다니며 후삼국을 통일하는 데도 많은 공헌을 했다. 원치 않았던 아들이었지만, 자랄수록 기대에 어긋나지 않자 태조는 일찌감치 혜종을 후계자로 점찍어 두고 정윤(正胤 태자)에 책봉하려 했다.

태조가 어린 혜종을 정윤에 세우려고 한 데는 왕위계승상의 분란을 사전에 봉쇄하려는 의도가 더 컸다. 혜종이 비록 장남이긴 하나 태조에게는 유수한 호족 출신의 딸로부터 얻은 수많은 아들들이 있었다. 한미한 출신의 장화왕후 소생을 정윤에 앉힌다는 것은 일종의 모험이었다. 태조의 해법은 혜종의 후견인을 두는 것이었다. 태조는 혜종을 태자에 무사히 책봉하기 위해 막강한 호족인 박술희(朴述熙)를 비호 세력으로 선택했다.

박술희는 18세 때 궁예의 부하장수가 되어 전공을 세우다가 왕건 휘하로 들어온 명망 있는 장군이었다. 태조가 수많은 세력가들을 제치고 박술희를 혜종의 후견인으로 세운 것은 잘 변치 않는 우직한 성품 때문이었다. '육식을 좋아하여 두꺼비나 개미까지 먹어치웠다.'는 박술희는 좀 야만스럽기는 하나 한번 약속을 하면 지키고야 마는 성품의 소유자였다.

　박술희가 혜종을 후견할 수 있는가를 떠보기 위해 태조는 낡은 상자에 자황포(柘黃袍, 왕이 입는 옷)를 담아 오씨에게 주었고 오씨는 다시 이것을 박술희에게 보였다. 태조의 뜻을 눈치 챈 박술희는 혜종을 정윤에 삼기를 요청하였고 그 덕에 혜종은 무사히 태자의 자리에 오르게 되었다. 태조는 죽는 순간까지 박술희에게 "태자를 잘 보필하라."고 당부할 정도로 혜종의 앞날을 걱정했다. 그만큼 박술희는 혜종에게 있어서 병풍과도 같은 존재였다.

　혜종은 정윤에 책봉되면서 건국 당시 병부령에 올랐던 임희의 딸을 비(의화왕후)로 맞이하였고, 다시 태조의 외척이자 고명재신 가운데 한 사람인 왕규의 딸을 부인(후광주원부인)으로 삼았다. 임희와 왕규는 문신 관료를 대표하는 세력이었고 박술희는 군부 세력을 대표하는 세력으로 혜종은 이 양대 세력을 등에 업고 왕권을 장악할 수 있었다.

왕규의 반란과 혜종의 요절

32세의 나이로 즉위한 혜종은 부왕인 태조가 만들어 놓은 복잡한 인척 사이에서 하루도 편할 날이 없었다. 얼굴의 주름살은 어쩌면 선천적인 것이 아니라 항상 신변의 안전을 걱정해야 하는 고달픔에서 비롯된 것인지도 모른다.

혜종을 괴롭힌 인물은 바로 태조의 장인이자 혜종의 장인이기도 했던 왕규(王規)였다. 왕규는 태조에게 딸을 둘(제15비 광주원부인, 제16비 소광주원부인)이나 바쳐 득세한 인물이었다. 태자 시절의 혜종에게도 역시 딸을 바쳐 제2비(후광주원부인)로 삼게 했다. 그는 그의 딸 광주원부인에게 아들이 태어나자 이 외손자가 장차 혜종의 뒤를 잇기를 내심 바랐는데 그러자면 혜종의 다른 아우들을 먼저 없애버려야 했다.

왕규는 혜종의 배다른 동생인 요(堯, 뒤의 정종)와 소(昭, 뒤의 광종)가 반역을 꾀하고 있다고 참소하였다. 그러나 무고임을 알고 있었던 혜종은 더욱 그의 아우들을 우대하였다. 더욱이 혜종은 왕규가 두 아우들을 해칠까 걱정하여 자기의 맏딸을 소의 아내로 주는 등 오히려 족친 세력을 더욱 강화했다.

이복형제를 혜종이 비호하고 나서자 왕규는 감히 반란을 일으키지 못하고 잠시 주춤하였다. 이것도 잠시, 자신의 외손자인 광주원군을 왕위에 앉히고 싶은 마음은 여전해서 마침내 혜종을 제거하려 했다.

어느 날 밤 왕규는 혜종이 깊이 잠들어 있을 때 부하들을 몰래 들여보내 시해하려 했다. 이 사실을 미리 안 혜종은 박술희를 몰래 침전으로 불러들였다.

"지난해에 짐의 아우 요와 소를 참소했다가 무고임을 알고도 너그러이 용서했거늘, 요즘 왕규의 행동이 수상하다는 소문이오. 경은 알고 있소?"

"이상한 소문이 나돌고 있기는 합니다만, 혹여 뜬소문이 아닐는지요?"

"아니오. 요즘 내 침전을 엿보는 자가 있다고 하오. 어찌하면 좋겠소?"
"철통같이 지켜야 하옵지요."
혜종은 사천공봉(司天供奉, 천문을 살피는 벼슬) 최지몽을 불러들였다.
"내 들으니 궁중에 요사스러운 말이 떠돈다는데 천문을 살펴보았더냐?"
"마마, 아뢰옵기는 저어되오나 그자에 유성이 자미성(紫微星, 임금을 상징하는 별)을 범하고 있사옵니다. 아랫것이 윗사람을 범할 징조로 보이나이다. 궁궐을 엄히 단속하시옵소서."
혜종은 박술희에게 명하여 궁궐을 엄중히 경계하도록 했다.
왕규는 삼엄한 궁궐 경계가 자신의 음모 때문인 줄 알면서도 계획을 늦추지 않았다. 임금의 침전 벽을 뚫어 임금을 시해하려고 했던 것이다. 그러나 삼엄한 경계로 작업을 할 수 없게 되자 부하들을 거느리고 침전을 습격했다.
갑자기 창칼 부딪치는 소리와 비명 소리가 침전 밖에서 들려왔다. 혜종은 왕규가 기어이 일을 저지른 것을 알고 심기가 편치 않았다. 한참 동안 바깥이 어지럽더니 일시에 조용해졌다. 곧 박술희가 침전에 들어와 아뢰었다.
"전하, 심기를 편히 하소서. 역적 일당을 일망타진 했사옵니다."
"경의 공이 크구려."
"황공하옵니다. 폐하."
이튿날, 대신들은 역적 무리를 색출하여 엄하게 다룰 것을 논의했다. 중신들이 역적을 처단하여 나라의 기강을 바로잡아야 한다고 열을 올렸다. 그런데 혜종의 반응이 신통찮았다.

"어젯밤에 일어난 일은 모두 과인의 불민한 탓이오. 이 일에 대해서는 다시 거론치 마시오."

중신들은 할 말을 잃고 어안이 벙벙해졌다. 도무지 말이 안 되는 조치였다. 혜종이 왕규의 죄를 벌하지 않은 것은 그가 부왕인 태조와 자신의 장인인데다가 이 무렵 병권을 장악하고 있어 그 세력이 매우 강성했기 때문이다.

혜종을 죽이려는 마음을 굽히지 않은 왕규는 또다시 제2의 역모를 꾸몄다. 이를 알아차린 최지몽이 달려와 아뢰었다.

"마마, 신이 천문을 보니 변란이 일어날 조짐이 보이옵니다."

"또 왕규더냐?"

"그럴 것이옵니다."

이 무렵 혜종은 신병이 깊었다. 그러나 신하들은 들어가 볼 수도 없었다. 아첨배들이 혜종을 모시고 신하들의 접근을 막았다.

최지몽의 말을 들은 혜종은 침전을 비밀리에 중광전으로 옮겼다. 왕규조차 눈치 채지 못한 이동이었다.

왕규는 그것도 모르고 무리들을 이끌고 신덕전으로 향했다. 뒤늦게 임금의 침전 이동을 안 왕규는 신덕전 주변을 샅샅이 뒤졌다. 그러나 헛수고였다. 왕규는 궁궐을 샅샅이 뒤져서라도 혜종을 찾아내려고 했다.

왕규는 궁궐을 뒤지다가 최지몽을 만났다.

"네 이놈, 잘 만났다. 임금이 침전을 옮긴 것은 네 계략이지?"

"천부당한 말씀입니다. 나는 모르는 일이오."

"네놈이 피 맛을 봐야 제대로 댈 모양이구나."

왕규의 눈에는 핏발이 서 살기를 띠었다. 최지몽은 소름이 끼쳐 몸을 떨었다.

"다시 묻겠다. 바른대로 대면 목숨만은 살려 주겠다. 어디냐? 임금이 숨어 있는 곳이?"

"나는 모르오."

최지몽은 묵묵부답이었다. 그런데 이때에도 역시 혜종은 왕규의 죄를 벌하지 않고 그냥 넘어갔다.

혜종은 자신을 시해하려던 왕규를 왜 두 번이나 그냥 눈감아 주었을까. 혜종의 무한한 자비심에 대해 《고려사》는 왕규의 세력이 강성하여 혜종이 어찌할 수 없었기 때문이라고 기록해 놓고 있지만 설득력이 떨어진다. 《고려사》의 주장과 달리 어쩌면 실제 왕규가 노린 인물은 혜종이 아닌 혜종의 이복형제들이었을지도 모른다. 이러한 석연치 않은 내용 때문에 《혜종실록》은 사실이 왜곡된 실록으로 평가받기도 한다.

시해사건을 기점으로 혜종은 사람이 달라지기 시작했다. 항상 신변의 위협을 받다보니 남을 의심하거나 시기하는 일이 많아져 주위에 항상 시위군사들을 배치하고 다녔다. 또 기분이 좋다가도 공연히 화를 내는 등 종잡을 수 없는 성격으로 변해갔다. 그러다보니 혜종의 주변에는 군소배들만 몰려들었고 이 때문에 정사는 날이 갈수록 어지러워졌다.

이 무렵 혜종을 왕위에 앉히는 데 결정적인 역할을 했던 박술희는 무엇을 하고 있었을까. 문무를 대표하는 세력이었던 박술희는 사실 왕규와 서로 사이가 좋지 못했다. 서로 반목하게 된 경위는 알 수 없으나 막강한 세력을 가진 왕규의 미움을 받았던 박술희였기에 혜종을 비호해 주기는커녕 자신의 신변도 장담할 수 없는 처지였다.

《고려사》에 따르면, 박술희는 혜종이 죽자 정종의 왕명이라 꾸며댄 왕규의 음모로 살해되었다고 한다. 하지만 이 사실은 후세 사가들로부터 매우 애매모호한 기록이라고 평가받는 대목이다. 정확한 내용은 아직 밝혀지지 않았지만, 박술희는 혜종 말년에 왕규에 의해 이미 살해되었거나 정종 옹립에 반대했다 하여 정종에 의해 살해되었을 가능성도 있다. 아니면 정종과 왕규가 공동의 적인 박술희를 먼저 제거하고자 누가 죽였든지 간에 어느 한쪽에서 이를 묵인해 주었다고 볼 수도 있다.

계속되는 시해사건으로 하루도 편한 날이 없었던 혜종은 그만 병석에 눕게 되었고 결국 재위 2년 만인 945년 9월, 34세를 일기로 세상을 떠났다. 혜종은 임종 순간까지도 자신의 후계자를 지명하지 않았다. 그것은 후계자 1순위였던 이복동생 요(정종)가 마음에 들지 않았기 때문인 듯하다.

정종

왕자의 난

고려 제3대 왕인 정종(定宗)은 태조의 둘째 아들로 혜종과는 이복형제지간이다. 지덕(至德)·장경(章敬)·정숙(正肅)·문명(文明) 대왕으로 이름은 요이며, 자는 천의(天義)이다.

정종이 즉위할 때의 나이는 22세였다. 이복형 혜종보다는 12살 아래였고 친아우인 광종보다는 2살 위였다. 친모인 유씨는 태조의 제3비인 신명순성왕후이다. 유씨는 충추 호족인 유긍달의 딸로 태조와의 사이에서 태자 태, 정종, 광종을 비롯한 다섯 아들과 두 공주를 낳았다.

정종에게는 왕위에 오르기 전에 맞아들인 3명의 부인이 있었다. 문공왕후 박씨와 문성왕후 박씨는 모두 박영규의 딸이며, 제3비 청주남원부인은 청주 호족 김긍률의 딸이다. 태조는 한미한 외가를 가진 혜종을 걱정하여 막강한 호족 세력과 혼인시켰다. 반면 차자인 정종은 막강한 외가 세력을 가진데다 왕위계승자가 아니었으므로 실세와는 거리가 먼 박영규의 두 딸과 혼인시켰다. 정종의 장인인 박영규는 견훤의 사위이자 태조의 외척이기도 한 인물이다. 제3비인 청주남원부인은 혜종비인 청주원부인과 자매지간으로 정종은 혜종의 처제를 부인으로 맞아들였다.

왕비들의 면면을 보더라도 정종은 12살 위의 이복형인 혜종이 일찌감치

후진에 사신을 보내어 거란 공격을 요청

정종 즉위
945

대사원에 불명경보·광학보 두 게 함
946

거란, 국호를 대요로 고침

태자에 책봉된 터라 왕이 될 야망을 처음부터 꿈꾸지는 않았을 것이다. 그러나 왕규가 광주원군을 후계자로 앉힐 음모를 꾸미고 혜종이 병석에 눕게 되자 본격적으로 후계자가 될 야망을 키워나갔다.

왕규의 고변이 아니더라도 혜종은 정종의 야심을 일찌감치 간파하고 있었다. 정종의 수상한 동정은 혜종에게 상당한 충격을 안겨다 주었다. 이런 상황에서 혜종이 막강한 왕권을 지녔다면, 비록 왕규의 참소가 무고라 할지라도 이복동생들을 반역죄로 몰아 처단할 수도 있었을 것이다. 그러나 혜종은 왕규뿐만 아니라 호시탐탐 후계자 자리를 노리고 있던 정종에 대해서도 아무런 대책을 세울 수가 없었다. 그만큼 혜종의 세력은 미약했다.

정종의 수상한 동정은 왕규의 역모와 거의 때를 같이 하고 있다. 왕규가 자신의 외손자를 왕위에 앉히려는 음모를 꾸미는 사이 정종은 비밀리에 서경에 있는 왕식렴을 불러들여 대책을 세우고 있었다. 이와 같이 왕위계승을 위해 만반의 준비를 갖추고 있었던 정종은 혜종이 죽자 본격적으로 왕식렴 세력을 등에 업고 왕위에 오르고자 했다.

정종의 배후 세력인 왕식렴은 삼중대광 왕평달의 아들이며 태조의 몇 안 되는 종친이다. 군부서리가 된 이래 많은 관직을 역임하였으며, 태조 원년에 서경(평양) 진수의 책임을 지고 혜종이 사망한 945년까지 27년 동안 그 임무를 담당했다. 왕식렴은 오랜 기간 서경에 있으면서 강력한 세력기반을 쌓고 있었다. 자신의 힘만으로는 왕위계승이 힘들다고 판단한 정종은 왕식

서경에 왕성 쌓음
947

후진 멸망, 후한 건국

30만의 광군조직, 거란 대비

정종 선위
949

렴의 세력을 끌어들이고자 했다.
 왕규와 정종이 후계자 다툼을 벌이는 사이 혜종은 후계자를 지명하지 않은 채 사경을 헤매었다. 게다가 혜종의 비호 세력인 박술희가 살해되자 기세를 잡은 왕규는 재차 외손인 광주원군을 왕위에 앉힐 음모를 꾸몄다.
 정종은 서경에 있는 왕식렴을 개경으로 불러들였다. 왕식렴이 군대를 거느리고 개경으로 들어오자 왕규는 힘을 쓰지 못했다.
 혜종이 후계자를 지목하지 않고 사망한 날, 정종은 신하들의 추대를 받는 모양새를 취하여 기습적으로 왕위에 올랐다. 정종의 왕위계승에 닭 쫓던 개 신세가 되고 만 왕규는 자신의 목숨이 위태롭다고 느끼고 그 다음날 반란을 일으켰다.
 《고려사》에는 왕규가 정종의 왕위계승에 불만을 품고 반란을 일으킨 것으로 되어 있지만, 어차피 그는 정종에 의해 제거될 운명이었다. 정종은 왕규를 사로잡아 갑곶(강화)으로 귀양보냈다가 곧 사람을 보내서 죽이고 그의 일파 3백여 명을 잡아 참살시켰다.
 왕규는 자기의 외손자 광주원군을 등극시키려고 두 번이나 모반을 꾀했으나 실패하고 끝내 비참한 최후를 맞았다. 그의 외손자 역시 어디서 죽었는지 기록이 없다. 다만 왕규가 딸을 둘이나 태조에게 주고 어떻게 사사로이 권력을 행사했는지 역사는 그의 행적으로 후세에 알리고 있을 뿐이다.

서경으로 천도하라

정종은 왕식렴의 강력한 군사력인 서경 세력을 배경으로 왕위에 올랐다. 때문에 그의 왕권은 항상 불안정했다. 개경 호족 왕규와 그의 일당을 처단하기는 했지만, 곧장 개경 세력의 극심한 반발에 부딪쳤다. 결국 정종은 이들 반발 세력에 대한 대대적인 숙청작업을 감행했다.

즉위 초의 유혈이 가져온 결과는 민심의 이반으로 돌아왔다. 피 묻힌 손을 가진 정종 자신 또한 마음이 평온하지 못한 것은 마찬가지였다. 즉위한 이듬해 1월, 정종은 개국사(開國寺)까지 몸소 10리를 걸어 불사리를 안치하는 등 지난 과오를 씻고자 했다. 또 곡식 7만 섬을 각처의 대사원에 보내 이것으로 불명경보 및 광학보 등을 만들어 장학금으로 활용하게 하기도 했다.

갖은 노력에도 불구하고 찬탈이나 마찬가지였던 왕위계승 전력은 끊임없이 정종을 압박했다. 두려움이 많았다는

개국사 돌등 개국사는 935년에 세운 절이다. 고려 시대에 돌등은 절의 탑이나 건물뿐 아니라 무덤, 부도 앞에도 세워졌다.

정종의 성격은 처음부터 그런 것이 아니라 개경 세력이 언제 그를 왕위에서 물러나게 할지 몰라 항상 전전긍긍해야만 했던 상황이 그렇게 만든 것이다. 결국 개경 생활이 몹시도 불편했던 정종은 서경 천도를 결심하고 장정들을 징발해서 서경에 궁궐을 짓게 했다. 그러나 서경천도 계획은 불에 기름을 부은 격이었다.

정종의 서경 천도에 대해 《고려사》는 정종이 "서경은 지덕이 왕성하다."는 도참사상에 현혹되어 한 것처럼 기록해 놓았다. 그러나 실제로는 찬탈이나 다름없는 비정상적인 왕위계승에 대한 개경 세력의 반발을 누르기 위해 왕식렴이 있는 서경으로 천도하려 했다고 보는 것이 타당할 것이다. 숙부인 왕식렴이 장악한 서경으로 천도하여 민심을 일신하고 왕권을 더욱 안정시키자는 것이 정종의 속셈이었다. 하지만 서경 천도로 인한 쉴 새 없는 노역과 서경으로의 강제 이주는 개경 백성들의 원망만 자아낼 뿐이었다.

그런 가운데 정종 4년(949) 1월, 정종이 가장 의지하던 왕식렴이 그만 죽고 말았다. 뒤이어 3월에 정종마저 병이 위독해져 그의 아우 소를 불러 선양하고 제석원으로 옮겨 살다가 곧 세상을 떠났다. 이때 그의 나이 27세에 불과했다. 이렇듯 함께 살고 같이 죽기를 약속했던 왕식렴과 정종은 최후까지 그 약속에 충실했다.

정종이 갑작스레 세상을 떠났다는 말이 전해지자 노역에 고생하던 백성들은 기뻐서 어쩔 줄 몰랐다고 하니 그 당시 서경 천도 작업에 따른 고통이 이만저만이 아니었음을 짐작하게 한다.

　사실 정종의 죽음은 너무도 갑작스러운 것이었다. 어느 날 정종은 천덕전에 거동하여 말을 살피며 값을 매기고 있었다. 그런데 천덕전 모퉁이에 갑자기 벼락이 내리쳤고 그 소리에 깜짝 놀란 정종은 그만 병을 얻어 자리에 눕고 말았다. 이를 두고 이제현은 "하늘의 책망을 만나자 상심하여 병이 나게 되었다."고 평했다. 이러한 이제현의 평이 아니더라도 정종의 갑작스런 죽음은 그가 얼마나 죄의식 속에 시달리며 살았던가를 알려준다.

광종

왕권을 강화하라

949년 정종의 뒤를 이어 제4대 왕이 된 광종은 태조의 3남으로 정종의 친아우이며 태조의 제3왕비 신명순성왕후 유씨 소생이다. 즉위 당시 나이는 25세였는데 혜종이나 정종과 마찬가지로 정치가 불안정한 가운데 즉위했다. 그가 정종 치하에서 어떻게 지냈는지는 불분명하나 정종이 왕위를 찬탈할 때 그의 친위 세력으로 활약한 것만은 분명하다.

광종은 정종과는 불과 2년밖에 차이가 나지 않는 거의 동년배 형제지간이었다. 게다가 그는 벼락 치는 소리에 놀라 몸져눕는 유약한 외골수 정종과는 달리 성품이 대범하고 기회 포착력이 강했던 인물이었다.

광종은 두 명의 후비가 있었다. 제1비인 대목왕후 황보씨는 태조의 딸이었다. 광종은 이복누이와 결혼한 것이다. 황보씨가 태조의 딸인데도 어머니 성씨를 따른 것은 당시 여성들이 외가 성을 따르는 관습이 있었기 때문이다.

또 한명의 부인인 경화궁부인 임씨는 혜종의 맏공주로 광종에게는 조카가 된다. 광종은 동생 및 조카와 결혼한, 말하자면 왕실 족내혼을 행한 첫번째 왕자였다. 때문에 그의 외척 세력이란 한편으로 왕실 그 자체였다. 왕실 족내혼은 사실 신라 왕실의 풍습으로 외척을 발호하게 하는 족외혼과 달

광종 즉위
949

주현의 세공액을 정함
950
독일 오토대제, 보헤미아 정복

리 왕실 혈통의 순수성을 유지시키고 왕권을 안정시킬 수 있는 일면이 있었다. 이러한 완벽한 족내혼을 통해 광종은 26년간의 치세 기간 동안 외척 세력이 전혀 개입되지 않는 튼튼한 방어막을 가질 수 있었다.

광종은 즉위하자마자 '광덕'이란 연호를 갈아치우고 이듬해부터 후주의 연호인 '광순(廣順)'을 사용했다. 의관도 중국 풍속을 따르게 했는데 이는 대륙의 후주와 유대를 강화하여 자신의 왕권을 강화하고자 한 의도에서였다. 후주에서는 광종 7년(956)에 장작감 설문우를 고려로 보냈는데, 이때 설문우를 따라 온 사람이 쌍기(雙冀)였다. 설문우를 따라 온 쌍기는 그만 병을 얻어 고려에 머물렀다. 이듬해에 쌍기의 병이 완쾌되자 광종이 그를 불러 이야기를 나누었다. 쌍기는 주나라의 좋은 제도를 조리 있게 잘 말해 주었다. 광종은 그의 말에 만족하며 등용시켰다. 광종은 쌍기를 한림학사로 승진시켜 문한에 대한 직권을 맡겼다. 당시 고려 조정은 쌍기의 고속 출세에 불만이 많았으나 광종은 개의치 않고 쌍기를 감싸고 들었다. 광종 9년(958), 쌍기가 처음으로 과거 제도를 건의했다. 광종은 혜종과 정종이 왕위계승 문제로 희생당한 것을 보고 왕권을 강화하려면, 널리 재야의 지식인들을 모아 호족출신의 귀족 못지않게 중용해야 한다고 생각하였다. 그리하여 재야 지식인을 모으는 방법으로 쌍기가 건의한 과거 제도를 택했다.

광종은 과거 제도를 실시하기 이전인 광종 7년(956)에 노비안검법을 실시했다. 노비안검법은 노비의 신분을 조사해서 전에 양민이었던 자를 해방시

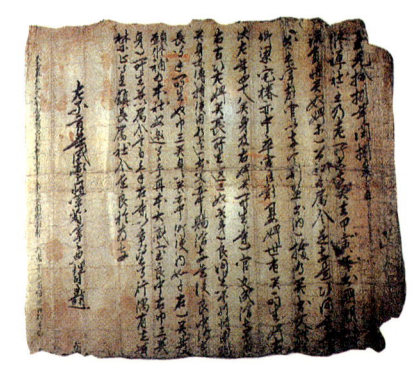
고려 시대의 노비문서

키려는 가히 혁명적인 조처였다. 당시 귀족들이 소유한 사노비에는 전쟁 포로나 가난한 양민 출신들이 많았는데 이들은 전통 시대 귀족들의 개인 소유 재산이었다. 광종은 이들 노비를 풀어줌으로써 귀족들의 세력을 누르고 왕권을 신장시키고자 했다.

한림학사 쌍기의 건의로 이루어진 과거 제도는 노비안검법보다도 귀족들에게는 더욱 치명적인 것이었다. 고려 시대에 벼슬길에 오르는 방법은 신라 시대와 마찬가지로 공식적인 시험이 아닌 명성이나, 집안 배경이었다. 이에 반해 시(詩)·부(賦)·송(頌) 및 시무책을 시험하여 선발하는 과거제는 비록 권문세가의 자제가 아니더라도 관리가 될 수 있는 혁신적인 조처였다. 과거 제도의 실시는 권력층의 개편을 의미하는 것이었다. 이로써 고려는 공신 시대가 종식되고 유교적 교양을 갖춘 문사들이 등장하는 문치주의 시대로 접어들게 되었다.

권력구조의 개편, 이것은 광종이 꿈꾸던 왕권 신장의 발판이었다. 광종이 국내에 아무런 연고가 없는 후주 출신의 쌍기에게 과거제 선발을 명한 것도 따지고 보면 새로운 사람들을 등용하여 종래의 권문세족들을 억제하기 위

노비안검법 실시, 관복 개정
956

과거 제도 실시
958

승과제 설치

〈아라비안나이트〉 원형 이루어짐

해서였다.

쌍기는 과거를 보이게 하고 스스로 지공거(知貢擧, 과거를 주관하는 직책)가 되어 과거를 치렀다. 광종은 과거 시험장인 위봉루(威鳳樓)에 친히 나가 등과자의 방(榜)을 손수 발표했다.

광종 10년, 쌍기의 아버지 쌍철은 주나라의 청주원으로 있었는데, 아들이 고려 임금의 총애를 받고 있다는 소식을 듣고 고려에 들어와 광종을 뵈었다. 광종은 쌍철을 좌승(佐承)으로 임명했다.

광종은 신하들의 예복 문제를 놓고 심한 불쾌감을 느끼고 있었다. 그때까지 예복이 따로 없었고, 심지어 임금보다 화려한 의상을 걸치고 입궐하는 신하들도 있었다. 신하들은 주로 신라나 태봉 또는 후백제 시절의 예복을 그대로 본떠 입고 다녔다. 신라계의 호족들은 구신라 관복을, 태봉계

백관의 공복 광종의 명으로 관리들이 입던 공복을 품계와 신분에 따라 나누었다. 자삼, 단삼, 비삼, 녹삼의 사색 공복제를 정하였으며, 자삼은 품계, 이하는 관직을 기준으로 나누었다. 후에 경종대에 실시된 전시과에서도 관리들의 공복을 기준으로 하여 토지를 분배하였다. 이 그림은 지장시왕도의 일부로 위쪽의 인물은 조복, 아래쪽의 사람들은 공복을 입고 있다.

의 호족은 그들 나름의 관복을, 불도에 정진하는 신하는 가사를, 중국계의 일부는 그들의 옛 복식대로 입고 입궐했다. 그러니 왕권의 강화는 요원한 문제였다.

광종은 과거를 실시한 2년 후에 백관들의 예복을 네 가지로 정했다. 보라색, 붉은색, 연두색, 자주색 소매 옷으로 정하고 등급에 따라 관복을 입도록 했다.

이 복식 제도는 고려가 통일되고 무려 42년만이었다. 이것은 과거 제도가 왕권의 강화에 기여했음을 증명해 준다. 그 이전에 관복을 제정할 엄두를 내지 못한 것은 호족들의 반발이 거세어서였다. 과거를 실시함으로써 비로소 호족 세력이 꺾이고 왕권 강화가 이루어졌던 것이다. 물론 관복을 정한 후 그 반대 세력이 많아 감옥이 모자랄 정도였다.

훗날 고려말기의 지식인 이제현은 광종이 쌍기를 등용한 것을 비판하기도 했다.

> 광종이 쌍기를 임용한 것은 옛 글대로 현인을 탁용(擢用)함에 한계를 두지 않은 것이라 이를 수 있을까. 쌍기가 과연 어질었다면 어찌 임금에게 착한 도리로써 말씀드려 왕으로 하여금 참소를 믿어 형벌을 지나치지 않도록 못했는가. 과거를 설치하여 선비를 뽑은 일은 광종이 본래 문(文)을 써서 풍속을 변화시킬 뜻이 있는 것을 쌍기가 받들어 그 아름다움을 이루었음을 볼 수 있으니 도

과거 실시
961

962

제위보 설치
963

독일 오토대제, 신성로마제국 황제가 됨

움이 없다고는 할 수 없다. 다만 그 부화(浮華)한 글을 먼저 주장했으므로 후세에 와서 그 폐단을 감내할 수 없게 되었다.

이보다 앞서 광종 시대에 함께 국정을 걱정한 최승로(崔承老)는 광종의 치적을 긍정적으로 보지 않으면서 쌍기의 등용을 문제 삼기도 했다.

광종은 개혁을 추진하는 데 있어서 쌍기를 비롯한 귀화인 및 과거급제자 출신과 함께 신라계 인물들을 자신의 친위 세력으로 삼았다. 광종이 신라계를 중용한 데는 자신의 출신배경과도 밀접한 관련이 있었다. 광종의 외조부인 유긍달은 신라 출신으로 알려져 있으며 자신의 누이인 낙랑공주는 경순왕 김부에게 출가했다. 게다가 경순왕의 딸을 며느리로 삼았으니 광종은 신라계의 외조부와 매부, 며느리를 각각 둔 것이다. 광종대에 개혁 세력으로 부상하기 시작한 신라계는 이후 성종대를 거치면서 고려 정치를 주도하는 세력으로 등장하게 되었다.

이 밖에 광종은 개경을 황도로 삼고 서경을 서도로 삼는 조치도 내렸다. 이러한 일련의 개혁 작업들은 왕으로서의 자부심을 대내외에 나타내는 것이었고 뒤이어 일어날 대대적인 숙청작업의 신호탄이었다.

노비안검법에서 백관의 공복으로 이어지는 일련의 개혁작업으로 특권을 박탈당한 훈구 세력은 자구책을 마련하지 않을 수 없었다. 광종 11년(960)에 발생한 참소사건은 바로 자신들의 세력을 회복시키려다 실패한 훈구파의

방생소 설치
968
정부령, 베트남 통일, 대구월국 세움

개경 관음사 창건
970

972
신성로마제국 오스마르크 회복

부메랑이었다.

　사태의 발단은 평농서사 권신의 참소로부터 비롯되었다. 일개 하위직에 있었던 권신은 당시 대상인 준홍과 좌승 왕동 등을 모역죄로 참소하여 이들을 귀양 가게 만들었다. 훈구 세력을 대표하는 준홍 등이 반기를 들었다는 것은 광종에게는 큰 충격이었다. 이 일을 계기로 광종은 대대적인 숙청작업을 벌이기 시작하였다.

　광종의 공포 정치는 여러 가지 폐단도 낳았다. 이때부터 참소와 무고가 난무하고 심지어는 노비가 주인을 고소하고, 아들이 아비를 참소하는 등 어느 누구도 믿을 수 없는 세상이 되고 만 것이다. 광종의 대숙청은 960년에서 975년 광종이 죽기 직전까지 진행되는데 이 때문에 감옥이 턱없이 모자라고 죄 없이 살육당하는 자가 꼬리를 물었다.

　광종의 피의 숙청은 급기야 왕실 내부에까지 번졌다. 혜종과 정종의 외아들까지 비명에 죽어 나갔고, 말년에는 자신의 외아들인 경종마저 의심의 눈초리로 쳐다 본 광종이었다. 그러다 보니 자신의 신변에 위협을 느끼지 않을 수 없었다.

　그는 많은 시위군졸을 모집하여 자신의 신변보호에 힘썼는데, 개경 출신은 믿지 못하여 이들을 모두 지방 출신자들로 채웠다. 당시 이들 시위대들은 궁성숙위뿐 아니라 광종의 왕권 강화에 기반 세력으로 활동하며 왕의 친위부대화됐다.

균여대사, 〈보현십원가〉 지음
973
파티마 왕조, 카이로에 천도

서경에 연가 모반, 처형
974

광종의 공포 정치는 공신 세력을 축출하여 왕권을 강화시켰다는 긍정적인 평가에 앞서 너무나 병적인 모습이었다. 그러나 취약한 왕권을 가진 혜종과 정종이 비참하게 몰락한 과정을 지켜본 광종으로서는 두 형들의 전철을 밟지 않기 위한 당연한 선택이었는지도 모른다.

경종

경종의 즉위와 탕평 정치

광종이 죽고 975년 5월, 장자인 태자 유가 즉위하니 이가 제5대 경종(景宗)이다. 경종은 965년(광종 16)에 정윤으로 책봉된 후 한때 부왕인 광종의 불신으로 위험한 고비를 맞지만 이를 극복하고 다행히 왕위에 오를 수 있었다.

경종은 즉위하자마자 부왕인 광종의 탄압에 숨죽였던 구세력에 일대 사면령을 내렸다. 경종은 귀양 가 있던 사람들을 모두 돌아오게 하고 갇혀 있는 사람들을 풀어주었다. 관작이 있었던 자들에게는 다시 관작을 돌려주었으며 세금을 줄이고 광종대 악명 높은 감옥인 '가옥(假獄)'을 부숴 없앴다. 그리고 광종대에 온갖 화근이 된 각종 참소문서를 불태웠다. 왕의 교체는 순조롭게 진행되었으나 권력층 내부에는 일대 변혁이 일어난 것이다.

정국의 전환을 맞이하여 훈구파들은 자신들의 세력을 다시 회복할 수 있는 기회를 맞게 되었다. 경종은 호족 출신인 집정 왕선의 건의로 전대에 억울하게 참소를 입었던 사람들의 자손에게 복수를 할 수 있도록 하는 파격적인 조치를 내린 것이다.

왕이 허락한 복수의 유혈극이 어느 정도였는지 상세히 전하고 있지 않으나 복수를 빙자하여 함부로 살해하는 일이 곳곳에서 비일비재하게 일어났던 것 같다. 이후 호족들의 복수극은 1년간 지속되었다.

경종 즉위	전시과 실시	김행성, 송나라의 국자감에 입학
975	**976**	
강남 멸망		

훈구 세력의 반란

976년, 집정으로 정권을 잡고 있던 왕선이 복수를 빙자하여 태조의 아들 천안부원랑군과 원녕태자를 살해하는 사건이 발생하였다. 마침내 복수극이 왕실에까지 미친 것이다. 이에 경악한 경종은 왕선을 파직시켜 귀양 보내고 복수를 빙자한 살인을 금지했다. 이로써 '복수의 유혈극'은 끝을 맺고 훈구 세력의 부흥의지도 저지되었다.

훈구 세력은 다시 왕승의 반란을 일으키며 경종에 도전하였다. 하지만 다행히 과거 왕규의 역모를 예측해내기도 한 최지몽의 고변으로 경종은 위기를 넘길 수 있었다. 이 일로 최지몽은 조정의 실세로 등장하게 되고 경종은 자신을 위험에서 구출해 준 공로로 그에게 금띠까지 하사하였다.

광종이 몰아냈던 훈구 세력과 개혁 세력을 절묘하게 탕평하여 왕권을 강화하려 했던 경종은 왕승의 역모를 기점으로 점차 정치에 흥미를 잃어버리고 향락에만 탐닉하는 생활에 빠져들었다. 향락에 몸을 망쳐 병석에 눕게 된 경종은 재위한 지 6년 만인 981년 6월에 숨을 거두었다. 이때 그의 나이 불과 27세였다. 죽기 전 경종은 황보씨계 왕손인 사촌동생 개령군 치(성종)를 불러서 선위했다.

전시과 제도의 정비

경종은 말년에 들어 정사를 돌보지 않았지만, 초반에는 상당히 중요한 치적

공음전시를 정함
977

송나라에 가는 사신을 통해 말과 무기를 수출

김부 경순왕 죽음
978

오월, 송에 항복

〈고려사〉에 실린 전시과 기록

을 남겼다. 그중 가장 괄목할 만한 업적은 경종 원년(976)에 각품전시과를 정한 일이다. 태조 이후로 고려왕조에서는 문무관료의 인품 또는 공로에 따라 역분전이라는 것을 봉록으로 주었는데 경종대에 와서 비로소 관품(관리의 품계)과 인품에 따라 토지를 분급하는 전시과 제도가 마련된 것이다.

경종대의 전시과 제도는 광종대에 이룩된 공복 제도를 기본 테두리로 하여 급여의 양이 정해지고 그 위에 인품이라고 하는 새로운 기준이 병용된 것이었다. 인품이라는 새로운 기준이 첨가된 것은 경종대에 새로이 등장한 정치 세력을 반영한 것으로 보인다. 이러한 전시과 제도는 당시 지배계층을 정부의 토지 제도 틀 안으로 흡수하는 혁신적인 조처였으며 왕권을 강화시키는 토대가 되었다.

경종이 이러한 전시과를 마련할 수 있었던 것은 선대 왕 광종이 공신 세력들을 대대적으로 숙청했기 때문에 가능한 것이기도 했다. 전시과 제도는 이후 고려 일대뿐 아니라 조선왕조에 이르기까지 토지 제도의 근간이 되었다.

왕승 모반

미포(米布)의 이자를 정함

979

송 천하통일. 5대10국 끝남

980

이탈리아 전쟁, 오토2세 로마에 침입

성종

부인의 후광으로 왕이 되다

경종이 세상을 떠날 무렵 그에게는 아들 송(誦, 뒤의 목종)이 있었으나 겨우 2살에 불과했다. 때문에 경종은 당시에 현명하기로 이름 높은 종제 개령군 치(治)에게 왕위를 물려주었다. 이가 바로 제6대 왕 성종(成宗)이며 이때 그의 나이 22세였다.

성종은 비적장자로서 왕위를 계승한 인물이었다. 광종 11년(960) 태조의 아들 대종 욱(제4비 신정왕후 황보씨 소생)과 태조의 딸인 선의왕후 유씨(제6비 정덕왕후 유씨 소생)와의 사이에서 둘째 아들로 태어난 성종에게는 형 효덕태자와 아우 효경태자가 있었다. 사실 경종이 이들을 제쳐 놓고 굳이 성종에게 양위를 한 것은 현명하기로 이름이 높아서만은 아니었다.

성종에게는 3명의 부인이 있었는데 제1비가 된 문덕왕후 유씨는 광종의 딸이다. 광종은 성종의 아버지 대종과는 이복형제간이고 또 대종의 누이는 광종에게 출가하여 대목왕후가 되었다. 그러므로 광종은 조카이면서 동시에 처조카가 되는 성종에게 자신의 딸을 준 것이다.

성종과 결혼한 문덕왕후는 초혼이 아니었다. 이미 홍덕원군에게 출가하였는데 그만 이별하고 성종과 재혼한 것이다. 홍덕원군은 태조의 손자로 제7비 헌목대부인 평씨 소생 왕자인 수명태자의 아들이다. 문덕왕후는 성종과 결혼하기 전에 이미 4촌과 혼인을 하였다가 다시 종형제인 성종에게 출가한 것이다. 더욱이 문덕왕후는 대목왕후의 소생으로 선왕인 경종과는 남매지간이었다. 성종은 문덕왕후와 혼인함으로써 광종의 사위가 되는 동시에 경종과는 사촌지간에다 처남 매부 사이가 되어 왕위계승권을 보장받게 된 것이다.

이에 반해 제2비 문화왕후는 김원숭의 딸로 성종의 첫 번째 부인이었음에도 불구하고 공주 출신의 문덕왕후에 밀려 평생 첩실대우를 받은 여성이었다. 마지막 제3비 연창궁부인은 유학자 최행언의 딸인데 최행언은 성종 2년에 과거에 합격한 유학자로 일찍이 고려 왕실과 혼인한 적이 없었던 경주 최씨가문 출신이었다. 성종은 기왕의 왕실혼 관습을 충실히 지키면서 한편으로 유학자 집안과도 혼인관계를 맺었다. 이러한 새로운 혼인 양태는 유교정치를 표방한 그의 정치적 이념과 일견 부응하는 면이 있는 것이었다.

성종은 어머니 선의왕후가 일찍 죽어 할머니 신정왕후 황보씨에 의해 길러졌다. 그런 이유로 경종과 마찬가지로 외가인 황보씨가문의 영향을 상당히 많이 받았다. 경종이 성종에게 호감을 가진 것도 같은 황보씨 외가를 두었다는 점이 크게 작용했다.

성종은 왕위에 오르기 전부터 유학에 밝고 인품이 뛰어나 세간의 주목을 받았다. 광종 이후 형성된 유교적 분위기에서 자라난 그는 유교적 정치이념을 실현한 왕이었다. 성종은 즉위하자 팔관회를 폐지하는 등 숭유억불 정책

최승로 〈시무28조〉 올림
982

백관의 명호를 고침

12목 설치, 3성 6부제 실시
983

거란 성종, 고려 침략 준비

을 노골화하면서 왕권 확립을 위한 새로운 통치 체제를 구현하는 데 주력하였다.

성종 원년(982) 6월, 성종은 새로운 정치이념과 통치 체제를 구현할 목적으로 5품 이상의 모든 관리에게 봉사(奉事, 상소문)를 올리게 했다. 제출된 수많은 봉사문 중에서 최승로의 〈시무 28조〉를 선택한 성종은 이를 바탕으로 새로운 정치방향과 체제정비를 위한 기본 골격을 짜기 시작했다.

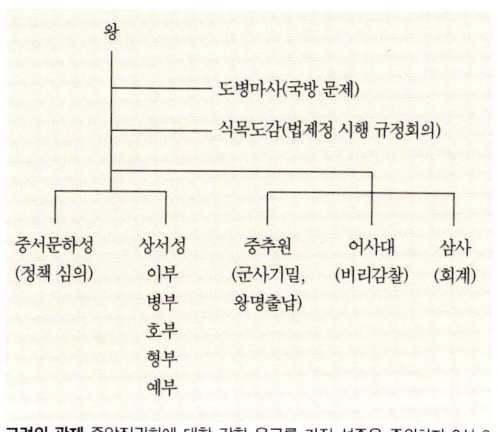

고려의 관제 중앙집권화에 대한 강한 욕구를 가진 성종은 즉위하자 3성 6부제를 중심으로 하는 중앙관제의 조직 개편에 착수했다.

고려왕조 체제를 정비한 신라인 최승로

성종에게 〈시무 28조〉를 올린 최승로는 어떤 인물인가.

최승로는 경주 사람으로 아버지는 최은함(崔殷含)이다. 최은함은 신라에서 벼슬이 원보(元甫)에 이르렀다. 그는 오래도록 아들이 없다가 산천에 기도를 드리고 최승로를 얻었다. 최승로가 태어난 해는 후백제 견훤이 신라를 공격하여 경애왕을 죽였던 바로 그 해이다.

최승로의 나이 10세 되던 해에 경순왕은 신라의 천년 사직을 고려 태조에게 고스란히 넘겨주었다. 최승로는 이와 같이 급변하는 시대에 태어나고 자랐다. 신라가 망하자 서라벌 사람들은 새 서울 송도로 떠나갔다. 이때 어린 최승로도 아버지를 따라 송도인으로 생활하였다.

최승로는 어릴 때부터 학문적 재능을 인정받은 천재였다. 최승로가 태조 왕건을 만나 논어를 줄줄 외는 총명함을 보였을 때 그의 나이 불과 12살이었다. 최승로의 천재성에 감탄한 태조는 상을 내리고 그를 학자들이 드나드는 원봉성(元鳳省)의 학생으로 보내어 영재교육을 받도록 했다.

어린 시절부터 태조를 비롯한 주위의 기대를 한 몸에 받고 자란 최승로였으므로 국가를 위해 큰일을 하겠다며 의지를 불태우는 것은 당연한 일이었다. 이후 그는 어린 시절에 만난 태조를 필두로 혜종, 정종, 광종, 경종을 거쳐 6대 성종에 이르기까지 다섯 왕을 섬기게 된다.

당시 신라 6두품을 비롯한 지식인들 사이에선 도당유학을 통해서 학문적 성취도를 이루는 것이 유행이었다. 반면 최승로는 유학 한 번 안 간 순수한 국내파로서 높은 지적 수준에 도달한 인물이었다. 그가 〈시무 28조〉를 통해 맹목적으로 중국풍을 좋아한 광종을 비판할 수 있었던 것도 이러한 학문적 자존심에서 우러난 것이었다.

화려한 소년 시절을 보낸 것과 달리 청년 시절의 최승로는 주로 학문과 연관된 업무에만 종사할 뿐 특별한 정치적 능력을 발휘하지 못했다. 당시 왕이었던 광종은 쌍기를 비롯한 귀화인들을 중심으로 개혁을 단행했기 때문에 신라 6두품가문 출신인 최승로가 중앙의 요직에 등용될 기회는 거의 없었던 것이다. 훗날 최승로가 광종의 쌍기 등용을 최대의 실정이라 평하며 극렬히 비판한 것도 그러한 상황에 대한 불만 표출이었다.

당시 중국계 귀화인인 쌍기는 광종의 총애를 받아 한림학사에 천거되고 곧바로 문병(文柄)을 맡았다. 국내파인 최승로의 입장에서 외국인 쌍기가 문병을 맡았다는 사실은 매우 자존심 상하는 일이었다. 학문적 능력으로 따지면 그 누구에게도 밀리지 않을 자신이 있었던 최승로였지만, 쌍기의 등장 이후 재능 한 번 제대로 펼쳐보지 못했다. 더구나 광종대에 여덟 번이나 시행된 과거시험에서 한 번도 시험관인 지공거가 되지 못했다는 사실은 그의 자존심을 짓밟고도 남았다.

최승로는 과거 출신자들이 신진관료로 등장하게 되는 광종 후반기에 들어서면서 조금씩 정치적 역량을 발휘하기 시작했다. 유교적 소양을 가진 인물들이 정계에 포진하게 되면서 그의 학문적 역량과 식견이 크게 인정받았기 때문이다. 경종의 짧은 치세가 끝나고 성종이 즉위하자마자 정광행선관어사상주국이라는 행정의 요직을 차지하며 지위가 급부상한 것만 보더라도 그가 얼마나 오랜 기간 동안 절치부심하며 정치적 위상을 다지고 있었는가 짐작하게 한다.

노비환천법 제정 | 반춘령 공포 **988** | 동북, 서북면에 병마사를 둠 **989**

러시아인, 그리스 정교로 귀의

최승로와 〈시무 28조〉

981년 성종은 즉위와 동시에 유교 사회 건설을 표방했다. 그리고 이듬해 정 5품 이상의 모든 관리에게 시무와 관련한 상소를 올릴 것을 명하였다. 이때 종2품 정광행선관어사상주국으로 있던 최승로는 5대 왕에 대한 평가와 함께 장장 28조에 달하는 장문의 시무책을 올렸다. 이것이 곧바로 성종에게 채택되어 고려 사회는 또 한 번의 개혁을 시도하였다. 최승로의 시무책이 고려 사회에서 얼마나 중요했던가는 《고려사》와 《고려사절요》 등이 그 전문을 모두 수록하고 있는 것만 보더라도 충분히 알 수 있다.

상소문을 올린 982년 당시 최승로의 나이는 56세였다. 학문으로 보나 경륜으로 보나 원숙하고도 남을 나이에 자신을 인정해 주는 성종을 만나자 그동안 갈고 닦았던 모든 학문적 역량과 정치적 식견을 〈시무 28조〉에 담아 올린 것이다. 이때부터 최승로는 젊은 성종을 보좌하는 노련한 정치보좌관으로서 자신의 정치적 역량을 최대한으로 꽃피웠다.

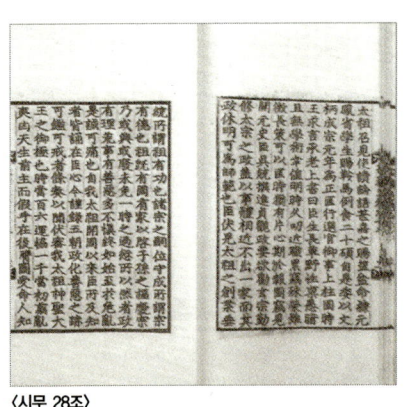

〈시무 28조〉

물론 그의 성공은 성종의 절대적인 신임이 있었기 때문에 가능한 것이었다. 그러나 최승로의 유교적 정치이념이 성종대에 꽃피울 수 있었던 것은 역설적이게도 그가 그렇게 못마땅하게 생각했던 광종이 이미 그 길을 터주었기에 가능한 것이기도 했다. 광종대 실시된 과거제의 영향으로 유교적 문풍이 유행하게 되고 이를 바탕으로 강력한 호족 세력들이 제거됐기 때문에 유교적 정치이념이 비로소 구현될 수 있었던 것이다.

당시 최승로가 성종에게 올린 상소문은 크게 두 부분으로 나눠진다. 앞부분은 태조에서 경종에 이르는 5대조의 치적을 평가하면서 상서문을 올린 배경에 대한 설명이고 뒷부분은 28조에 달하는 시무책으로 채워져 있다.

여기서 그는 당나라 때 사관 오긍이 《정관정요》를 편찬하여 현종에게 태종의 정치를 본받도록 한 일을 상기시키며, 자신이 5대조를 평가한 것 또한 오긍과 같은 취지라고 강조하였다. 오긍이 태종을 이상군주로 꼽았다면 최승로는 태조에게서 이상적인 군주 상을 찾고자 했다. 포용력과 통찰력을 바탕으로 신하를 잘 예우하고 참언을 멀리하는 왕, 이것이 최승로의 군주 상이었다. 그러한 측면에서 광종은 절대 본받아서는 안 될 군주 상이었다.

최승로는 〈시무 28조〉를 올리는 이유를 "비록 귀하게 군주가 되었지만, 스스로 높은 체하지 말고 재산을 많이 가졌지만 교만하고 자랑하지 않는다면 복은 구하지 않아도 저절로 이르고, 재앙은 기도하지 않아도 저절로 소멸할 것이니, 성군께서 어찌 만 년이나 살지 않으며 왕업이 어찌 백세만 전할 것인가." 하고 군주의 바른 자세를 일깨워 치세를 영원토록 빛나게 함에 있다고 하였다.

서북여진, 거란의 고려 침입기도 알려줌
993

제1차 거란 침입, 서희의 담판

6부 상서의 칭호 정함
995

스웨덴 왕국 일어남

여기에 〈시무 28조〉 중 22조를 간추려 옮겨본다.

1. 우리나라가 후삼국을 통일한 지 47년이나 되었다. 그런데 병사들은 아직껏 편안히 잠들지 못하고 군량이 많이 소모되고 있다. 요컨대 경계와 요새를 잘 가려 후방에 힘쓰면 국방비가 절감될 것이다.
2. 불교의 인과응보설에 미혹되어 불교의 폐단이 많으니 임금이 공덕제를 설치하여 친히 차를 맷돌에 가는 일 따위는 삼가라.
3. 시위군졸을 줄여라. 날쌔고 용맹스런 자만 남겨두고 나머지는 각자 집으로 돌려보내면 백성들의 원망도 줄고 나라의 저축도 늘게 될 것이다.
4. 상벌을 밝게 하라. 악한 것은 징계하고 착한 것은 권장하라. 임금이 길가는 사람에게 미음·술·두부국으로 보시하는 일은 체통이 서지 않는 일이니 삼가라.
5. 사신을 보낼 때 장사꾼을 따라 붙이지 말라. 사신이 무역도 병행하게 하면 밀수가 근절될 것이다.
6. 스님들의 고리빚을 금지시켜라. 사찰 재산을 관리하는 곳을 통일시켜 아무 절에서나 전곡(錢穀) 관리를 못하도록 하라.
7. 지방 토호들의 횡포를 막아라. 중앙에서 관원을 파견하여 다스리도록 하라.
8. 승려들의 횡포를 막아라. 듣건대 여철(如哲)이라는 중을 궁중에 들여 복을 빌고 있다고 하는데, 당장 산으로 내쫓아라. 요사이 승려들이 이 군에서 저 현으로 돌아다니며 아전들을 부려 백성들에게 금품을 바치도록 강요하고 있다. 백성들이

다시는 그런 피해를 입지 않도록 하라.

9. 관복을 제정하라. 신라 때에는 공경·관료·서인들이 그 품수에 따라 의복의 구별이 뚜렷했다. 고려에서는 그러한 법이 없어 귀천의 구별이 없이 마구 입고 다닌다. 돈이 있으면 귀천은 가리지 않고 비단으로 마구 휘감고 다니는 사치풍이 성하고 있다. 하루속히 관복을 제정하라.

10. 중이 관(館)이나 역(驛)에 유숙하는 것을 막아라. 중들이 임금의 명을 받들어 나온 줄로 알고 그들의 행패에 꼼짝없이 당하고 있다.

11. 중국의 제도를 무조건 따르지 마라. 예악·시서(詩書)의 가르침과 군신·부자의 도리는 중국을 따라 비천한 풍속을 고쳐야겠지만, 거마·의복의 제도는 지방의 풍속대로 함이 옳다.

12. 공역(貢役)을 공평하게 하라. 여러 섬에서 사는 사람들은 그 조상들의 죄로 오래오래 섬에서 살아온 것이다. 그들의 생활은 처참하다. 더구나 광록시(光綠寺)에서는 그들을 여간 괴롭히지 않는다. 이제부터라도 바로잡아야 한다.

13. 연등과 팔관회에서 사람 동원과 노역을 줄여라. 백성들이 이 행사로 즐거움보다 고통을 받고 있다. 게다가 미신적인 우인(偶人)을 만들어 공사비가 많이 들고 있다. 이를 없애라.

14. 티 없는 덕을 베풀고 사심이 없는 마음가짐이 군주의 길이다. 군주는 교만하지 말고, 아랫사람을 접할 적에 공손히 할 것이며, 법 운용을 공평히 해야 한다.

15. 궁중의 비용을 줄여라. 궁중에서 기르는 말과 노비는 그 수를 대폭 줄여야 한

다. 태조 시대에는 일하는 노비만 궁중에 두고 모두 내보내어 농사를 지으며 납세를 부담하도록 했다. 그런데 광종 때에 궁중 노비가 불어났다. 숫자를 줄여 태조 시절같이 하라.

16. 세속에 선의 뿌리를 내린다면서 절을 많이 짓고 있다. 이의 폐단을 막아라. 수령이 백성들을 동원하여 절을 짓고 있으니 될 말인가. 엄히 다스려라.

17. 부호들을 견제하라. 근래에 신분의 차별 없이 돈 있는 자는 큰 집을 마구 짓고 있다. 이 때문에 여러 지방의 호족들도 서로 경쟁하여 으리으리한 집을 지어 법도에 어긋나고 있다. 법도에 어긋나는 큰 집들을 허물어 버려 본때를 보여라.

18. 불경과 불상을 사치스럽게 만들지 마라. 옛날에는 불경은 황지(黃紙)에 쓰고 불상도 금·은을 사용하여 사치가 지나쳤다. 근래에도 그러한 사치가 없어지지 않았으니 그 폐단을 고쳐라.

19. 개국공신의 후손을 등용하라. 개국공신의 자손들 가운데 아직도 벼슬을 못하고 있는 자들이 있다. 심지어는 노예가 된 자도 있다. 또 광종 때에 숙청당한 자손이 아직도 그 가통을 잇지 못하고 있다. 이들에게 각각 신분에 알맞은 벼슬을 주어 활기를 되찾게 하라.

20. 불교를 억제하고 유교를 일으켜라. 불법을 믿는 자체는 나쁘지 않다. 다만 서민과 제왕은 엄연히 다르다는 것을 알아야 한다. 서민들이 재를 올리는 것은 개인의 재화를 없애는 데 그친다. 그러나 군주가 베푸는 불교 행사는 이모저모 백성을 괴롭히게 되고 민폐를 끼치기 마련이다. 불교는 내생의 인과응보를 가르치

는 것이므로 나라를 다스리는 데엔 그리 도움이 못된다. 유교에 나라를 다스리는 근본이 있다.

21. 미신을 타파하라. 귀신을 모신다는 것은 부질없는 것이고 복된 일도 없다. 우리나라 종묘사직의 제사는 아직도 법대로 하지 않고 있으며 이 밖에도 빈번히 산신(山神)을 모시거나 혹은 성수(星宿, 별자리)를 모시거나 하는데 무릇 제사란 그 횟수가 빈번해지면 질수록 자연 번거로워질 뿐더러 경건한 마음도 없어질 것이다.

22. 신분 차별을 엄격히 하라. 양민과 천민의 법은 그 유래가 오래된 것이며 문란해져서는 안된다. 일찍이 억울하게 노비가 된 사람은 다시 잘 살펴 그 누명을 벗기기 위해 노비안검법(奴婢按檢法)이 광종 때에 실시되었다. 그런데 이 법을 구실삼아 거짓을 꾸며 주인을 모함하려는 노비들이 헤아릴 수 없이 많았다. 그 중에는 그런 뜻을 이룩한 사람도 있어 하극상이 이루 말할 수 없었다. 천민을 부당하게 양민으로 만들거나 양민을 억울하게 천민으로 만드는 일이 없도록 하라.

최승로는 성종에게 서슴지 않고 일의 잘되고 못됨을 지적했다. 규탄할 것을 규탄하고 바로잡을 것을 바로잡게 하고 시정할 것은 낱낱이 지적하여 나라를 위한 높고 깊은 뜻을 〈시무 28조〉에 펴보였다. 지금까지 보아온 봉건 전제 군주 국가의 폐쇄성에 대한 인식과는 크게 다르다.

983년 정2품 문하시랑평장사에 임명된 최승로는 성종의 유교 정치이념을 제도적으로 구체화하는 작업에 돌입했다. 성종대 12목의 설치와 3성 6부제를 바탕으로 한 중앙관제의 정비는 모두 최승로의 발상이었다. 또한 그의 건의대로 팔관회와 연등회가 폐지되는 등 고려 사회는 한층 더 유교 사회로 향하게 되었다.

자신의 정견이 하나하나 실현되어 가는 것과 때를 맞추어 최승로는 성종 7년(988)에 종1품 문하수시중에 올랐으며, 청하후에 봉작되어 식읍 7백 호를 받기도 했다. 그러나 이때 최승로는 이미 환갑을 넘긴 노쇠한 몸이었다. 여러 차례 사직을 원했지만 뜻을 이루지 못하고 계속 성종을 보필해야 했다. 성종은 끝까지 개혁의 선봉에 서 있던 최승로를 잠시도 떠나보내고 싶지 않았다.

이듬해 성종 8년(989) 최승로는 더 이상 연로함을 이기지 못하고 63세를 일기로 생을 마감하였다. 최승로의 부음이 전해지자 성종은 그의 죽음을 애도하여 공훈과 덕행을 표창하고 태사 벼슬을 추증했다. 또한 베 1천 필, 밀가루 3백 석, 쌀 5백 석, 유향 1백 냥 등을 하사하여 장례비로 쓰도록 했다.

자신의 말년을 온통 고려 사회를 정비하는데 바친 개혁가 최승로는 치밀한 개혁안을 바탕으로 중앙집권화를 도모하면서도 결코 귀족 세력을 무시하지 않은 인물이었다. 오히려 귀족 사회의 안정을 바란 그였지만, 그렇다고 서민들의 삶도 무시하지 않았다. 성종대에 고려가 안정된 국가의 기틀을 갖추게 될 수 있었던 것은 모두 최승로의 공로였다고 해도 과언이 아니다.

최승로는 죽기 전 자신의 웅지를 펼칠 수 있는 기회를 준 성종을 생각하며 이렇게 찬양했다.

> 다행히도 천년 만에 지존을 만나
> 재주 없이 직책을 더럽히며 서원(西垣)에 있네
> 문장이야 감히 같이 있는 현사들을 바라보랴만
> 임금의 깊은 총애 모름지기 자랑하여 후세에 보여주리
> 크나큰 감명으로 눈물만 흘리고
> 떨 듯한 기쁨에는 오히려 말이 없네
> 보답할 방법 생각하나 끝내 얻지 못하니
> 오직 남산 갈 길 빌면서 성은에 절할 뿐

성종대에 쌓은 최승로의 명성은 제7대 목종까지 이어진다. 목종은 최승로를 성종의 묘에 합사하여 그의 공로를 치하했으며 덕종은 대광, 내사령이란 벼슬을 추증하였다.

최승로에게는 아들 최숙이 있었으며 최숙에게는 아들 최제안이 있었다. 최승로의 손자 최제안도 조부 못지않은 학자로 현종, 덕종, 정종, 문종 등 4대 왕들을 섬기며 벼슬이 태사, 문하시랑에 이르렀다.

일찍이 그는 왕가도 · 황주량과 더불어 《태조실록》을 비롯한 7대 실록을 편찬하는 역사편수관이 되었다. 거란 침입으로 실록이 소실된 터라 최제안은 참고가 될 만한 자료를 얻으려고 지방을 돌아다녔다. 그런데 이미 현종 15년(1024)에 세상을 떠난 최항의 집에서 우연히 분실되었던 〈태조십훈요〉를 발견했다. 〈태조십훈요〉는 최제안의 공로로 세상에 알려지게 되었는데 최제안이 죽자 문종은 사흘 동안이나 조회를 정지하며 그를 추도했다.

서희, 세치의 혀로 거란군을 물리치다

거란의 1차 침입과 서희의 외교술

우리나라 역사에서 외적의 침입을 겪지 않은 시기는 거의 없지만 그 가운데서도 고려 시대는 정도가 특히 심했다. 고려는 전 역사를 통해 북쪽의 거란과 몽골, 심지어는 홍건적의 침입에 시달렸으며 남쪽의 왜구마저 고려를 가만두지 않았다. 외침에 관한 한 고려 시대는 우리 민족사상 가장 혹독한 시련기였다.

　외적 가운데 고려를 가장 먼저 괴롭힌 것은 거란이다. 태조가 창업한 지 백 년도 채 안 된 성종대부터 거란의 침입은 시작되었다. 처음부터 고려와 거란이 사이가 좋지 못했던 것은 아니다. 태조 초기에 고려는 거란과 통호하였으나 거란이 발해를 멸망시켜 버리자 '구맹(舊盟)을 저버린 무도한 자들'이라 생각하여 국교를 끊어 버렸던 것이다.

그 뒤 거란은 국호를 요(遼)라 바꾸고 중원마저 위협하는 막강한 세력으로 성장하였다. 중국에서는 송(宋)나라와 요(거란) 사이에 치열한 각축전이 벌어졌다. 이러한 상황에서 고려는 송나라와 손을 잡고 북진 정책의 교두보 확보에 나서려 했다. 고려의 야심에 거란은 제동을 걸 필요가 있었다. 또한 송나라를 제압하기 위해서 고려를 정복하여 배후의 세력을 꺾어야겠다고 생각했다. 이것이 거란이 고려를 침공한 명분이었다.

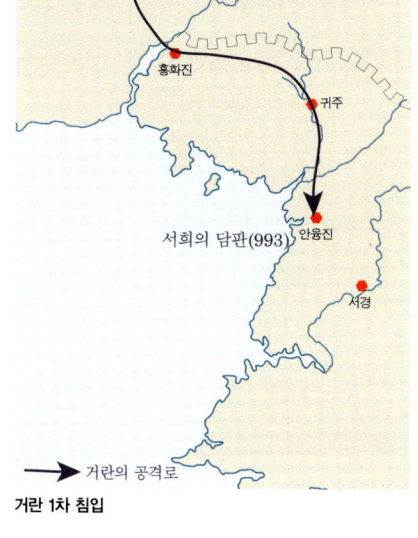
거란 1차 침입

성종 12년(993) 거란이 고려 침공의 포문을 열었다. 이보다 앞서 그해 5월 여진족이 고려에 정보를 알려왔다.

"거란이 고려를 치려는 계책을 꾸미고 있소. 유념하시오."

고려 조정에서는 이전에도 여러 번 그런 정보를 제공받았던 터라 거짓 보고를 올리고 있다고 보았다. 그리고는 아무런 방비책을 세우지 않았다.

석 달 뒤인 8월, 여진족이 다시 거란군의 움직임을 고려에 알려왔다.

"거란군이 벌써 군사를 일으켰소. 유의하시오."

그제야 고려 조정에서는 사태가 급해진 것을 알고 각 도에 병마제정사(兵馬齊正使)를 파견했다. 그리고 10월에 시중 박양유(朴良柔)를 상군사(上軍使)로, 내사시랑 서희(徐熙)를 중군사로, 문하시랑 최량(崔亮)을 하군사로 각각 임명하여 군대를 거느리고 북방 경계를 철저히 하도록 했다.

그러나 이때는 거란의 동경(요양)유수 소손녕의 군대가 이미 압록강을 건너 온 상태였다. 중군사 서희는 급히 군사를 이끌고 압록강 쪽으로 달려갔다. 서희가 도착하자 소손녕은 거드름을 피우며 서신을 보냈다.

"우리 거란은 이미 고구려 옛 땅에 나라를 세웠거늘, 너희 나라가 우리의 영토를 빼앗으려 하니, 너희들을 토벌하겠다."

소손녕은 여기에서 그치지 않고 서희에게 또다시 협박 편지를 보냈다.

"대요나라는 천하를 통일했다. 그래도 아직까지 항복하지 않은 자는 기어이 소탕할 것이니 주저하지 말고 빨리 항복하라."

계속된 소손녕의 편지는 위협사격에 불과할 뿐 실제로는 공격할 의사가 없다는 것을 의미했다. 소손녕이 몰고 온 군사는 소수에 불과한데다가 그 당시 거란은 고려의 군사력을 상당히 두려워하고 있었다.

소손녕의 본심을 간파한 서희는 '화해가 가능할 것 같다.'고 성종에게 알렸다. 그러자 성종은 예빈소경 이몽전을 거란군 진영에 보내어 침입의 연유를 알아오게 했다. 그러나 소손녕은 막연한 대답만을 반복할 뿐이었다.

거란군사들 거란군이 행진하는 모습이 부조되어 있는 모습

"고려가 백성을 돌보지 않으므로 벌을 내리려는 것이다. 평화를 원한다면 빨리 항복하라."

거란 진영에 간 이몽전이 아무 소득도 없이 돌아오자 성종은 즉시 어전회의를 열어 대책을 강구하도록 했다.

"왕께서는 일단 개경으로 돌아가시고 중신들이 항복하는 걸로 합시다."

"거란의 요구대로 서경 이북의 땅을 내주는 게 좋을 것 같습니다."

회의에 참석한 대신들은 이구동성으로 화친을 맺어야 한다며 야단법석을 떨었다. 고려를 건국한 태조가 일찍이 서경을 중시하며 북진 정책을 펴 온 것에 비하면 이 날의 어전회의는 그야말로 통탄할 노릇이었다.

　화친론이 대세를 이루자 성종은 서경 이북의 땅을 내주기로 결정을 내렸다. 거란의 공포탄 한발에 이렇듯 쉽게 고려는 서경 땅을 내주려 했다. 게다가 성종은 서경 창고에 있던 쌀을 모두 백성들에게 나눠주고 나머지는 대동강 물에 버리라고 명령했다. 서경 땅보다 창고에 있는 쌀을 거란에게 빼앗길까 더 두려워한 것이다.

　그러자 이때까지 묵묵히 회의를 지켜보던 서희가 분연히 일어났다.

　"먹을 것이 충분하면 성은 얼마든지 지킬 수 있고 싸움에도 이길 수 있습니다. 전쟁의 승패는 강하고 약한 데 있지 않습니다. 적의 약점을 잘 알고 움직이면 승산이 있습니다. 그런데 어째서 갑자기 쌀을 버리라고 하십니까? 양식은 백성의 생명을 지키는 물건으로 비록 적에게 이용된다 하더라도 헛되이 강물에 버릴 수는 없습니다."

　서희의 강력한 반대로 성종은 대동강에 쌀을 버리라는 명령을 취소시켰다. 그러나 서희가 분연히 일어난 것은 대동강에 버려지는 쌀 때문만이 아니었다. 서희는 고구려의 옛 땅을 거란에게 내줘서는 안 된다며 끝까지 싸울 것을 주청했다.

　"지금 거란이 큰소리 치고 있지만 그것은 우리를 협박하는 수작일 뿐입니다. 거란 병력이 막강한 이때 서경 이북 땅을 내주는 것은 별로 좋은 계략이 아닙니다. 그들은 앞으로도 삼각산 이북이 다 고구려 옛 땅이라고 하며 계속해서 요구할 것이 뻔하니, 어찌 그것을 다 들어 주겠습니까. 지금 땅을 내주면 만세의 치욕이 될 것이니 제가 일단 한번 싸워보고 그 다음에 다시 항복을 의논해도 늦지 않을 것입니다."

구국 의지가 가득 찬 서희의 강변이 끝나자 곁에 있던 전 민관어사 이지백도 서희를 거들고 나섰다.

"함부로 땅을 잘라 적국에게 내주는 것보다는 선왕 때의 연등회나 팔관회, 화랑 등을 다시 시행하여 국가를 보전하고 태평을 이루는 것이 마땅하다고 생각합니다."

이지백의 지지로 서희는 힘을 얻었지만, 사실 이지백과 서희의 주전론은 약간 내용이 다른 것이었다.

성종은 중국 문화를 매우 선호한 왕이었다. 그러나 당시 일부 여론은 그러한 성종의 취향에 대해 은근히 반감을 갖고 있었다. 이지백은 국난을 기회로 삼아 성종의 중국 경도에 제동을 걸고자 한 것이다. 어쨌든 서희와 이지백의 간언으로 서경 이북 땅을 내주려는 주장은 철회되었다.

대쪽 재상의 아들, 서희

화친론을 뒤엎고 거란에 대해 주전론을 폈던 서희(徐熙)는 943년 광종대에 대쪽 재상으로 유명한 서필의 둘째 아들로 태어났다. 본관은 이천이고 아명은 염윤이다. 어릴 때부터 성격이 강직하고 총명했던 그는 광종 11년에 19세로 과거 급제하여 광평성의 원외랑 등을 지내며 승진을 거듭하였다.

서희의 곧은 성격은 사실 아버지 서필로부터 물려받은 것이었다. 부친인 서필은 광종의 귀화인 중용 정책에 반대했던 인물로 유명하다. 그는 귀화인을 지나치게 총애한 광종이 신하들의 집마저 빼앗아 이들에게 나눠주자 스스로 자기 집을 내놓겠다며 반발하여 결국 이를 철회하게 만든 장본인이었다. 고관임에도 불구하고 평생 검소한 생활을 한 서필은 왕의 사치마저도 비판한 그야말로 대쪽 성품의 소유자였다.

부친의 대쪽 성품을 그대로 이어받은 서희는 그의 나이 31세 때 송나라 사신으로 파견된 것을 계기로 유능한 외교가로 인정받기 시작했다.

광종대에 후주와 유대관계를 맺었던 고려는 후주가 멸망하고 송이 들어서자 재빨리 송과 친선관계를 맺는 외교적 기민성을 발휘했다. 그러나 거란의 등장으로 고려와 송나라는 미묘한 긴장관계를 유발하여 국교가 그만 단절되고 말았다. 그러다가 광종 23년(972) 고려와 송은 다시 통교하게 되는데 이때 서희가 송나라 사신으로 가서 십여 년간 단절되었던 송과의 외교관계를 회복시키는 공로를 세운 것이다. 당시 송의 태조는 서희의 절도 있는 행동과 예법을 높이 평가하여 검교병부상서 벼슬을 내릴 정도였다.

송나라에서 돌아온 후 서희는 탁월한 업무 능력을 인정받아 좌승을 거쳐 983년에는 정3품 병관어사로 승진했다. 993년 거란의 침입이 본격적으로 시작되었을 때 그는 정2품 내의시랑의 지위에 있었다. 앞서 살펴보았듯이 거란이 침입하자 성종은 서희를 중군사에 임명하여 시중 박양유와 문하시랑 최량과 함께 북계 지역을 방어하도록 했다.

고려에는 서희가 있다

고려 조정이 화친이냐 주전이냐를 두고 공방전을 벌이고 있던 사이, 거란 장수 소손녕은 안융진(안주 지방)을 공격하였다. 소손녕의 서한을 받은 고려가 답변을 빨리하지 않고 늑장을 피운 것에 대한 보복공격이었다. 그러나 거란군은 중랑장 대도수(발해 태자로 대광현의 아들)와 낭장 유방이 이끄는 고려군에 패하고 말았다. 안융진 공격이 실패로 돌아가자 소손녕은 일단 공격을 중지하고 항복을 종용하는 서신만을 계속해서 보냈다. 소손녕의 재촉에 성종은 소손녕과 담판을 벌일 만한 인물을 선발하여 적진에 보내고자 했다.

"혀로 적을 구슬려 만세의 공을 세워 볼 사람이 없겠는가?"

성종은 신하들을 둘러보았지만 선뜻 나서려는 자가 없었다. 이때 서희가 자청하고 나섰다. 국서를 받들고 적진으로 간 서희는 먼저 상견례 방식을 정하고자 통역관을 소손녕에게 보냈다.

"나는 대국의 존귀한 사람이다. 고려 사신은 뜰에서 절을 하라!"

서희가 당당하게 대답했다.

"신하가 임금에게 뜰 아래에서 절하는 것은 당연하다. 허나 두 나라의 대신이 서로 만나는데 뜰에서 절하라니, 예법도 모르는가?"

상견례 문제로 소손녕과 서희는 계속해서 실랑이를 벌였다. 소손녕의 태도는 매우 강경했다. 서희도 지지 않았다. 서희는 객관으로 돌아와 아예 누워 버렸다. 할 테면 해보라는 배짱이었다.

서희의 당당한 태도에 소손녕은 두 손을 들고 말았다. 어렵사리 만난 두 사람, 먼저 소손녕이 입을 뗐다.

"그대 나라는 옛 신라 땅에서 일어났으므로 고구려의 땅은 우리의 소유가 분명하오. 그런데 그대들이 침략했고, 또 우리와 국경을 접하고 있으면서도 바다 멀리 송나라를 섬기고 있소이다. 이런 까닭으로 고려를 치는 것이오. 만약 지금이라도 옛 고구려 땅을 떼어 주고 화친을 맺겠다면 무사할 것이나 그렇지 않으면 무사하지 못할 것이외다."

터무니없는 소손녕의 주장에 가만히 있을 서희가 아니었다.

"그렇지 않소이다. 우리 고려는 바로 고구려의 후신이오. 그래서 나라 이름도 고려라 하고 평양 근처에 도읍했소이다. 만약 경계를 논한다면 그대 나라의 동경도 모두 우리의 땅인데, 어째서 이것을 침략이라고 말하는 것이오? 또한 압록강 안팎도 역시 우리의 땅인데, 여진족이 훔쳐 살면서 교활하게도 길을 막아 부득불 송나라와 사귀는 것이오. 만약 여진을 몰아내고 우리 도읍지를 돌려주고 성을 쌓아 도로를 통하게 하면 어째서 수교하지 않겠소? 만일 나의 말을 장군이 그대로 장군의 임금에게 아뢴다면 어찌 받아들이지 않겠소이까?"

서희의 말에는 조리가 있었고, 얼굴에는 용기가 넘쳤다. 소손녕은 반박은커녕 서희의 주장에 고개를 끄덕이며 거란 황제에게 철군 승낙을 받아냈다. 서희의 외교적 수완으로 거란과 고려와의 첫 전쟁은 손쉽게 종결되었다. 거란이 순순히 물러난 것은 땅을 차지할 목적보다 고려가 자신들을 상국으로 대우해 주는 것에 일단 만족했기 때문이다.

담판이 끝나자 소손녕은 서희의 인품과 뛰어난 화술에 감복하여 성대한 잔치를 베풀어 주었다. 혈혈단신 적진에 들어가서 세치의 혀로 적장을 구슬리고 게다가 융숭한 대접까지 받은 서희는 거란군 진영에 들어간 지 7일 만에야 돌아왔다. 소손녕은 낙타 10마리, 말 1백 필, 양 1천 마리, 비단 5백 필을 선물로 주었다. 서희가 담판에 성공하여 귀환한다는 소식을 들은 성종은 너무나 기쁜 나머지 강가까지 마중하러 나왔다.

평화를 되찾다

조정에 돌아온 서희는 성종에게 소손녕과의 회담 경위를 보고했다. 이듬해 소손녕은 서희와의 협약을 다시 확인하는 글을 보내 주었다. 화해 분위기에도 불구하고 성종은 혹시라도 거란이 다시 침입하지 않을까 내심 두려워하고 있었다.

"너무 오랫동안 수교하지 않으면 후환이 있을까 염려되오."

성종은 곧바로 거란과 국교를 맺어 불안감을 해소시키려 했다.

"여진을 소탕하고 옛 땅을 회복한 후에 국교를 맺어도 늦지 않습니다."

서희가 성종의 성급함에 제동을 걸었다. 그러나 성종은 서희의 의견을 묵살해 버렸다.

고려와 국교를 맺자 거란은 중원의 송나라를 대신하여 종주국 행세를 하려 했다. 고려도 하는 수 없이 이때부터 거란의 '통화(統和)' 연호를 사용했다. 고려가 거란에 조공을 약속하고 거란 연호를 사용한 것은 거란군을 철수시키기 위한 일시적인 유화책이지 결코 사대를 하기 위한 것은 아니었다. 표면상으로는 화해의 손짓을 보내고 있었지만, 거란에 보복하기 위해 고려는 송나라 측에다 지원을 요청하는 양다리 외교를 구사했다. 그러나 송나라가 겨우 북변 지역의 안정을 되찾은 시기라며 고려의 청을 거절하는 바람에 고려는

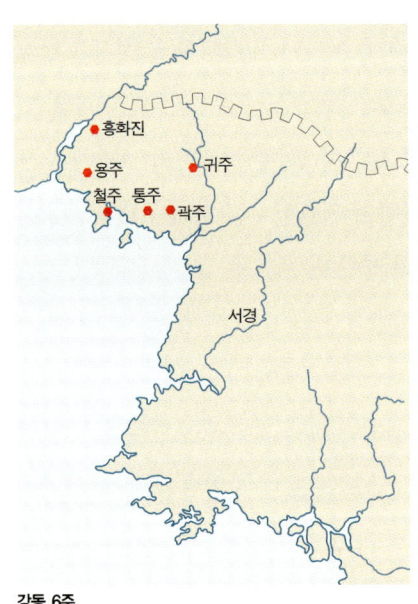

강동 6주

송나라와의 관계를 끊고 말았다.

서희의 담판으로 고려의 영토는 압록강까지 확대되었다. 그뿐 아니라 서희는 군사를 이끌고 여진을 몰아낸 후 장흥, 귀화, 곽주, 귀주 등 강동 6주의 기초가 되는 성을 쌓았다. 이어서 여진이 차지하고 있던 안의와 흥화 2진에 성을 쌓고 선주와 맹주에도 성을 더 쌓았다. 결과적으로 거란의 1차 침입은 오히려 고려가 서북 일대를 경략하는 데 도움을 준 셈이었다.

나라를 위해 많은 공을 세운 서희는 태조 25년(942)에 태어나 19세의 나이로 과거에 급제하여 광평성(廣評省)의 원외랑(員外郞)직부터 벼슬살이를 시작했다. 과거는 광종 9년(958)에 왕권을 강화하기 위한 방책으로 새로 설치한 관리 등용제였다. 과거에 합격하려면 유교 경전 공부는 물론, 이를 정치에 활용할 수 있는 책략을 가진 사람이어야만 했다.

서희는 그의 아버지가 고관이었던 관계로 유복한 환경에서 과거준비를 위해 공부할 수 있었고, 그 때문에 우수한 성적을 올릴 수 있었다. 서희는 급제 후 인정을 받아 급제자로는 좀처럼 맡을 수 없는 파격적인 보직을 맡았다.

이후 서희는 거란의 1차 침입을 막아낸 공으로 종1품 태보내사령에 임명되었으나, 성종 15년(996) 건강이 악화되어 개국사란 절에서 요양하였다. 치사령까지 내려 서희의 건강을 걱정하던 성종이었지만 서희보다 먼저 죽고, 이듬해 목종 원년(998) 56세의 나이로 서희도 세상을 떴다. 현종 18년에 성종의 묘정에 배향되고 덕종 2년 태사 벼슬이 추증되었다.
  그에게는 서눌이라는 아들과 서주행이라는 서자가 있었다. 서눌 역시 재상까지 지내 부친의 명성을 이었으며 그의 딸은 현종의 왕비가 되었다.

목종

천추태후와 김치양

997년 10월, 38세의 성종이 재위 16년 만에 병을 얻어 세상을 떠나게 되었다. 그는 죽기 전 경종의 장자인 개령군 송(誦)에게 왕위를 물려줬다. 이때 개령군 송의 나이 18세, 이가 제7대 왕 목종(穆宗)이다.

성종이 목종에게 왕위를 물려준 것은 아들이 없고 딸만 두었다는 것이 가장 큰 이유였다. 아들이 없었던 성종은 송을 궁궐에서 양육하여 개령군에 봉하는 등 아들처럼 길렀다. 선왕인 경종이 비록 2살이지만 왕자 송이 있음에도 불구하고 자기에게 선위해 준 은혜를 저버리기 어려웠던 까닭이다.

목종을 낳은 헌애왕후(獻哀王后)는 성종의 친동생이었다. 성종이 외조카 목종에게 선위를 하는 데는 아무런 지장이 없었다. 고려 사회에서 여형제는 남형제 못지않았고 왕녀일 경우에는 더욱 밀접했다. 고려 왕실에서 왕손보다 부마가 더 중요한 위치를 차지하곤 했던 것도 그러한 이유에서였다.

순탄한 절차를 밟고 왕위에 오른 목종이었지만, '술과 사냥을 좋아할 뿐, 정치를 돌보지 않은 무능한 왕'으로 후대 사가들의 혹평을 받았다. 그가 정사를 돌보지 않은 것은 친모인 헌애왕후(경종비, 천추태후)가 목종이 어리다는 것을 빌미로 섭정했기 때문이었다. 《고려사》는 목종이 "폐행을 너무 가까이 하여 화를 입게 되었다."라고 지적했으나, 사실은 모후인 헌애왕후가

목종 즉위	백관 및 개정전시과 개정	6위의 군영 새로 설치
997	**998**	**1002**
유럽의 로마네스크예술 발달	독일 오토3세, 이탈리아 원정	독일, 하인리히 2세 즉위

더 큰 화근덩어리였다.

목종을 무기력한 왕으로 만든 헌애왕후는 태조의 일곱 번째 왕자 욱(대종으로 추존됨)의 딸로 남편인 경종과는 친 사촌지간이었다. 태조 때에 시작된 근친혼은 어언 반세기가 훨씬 지난 이후에도 공공연히 되풀이되고 있었던 것이다.

경종이 일찍 죽어 과부가 된 헌애왕후는 천추궁에 살면서 김치양이란 자와 정을 통하고 있었다. 김치양은 동주인(洞州人)으로 천추태후 황보씨의 외척이었다. 성격이 간교하고 정욕이 강한 인물로 알려져 있다. 그는 일찍이 머리를 깎고 중이 되어 천추궁을 무시로 드나들며 온갖 추악한 소문을 퍼뜨렸다. 이 사실을 안 성종은 분노하여 김치양을 멀리 귀양 보내버렸다.

성종이 죽고 아들인 목종이 즉위하자 하루아침에 정권을 쥐게 된 헌애왕후는 스스로 '천추태후'라 칭하고 귀양 간 정부 김치양을 다시 불러들였다. 그리고 그를 합문통사사인이란 벼슬자리에 앉히고는 함께 정사를 마음대로 주무르기 시작했다. 태후의 뜨거운 후광으로 김치양은 등용된 지 몇 년도 되지 않아 우복야 겸 삼사사(右僕射兼三司事)가 되어 백관의 임명·파면권이 그에게 주어졌다. 그는 이때부터 공공연히 재물을 거둬들였다. 그는 거둬들인 재물로 300여 칸짜리 집을 짓고 정자·정원·연못·누대 등을 화려하게 꾸며 놓고 밤낮으로 태후와 함께 주지육림에 싸여 있었다. 그런가 하면 농민에게 부역을 시켜 동서북 모퉁이에 시왕사(十王寺)를 새로 지었

과거법 제정
1004
독일, 하인리히 2세, 북이탈리아 정복하고 이탈리아 왕위에 오름

《다라니경판》을 새겨서 찍어냄
1007
거란, 요서에 중경(中京) 지음

월정사 팔각 9층 석탑 건립

다. 그 절에 그린 화상은 기괴망측하여 차마 똑바로 바라볼 수가 없었다.

태후의 간통과 암살 계획

목종은 어머니 천추태후와 김치양의 관계를 알고 있었으나 어머니의 마음을 상하게 할까봐 다른 조치를 취하지 못하고 있었다. 그런데 천추태후의 몸에 태기가 있었다. 태후는 바라는 바가 아니어서 몹시 난처해졌다. 태후가 걱정이 되어 말했다.

"스님, 이를 어쩌지요? 아기를 어찌해야 하오?"

김치양의 태도는 의외로 태연했다. 그는 애초부터 계획하고 있었다. 사내아이가 태어나면 왕위를 잇게 하여 권력을 잡아보고 싶었다.

"염려 마시오. 장차 이 나라의 왕위를 계승할 왕자님이 태어날 것이오."

태후는 깜짝 놀라 김치양을 쏘아보았다.

"그 무슨 해괴한 말씀이오. 왕위라니 당치도 않소."

"금상은 몸이 너무 허약하여 아무 일도 못할 인물이외다."

"닥치시오! 그렇다고 김씨 성을 왕으로 추대하겠다는 말이요!"

"사내아이가 태어나면 역성혁명(易姓革命)이라도 일으켜야죠."

김치양은 느글느글했다. 태후는 김치양의 야심을 알고 더욱 마음이 착잡해졌다.

태후는 열 달을 채워 옥동자를 낳았다. 김치양은 이 소식에 회심의 미소를 띠었다. 김치양은 천추전에 찾아가 태후의 노고를 치하하고 갓난아이의 왕위계승 문제를 의논했다. 우선 목종과 가까운 인물부터 제거해야 했다. 태조 왕건의 후손으로서 헌정왕후 소생인 대량원군(大良院君)이 목종과 가장 가까웠다.

대량원군은 헌정왕후가 숙부인 안종 욱과 간통하여 태어난 이른바 불륜의 씨앗이었다. 헌애왕후(이후 천추태후)의 친동생이기도 한 헌정왕후는 경종이 죽은 후 외롭게 친정에 살고 있다가 그만 안종 욱과 눈이 맞아 대량원군을 임신하게 된 것이다. 이 사실을 알게 된 성종은 50이 넘은 늙은 숙부 안종을 귀양 보냈다. 이후 헌정왕후마저 산고로 죽는 바람에 대량원군은 성종에 의해 궁궐에서 양육되었다.

천추태후는 자신의 이종조카이기도 한 대량원군만 없애면 김치양과의 사이에서 낳은 자식을 후계자로 만들 수 있다고 판단했다. 태후는 끝내 대량원군을 중으로 만들어 삼각산 신혈사(神穴寺)로 보냈다. 그리하여 당시 사람들은 대량원군을 신혈소군으로 불렀다. 태후는 대량원군을 중으로 만들고도 마음이 놓이지 않아 여러 번 자객을 신혈사로 보내 죽이려 했다.

하루는 궁녀가 술과 떡을 잔뜩 사들고 신혈사를 찾아왔다. 궁녀는 노승에게 간곡히 청했다.

"스님, 천추태후께서 대량원군께 내리는 음식이옵니다. 대량원군을 만나게 해주소서."

노승은 궁녀를 죽 훑어보고 나서 이상한 낌새를 느꼈다. 노승은 대량원군을 땅굴 속에 숨기고 대답했다.

"대량원군께서는 며칠 동안 산속 수행을 나가셨습니다. 지금 어디 계신지 알 수 없소."

"그럼 대량원군이 오시거든 이 음식을 전해 주십시오."

궁녀가 돌아가자 노승은 음식을 뒤뜰에 버렸다. 갑자기 날아든 까마귀와 참새가 음식을 먹고 그 자리에서 죽어 나자빠졌다. 천추태후의 독살 음모는 끊임없이 이어졌으나 그때마다 노승의 기지로 대량원군은 무사했다.

강조의 쿠데타와 목종의 폐립

목숨이 위태로운 것은 대량원군만이 아니었다. 위험에 처해있기는 목종도 마찬가지였다. 목종 12년(1009) 1월 16일, 목종은 상정전(祥政殿)에서 연등회 행사를 즐기고 있었다. 김치양은 자신의 도당들에게 은밀히 지시했다.

"상정전에 불을 지르고, 그 불을 끄는 척 임금에게 접근하여 시해하라."

잠시 후 상정전에 불길이 치솟아 밤하늘을 밝혔다. 상정전 일대는 아수라장이 되었다. 정체불명의 사내들이 복면을 하고 누군가를 찾고 있었다. 목종은 호위를 받으며 안전한 곳으로 옮겨 갔다.

불길은 마침 불어오는 바람을 타고 천추전까지 태워버렸다. 심약한 목종은 이 일로 그만 자리에 드러눕고 말았다. 목종이 완쾌될 기미를 보이지 않자 태후와 김치양은 본격적으로 자신들의 사생아를 왕위에 앉힐 음모를 꾸미기 시작했다. 병석에 누워 간신 유행간과 유충정만을 의지하고 있는 왕과 왕위계승 암투에 혈안이 된 태후, 고려 조정은 엉망진창 그 자체였다.

그러던 어느 날 목종은 채충순(蔡忠順)을 은밀히 불러들였다. 목종은 시종들을 물리친 후 채충순에게 말했다.

"과인이 들으니 왕위를 노리는 자가 있다 하오. 경은 이 사실을 알고 있소?"

"신도 소문으로 들은 바 있사옵니다."

채충순은 모든 사실을 알고 있었으나 천추태후가 두려워 바른 대로 고하지 못했다.

목종은 베개 밑에서 봉서를 꺼내어 채충순에게 내밀었다. 그 봉서는 임금의 총애를 받고 있던 유충정(劉忠正)이 올린 상소였다. 채충순은 봉서의 내용을 읽어 내려갔다.

간사한 김치양이 심복들을 널리 구하여 신에게도 조정에서 내응해 달라고 했사옵니다. 신이 그를 타일러 보냈사오나 이 사실을 전하께 알리지 않을 수 없사와 비밀리에 봉서를 올리오니 속히 결단을 내리시옵소서.

채충순이 떨리는 마음으로 봉서의 내용을 다 읽고 나자 목종은 또 한 통의 봉서를 내놓았다. 그 봉서는 신혈사에서 올린 대량원군의 상소였다. 그 내용은 천추태후의 음모로부터 구원해 달라는 요청이었다.

태후와 김치양이 대량원군을 죽이려 한다는 사실을 알게 된 목종은 중추원사 최항과 급사중 채충순을 불러들였다.

"나의 병이 점점 깊어져서 오늘 죽을지 내일 죽을지 알 수가 없구나. 지금 태조의 후손으로는 대량원군 순 한 사람밖에 없으니, 경들은 진심으로 사직을 위하여 이성(異姓)이 왕위에 앉지 못하게 하라."

비록 나약한 목종이었지만, 김치양의 아들에게는 결코 왕위를 내줄 수가 없었다. 목종은 자신의 후계자로 대량원군을 지목하고 채충순과 최항에게 신혈사에 있는 대량원군을 데려오라고 명령했다. 아울러 김치양 일파인 전중감 이주정을 서북면 순검부사로 이직시키고 대량원군을 보호하기 위하여 서북면 도순검사로 있던 강조(康兆)를 급히 개경으로 불러들였다.

왕명을 받은 강조는 그날로 서경을 출발하였다. 그런데 강조가 동주(서흥) 용천역에 도착했을 때 마침 내사주서 위종정(內史主書 魏從正)과 안북도호장서기 최창회(安北都護掌書記 崔昌會)가 찾아왔다. 이들은 범죄를 저질러 파직된 후 조정을 원망하고 반란을 도모하고 있던 중이었다. 이 사실을 모르는 강조는 가뜩이나 서울의 소식이 궁금하여 그들을 기꺼이 맞아들였다. 강조가 조정의 소식을 물었다.

"공께서는 개경으로 가지 마십시오. 공을 소환한 것은 왕이 아니라 태후와 김치양입니다. 이들이 왕의 병세가 악화된 것을 빌미로 사직을 뺏으려고 거짓으로 공을 불러들인 것입니다. 다시 서북면으로 돌아가 군사를 일으키고 몸을 보전해야 할 것입니다."

"왕은 이미 세상을 떠나고 조정은 치양의 손에 들어가고 말았다는 말이 사실이구나."

이들의 거짓말에 속아 넘어간 강조는 말머리를 다시 서북면으로 돌렸다. 강조가 이들의 말에 쉽게 속아 넘어간 것은 당시 백성들 사이에서 목종이 이미 김치양 일파에게 살해당했다는 소문이 무성했기 때문이었다.

강조가 개경으로 온다는 정보를 입수한 태후는 자신들의 계획에 차질이 올까 염려하여 절령(자비령)에 군사를 보내어 길을 막고 강조의 개경행을 저지하려 했다.

정국이 혼란스럽게 돌아가던 와중에 아들이 걱정된 강조의 부친은 "왕이 이미 세상을 떠나고 간신 무리가 조정을 어지럽히니 군사를 이끌고 와서 국난을 수습하라."는 내용의 편지를 강조에게 보냈다.

당시 이 서신을 강조에게 전달할 임무를 띤 하인은 머리를 깎고 중으로 위장하여 태후의 군사가 지키고 있는 절령을 무사히 통과하였다. 이때 그는 얼마나 길을 서둘렀는지 기갈이 심하여 강조에게 편지를 전하자마자 그 자리에서 죽고 말았다. 하지만 이 편지는 강조에게 전달되지 말았어야 했다. 이때는 아직 목종이 세상을 떠나기 전이었는데 강조의 아버지는 그저 항간에 떠도는 말만 듣고 그런 글을 보낸 것이었다.

위종정과 최창회에 이어 부친한테서조차 목종이 살해되었다는 말을 전달받자 강조는 병졸 5천 명을 이끌고 다시 개경으로 향했다. 그러나 평주(평산)에 도착해서야 목종이 아직도 살아 있다는 것을 알았다. 일이 잘못되었다고 깨달은 강조가 잠시 머뭇거리자 부하들은 계속해서 개경으로 진군할 것을 건의했다.

"일이 이미 벌어졌는데, 지금 그만둘 수는 없습니다."

"그 말이 옳다."

이미 군사를 이끌고 온 터라 반역자로 몰릴 것은 불을 보듯 훤한 일이었다. 결국 강조는 부하들의 요청에 따라 목종을 폐립할 것을 결심하는데 강조의 실수는 또다시 이어진다. 목종이 이미 대량원군에게 사람을 보냈다는 사실을 모르고 신혈사에 군사를 보내어 대량원군을 데려오게 한 것이다. 그리고 개경의 목종에게는 귀법사로 잠시 몸을 피하고 있다가 김치양 일파를 제거한 다음에 다시 모셔오겠다는 서찰을 보냈다.

부하 김응인이 신혈사에 있던 대량원군을 데려오자 강조는 곧바로 개경의 왕성으로 말을 몰았다. 강조의 군대가 들이닥치자 놀란 목종은 강조가 간신으로 지목한 유행간을 강조에게 보내어 위기를 모면하려 했으나 허사였다. 어쩔 수 없음을 깨달은 목종은 눈물을 머금고 태후와 함께 궁인, 채충순, 유충정을 데리고 법왕사로 피신했다.

궁궐에 난입한 강조는 호상(胡床)에 앉아 마치 왕처럼 위세를 부렸다. 보다 못한 최항이 한마디를 했다.

"일찍이 이런 일이 없었소."

강조가 왕좌에 앉아 있자 이를 본 부하병사들이 별안간 만세를 불렀다.

"새 임금이 아직 오지도 않았는데 왜들 만세를 부르느냐?"

막상 부하들이 자신을 왕으로 앉히려 하자 강조는 고개를 내저었다. 바로 이때 황보유의 등이 18세밖에 안 된 대량원군을 모시고 들어왔다. 강조는 그를 왕으로 세웠다. 이렇듯 고려 8대 왕인 현종의 즉위는 일종의 반정(反正)에 가까운 것이었다.

1009년 2월 3일, 강조는 목종을 폐위한 후 법왕사에 유폐시켰다. 이어 김치양 부자와 유행간 등 7명을 잡아 죽이고 그 일파와 태후의 친속 이주정 등 30여 명을 섬으로 귀양보냈다.

목종의 비명횡사

강조의 쿠데타로 법왕사로 피신해 가 있던 목종은 최항을 시켜 강조에게 말을 빌려 줄 것을 간청했다. 강조로부터 겨우 말 2필을 얻은 목종은 태후와 1필씩 나눠 타고 귀법사로 갔다. 이때 목종은 옷을 벗어서 음식을 구할 만큼 비참한 처지에 있었다. 그뿐 아니라 강조에게 보냈던 심복 최항마저 자신의 곁을 떠났다는 충격적인 말까지 듣게 되었다. 외롭고 비참하기 그지없는 신세가 된 목종은 최항에게 "새 임금을 잘 보좌하라."는 말만을 남기고 외가가 있는 충주로 말을 몰았다.

사실 목종이 이 지경에 이르게 된 것은 이미 살해된 김치양이나 유행간에게 놀아난 탓도 있지만 그들보다 태후에게 더 잘못이 많았다. 그러나 목종은 그런 모후를 전혀 원망하지 않았다. 오히려 충주로 가는 길에 태후가 혹 배가 고프지 않을까 걱정하여 자

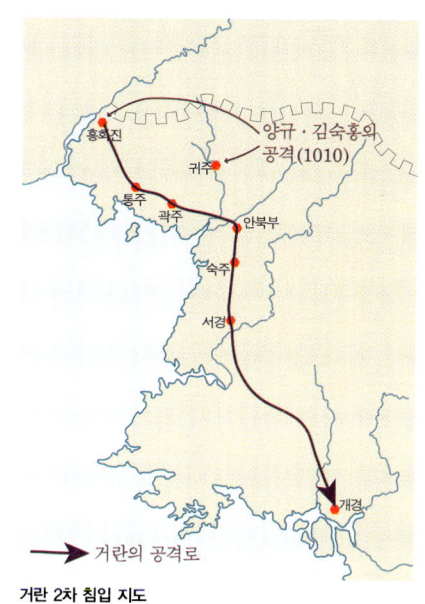

거란 2차 침입 지도

신이 먹던 것까지 올리고 태후가 말을 타면 친히 부축하여 드릴 정도였다.

강조는 목종이 떠난 뒤에도 여전히 불안감을 가지고 있었다. 적성현 부근에 도착했을 무렵, 사약을 받든 김광보가 목종 모자를 찾아왔다. 목종은 강조가 내린 사약을 끝내 거부했다. 결국 살해명령을 받은 김광보는 같이 간 장수 안패를 시켜 목종을 시해했다. 그리고 문짝으로 관을 삼아 시체를 보관한 후 목종의 사망사실을 강조에게 보고했다. 목종이 죽었다는 소식을 들은 강조는 적성현 창고의 쌀을 내어 제사를 지내주었다.

재위 12년, 나이 30세에 왕위에서 쫓겨난 뒤 객지에서 비참하게 비명횡사한 목종은 생을 마감한 지 한 달 만에야 적성현 남쪽에 화장되었다. 목종이 죽자 천추태후는 황주로 피신해 살다가 현종 20년(1029)에 사망했다.

　모후의 섭정에다 비명에 간 목종이었으므로 치적이라는 것도 별로 보잘 것이 없었다. 그는 재위 12년 동안 관직이라곤 임명한 적이 없었던 왕이었다. 그나마 목종 원년(998)에 서경을 호경(鎬京)으로 개칭한 것이 치적 중의 하나라면 하나이다. 목종 5년(1002)에는 6위의 군영에 장수를 배치하고 그곳 군사들의 잡역을 면하게 해주기도 했다. 그 밖에 전시과를 개정하여 18과와 한외과로 나누고 전(田) 100결과 시(柴) 70결에서 전 17결까지 주기로 한 것과 민간의 교역에는 철전 외에 베를 사용하게 한 것, 그리고 동서 양면에 몇 성을 새로 쌓은 것이 전부이다.

　목종은 남색을 즐긴 탓인지 선정왕후 유씨 외에 다른 부인은 두지 않았으며 소생도 없었다. 선정왕후 유씨는 태조의 아들 수명태자 소생 홍덕원군 규의 딸이다.

거란의 침입과 강조의 절개

제1차 침입 후 계속해서 고려를 침입할 구실을 찾던 거란은 강조가 목종을 죽이고 현종을 세우자 이것을 빌미로 삼아 드디어 대군을 일으켰다.

　거란의 성종은 이미 마음속으로 고려를 칠 계획을 세우고 신하들을 떠보았다.

"고려의 강조라는 자가 임금을 죽이고 어린 임금을 내세워 제멋대로 권력을 휘두르고 있다 하오. 마땅히 옛 군주를 생각해서라도 군사를 일으켜 그 죄를 물어야 하지 않겠소?"

신하들은 할 말을 잃었다. 남의 나라 조정의 정변을 따져 응징한다는 것은 전쟁을 일으킬 명분이 못되지만, 신하들은 성종의 의중을 헤아리고 꿀 먹은 벙어리가 되

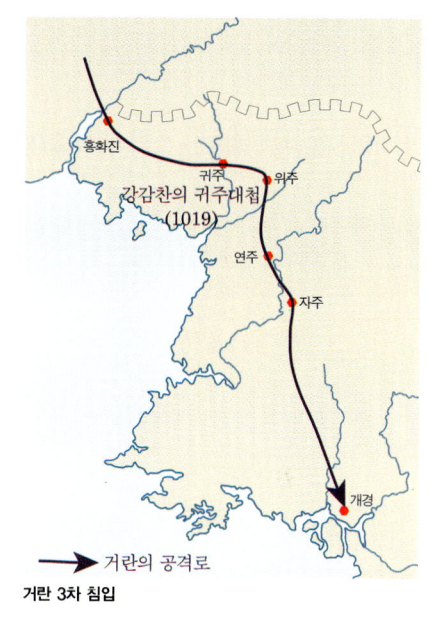

거란 3차 침입

었던 것이다. 다만 성종의 장인 소적열(蕭敵熱)만이 반대 의사를 밝혔다. 그러나 성종은 장인의 반대 의견을 묵살해 버렸다.

현종 원년(1010) 7월, 거란은 고려에 전왕(목종)이 사망한 원인을 물었다. 침략의 구실을 삼기 위한 책략이었다. 거란의 강경한 태도에 고려는 목종 폐립 사건에 대해 양해를 구하는 것으로 해결하려 했으나 거란은 받아들이지 않았다.

1010년 11월 16일 마침내 거란의 성종은 '의군천병(義軍天兵)'이라는 40

만 대군을 이끌고 압록강을 건너왔다.

　압록강을 건너온 거란군이 제일 먼저 공격한 곳은 홍화진(평북 의주)이었다. 당시 홍화진에는 도순검사 양규(楊規)가 진사 정성과 부사 이수화 등과 함께 성을 굳게 지키고 있었다. 40만 대군으로 홍화진을 에워싼 거란 성종은 고려군에 편지를 보냈다.

　목종이 거란 조정을 섬긴 지 오래되었다. 지금 역적 강조가 왕을 죽이고 어린 아이를 왕위에 올렸으므로 짐이 친히 복수를 위해 출병하였다. 너희들이 강조를 붙잡아 내게로 끌고 오면 즉시 회군할 것이요, 그렇지 않으면 개경으로 쳐들어가서 너희 처자식을 모조리 죽일 것이다.

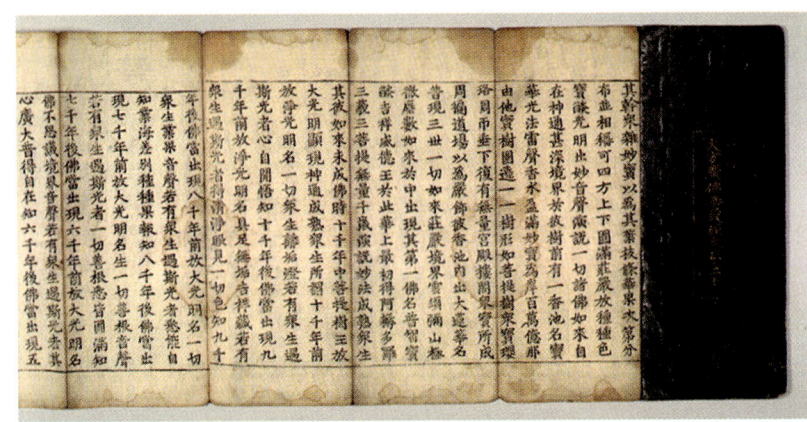

대방광불화엄경 [국립중앙박물관 소장 200702-039]

편지를 받은 고려군은 거란 성종의 주장에 짐짓 시인하는 척하면서 시간을 끌었다. 그러자 더 이상 홍화진에서 지체할 필요가 없다고 느낀 거란 성종은 병력을 철수하여 20만 병력은 인주(의주) 남쪽 무로대에 주둔시키고, 나머지 20만 군사를 이끌고 강조가 있는 통주(선천)로 남하했다.

거란의 20만 군대가 통주로 출동하자 강조는 통주성 남쪽 세 곳에 병력을 배치했다. 제1 병력은 강조의 통솔 아래 통주 서쪽 삼수가 만나는 지점에 진을 치고 제2 병력은 통주 근방의 산에, 제3 병력은 통주성에다 진을 쳤다. 강조는 통주 지역의 지형을 이용하여 교묘히 병력을 배치해 놓고 유인작전을 폈고 예상대로 거란군은 강조의 전법에 말려들었다. 거란군이 몰려오자 고려군은 검차(劍車)를 휘둘러 거란군을 물리쳤다. 이때 사용된 신무기인 검차는 순식간에 활을 쏘아대는 일종의 장갑 수레차였다.

대승을 거두자 강조는 거란군을 얕잡아 보았다. 강조는 방심하고 진중에서 바둑을 두는 여유를 부렸다. 강조가 잠시 여유를 부리는 사이 야율분노가 이끄는 거란군 별동부대가 통주의 서쪽 고려 본영진지를 처부쉈다.

"장군, 적의 선봉이 아군의 목책을 무너뜨렸습니다. 속히 대비책을 세우소서!"

급보를 들은 강조는 놀라지도 않고 오히려 큰소리쳤다.

"입 안에 음식물이 적으면 씹기가 불편하다. 많이 들어오도록 내버려 두어라."

곧이어 두 번째 급보가 전해졌다.

"장군. 거란의 군사가 이미 입에 넘치도록 들어 왔소이다!"

그제야 강조는 정신이 번쩍 들었다.

"그게 정말이더냐?"

"화급하오이다!"

강조는 순간 아찔한 생각이 들었다. 그의 귀에 목종의 꾸짖는 목소리가 들려왔다.

"네놈도 이제 명줄이 다 되었다. 천벌을 어찌 피하려는가!"

강조는 그 자리에서 무릎을 꿇었다.

"신이 죽을죄를 지었나이다. 제발 살려주소서. 살려주소서."

강조가 목종의 환영을 보고 빌고 있는 사이 거란군이 눈 깜짝할 사이에 강조를 묶어버렸다.

거란군은 강조의 몸을 양탄자에 싸서 수레에 싣고 성종에게 데리고 갔다. 거란의 성종은 강조의 결박을 손수 풀어주면서 회유했다.

"그대 같은 걸출한 인물이 어찌 작은 고려에서 태어났는가. 짐은 너를 살려주고 싶으니 나의 신하가 될 생각이 없느냐?"

"내가 고려 사람인데 어찌 거란의 신하 노릇을 할 수 있겠느냐!"

강조는 거침없이 대답했다. 그런데 옆에 있던 부하 이현운이 거란의 신하 되기를 자청하며 말했다.

"두 눈으로 이미 새 세상을 보게 되었으니, 어찌 일편단심 옛 산천만을 생각할 수 있겠습니까."

"너는 고려인인데 어째서 그 따위 말을 하느냐!"

강조는 이현운을 발길질하며 침을 뱉었다. 강조가 뜻을 굽히지 않자 거란 성종은 강조를 죽이라고 명령했다.

장렬한 강조의 죽음과 함께 통주를 지키던 행영도병마부사 노정, 서승 등도 모두 진영에서 죽음을 맞았다. 강조가 붙잡힌 후 고려군은 거란군의 추격으로 우왕좌왕하며 도망가다 모두 살해되었다. 고려의 3만 병사가 목숨을 잃고 버려진 병기와 군량이 길을 메웠다.

이때가 1010년 12월 초의 일이니, 1009년 현종을 옹립함으로써 역사의 무대에 화려하게 등장한 강조는 채 2년도 못되어 쓸쓸히 역사의 뒤안길로 퇴장했다. 강종의 굴욕은 이것으로 끝이 아니었다. 후세 역사가들에 의해 '반역열전'에 오르는 치욕까지 겪게 되었다.

거란의 3차 침입과 명장 강감찬

현종 2년(1011) 1월 거란군이 철수한 뒤에도 거란과 고려 사이에는 계속해서 전운이 감돌았다. 고려는 그해 8월 거란의 재침에 대비하여 송악성을 중수하고 서경에는 황성을 쌓았다. 이듬해 4월 거란은 현종에게 친조할 것을 요구해 왔다. 그러자 현종은 병이 났다는 핑계를 대어 거란에 입조하지 않고 형부시랑 진공지를 대신 보냈다.

화가 난 거란 성종은 강동 6성을 무력으로 차지하겠다며 고려에 통고해 왔다. 현종이 입조하지 않은 데에 대한 분풀이였다.

이 문제로 또다시 국경 분쟁이 재발할 조짐을 보이자 고려는 거란과 단절하고 재빨리 송나라와 친교를 맺으러 했다. 이로써 고려와 송, 거란 3국의 관계는 10여 년 전과 같이 다시 미묘한 상황에 놓이게 되고 거란은 다시 고려를 압박하여 왔다.

마침내 현종 5년(1014) 9월 소적렬이 이끄는 거란군이 통주와 홍화진을 공격하는 것을 신호로 거란의 3차 침입이 시작되었다. 이때 소적렬은 홍화진 장군 정신용과 별장 주연에게 패배하여 물러나긴 했지만, 그 이후에도 거란군의 침략은 계속되었다. 거란은 앞서 1·2차 때와 달리 소규모이면서 파상적으로 고려를 공격했다.

매번 압록강을 건너다 참패당하는 것을 본 거란은 이듬해 정월 압록강에 다리를 놓고 다리 양 옆에다 성을 쌓았다. 고려는 곧 군사를 동원하여 이곳을 공격하였으나 실패하고, 거란은 이 여세를 몰아 홍화진과 통진을 공격하였지만 또다시 패전하였다.

6성 가운데 셋을 치고도 번번이 실패하자 거란은 야율행평을 보내어 6성을 반환하라며 또다시 억지를 부렸다. 이때는 거란과 이미 단교를 한 상태라 고려는 야율행평을 억류하고 돌려보내지 않았다. 그러자 거란은 그해 9

월 다시 이송무를 파견하여 6성 반환을 재차 요구하고 며칠 뒤엔 압록강을 건너와 또다시 통주와 흥화진을 공격했다.

이에 대장군 정신용, 별장 주연 등 6명의 지휘관이 군사를 이끌고 나가 거란군을 배후에서 공격하여 7백여 명이나 죽였으나 이 와중에 이들 6명의 지휘관이 모두 전사하였다. 다시 거란군은 동쪽으로 진출하여 영주성을 공략하려 했으나 실패하고 퇴각하였다.

거란의 공격이 계속될 기미를 보이자 고려는 송나라에 구원군을 요청하였다. 그러나 송나라는 국력이 쇠퇴한데다 그 무렵 거란과 동맹을 맺고 있어서 고려의 청을 선뜻 받아들이기 어려웠다. 그저 사이좋게 지내라는 모호한 답변만을 반복하며 고려와 거란 어느 쪽에도 미움을 사지 않으려고만 했다.

송나라의 도움을 받지 못한 가운데 고려는 현종 7년(1016) 또다시 거란의 침입을 받았다. 그해 정월 야율세량과 소굴렬이 곽주에 침입하여 고려군 수만 명을 죽이고 치중을 빼앗는 등 큰 피해를 입히고 돌아갔다. 이후 두 나라 관계는 악화일로로 치닫게 되고 급기야 압록강에 나타난 거란국 사자를 고려 측에서 냉담하게 돌려보낼 정도로 냉기류가 흘렀다. 양국 간의 냉전이 계속되는 가운데 이듬해 8월 소합탁이 이끄는 거란군은 또다시 압록강을 건너와 흥화진을 포위하고 공격하다 패주하였다.

그러나 이렇듯 쉴 새 없이 소모전을 벌이던 거란의 공격은 소합탁이 패배한 뒤로 약 1년 동안 잠잠하였다. 잠시 소강기를 갖게 되자 고려는 거란에

용주성 거란의 침략을 막기 위해 압록강과 청천강 사이에 쌓은 성이다. 1014년 고려의 군사와 백성들은 이곳을 거점으로 반격하여 거란군을 후퇴하게 만들었다.

화해의 손짓을 보내는 척하면서 만일의 사태에 대비한 빈틈없는 준비에 온 힘을 기울였다.

귀주대첩의 신화

고려가 만반의 준비를 갖추고 있는 사이 마침내 거란의 성종은 1018년 12월 소배압에게 10만 대군을 이끌고 고려를 침공하게 했다. 소배압은 앞서 1차 침입 때에 왔던 소손녕의 형으로 2차 침입 때에는 거란 성종을 따라 개경까지 왔던 인물이다.

거란의 대대적인 공격이 시작되었지만, 고려는 예전의 무방비 상태가 아니었다. 고려 역시 거란의 대규모 침략을 예상하고 20만 군대를 조성해 놓고 있었다. 이 20만 군대를 지휘한 상원수가 바로 평장사 강감찬이었다.

강감찬이 처음 병력을 이끌고 진을 친 곳은 영주(안주)였다. 그러나 곧 홍화진으로 나아가 기병 1만 2천을 복병으로 배치해 놓고 홍화진 앞을 흐르던 내를 소가죽으로 꿰어 막았다. 그런 다음 거란군이 건너기를 기다렸다가 일시에 물을 터트려 흘려보내고 복병으로 하여금 거란군을 공격하게 하였다.

홍화진에서 불의의 일격을 당한 소배압은 퇴각하기는커녕 무모하게 개경으로 진군하고 있었다. 이에 부원수 강민첨이 소배압을 추격하여 자주(자산)의 내구산에서 격파하고, 동시에 시랑 조원이 남하해 내려온 거란군을 마탄(대동강 근방)에서 섬멸하였다.

계속되는 패배에도 불구하고 소배압은 개경 입성을 고집했다. 결국 이듬해 정월, 그는 개경에서 백여리 떨어진 황해도 신은현(신계)까지 진출하였다. 조정에서는 급히 태조의 재궁(梓宮)을 부아산 향림사로 옮기고 개경 일대에 계엄령을 내렸다. 소배압이 개경에 근접했다는 소식을 들은 현종은 도성 밖의 백성들을 모두 성 안으로 불러들이고 들판의 작물과 가옥을 철거하게 하는 한편, 비밀리에 기병 3백여 명을 금교역(금천)으로 보냈다. 기습부대들은 어둠을 타고 적병을 습격하여 이들을 거의 다 죽여 버렸다.

그 사이에 서북을 지키던 강감찬은 병마판관 김종현에게 군사 1만을 주어 개경을 수비하게 하고 동북면 병마사 역시 군사 3천 3백 명을 파견하여 개경을 사수하게 했다. 그러자 개경을 코앞에 두고 그만 탈진해 버린 소배압은 개경 공략을 포기하고 철군하기 시작했다.

거란군이 회군을 시작하자 강감찬은 곳곳에 군사를 매복시켜 두었다가 이들을 급습하게 했다. 퇴각하는 소배압은 마침내 외나무다리에서 강감찬과 맞부딪치게 되는데 그곳이 바로 '귀주'였다.

처음 양 진영은 서로 팽팽하게 맞선 채 좀처럼 승부가 나지 않았는데 개경에 내려갔던 김종현의 부대가 가세하면서 상황은 급변했다. 더구나 그때 갑자기 바람의 방향이 바뀌어 비바람이 남쪽에서 북쪽으로 불기 시작하자 남쪽에 진을 치고 있던 고려군의 기세가 한층 높아졌다. 전세가 불리하다는 것을 깨달은 거란군은 북쪽으로 달아나기 시작했고 고려군은 도망치는 적을 맹렬히 추격하여 거의 몰살시켜 버렸다. 당시 살아서 본국으로 도망친 거란군은 단지 수천 명밖에 안 되었으며 게다가 적장 소배압은 갑옷에 무기까지 버리고 죽기 살기로 압록강을 헤엄쳐 달아났다. 소배압에게는 그야말로 한 맺힌 압록강이었다.

소배압이 패전하고 돌아오자 거란 성종은 진노하여 "네 낯가죽을 벗겨 죽여 버리겠다."며 노발대발하였다. 이후 소배압의 낯가죽이 실제로 벗겨졌는지는 알 수 없으나 파직되어 귀양 갔다고 하는 기록으로 보아 다행히 목숨만은 건진 듯하다.

귀주성 서쪽 성벽 압록강에서 청천의 길목을 지키던 귀주성은 고려를 침입하는 첫 번째 관문이었다.

 강감찬의 지휘로 거란군의 침략 야욕을 분쇄해 버린 이 날의 전투는 우리 역사상 귀주대첩으로 알려져 있다. 그러나 거란 역사에서는 가장 비참한 패전으로 기록되었을 것이다.

 패장 소배압이 자신의 낯가죽을 걱정하는 사이, 승장 강감찬은 3군과 포로를 이끌고 당당히 개선했다. 강감찬이 개경에 온다는 소식을 들은 현종은 친히 영파역으로 나가서 그를 맞이하고 금화 8가지를 강감찬에게 꽂아 주었다. 이 날을 기념하여 영파역은 흥의역으로 개칭되고 이곳의 역리는 지방 관리와 같은 관대(冠帶)를 받았다.

문무를 겸비한 재상 강감찬

구국의 영웅 강감찬은 948년 금주(衿州)에서 태어났다. 고려 정종 3년 사신이 금주를 지나다가 어느 집에 하늘에서 큰 별이 떨어지는 것을 보고 그 집에서 무슨 일이 일어났는지 알아보았다. 마침 그 집 안주인이 아들을 낳았다는 것이었다.

사신은 기이하게 여겨 그 아들을 데려다가 길렀다. 이 아이가 강감찬이었다. 그 뒤 송나라 사신이 고려에 왔다가 강감찬을 보고 자신도 모르는 사이에 절을 했다.

"문곡성(文曲星)을 못 본지 오래더니 여기에 있도다."

문곡성은 문성(文星)이라고도 하는데 역술가들이 문운(文運)을 주관하는 별을 말한다. 물론 꾸며진 이야기지만, 이 전설을 옮겨 강감찬이 태어난 곳을 낙성대라고 부른다.

강감찬의 처음 이름은 은천(殷川)이었다. 그의 5대조는 여청(餘請)으로 신라 사람이다. 그의 아버지는 궁진(弓珍)으로 태조 때에 출사하여 삼한벽상공신에 이르렀다. 강감찬은 명문가에서 태어나 어려서부터 학문을 제대로 닦고 지략을 키웠다.

강감찬 동상

  강감찬은 흔히 장수로 알려져 있지만, 성종 2년 12월에 진사 시험에 합격하고, 왕이 친히 관장하는 과거에서 장원급제했다. 이때부터 강감찬의 앞길은 약속되어 있었다. 그 뒤 강감찬은 승승장구, 벼슬이 올라 고려 조정에서 막강한 실력자가 되었다. 또 그는 불교 신자로서 흥국사에 공양탑을 세우고 탑 기단에 해서체로 글을 새겼다.

    불제자 평장사 강감찬 나라의 영원한 태평과 원근이 항상 평안하기를 바라며 이 탑을 경조하여 받드니 길이 공양을 받으소서.

이 공양탑 하나로도 강감찬의 우국충절을 알 수 있다.

귀주대첩으로 거란에 씻을 수 없는 치욕을 안겨다 준 그는 전란 이후에는 개성 외곽에 성곽을 쌓을 것을 주장하는 등 국방에 힘썼다. 낙향한 뒤에는 《낙도교거집》과 《구선집》 등 저술에도 힘써 몇 권의 저서도 남겼으나 현재는 전해지지 않는다.

국가를 위해 헌신한 강감찬은 이후 연로를 이유로 여러 차례에 걸쳐 은퇴를 청원하기도 했다. 그러나 현종이 지팡이까지 하사하며 만류하는 바람에 뜻을 이루지 못했다. 1030년에는 벼슬이 문하시중에까지 올랐으며 덕종 원년(1032)에 생을 마감하였으니 향년 84세였다.

강감찬이 죽자 덕종은 3일간 조회를 멈추고 장례식을 국장으로 치르게 했다. 죽은 이후 현종 묘정에 배향되었으며 문종대에는 수태사겸중서령 벼슬에 추중되었다. 시호는 인헌(仁憲)이며 아들로 강행경이 있다.

현종

불륜으로 태어난 왕

강조의 정변으로 대량원군 순이 왕위에 올랐으니 이가 고려 제8대 왕 현종이다. 현종은 992년 태조의 아들인 안종 욱(제5비 신성왕후 김씨 소생)과 경종의 제4비 헌정왕후 황보씨 사이에서 태어났다. 경종이 죽자 과부가 된 헌정왕후가 숙부인 안종 욱과 불륜을 저질러 낳은 아들이 바로 현종이었다.

헌정왕후가 산고로 죽는 바람에 태어나자마자 고아가 되다시피 한 현종은 성종에 의해 궁중에서 양육되었다. 비록 정상적인 혼인관계에서 출생하지는 못했지만 부모가 모두 왕족이고 헌정왕후는 성종의 여동생이었으므로 성종은 조카인 현종을 아들처럼 기른 것이다.

이후 현종은 목종 6년(1003)에 12세의 나이로 대량원군에 책봉되었다가 천추태후에 의해 한때 강제로 중이 되어 출가 생활을 하기도 했다. 그러나 1009년 2월 목종이 강조에 의해 폐립되자 대신들의 추대에 의해 왕위에 올랐으며 이때 그의 나이 18세에 불과했다.

현종은 왕위에 오르자 자신을 옹립해 준 강조를 이부상서 참지정사, 채충순을 이부시랑 좌간의대부에 앉히고 본격적인 개혁작업에 착수하였다. 즉위한 그달에 교방(敎坊, 음악을 가르치던 기관)을 없애고 목종대에 늘어난 궁녀수를 대폭 줄이는 혁신적 조치도 내렸다. 또한 향락에 사용된 진귀한 새

현종 즉위
1009

제2차 거란 침입
1010

이공온, 대조국(大趙國) 건국

거란군 개경에 침입, 현종 나주로 파천
1011

독일, 하인리히 2세 폴란드와 교전

와 짐승들을 산천으로 돌려보내는 등 목종대의 퇴폐적인 분위기를 쇄신하였다. 강조의 변란은 비록 왕을 폐립한 것이긴 하나 구악을 일소하였다는 면에서 긍정적인 결과를 가져왔다 하겠다.

현종은 역대 국왕 중 누구보다도 백성을 사랑한 왕이었다. 거란 침입 이후 굶어 죽는 자들이 속출하자 "나 혼자만 호의호식할 수 없다."며 화려한 밥상을 거절할 정도였다. 매년 억울한 누명을 쓴 백성들을 풀어주는 일을 실시했으며 일부 특권층의 사치와 낭비를 억제하기 위해 각도의 기술자들을 귀농시키기도 하였다.

현종 역시 역대 왕들과 마찬가지로 호불숭유의 경향이 매우 강한 왕이었다. 왕위에 오르기 전 삼각산 신혈사에서 승려 생활을 한데다가 그 절 노승의 도움을 받아 죽을 고비를 넘기게 된 이력만 보더라도 그의 호불적 성향은 짐작하고도 남는다. 즉위하자마자 성종이 폐지시킨 연등회와 팔관회를 부활시킨 것도 그의 호불적 성향을 드러낸 것이라 하겠다.

그러나 의욕적인 정치쇄신이 막 궤도에 오르려 할 즈음, 현종은 거란의 침입이라는 전란을 겪게 된다. 어린 시절부터 온갖 수난을 겪은 현종은 왕이 되어서도 여전히 험난한 고초를 겪어야 했다.

개경을 떠난 현종

1010년 10월, 거란은 목종의 폐립 사건을 빌미로 40만 대군을 동원하여 고

《대장경》 조판

중광사 창건
1012

거란, 청천강 이북의 6성 요구
1013

송, 농기세 폐지

려에 침입했다. 거란군은 목종 폐립의 주모자인 강조를 잡아 살해하고 다시 이듬해 정월 개경으로 향했다. 당시 고려 조정은 화친 쪽으로 기울었으나 강감찬의 반대로 항전의 태세로 방향을 바꾸고 현종은 개경을 떠나 남행하는 신세가 되었다.

차디찬 겨울바람이 몰아치던 12월 밤, 현종은 2명의 왕비와 이부시랑 채충순 등이 이끄는 금군 50여 명과 함께 개경을 떠났다. 태조 이래 왕이 적을 피해 개경을 떠나기는 이때가 처음이었다.

개경을 떠난 현종을 위협한 것은 정작 거란군이 아닌 반란 세력들이었다. 강조가 목종을 폐립하고 현종을 옹립하자 이에 불만을 품고 있던 세력들이 현종이 남행한다는 소식을 듣자 죽이려 했던 것이다. 강조의 사망으로 날갯죽지 잃은 새 신세가 된 현종은 적성현에서 한갓 무졸에 불과한 견영과 장궁시에게 봉변을 당할 정도로 위태로운 처지에 놓여 있었다. 다행히 중랑장 지채문이 이들을 활로 쏴 죽이는 바람에 간신히 목숨을 부지할 수 있었다.

현종을 구한 지채문은 북방에서 거란군을 방어하던 장수였는데 거란군이 개경을 함락시키려 한다는 정보를 입수하자 이를 알리기 위해 개경에 와 있던 중 현종의 호위임무를 자청해서 맡은 인물이다. 당시 지채문이 호위를 맡겠다고 나서자 현종은 감격하여 "전선에서 고생하고 또 나를 호위하겠다고 하니 그 뜻이 가상하다."며 은안장을 하사하기도 했다.

적성현에서 지채문의 도움으로 간신히 위기를 모면한 현종은 다시 창화

《국사(國史)》 편찬	철리국 사신, 말·초서피·청서피 바침	홍화진·영주성에 침입한 거란군 격퇴
	1014	**1015**

현(양주 지방)으로 몸을 피했다. 그런데 그곳의 관리가 현종을 무시하며 딴 전을 피워댔다.

"왕께서는 내 이름과 얼굴을 아십니까?"

"내가 너를 어찌 알겠느냐."

현종이 상면한 적이 없다고 대답하자 관리는 도리어 화를 버럭 내며 협박했다.

"하공진이 군사를 일으켜 너희들을 잡을 것이다." 하공진이 반란을 일으켰다는 말을 듣자 현종을 시위하던 김응인과 시랑 이정충 등이 겁을 먹어 도망치고 현종 곁에는 지채문과 채충순, 주저 등만 남게 되었다. 시위군들이 흩어지고 밤이 되자 반란 세력들은 현종을 죽이려 방 안으로 들이닥쳤다. 그러나 이번에도 지채문의 기지로 현종은 간신히 몸을 피신하고 날이 밝자마자 왕후들과 함께 창화현을 떠났다.

창화현을 탈출할 때 지채문은 두 왕후를 북쪽 문으로 탈출하게 한 뒤, 현종과 함께 변장을 하고는 일반 행인들 틈에 끼어 도봉사란 절로 갔다. 반란 세력들은 왕의 일행이 탈출한 줄도 모르고 추격하지 않았다.

현종과 함께 도봉사에 도착한 지채문은 간밤의 변괴가 못내 꺼림칙했다.

"간밤의 역적은 하공진 같지 않습니다. 신이 가서 알아보고 오겠습니다."

그러나 도망치는 시종들을 무수히 본 현종인터라 지채문마저 자신을 버리고 도망가지 않을까 근심이 되었다.

"신이 만약 돌아오지 않으면 하늘이 저를 용서치 않을 것입니다."

간신히 현종의 허락을 받아낸 지채문은 변란의 내막을 알아보려 창화현으로 가다가 우연히 하공진을 만났다. 여기서 간밤의 역모가 하공진의 소행이 아니라는 것을 알게 된 지채문은 하공진과 함께 현종이 있는 도봉사로 돌아갔다.

도봉사에서 현종을 만난 하공진은 거란을 물리칠 방책을 아뢰었다.

"거란은 본래 역적을 치러 나온 것입니다. 그들이 이미 강조를 죽였으니 화해를 요청한다면 아마 철군을 할 것입니다."

하공진의 대책이 그럴 듯하다고 느낀 현종은 그를 거란 진영으로 보냈다. 이때 거란군은 현종을 쫓아 이미 창화현까지 도달해 온 상태였다. 하공진이 오자 거란군은 현종이 있는 곳을 물었다.

"지금 강남으로 떠나셨으니 어디 계신지 모른다."

"강남이 여기서 어디쯤이냐?"

"강남은 매우 멀다. 몇 만 리나 되는지 모른다."

하공진이 계속 현종이 강남에 있다고 둘러대자 추격할 엄두가 안 난 거란군은 병력을 철수하고 돌아갔다.

1010년 12월 27일, 현종이 개경을 떠나자 이듬해 1월 1일 개경을 함락시킨 거란군은 대묘와 궁궐은 물론이요 민가까지 모두 불태워 없앴다. 이 날의 재화로 고려는 개경 궁궐과 함께 고귀한 문화재를 다 소실하였을 뿐 아니라

소배압 등, 거란 3차 칩입

강감찬의 귀주대첩
1019

거란과 강화
1020

태조 이래 목종까지 7대에 걸친 주요 실록기록들마저 화재로 잃게 되었다.

하공진이 목숨을 걸고 거란 진영으로 간 것은 현종의 신변이 위태로운 탓도 있지만 이 같은 개경의 참화가 더 큰 동기였다. 거란군은 이때 하공진의 철수 요청을 받아들인 대신 그를 잡아 두고 다시 돌려보내지 않았다. 이후 충신 하공진은 거란으로 끌려가 살해당하였다.

피난길에 왕비마저 잃어버리다

하공진이 억류되었다는 소식이 도봉사에 전해지자 신하들이 또다시 겁을 먹고 도망쳐 현종 곁에는 겨우 시랑 충숙과 채충순, 유종 등 몇 사람만 남아 있을 뿐이었다. 더욱이 현종은 도봉사를 떠나 경기도 광주로 향하고 있었는데 여기서는 후비들마저 잃어버려 일대 소동이 벌어졌다. 다행히 지채문이 사방으로 수소문하여 후비들을 찾아온 덕에 현종은 그럭저럭 광주에서 사흘 밤을 보낼 수 있었다.

3일을 광주에서 묵은 현종은 다시 남쪽으로 발걸음을 옮겨 비뇌역이란 곳에 도착했는데 여기서 또다시 호종하던 군사들이 처자식을 찾는다며 흩어져 신변이 매우 불안했다. 지채문은 밤에 혹 도적을 만나지 않을까 염려하여 현종에게 장사꾼 갓을 씌워 변장시키고는 몰래 비뇌역을 빠져나가려 했다. 비뇌역을 빠져나온 현종은 시종 유종의 고향인 양성으로 갔다. 그런데 양성에서 유종과 김응인은 현종의 두 후비가 너무 거추장스럽다며 이들

사원에서 술 제조를 금지
1021

자식이 없이 죽은 군인의 미망인에게 구분전 지급
1024
송, 최초로 지폐 발행

개경을 확장하여 5부(部) 35방(坊) 314리(里)로 정함

을 친정으로 돌려보내자고 했다. 이들의 말에 그만 기가 막힌 현종은 지채문을 불러 이 문제를 상의했다.

"왕후들을 내버려 가면서까지 목숨을 구하자고 하니 될 말입니까."

지채문은 목놓아 울며 반대했다.

이에 현종은 다시 양성을 떠나 천안부로 향했는데 유종과 김응인은 왕 맞을 채비를 한다며 도망치고 현종은 다시 남하하여 파산현으로 갔다. 그런데 왕비 원정왕후 김씨는 당시 임신 중이었다.

"왕후가 아이를 가져 더 이상 멀리 가기는 어렵겠다. 왕비의 고향인 선주(선산)가 여기서 멀지 않으니 그리로 보내는 게 좋을 듯싶구나."

지채문의 반대에도 불구하고 현종은 원정왕후를 선주로 보내고 자신은 여양현으로 내려갔는데 그나마 남은 병사들도 모두 도망갈 궁리만 하고 있었다. 현종은 이들에게 벼슬을 하사하여 위로하고 다시 전주로 향했다. 그러나 전주는 후백제 지역이라 고려 조정에 대한 반감이 깊었다. 따라서 현종은 전주를 피해 과거 태조가 진무하던 지역인 나주로 갔다. 나주에 도착한 날이 1월 13일이었으니 현종은 20일도 채 되지 않는 기간에 개경에서 전라도 나주까지 쉼 없이 달려 온 것이다.

나주에서도 현종은 간담이 서늘해지는 일을 또 한 번 겪었다. 나주에 들어서는 순간, 망을 보던 병사가 그만 잘못 봐 "거란군이 쳐들어왔다."고 소리치는 바람에 현종은 놀라서 뛰쳐나가고 민심마저 흉흉해지는 소란이 발

대식국인 100명 공물을 바침	흥요국, 건국을 알리고 구원 요청	흥요국 멸망, 거란과 국교 회복
1025	**1029**	**1030**
	이슬람 천문학자에 의해 백야의 원리 해명	흥요국, 고려에 원병 요청

거란문자 거란의 문자는 한자에서 유래된 큰 글자와 위구르 문자에서 유래된 작은 글자로 이루어졌다. 이 동경에 새겨진 것은 큰 글자이다.

생한 것이다.

그러나 현종의 고생도 그리 오래가지는 않았다. 거란 진영에 간 하공진의 계략이 들어맞았는지 거란은 더 이상 현종을 추격하지 않고 퇴각하기 시작했다. 현종이 나주에 닿은 지 사흘 뒤인 16일, 통사사인 송균언이 거란의 전봉원수 부마의 글과 하공진의 글을 가지고 와서 거란군이 퇴각하기 시작했다는 사실을 알렸다.

그런데 이때 거란의 전봉원수가 보내 온 글은 거란문자로 쓰여 있어서 아무도 해독하지 못했다 한다. 하지만 거란군이 퇴각하는 것만은 사실이었으므로 현종은 기쁜 마음으로 나주를 떠나 공주, 청주를 거쳐 그 다음 달인 2월 23일 개경으로 돌아왔다.

고려의 안정기반을 마련한 현종

거란군의 퇴각으로 현종은 개경에 무사히 돌아올 수 있었다. 불심이 누구보다 강했던 현종은 환도하는 길에 청주의 행궁에서 연등회를 베풀었으며 대장경 조판도 명령했다. 이 당시 거란군이 갑작스럽게 철수한 이유는 분명하지 않지만 왕을 비롯한 고려인들은 불력에 크게 힘입어 물리쳤다고 믿었다.

그런 까닭으로 현종의 불교에 대한 애정은 역대 어느 왕보다 앞섰다. 현종 3년(1012) 5월에는 경주 조유궁을 철거하고 그 재목으로 황룡사탑을 수리하게 하였고 승려들을 내전에 불러모아 《인왕반야경》을 강론하게 하기도 했다. 다시 그해 12월 개성에다 중광사를 창건하였다.

현종 9년(1018)에는 거란 침입으로 고생하다 죽은 원정왕후의 명복을 빌기 위해 대자은현화사를 창건하고 여기에 안서도(황해도) 둔전 1천여 결을 하사해 주었다. 이때 신하들이 둔전을 현화사에 주는 것이 옳지 못하다며 반발했으나 현종은 이를 묵살했다. 또한 현화사 종이 완성되자 직접 가서 타종하고는 따라간 신하들에게 각각 의물을 바치게 해 '금종보'라는 보(寶)를 마련하였으며 현화사 승려 법경을 왕사로까지 삼았다. 현종은 여기서 그치지 않고 직접 현화사 비액을 쓰고 송나라에서 귀화한 한림학사

현화사 7층 석탑 현종 때 세워졌으며 규모가 크면서도 균형이 잡히고 섬세한 조각이 돋보이는 고려 석탑의 특징을 보여준다.

주저에게 비문을 짓게 하였으며, 참지정사 채충순은 비음(碑陰)을 지어 써 넣게 하였다.

현종의 숭불 정책은 폐단도 만만치 않았다. 술을 만들어 팔아 돈을 벌려는 승려들이 속출하기도 하고 승려들의 의복이 너무 사치스러워지자 사문의 복식을 새로 만들기도 했지만 잘 시행되지 않았다.

현종은 호불의 군주였지만 최치원을 비롯한 선유들의 배향의례를 제정하는 숭유 정책도 잊지 않았다. 유학이 광종대 이후로 번창했지만 선유들을 배향하는 의례를 세운 것은 이때가 처음이었다. 현종 16년(1025)에는 상하와 장유의 순서에 따라 문무관의 상견례를 정했는데, 품계가 낮은 자가 높은 자를 만났을 때 읍(揖)을 한다든지 말에서 내려 회피(回避, 돌아가는 것)하게 하는 것도 다 이때 제정된 것이었다.

현종은 국민들의 교화에도 관심을 기울였다. 현종 8년(1017)에는 옛 고구려, 신라, 백제 3국 왕들의 능묘를 수리하게 하고 또 그 앞을 지나갈 때는 말에서 내리게 하여 고대 선왕들에 대한 존경의 뜻을 갖도록 했다.

현종의 치적으로 또 하나 주목되는 것은 《칠대실록》의 편찬이다. 1011년 거란의 2차 침입으로 개경이 함락되고 궁궐이 불타는 바람에 사초가 완전히 소실되자 현종은 이를 복원하기 위해 최항, 최충, 황주량 등에게 명령하여 태조에서 목종까지의 실록을 편찬하도록 했다. 이것이 고려 최초의 실록인 《칠대실록》으로 1013년에 착수되어 1034년에 완성되었으며 이후로 고려는 각 왕대마다 실록을 편찬하는 전통을 가지게 되었다. 《고려실록》은 이후 조선 초기까지 보존되어 《고려사》 편찬의 저본으로 활용되었으나 임진왜란 때 춘추관이 불타면서 소실되었다.

현종은 즉위하자마자 전화를 겪은데다 이후에도 계속해서 거란의 도전을 받아 국방에 상당한 신경을 기울였다. 동계에서 북계까지의 요충지에 성을 쌓아 어떠한 적의 침입도 막아낼 수 있게 만들었으며 이후에도 해마다 성을 쌓거나 보수하여 방비를 게을리하지 않았다. 이처럼 거란의 재침을 방어하기 위해 물샐틈없는 준비를 한 현종이지만, 거란의 침입에 너무 고생한 탓인지 거란과의 관계가 악화되는 것을 대단히 두려워했다.

1029년 9월, 거란의 동경에서 발해시조 대조영의 7대손인 대연림이 반란을 일으켜 흥요국을 세우고 거란과의 전쟁을 위해 고려에 지원병을 요청한 적이 있었다. 대연림이 고려에 지원병을 청한 것은 고려가 이전부터 발해인을 포용하고 거란과는 사이가 좋지 못한 것을 알고 있기 때문이었다. 그러나 현종은 거란과 다시 싸우고 싶지 않아 흥요국의 계속되는 지원 요청을 냉정히 거절하였다. 이듬해 흥요국은 멸망하고 그 유민 다수가 고려로 건너오게 되었는데, 현종이 이때 용기를 내어 흥요국을 도왔더라면 동북아시아의 역사는 다시 쓰일 수도 있었던 순간이었다.

고려의 발전과 혼란

고려의 발전과 혼란

최충의 구재학당이 설립되면서 12공도에 의해 고려의 학문은 발전기를 갖게 되었다. 또한 대각국사 의천 등을 통한 불교 문화의 발전과 귀족 문화의 발전으로 수준 높은 고려청자가 만들어지기도 했다.

이때 북쪽 변방에서는 여진족이 성장하기 시작했는데, 고려는 변방을 괴롭히는 여진을 정벌하여 9성을 쌓고 국토 방위에 눈을 돌렸다. 국내 정치는 물론 외교관계까지 발전을 거듭하던 고려는 외척과 무신난을 겪으면서 점차 혼란기에 빠져들었다.

이자겸을 비롯해 묘청이 난을 일으키는가 하면, 정중부, 이의민 등 무신들이 권력을 마음대로 휘두르게 되었으며, 신분해방을 외치며 농민과 천민들의 저항 운동도 끊이지 않았다. 무신들의 집권은 최충헌에 이르러 극에 달하는데, 최씨 정권은 4대에 걸쳐 60여 년간 지속되면서 고려 왕실을 농락하였다.

그 사이 북쪽 변방에서 세력을 키워오던 몽골이 고려를 침입하였고, 수세에 몰린 고려는 결국 임금이 강화로 천도하는 지경에 이르렀다.

무신들의 집권으로 혼란해진 정치와 민심의 이반 등 여러 가지 모순이 쌓이면서 고려는 많은 문제점이 나타나게 되었고, 몽골군의 침입이라는 외침까지 겪으면서 점점 쇠락의 길을 걷게 되었다. 결국 고려는 몽골과 강화를 맺을 수밖에 없었다.

덕종

태평성대의 씨를 뿌리다

거란 침입을 막아내며 국내외의 안정기반을 이룩한 현종은 불행히도 천수를 누리지 못했다. 결국 1031년 나이 40세, 재위 22년 만에 세상을 떠났다. 그 뒤를 이어 현종의 장남 흠(欽)이 왕위에 오르니 이가 제9대 왕 덕종(德宗)이다.

덕종은 제3비 원성왕후 김씨의 소생으로 현종 7년(1016)에 태어났다. 5세 때 연경군에 책봉되었다가 2년 뒤에 태자가 되었다. 즉위할 때 그의 나이는 16세에 불과했다. 비록 어린 나이에 즉위한 덕종이지만 선왕인 현종이 닦아 놓은 안정치세를 이어간 왕으로 평가받고 있다.

덕종은 즉위하자 사면령을 내려 죄수들을 풀어주고 현종대의 중신들인 서눌, 왕가도, 최충, 황주량 등을 임용하여 조정의 안정을 기했다. 또 거란에 대한 유화책도 잊지 않아 거란의 성종이 죽자 공부낭중 유교를 보내서 조의를 표하게 하고 뒤이은 흥종의 즉위식에는 낭중 김행공을 축하사절로 보내기도 했다. 이와 함께 거란 측에다 압록성(보주와 선주의 두 성)과 여기에 설치한 다리를 철거하고 억류된 고려 포로들을 송환해 줄 것을 요구했다. 그러나 거란측이 거절하자 고려는 거란 연호의 사용을 중지하는 등 거란과의 국교를 단절하였다.

덕종 즉위
1031
에스파냐, 다수의 소국으로 분열

혁차·수질노·뇌등석포 등 무기 제작
1032
경종 즉위, 서하 건국

《7대 실록》 편찬

고려의 강경일변도 태도에 거란은 1032년 정월 사신을 보내 화해하려 했으나 고려는 사신의 입국을 거절하고 만일에 있을 거란의 침략에 대비하여 삭주와 영인진에 성을 쌓았다. 고려의 예측대로 거란은 이듬해 10월 정주를 침략하여 삭주와 영인진의 성축공사를 방해하려 했지만, 고려군에 패배하여 퇴각하고 말았다. 이 무렵 고려는 현종대에 2, 3차에 걸친 거란 침략을 겪으면서 어느덧 군사적으로 강성한 나라가 되어 있었다. 반면 침략에 패배한 거란은 정국 혼란까지 겹쳐 과감한 군사적 도발행위는 일으키지 못하였다. 고려는 거란과 팽팽한 긴장관계를 지속했으나, 여진과는 매우 협조적인 관계를 유지하는 정책을 폈다.

정치·외교 분야에 역량을 발휘한 덕종은 교육 분야에도 손을 대었다. 즉위한 해에 국자감에 시험 제도를 도입하여 국자감을 명실상부한 고려 제일의 교육기관으로 격상시켰다. 실력을 불문하고 명망 있는 집안의 자제들이 손쉽게 입학하던 곳이 국자감이었다. 입학시험을 도입함으로써 실력 있는 인재들도 입학할 수 있는 길을 열어준 것이다. 3년 뒤에는 양반 및 군인, 한인(閑人)의 전시과를 개정하였으며 형벌경량주의에 입각하여 사형에 처한 자들을 감형해 주기도 했다.

고려를 안정기에 올려놓은 덕종이었지만, 병약한 체질을 오래 견디지 못하고 재위 3년 만인 1034년 9월 급작스럽게 사망하고 말았다.

3년 치세를 뒤로 하고 요절한 덕종에 대해 이제현은 이렇게 평했다.

천리장성 쌓음
1033
송, 인종의 친정 시작됨(경력의 치)

개성 성균관 고려 시대 최고의 교육기관으로 그 명칭은 국자감, 국학, 성균관으로 바뀌었다.

"덕종은 부모상을 당하여서는 자식으로서 효도를 다하였고, 정치를 함에 있어서는 부왕이 하던 일을 고치지 않았으며 원로인 서눌, 왕가도, 최충, 황주량 등을 신임하여 조정에서는 서로 기만하는 일이 없었다. 이 덕분에 백성들의 생활이 편안했으니 그의 존호에 덕(德)자를 붙인 것은 당연한 것이다."

그러나 한편으로 단지 3년이라는 짧은 치세를 기록한 덕종이 실제로 얼마나 정사에 간여했을까 하는 의문이 들기도 한다. 어쩌면 재임 기간 그가 잘한 것이라고는 부왕에 대한 효심을 바탕으로 원로 중신들을 여전히 신임했다는 점뿐일지도 모른다.

아들 없이 요절한 덕종

덕종은 경성왕후 김씨를 비롯한 5명의 부인을 두었으며 이들로부터 2명의 공주를 얻었다. 때문에 덕종은 왕위계승자를 얻지 못하고 죽음을 맞았다.

제1비인 경성왕후 김씨는 현종의 딸이며 원순숙비 김씨 소생으로 덕종과는 이복남매간이다. 덕종 사망 후 52년간을 더 살다 1086년에 죽었으니 상당히 장수한 왕후라 하겠다.

제2비 경목현비 왕씨는 중서령 왕가도의 딸이다. 경성왕후보다 먼저 덕종의 부인이 된 듯하나 왕족 출신이 아닌 까닭으로 제2비로 밀려났다. 경목현비의 부친인 왕가도는 청주 출신의 호족으로 본명은 이자림이다. 현종대에 반란을 진압하는 공을 세워 재상의 반열에 오르게 되었으며 현종으로부터 왕씨 성을 하사받고 왕가도로 개명했다.

이후 왕가도는 그의 두 딸을 각각 현종비와 덕종비로 바치는 등 외척으로 세도를 누리기도 했는데 덕종대의 대거란 강경책은 왕가도의 정책이 반영된 것이다. 그러나 현종의 장인이었던 서눌과 김은부 세력에 밀려 덕종이 죽자 실각하고 말았다.

제3비 효사왕후 김씨도 현종의 딸로 원혜왕후 김씨가 어머니이다. 덕종과는 이복남매간이고 제11대 왕 문종과는 친남매간이다.

정종

정종과 천리장성

덕종이 아들도 없이 20세도 채 안 되어 사망하자 그 아우인 평양군 형(亨)이 왕위에 올랐으니 이가 고려 제10대 왕 정종(靖宗)이다.

정종은 현종의 차남으로 덕종과 마찬가지로 원성왕후 김씨 소생이다. 1018년에 출생했으며 5세 때 내사령과 평양군으로 책봉되었다. 1034년 즉위할 때 그의 나이 17세였다.

형 덕종을 이어서 왕위에 오른 정종은 즉위한 해에 대사면령을 내려 국민 화합을 도모했다. 덕종대와 마찬가지로 원로 중신들을 중용하면서 안정된 사회를 구축시켜 나갔다. 선대 왕들과 마찬가지로 국방에도 신경을 써서 평북 창성에 성을 쌓는 등 덕종대에 시작된 천리장성 작업을 지속했다. 이때 거란은 장성 축조를 중지하라고 요구하였으나 고려는 거란에 대항하여 성을 축조하는 것이 아니라는 회신을 보냈다.

정종은 거란에 대해 덕종처럼 강경일변도의 외교 정책을 펴나가지는 않고 타협과 강경책을 적당히 안배하여 거란의 비위를 건드리지 않으려 했다. 1038년 양국 간의 국교는 다시 정상화되었다. 고려는 이때부터 거란 연호를 다시 사용하였으며 이후 거란이 멸망할 때까지 평화상태가 지속되었다.

정종은 거란과의 국교정상화 이후에도 정종 10년(1044) 압록강에서 동해

정종 즉위
1034

독일, 부르군트 왕국 병합

양반 · 군인 · 한인(閑人)전시과 개정

모든 관리에게 녹패(祿牌)를 줌
1036

천리장성

안 도련포에 이르는 대장성을 완성하였다. 덕종 2년에 시작된 이른바 '북경관성'의 대장정이 완성된 것이다. 흔히 알려져 있는 '천리장성'이 바로 이때 완성된 북경관성이다. 이 관성의 축조에는 평장사 유소, 내사시랑 최충이 크게 활약한 것으로 알려져 있다.

변방의 안정을 바탕으로 정종은 일련의 사회안정책을 실시하였다. 정종 2년(1036)에 한 집안에 아들이 넷 있을 경우 그중 한 명은 출가(중이 되는 것)할 수 있도록 했다. 1039년에는 노비종모법을 제정하고, 1040년에는 도량형의 규격을 새로 마련하여 세금 수취의 폐단을 막도록 했다. 1046년에는 적자, 적손, 형제, 남손(男孫), 여손의 순서로 상속이 이어지는 장자상속법을

1037
키예프공국, 성소피아성당 건립

1038
홍수로 농사 피해, 추역군 징발을 일시 중지

1039
천자수모법 세움

마련하기도 했다.

정종도 덕종과 마찬가지로 불교를 숭상한 왕이었다. 봉은사 승려 법경을 국사로 삼고는 수시로 봉은사를 찾아가 예불을 드렸다. 특히 정종 12년

봉은사

(1046) 3월에 시중 최제안에게 명하여 구정(毬庭)에 배향하고 개경 길가에서 승려들이 불경을 암송하며 백성들의 복을 비는 행사를 열도록 했다. 이것을 '경행'이라 하는데 그 뒤로 해마다 연례행사처럼 열렸다.

불가의 경행은 좌선할 때 졸린 것을 막거나 또는 병을 다스리기 위해 행하는 것이어서 본래 정해진 장소에서만 하는 것이었다. 정종의 명령으로 행해진 개경 경행은 불가의 경행을 확대해서 국가 의식으로 삼은 변칙적인 행사였다.

정종의 치세도 덕종과 마찬가지로 그다지 오래 가지는 못하였다. 약한 몸을 이끌고 정력적으로 정사에 몰두하다 그만 중병을 얻어 드러눕고 만 것이다. 1046년 5월 재위한 지 11년 8개월 만에 이복동생 낙랑군 휘(徽, 문종)에게 선위하고 요절하니 이때 그의 나이 불과 29세였다.

도량형 통일
1040

회경전에 장경도량 설치
1041

국자감의 학생 중 나이 많고 재능 없는 자를 광군에 보충
1042

송, 요와 화친

왕녀를 부인으로 맞지 않은 최초의 왕

정종은 용신왕후 한씨, 용의왕후 한씨 등 5명의 부인을 두었으며 이들로부터 4남 1녀의 자녀를 얻었다. 제1, 제2비인 용신·용의 자매 왕후는 단주 지역 출신인 재상 한조의 딸이다. 단주는 송악과 인접한 지역으로 태조의 5대조 강충과 그의 아들 보육이 살았던 마가갑이 있는 곳이다. 단주 한씨 세력은 태조 때부터 왕실과 밀접한 관련을 맺고 있었다. 당시 재상가문 중에서 왕자의 혼인대상으로 손색없는 집안이었다.

정종은 선대 왕들과 달리 전혀 혈연관계가 없는 집안에서 5명의 부인을 맞아들였다. 정종은 광종 이후 처음으로 왕족녀를 제1비로 맞지 않은 왕이 된 것이다. 정종이 완벽한 족외혼을 할 수 있었던 것은 현종의 둘째 아들인데다 형인 덕종이 생존하고 있어 직접적인 왕위계승권자가 아니었기 때문이다. 따라서 정종은 좀 더 자유로운 상태에서 재상가의 딸들과 혼인할 수 있었다. 이것은 한편으로 정종대에 외척들의 입김이 그 어느 때보다 크게 작용했다는 것을 의미하기도 한다.

탐라국이 조공	천리장성 완성	향·부곡·악공·잡류 등의 자손은 과거(科擧)를 불허함
1043	**1044**	**1045**
동로마 키예프의 블라지미르가 콘스탄티노플을 공격	거란, 5경을 정함	콘스탄티노플법학교 건립

문종

태평성세를 이룩한 명군주

1046년 5월 정종의 선위를 받은 낙랑군 휘가 왕위에 오르니 이가 고려 제11대 왕 문종(文宗)이다. 문종은 현종의 3남이자 원혜태후 김씨 소생으로 현종 10년(1019)에 출생하였다. 선왕 정종과는 한 살 차이 이복동생이다. 1022년에 낙랑군에 책봉되었고, 정종 3년(1037)에 내사령에 올랐다가 즉위하였는데 이때 그의 나이 28세였다.

  문종은 덕종과 정종대에 이룩해 놓은 안정된 기반을 근간으로 무려 37년이라는 오랜 치세 기간 동안 괄목할 만한 업적을 쌓은 왕이다. 왕이 되기 이전부터 지, 덕, 재주를 겸비한 인물로 평가받았던 그는 왕위에 오른 이후에도 주변의 기대를 저버리지 않았다.

  문종은 상당히 근면하고 검소한 인물이었다. 즉위하자 자신부터 검소를 실천해야 한다는 생각으로 금은으로 장식된 용상을 동으로 바꾸고 화려한 이불도 교체해 버렸다. 이와 아울러 최충과 왕총지·이자연 등을 연이어 시중으로 발탁하여 자신이 구상한 개혁 작업을 진행시켜 나갔다.

  문종은 역대 어느 왕보다도 법치주의를 실현시킨 왕이었다. 그의 개혁 정치는 법적 장치를 마련하는 것으로부터 시작되었다. 형법을 비롯한 법률 정비를 시작으로 문종 3년(1049)에는 5품 이상의 관료들에게 상속이 가능한

문종 즉위	구분전 제정	양반의 공음전시법 제정
1046	**1047**	**1049**
		그리스, 아테네에 성데오도르스 성당 건립

토지를 지급하는 이른바 공음전시법을 마련하였다. 재해 시 세금을 면제받을 수 있는 재면법과 답험손실법도 제정했다. 또 문종 16년(1062)에는 억울한 형벌을 막기 위해 죄수의 심문에 3명 이상의 형관을 입회하도록 하는 삼복제, 즉 삼심제를 실시하게 하였다. 이상의 재면법이나 답험손실법, 삼복제는 모두 백성의 생활 안정이나 빈민구제와 관련된 시책으로서 문종은 그야말로 '집마다 넉넉하고 사람마다 만족하는 태평시절'을 만들어 낸 명군주였다.

이러한 법률 제도의 바탕 아래 문종 30년(1076)에는 양반전시과가 개정되어 고려 전기의 토지법이 완성되었다. 이어서 문무백관의 녹봉 제도가 확립됨으로써 관료제 기반이 더욱 튼튼해졌다.

정치적 안정을 바탕으로 한 일련의 관료제 정비는 결과적으로 왕권을 강화시키고 국력을 신장시킴으로써 고려의 대외적 위상을 한층 높여주는 결과를 가져왔다. 현종, 덕종, 정종대에 걸쳐 지속적으로 내침을 노리던 거란은 더 이상 침략 의도를 드러내지 않았다. 고려는 오랫동

청동으로 만들어진 종 문종 재위 시절 만들어진 것으로 고려의 종이 갖는 독특한 특징인 꽃 장식이 입체적으로 표현되어 있다. 종에는 '청녕 4년'이라고 새겨져 있어 만들어진 시기를 짐작하게 한다. [국립중앙박물관 소장 200702-039]

동서대비원 설치

답험손실법 정함
1050

향직 승급절차 규정
1051

안 국교를 단절하고 있던 송나라와 다시금 외교관계를 재개할 수 있었다.

문종대는 내외정치의 안정을 바탕으로 불교와 유학이 모두 발전한 시기이기도 했다. 사실 문종대에 유학이 발전하게 된 데에는 해동공자라 불리는 최충의 공이 컸다. 그는 나이 일흔이 되자 퇴직한 후 사립학교를 설립하여 인재양성에 총력을 기울였다. 이것이 좋은 반응을 얻자 다른 유신들도 사립학교를 설립하게 되어 이른바 '12도'가 탄생하고 이로써 고려 사회에 유학 열풍이 일어나게 되었다.

이렇듯 최충에 의해서 유학이 성행하게 되었지만, 문종대는 이 못지않게 불교도 매우 융성하였다. 먼저 문종의 불교진흥 구상은 대규모 사찰 건립으로 이어졌다. 문종은 즉위하자마자 대운사와 대안사 두 절을 증축시켰으며 문종 10년(1056)에는 덕수현(개풍)에 홍왕사를 창건하기도 했다.

문종의 13자와 왕자 의천

문종은 인평왕후 김씨, 인예왕후 이씨, 인경현비 이씨, 인절현비 이씨, 인목덕비 김씨 등 5명의 부인으로부터 13명의 아들과 2명의 딸을 얻었다. 이들 왕비 중 이씨 성을 가진 인예왕후, 인경, 인절현비는 모두 이자연의 딸이다.

문종의 제1비인 인평왕후는 현종의 딸이자 원성왕후 김씨 소생으로 문종과는 이복남매간이며 소생은 없다. 문종은 제1비로부터 자식을 얻지 못했지만, 제2비 인예왕후에게서는 무려 12자녀를 얻었다.

황성 서쪽에 사직단 신축
1052
영국, 웨스트민스터교회당 세우기 시작

전품 3등법을 정함
1054
로마 교회 동서로 분리

최충, 사학(私學)을 일으킴(12공도)
1055
셀주크터키, 바그다드에 입성하여 서아시아의 지배자가 됨 문종의 12자녀를 낳은 인예왕후는 인주 이씨 이자연의 맏딸로 1052년 왕비에 책봉되었다. 그녀는 의공(12대 순종), 계천(13대 선종), 천상(15대 숙종), 후(의천), 수, 탱, 비, 음, 침, 경 등 10남과 적경, 보령궁주 등 두 딸을 낳았으며, 10명의 아들 중 3명은 왕위에 올랐고 2명은 승려가 되었다. 인예왕후 소생의 10형제 외 나머지 3형제는 인예왕후의 여동생이기도 한 인경현비 소생이다.

문종은 부왕인 현종과 함께 아들 3명이 모두 왕위에 오르는 진기록을 가진 왕이다. 일찍이 현종의 3왕자인 덕종, 정종, 문종이 왕위에 올라 태평성대를 이룩했으며, 문종의 3왕자 순종, 선종, 숙종도 그에 못지않은 성세를 이룩한 것이다. 그런데 문종은 더 나아가 대각국사 의천을 비롯한 2명의 왕자를 당대 최고의 승려로 만들어 자신의 왕자 5형제가 약 20년간 고려의 정치와 사상 양면을 지배하게 만들었다.

문종이 아들 중에 국왕을 3명이나 배출한 것은 자신의 의지가 아니었겠지만 고승을 배출한 것은 자신의 의지가 작용한 것이었다.

문종 19년(1065) 5월 어느 날, 문종은 여러 왕자들을 불러다 놓고 이렇게 물었다.

"너희들 중에 누가 출가하여 불가의 도를 닦겠느냐?"

"제가 평소 출가의 뜻을 가지고 있으니 부왕께서 원하시는 대로 따르겠습니다."

귀향하여 폐단을 일으키는 사심관 처벌
1057

15세 이상 60세 이하의 질병이 없는 자로 사면기광군을 설치
1058
셀주크터키의 전성

양주에서 양전 사업 시행
1059
교황선입권을 카르디날회에 부여

평소 어린 줄만 알았던 11살 짜리 넷째 아들이 선뜻 나섰다. 이에 문종은 흐뭇해하며 경령전에서 왕사 난원에게 머리를 깎게 하고 영통사로 보내니 그가 바로 대각국사 의천(義天, 1055~1101년)이다. 의천의 이름은 후였으나 송나라 철종과 이

대각국사 의천

름이 같아 회피하고 의천이라는 자를 주로 사용하였다.

넷째 아들을 출가시킨 문종은 5년 후 또 한 명의 아들 탱을 승려로 만들어 현화사로 보냈다. 그의 호는 도생승통으로 고려 시대에 왕자가 중이 된 것은 문종대부터라 하겠다.

고려 시대 승려직은 최고의 인기직종이었다. 왕자도 출가하는 세상이니 평민은 말할 것도 없고 명문대족도 서로 다투어 아들을 출가시키려 했다. 대각국사 의천이 출가할 때 축발한 왕사 난원, 즉 경덕국사는 안산 김씨 출신으로 현종비인 원성태후, 원혜왕후와는 남매간이었다. 또한 해동공자 최충의 후손 가운데서도 준류와 정사 등 고승들이 다수 배출되었으며 문종대 척신인 이자연의 아들 중에서도 넷째 아들 이의는 청평산 보현원을 세웠고, 다섯째 아들은 금산사 혜덕왕사 소현으로 의천에게는 외삼촌이다.

내사문하성을 중서문하성으로 고침
1061

개성부 다시 설치
1062

거란, 《대장경》 보내옴
1063

일본, 전구년의 전쟁 평정

밀항선을 타고 송나라로 간 의천

1065년 11세의 나이로 출가하여 영통사로 간 의천은 짧은 시간 안에 《화엄경》을 통달할 정도로 총명했다. 또 학문을 좋아하여 불교서적뿐만 아니라 유교 관련 서적도 두루 섭렵하여 무불통달의 경지에 이르렀다. 이와 같은 높은 학문을 바탕으로 의천은 출가한 지 4년 만인 문종 23년(1069) '우세(祐世)'라는 호를 받고 승통의 지위에 올랐으며 스승인 경덕국사가 죽은 뒤에는 그의 뒤를 이어 명성을 쌓아 나갔다.

그러나 의천은 그것으로 만족하지 않고 송나라로 구법유학의 길을 떠날 결심을 하게 되었다. 송나라 고승 진수정원법사와 서신을 주고받으며 유학 의지를 불태운 의천은 부왕인 문종에게 자신의 간절한 유학 소망을 담은 〈청입대송구법표(請入大宋求法表)〉를 지어 올려 허락을 구했다. 이 글에서 의천은 원광법사와 의상대사의 유학 전례를 들고 정원법사에게서 받은 편지의 일부분까지 인용해 가며 자신의 굳은 결의를 밝혔다. 그러나 문종은 송나라로 가는 뱃길이 험하다며 허락하지 않았다.

부왕의 뜻을 거스를 수 없었던 의천은 문종의 생전에는 유학의 꿈을 일단 접어 두었다. 그러나 문종이 사망하고 순종에 이어 형님인 선종이 즉위하자 다시 입송 허락을 받으려 했다. 그러나 이번에는 고려국 왕자의 입송으로 혹 거란과의 관계가 악화되지 않을까 우려한 신하들의 반대로 좌절되었다.

결국 허락을 받아내기가 어렵다고 판단한 의천은 선종 2년(1085) 4월 변

1064
프랑스에서 교회·수도원이 은 행업무 시작

1065
복시(覆試) 폐지

1066
3년간 전국의 도살을 금지
거란 국호를 요로 고침

장을 하고 몰래 배편으로 송나라 유학길에 올랐다. 뒤늦게 그것을 안 선종이 놀라서 어사 위계정을 보내 추적하게 했으나 허사였다. 의천의 신변이 걱정된 선종은 예빈승 정근을 송나라로 보내서 무사히 바다를 건너갔는지 알아오게 하였다.

왕자의 밀항으로 궁중이 발칵 뒤집히는 사이 의천은 다음 달인 5월 무사히 송나라 서울 개봉에 도착했다. 의천이 오자 송 황제 철종은 그를 환대하고 계성사란 절에 유숙하게 해주었다. 또한 철종의 주선으로 이전부터 교신해 오던 정원법사를 비롯하여, 화엄의 대가 유성법사, 그리고 항주의 자변대사와 만난 의천은 이들과 함께 열띤 토론을 벌이는 한편, 그들로부터 천태사상과 현수의 교학을 전수받았다.

이어서 송 황제로부터 금은보화를 하사받자 의천은 이것을 모두 7,500여 권에 이르는 불교경전을 인쇄하는 데 사용하고 이것을 다시 정원법사가 있는 혜인선원에 기증했다. 이 같은 의천의 도움으로 혜인선원은 혜인교원으로 승격되고 정원법사의 명성도 더욱 높아지게 되었다. 당시 송나라에서는 무종의 불교 탄압과 연이은 전쟁으로 불교관계 서적들이 상당부분 소실된 상태였기 때문에 의천의 불경간행은 상당한 반향을 일으키기에 충분했다.

의천이 송나라 땅을 주유하며 천태학의 본령을 닦는 사이, 송 황제 앞으로 의천의 귀환을 종용하는 한 통의 국서가 날아왔다. 아들 의천을 보고 싶어 하는 모후 인예태후의 소원을 들어주기 위해 선종이 보낸 것이었다. 모

가모(嫁母)의 상복식 정함
1068
바그다드에 대학 창립

전세(田稅)를 정함
1069
송, 왕안석의 개혁 시작

군역 피해 도망치는 군인 발생
1071

후의 간절한 바람으로 귀국을 결심한 의천은 귀환을 앞두고 천태사 지자대사 부도 앞에서 다음과 같은 굳은 맹세를 다짐했다.

"일찍이 체관선사가 지자대사의 천태교관을 전수했으나 지금은 전해지지 않는다. 이에 내가 발분하여 스승들을 찾아다니며 교관을 전수받았으니 본국에 돌아가면 목숨이 다하는 날까지 이를 널리 전하리라."

송나라에서 6종파의 고승 50여 명을 만나고 이들로부터 경서 1천여 권을 얻어 1년 만에 귀국한 의천은 먼저 선종에게 왕명을 어기고 밀항한 일을 반성하는 〈걸죄표〉를 지어 올렸다. 의천의 〈걸죄표〉를 받아 든 선종은 꾸짖기는커녕 그의 무사귀환을 기뻐하며 인예태후와 함께 봉은사에서 성대한 환영식을 열어 주었다.

천태종의 창시와 속장경의 간행

의천이 송나라에서 돌아오자 선종은 그를 부왕 문왕이 세운 화엄대찰 홍왕사로 보냈다. 홍왕사 주지가 된 의천은 교장도감을 설치하고 요나라와 송나라 등지에서 수집한 불교서적의 목록 편찬에 착수, 《신편제종교장총록(新編諸宗敎藏總錄)》 3권을 완성시켰다. 이 총목록집은 의천이 문종 27년(1073)부터 선종 7년(1090)에 걸쳐 완성한 것으로 상권에는 경의 장소류 2,586권, 중권에는 율의 장소류 467권, 하권에는 논의 장소류 1,687권이 실린 실로 방대한 목록집이었다.

| 예복(禮服) 제도를 정함 | 동서북 장성 밖에 둔전 설치 | 혁련정, 《균여전》 지음 |
| **1072** | **1073** | **1075** |

로마, 교황 그레고리 7세 즉위

흔히 《의천목록》이라고 불리는 이 목록집에 따라 의천은 4천여 권에 달하는 장소류를 조판하게 되는데 이것이 그 유명한 《고려속장경》이다. 그러나 이 속장경판이 언제부터 조조되기 시작했는지 또 언제 완성되었는지 정확하게 알려져 있지 않다. 더욱이 교장도감의 규모 및 속장경판의 조조 경위도 별로 알려져 있지 않으며 현재 이들 경판은 일부만이 송광사와 일본 등지에 남아 전해질 뿐이다.

다만, 송광사에 보관되어 있는 국보 제152호(大般涅槃經疏 1책), 제329호(妙法蓮華經觀世音菩薩普門品三玄圓贊科文 1책), 제330호(大乘阿毘達磨雜集論疏 1책), 제331호(妙法蓮華經贊述 1책), 제332호(金剛般若經疏開玄妙 1책)와 김부식이 지은 〈영통사비문〉을 종합해 볼 때, 속장경판은 대체로 선종 8년(1091)부터 숙종 5년(1100)까지 약 10년 동안에 이루어진 것으로 추측되고 있다.

의천은 위의 《제종교장총록》 외에도 《원종문류(圓宗文類)》, 《석원사림(釋苑詞林)》 등 불교관련 서적도 편찬해 냈다. 《원종문류》는 화엄종의 대의를 이해시키기 위해 여러 장소의 정수를 모아 22권으로 분류해낸 것이며, 《석원사림》은 석가의 비문 등을 모아 모두 250권으로 편찬한 것이다. 그러나 아쉽게도 현재 두 가지 다 4~5권씩밖에 전하지 않는다.

의천은 숙종 2년(1097) 인예태후의 원당 국청사가 세워지자 그곳 주지가 되었다. 이어 2년 뒤인 1099년, 마침내 천태종의 개창을 천명하고 이후 그가

대각국사비

있는 국청사는 고려 천태종의 발상지로 자리매김하게 되었다.

원래 화엄종에서 출발한 의천이 천태종으로 개종하게 된 것은 천태사상의 핵심인 회삼귀일(會三歸一), 일심삼관(一心三觀)의 교의가 여러 종파로 나누어진 고려 불교를 하나로 묶을 수 있다고 판단했기 때문이다. 당시 고려 불교계는 화엄종과 법상종이 주류를 이루면서 서로 반목하고 있었고 이러한 상황에서 불교 개혁은 불가피했다. 의천은 천태사상을 바탕으로 선교 양종을 화합하여 국론을 하나로 통일시키고자 한 것이다. 의천의 노력으로 천태종은 고려 중기 최고의 종단으로 성장하였다.

천태종을 창시하여 고려 불교의 새로운 방향을 제시한 대각국사 의천은 1101년 향년 57세를 일기로 열반했다. 교웅·징엄·수개 등 뛰어난 고승들이 그의 뒤를 이으면서 고려 천태종은 크게 번성하였다.

송, 의관과 약제를 보내옴
1079

문정 등 기병 3만 여진정벌
1080

일본 대마도 사신 입국
1082

베네치아, 상업권 획득

명재상 최충, 고려 유학을 꽃피우다

문종대 고려 유학을 꽃피우게 한 최충(崔沖)은 984년 해주 최씨 최온(崔溫)의 아들로 출생하였으며 자는 호연이다. 부친인 최온은 향리 출신으로 해주 최씨 시조로도 올라 있을 정도로 문행이 뛰어났던 인물이다.

최충은 어려서부터 학문을 좋아했고 글짓기를 잘했다. 그는 또 풍채가 뛰어나고 성품과 지조가 굳건했다.

목종 8년(1005) 약관 스무 살의 나이에 최충은 과거에 장원급제하여 벼슬길에 나아갔다. 이후 그는 70년 동안 현종·덕종·정종·문종의 네 왕을 섬기면서 밖으로 나가면 장수요, 안으로 들어오면 재상으로서 나라 살림에 전력했다.

최충은 재상이 되자 법률관을 동원하여 재래의 율령을 개정하고 서산(書算)을 고정하는 작업과 형법을 정비하는 작업에 참여하는 등 제도 정비에 주력하였다. 문종대에 이루어진 수많은 법제도의 정비는 사실상 최충이 재상 시절에 일궈낸 업적이라 해도 과언이 아니다.

재상으로서 자신의 소임을 다했다고 느낀 최충은 문종 7년(1053) 문종의 만류를 뿌리치고 은퇴를 결심했다. 이때 그의 나이 70세. 그러나 40여 년에 걸친 기나긴 벼슬 생활을 마감한 노재상의 앞에는 또다시 후진 양성이라는 새로운 사명이 놓여 있었다.

9재학당의 설립

수십 년간 거란 침입을 겪으면서 고려 사회의 교육상황은 말이 아니었다. 지방의 향교는 말할 것도 없고 최고의 교육기관인 국자감마저 들어가면 언제 졸업할지도 모를 정도로 느슨하게 운영되고 있는 실정이었다.

국자감의 부실한 교육여건을 목격한 최충은 세인들의 절실한 요구에 부응하여 자신의 집에 사숙을 열고 제자들을 받아들이기로 결심하였다. 최충이 사숙을 운영한다는 소문이 나자 여기저기서 모여든 학도들로 그의 학당은 금세 문전성시를 이뤘다.

최충은 학사를 송악산 아래 자하동에 마련했는데 모여드는 학도가 너무 많아 거리까지 넘칠 정도였다. 따라서 이들을 모두 수용하기 위해 9재를 설립했다.

이때 세워진 9재는 악성(樂聖), 대중(大中), 성명(誠明), 경업(敬業), 조도(造道), 솔성(率性), 진덕(進德), 대화(大和), 대빙(待聘) 등 9개로 분류되었는데 이것은 진학의 순서와도 관련이 있었다. 초학자는 먼저 악성재에 들어가 6예를 익히고 다음 순차적으로 여러 재를 거쳐 마지막에 대빙재에서 수학함으로써 졸업하는 것이다.

최충이 '성명', '솔성' 등과 같이 9재의 명칭을 《중용》에서 딴 것을 보면, 그는 송나라 정자보다 40여 년이나 앞서 성리학의 중추가 되는 《중용》을 바탕으로 유학을 가르친 것이다.

9재학당의 교과서는 9경과 삼사였다. 이들 과목을 중심으로 학도들의 최대 희망이기도 한 과거시험 교육과 함께 시와 문장을 가르치는 일도 빠트리지 않았다. 최충은 여러 번 지공거를 거쳤으므로 대체로 과거에 응시하려는 학도는 먼저 최공도에 끼어 공부하기를 소원하였다. 매년 여름철에는 귀법사의 승방을 빌려 여름학기 강습을 운영해야 될 정도로 그 열기가 뜨거웠다.

최충은 간혹 이름난 선비들이 찾아오면 여러 제자들과 더불어 '각촉부시(초에 금을 그어놓고 그 금까지 타기 전에 시부를 짓는 것)'라는 시 짓기 대회를 열어 성적대로 차례로 앉히고 술잔을 돌리는 행사도 열었다. 각촉부시가 진행되는 동안은 그야말로 진퇴의 절도와 장유의 서열이 분명할 뿐만 아니라 종일토록 수창(酬唱)하는 모습이 질서 정연하고 의식을 갖추었으므로 보는 사람마다 찬사를 아끼지 않았다고 한다.

최충의 9재학당에서 배운 학도들의 명성은 국자감을 능가하여 여기서 공부한 학도들은 최충의 벼슬이름을 따 흔히 '시중 최공도'라 일컬어졌으며, 그가 죽은 후에는 시호를 따라 '문헌공도'라고 불렀다.

은퇴한 이후로 사학 발전에 온 힘을 기울인 최충도 노쇠함을 견디지 못하고 그만 86세를 일기로 사망하였다.

살아생전 최충은 평소 두 아들 최유선과 최유길에게 권력보다는 학문의 길에 종사하라는 얘기를 입버릇처럼 했다.

"선비가 세력에 빌붙어 벼슬을 하면 끝을 잘 맺기 어렵지만 글로써 출세하면 반드시 경사가 있게 된다. 나는 다행히 글로써 현달하였거니와 깨끗한 지조로써 세상을 끝마치려 한다."

이 같은 최충의 유언대로 최사추 등 자손 수십 명도 이후 모두 학자로서 재상에 올랐으니 최충은 자손들의 교육에도 성공한 인물이었다.

이자연과 인주 이씨의 등장

최충과 같은 명재상이 포진하며 태평성대를 구가한 문종대였지만, 이 시대는 한편으로 뜻하지 않은 화근의 불씨가 잠재하고 있었다. 화근의 불씨란 왕실 외척으로서 고려 중기를 풍미한 인주 이씨 세력이 문종대에 형성되기 시작했다는 사실이다.

현종은 10명의 왕후가 있었는데 그중 제3비 원성태후, 제4비 원혜태후, 제7비 원평왕후가 다 안산 김씨 김은부의 딸이었다. 또 덕종과 정종이 원성태후의 소생이며, 문종이 원혜태후의 소생이었으니 덕종, 정종, 문종은 모두 김은부의 외손이 된다.

김은부는 거란 침입 덕에 일약 왕의 장인으로까지 출세한 인물이었다. 현종 2년(1011) 공주절도사로 있던 시절, 거란 침입을 피해 공주에 온 현종과 인연이 되어 그의 장녀(원성태후)를 왕비로 만들었는데 그 뒤 두 딸마저 현종에게 바쳐 그 덕으로 형부시랑의 지위에까지 올랐다.

김은부의 아내 이씨가 바로 인주 이씨 이허겸의 딸이었다. 이허겸은 사위 김은부 덕에 덕종과 정종, 문종 3왕의 외증조부가 되었다. 그 바람에 이허겸은 소성백이란 작위에 봉해지고 그 아들 이한은 상서우복야에 올랐으며, 이한의 아들인 이자상은 상서우복야에 추증되고, 이자연은 중추원부사를 거쳐 문종 때에는 이부상서, 참지정사, 내사시랑평장사에까지 올랐다. 특히 이들 가운데 이자연은 자신의 세 딸을 모두 문종에게 출가시켜 왕의 장인이 된 뒤 수태위에 올랐고 그의 처 낙랑군군 김씨는 대부인이 되는 영화를 누렸다.

이허겸이 딸을 김은부에게 시집보내면서 외손녀들이 왕후가 된 것을 계기로 인주 이씨가 갑자기 득세하게 된 것인데 얼마 후에 반란을 일으키는 이자의와 이자겸은 바로 이허겸의 현손이다. 우연찮게 왕실의 외척이 된 인주 이씨는 이후 문종에서 인종에 이르는 기간 동안 10명의 후비를 배출해 내면서 고려 중기 최고의 문벌가문으로 성장하였다. 나말여초 인천을 중심으로 한 해상 호족 세력으로 기반을 다진 인주 이씨는 이허겸 대에 안산 김씨와 통혼함으로써 왕실의 외척으로 부상하게 된 것이다.

외척으로의 물꼬를 튼 인주 이씨가문을 일약 권문세가로 당당히 올려놓은 인물은 이자연(李子淵, 1003~1061년)이었다. 이자연은 인주(경원) 사람으로 이허겸의 손자이며 좌복야를 지낸 이한의 아들이다. 따라서 이자연은 현종의 장인 김은부의 처조카인 동시에 현종과는 동서지간이라는 화려한 배경을 안고 정계에 입문하였다.

　이자연이 출세한 데에는 비단 왕실 외척이라는 배경만이 있었던 것은 아니고 자신의 개인적 능력도 크게 좌우했다. 현종 15년(1024) 22세의 나이로 과거에 장원급제한 후 1031년 우보궐을 시작으로 이부낭중, 어사잡단, 우승선을 거쳐 지중추원사, 중추부사 등으로 승진을 거듭했다. 문종대에 들어와서는 더욱 왕의 신임을 받아 문종 원년(1047)에 이부상서 참지정사에 임명되고 3년 뒤에는 마침내 평장사에 올라 일약 정계의 핵심 인물로 부상하였다. 이러한 그의 위치는 자신의 세 딸을 차례로 문종의 왕비로 들이게 된 바탕이 되었다.

순종

4개월 만에 끝난 순종의 '효도치세'

1083년 7월, 문종이 세상을 떠나자 문종의 장남이자 인예왕후 이씨의 소생인 태자 의공이 즉위하였으니 이가 12대 왕 순종(順宗)이다. 이름은 훈(勳), 자는 의공(義恭)으로 문종 원년(1047) 12월에 태어났으며 8세 때인 1053년 태자에 책봉되었다가 37세의 나이로 왕위에 올랐다.

문종의 장남인 순종은 상당한 효자였다. 왕위에 즉위한 후 그가 관심을 기울인 것은 오로지 부왕의 죽음에 대한 애도와 그 명성을 더럽히지 않는 것이었다. 순종은 즉위하자마자 좌습유지제고 오인준을 거란에 보내 문종의 부음을 알리고 부왕 문종을 경릉에 장사지내는 한편, 신봉루에 거둥해서 대사면령을 내렸다. 뒤이어 회경전에 나가 도장을 베풀었는데 이때 참석한 승려가 무려 3만이나 되었다.

문종을 기리는, 순종의 이른바 '효도치세'는 채 4개월을 넘기지 못하고 말았다. 순종은 어려서부터 건강이 좋지 못하였다. 게다가 부왕인 문종이 훙거하자 여막에 거처하며 너무 슬픔에 젖어 지내는 바람에 그만 병석에 눕게 되었다. 1083년 7월에 즉위하여 그의 아우 운에게 국사를 맡긴 것이 그해 10월이었으니 순종은 고려 서른네 명의 왕 중 가장 짧은 치세 기간을 기록한 왕이었다.

1083
하인리히 4세, 로마 공격

죽음을 목전에 둔 순종은 왕위를 아우 운에게 넘긴다는 최후의 조서를 내렸다.

"나의 동복 아우 수태사 중서령 운은 원래 재능이 많고 덕행도 나날이 발전할 뿐만 아니라 민간 실정에 밝고 자기 사업에 정통하며 정치의 잘잘못을 완전히 이해하고 있다. 그래서 그가 왕위에 오르면 백성들의 기대에 보답할 것이니 내가 죽거든 즉시 정권을 잡게 하라."

아우에게 선양한다는 유언과 더불어 덧없는 삶에 대한 회한을 토로한 후 순종은 이내 눈을 감았다.

이제현은 《고려사》에서 순종의 죽음을 '애상(哀傷)'으로 표현했다.

"부모가 죽어 3년간 상주 노릇을 하는 것은 임금으로부터 일반 백성에 이르기까지 같은 것이다. 그러나 이른바 어머니의 상복을 입고 싸래기죽을 먹으며 수척한 얼굴로 슬프게 우는 것을 모든 사람들이 탄복했다는 일은 옛날 중국 등문공 이후로는 듣지 못했다. 그런데 순종은 아버지 문종의 상을 당하여 애호(哀號)하다 병에 걸려 즉위 4개월 만에 죽었으니 성인의 제도에 비추어 보면 너무 지나쳤던 감이 있기는 하나 그 효성만은 지극하다 할 것이다."

왕비 복이 없었던 순종

순종이 나이 37세에 서거하면서 그의 아우 운에게 왕위를 물려주게 된 경위는 사실 후비와의 관계가 원만하지 못해 자녀를 얻지 못했기 때문이다.

순종은 처음에 종실인 평양공 왕기의 딸인 정의왕후를 첫 부인으로 맞아들였던 모양이나 첫 부인에 대해서는 그 이상 아무런 일화도 전하지 않는다. 장인인 왕기는 현종의 아들로 순종에게는 숙부이다. 순종은 사촌간인 정의왕후를 아내로 맞은 셈이었다. 그녀와의 사이에서 자식을 얻지 못한 것은 아마도 족내혼에 대한 불만으로 금실이 좋지 못했기 때문인 듯하다.

제2비 선희왕후는 순종이 태자시절에 맞아들인 부인으로 경주 출신 대경 김양감의 딸이다. 선희왕후는 순종과 매우 사이가 좋았으나 부왕인 문종이 그녀를 싫어하여 그만 친정으로 쫓겨났다. 그 때문에 자식을 얻지 못하고 선희왕후는 연복궁주로 불리다가 1126년에 죽자 선희왕후라는 시호만 받았을 뿐이다.

제3비 장경궁주는 인주 이씨의 호부낭중 이호(이자연의 여섯 번째 아들)의 딸이다. 장경궁주는 앞의 두 왕비와 달리 순종이 왕위에 오르면서 맞아들인 부인인데 결혼한 지 4개월 만에 순종이 죽자 그만 청상과부가 되었다. 이후 외궁에 살다가 그곳 궁노와 간통하여 폐서인이 되었으며, 이 사건에 연좌되어 왕비의 오빠인 이자겸이 관직을 잃기도 했다. 인주 이씨 이자연의 자식들 중 이호 계열이 두각을 나타내지 못한 것도 장경궁주의 간통 사건 탓이 크다.

선종

선종과 천재지변

1083년 순종이 즉위 4개월 만에 사망하자 두 살 아래 동복 아우 국원공 운(運)이 즉위하니 이가 13대 왕 선종(宣宗)이다.

선종은 문종의 차남이자 인예왕후 이씨 소생으로 1049년에 태어났다. 이름은 운, 자는 계천(繼天)이다. 1056년 국원후에 책봉된 후 상서령직에 머물다가 순종의 즉위와 함께 수태사 겸 중서령에 임명되었다.

선종은 부왕인 문종의 유지를 받들어 안으로는 불교와 국학의 발전을 꾀하고 밖으로는 거란 및 송, 일본 등과 광범위한 교역을 하는 등 내외정의 안정을 이끌어낸 왕이었다.

선종은 즉위 후 여전히 문종대의 중신들을 중용하는 신중함을 보이다가 이듬해 대폭적인 물갈이를 단행함으로써 자신의 친위 세력을 구축하였다. 선종은 문하시중에 이정공, 문하시랑평장사에 최석과 김양감, 중서시랑평장사에 왕석을 임명하여 불교와 유교가 화합하는 일대 화합정치를 펴나가고자 했다.

먼저 선종은 선종 원년(1084) 1월에 보제사 승려 정확의 건의에 따라 3년에 한 번씩 승과시험을 치르게 했다. 또한 자신의 아우인 대각국사 의천이 송나라에서 돌아오자 그를 흥왕사로 보내 교장도감을 중심으로 불경을 간

선종 즉위
1083

1084
신성로마제국 하인리히 4세, 교황 그레고리를 포위

의천, 송나라에 감
1085

행하게 했다. 관학을 부흥시키기 위해 진사시의 제업(諸業)을 3년에 한 번씩 시험을 보게 하는 법을 만들었다. 1091년에는 예부의 건의에 따라 공자의 제자 안회를 비롯한 72현의 상을 그린 벽화를 국자감에 조성하게 했다. 72현 상의 조성은 이 시기 유교도 불교 못지않은 종교적 대상으로 인식되기 시작했다는 것을 의미하는 것이다. 외교에 있어서도 선종은 내정의 안정을 바탕으로 거란과의 국경 문제를 일단락시키고 일본과 송나라와의 무역을 추진하는 등 전대와 마찬가지로 평온한 안정기를 구축하였다.

이상의 내용으로만 본다면 선종은 상당히 원만했던 임금으로 생각될지 모르나, 이후 사가들이 평한 글을 보면 전혀 상반된 결론을 내리고 있다.

> 선종은 본래 어려서 총명하였고 어른이 되어서는 효경·공검하고 지식이 매우 넓었다. 경사에 두루 박식하고 또 문장이 뛰어났으나 유행(遊行)이 너무 빈번하고 사탑을 많이 세웠기 때문에 하늘이 노하고 백성들이 원망하여 재난이 자주 일어났다.

선종은 유불의 화합을 외치면서도 한편으로 그의 업적의 태반을 불사에 바쳤다는 것이 화근의 발단이었다.

선종 3년(1086) 11월, 선종이 법왕사에 가서 팔관회를 관람하고 있었는데 큰 눈이 내려 그만 연회에 참석한 신하들의 옷이 흠뻑 젖었다가 꽁꽁 얼어

의천, 교장도감 두고 속장경 조판
1086
송, 왕안석 죽고 사마광이 재상이 되어 신법 폐지

《대장경(大藏經)》완성
1087

전성에 제천단 설치
1088
이탈리아 볼로냐 대학 창립

붙는 일이 있었다. 저녁에 선종이 법왕사를 떠나자 하늘이 활짝 개이고 달이 밝아져 천하의 설경이 이루 말할 수 없이 아름다웠다. 선종은 창덕문 밖에 이르러 행차를 멈추고 다시 연회를 베풀고 싶어 했으나 김상기, 이자인 등 대간들의 반대로 성사되지 못했다. 그러자 이 해 여름에 큰 가뭄이 들었다는 일화가 전한다.

또 이듬해 8월 서경으로 간 선종은 강루와 유명 사찰을 두루 편력하고는 대동강에 배를 띄우며 밤새도록 물을 즐기다가 넉 달 만인 11월에야 개경으로 돌아왔다. 봄이 되자 극심한 가뭄이 들다가 여름에는 폭풍우에 해일까지 겹쳐 민가가 떠내려가는 등 극심한 재난이 들이닥쳤다. 이런 피해는 왕궁과 가까운 예성강에서 특히 심했다. 뿐만 아니라 이 해 가을엔 홍수가 나 벼농사를 망치는 일까지 생겼다. 유교사관을 견지한 후세 역사가들은 선종이 불사를 너무 많이 일으켜 백성의 분노를 샀기 때문인 것으로 해석했다.

선종대에 발생한 자연 재난은 그 당시에도 문제가 되었다. 선종 6년(1089) 4월에 서리가 많이 내리자 정치의 잘못됨을 반성하고 형벌을 줄일 것을 건의하는 태사감의 상소가 올라왔다.

> 하늘이 재변을 내리시는 것은 반드시 백성들의 원망이 있기 때문입니다.

태사감의 충고에도 불구하고 선종은 별로 뉘우치는 기색 없이 그해 10월

상주에 침입한 여진 격퇴
1090
영국, 런던탑 건설

병거(兵車)를 구주에 비치
1091

5복상피식을 정함
1092
셀주크터키국 분열

회경전에 13층 금탑을 세웠으며 모후인 인예왕후의 청에 따라 훗날 천태종의 본산이 된 국청사 건립을 추진했다. 이런 시책들이 이어지자마자 11월에 일식이 발생하고 이듬해 1월에는 보제사 수륙당이 불타는 일이 생겼다. 더욱이 3월에는 보물이 축적되어 있던 신흥창에 벼락이 떨어져 화재가 났으며 8월에는 큰 비와 우박이 쏟아져 내리고 지진까지 발생하는 등 재난이 끊이지를 않았다.

그 뒤로도 일식이 계속 일어나고 변란을 상징하는 태백성(금성)이 낮에도 출현하자 개경 백성들은 그러한 징조들이 모두 선종의 잘못 때문에 발생한 것이라고 입을 모았다.

천재지변은 유독 선종 때만 잦았던 것은 아니었다. 그럼에도 불구하고 선종이 천재지변을 불러일으킨 왕으로 인식된 것은 왕실의 불교신앙이나 낭비에 불만을 품은 도교주의자들의 모함과 유학자들의 유교적 인식이 개입된 것이었다.

재난의 왕이라고 평가받았던 선종은 불교와 국학을 진작시켜 학문과 종교의 조화를 도모하고 송과 거란을 모두 종주국으로 인정하는 중립외교를 펼쳐 외교적 안정을 이끈 왕이기도 했다. 1093년 3월 과로로 쓰러진 선종은 1년 동안 병마와 싸우다 이듬해 5월 향년 46세 재위 10년 만에 숨을 거두고 말았다.

송나라 조하식에 의해 배관하례 식을 고침

헌종

어린 헌종의 즉위와 계림공의 야망

1094년 5월 선종의 사망으로 왕위는 11세의 어린 임금 헌종(獻宗)으로 이어졌다. 고려 제14대 왕 헌종은 선종의 장남이자 제2비 사숙왕후 소생으로 1084년에 태어났으며 이름은 욱(昱)이다. 어릴 적부터 총명하기로 유명했던 헌종은 책 읽기를 좋아하고 기억력 또한 비상하여 한 번 본 것은 절대 잊어버리는 일이 없을 정도였다. 그러나 즉위 때의 나이가 겨우 11세였으므로 모후(사숙태후)가 국사를 일임하게 되었다.

헌종에게는 문종의 13왕자 중 출가한 대각국사 의천과 도생승통 탱 외에 공(公)이나 후(侯)에 봉작된 다섯 명의 숙부가 있었다. 인예왕후 소생인 계림공 희와 상안공 수, 인경현비 소생인 조선공 도, 진한후 유, 부여공 수가 그 주인공들이다. 일찍이 이들은 순종에서 선종으로 이어지는 형제상속을 경험하여 어린 조카를 대신하여 왕위를 계승할 수도 있다는 생각을 가지고 있었다.

특히 이들 다섯 명 중에서도 가장 연장자인 문종의 셋째 아들 계림공 희는 조카 헌종과 함께 선종의 뒤를 계승할 왕위계승 후보 1순위였다.

13형제 중 가장 기질이 강하고 과단성이 남달랐던 계림공은 총명할 뿐만 아니라 학문을 좋아하여 어릴 적부터 문종의 사랑을 독차지하였다. 일찍이 부왕인 문종으로부터 "뒷날 우리 왕실을 부흥시킬 사람은 바로 너일 것이다."라는 칭찬을 받을 정도로 자질이 특출한 인물이었다.

타고난 자질과 총명함으로 주위의 기대를 한 몸에 받았던 계림공이 형 선종의 뒤를 이어 왕위에 오를 야심을 품게 된 것은 선종 9년(1092) 선종을 따라 서경에 갔을 때부터였다. 당시 붉은 구름이 계림공이 거처하고 있던 장막 위를 감돌고 있었는데 보는 이마다 "이것은 왕이 될 증표이다."며 수군대었다. 이 일을 계기로 계림공은 장차 자신이 보위에 오를 수도 있을 것이라는 희망을 품게 되었다.

1년에 걸친 선종의 와병은 계림공으로 하여금 왕이 될 야망을 본격적으로 불태우게 했다. 원자 욱의 나이 불과 11세, 어린 조카를 제치고 왕위에 오르고 싶었던 계림공은 마침내 1094년 5월 선종이 죽음을 목전에 두자 문병을 빌미로 선종을 독대하려 했다.

그러나 당시 선종의 근신인 곽상이 "아무도 침전 안으로 들여보내지 말라는 명령을 받았다."며 계림공의 진입을 저지하고 나섰다. 계림공의 진입을 물리친 곽상은 선종이 사망하자 유명에 따른다며 곧바로 원자 욱을 즉위시키고 이로써 계림공의 야망은 한순간에 물거품이 되고 말았다.

계림공의 야망을 수포로 돌리게 만든 장본인인 곽상은 서리 출신으로 선종을 잠저(潛邸) 때부터 섬긴 근신이었다. 선종이 말년에 병이 들어 위독하자 그 곁에서 간병을 하고 있었는데 선종이 죽자 바로 그의 유명을 받들어

중추원을 추밀원으로 고침   헌종, 숙종에게 선위

헌종을 즉위시킨 것이다. 그런데 곽상은 문서를 위조하다 징계를 받은 전력의 소유자였다. 곽상이 이때 선종의 유명을 과연 그대로 따랐을까 하는 의구심도 들지만, 계림공의 왕위계승을 탐탁지않게 여겼던 것만은 분명하다.

이자의와 계림공의 왕위쟁탈전

어린 나이로 왕위에 오른 헌종은 모후 사숙태후의 섭정으로 정사에는 전혀 관여하지 않았다. 헌종 대신 수렴청정을 하게 된 사숙태후는 자신이 거처하던 연화궁을 중화전으로 개칭하고 그곳에 영녕부를 설치하여 모든 정사를 관할하였다.

왕위에 오른 헌종은 날이 갈수록 몸이 허약해지고 병색이 완연하였다. 급기야 왕위계승의 소용돌이가 또다시 휘몰아칠 것을 예고했는데 두 번째 왕위계승전의 선두에는 계림공이 아닌 인주 이씨가 버티고 있었다.

문종대 이후로 외척으로서 세도를 누리고 있던 인주 이씨의 명성은 선종을 거쳐 헌종대로 이어지고 있었다. 선종 때 상서 이석(이자연의 셋째 아들)의 딸인 사숙태후가 헌종을 낳고, 이정(이자연의 장남)의 딸인 원신궁주도 궁중에 들어가 한산후 윤을 낳은 상태였다. 이를 계기로 인주 이씨 척족은 모두 요직에 오르고 어느 문벌가문보다 그 위세가 높았다.

인주 이씨가문 중에서도 특히 이자의란 자가 사숙태후의 사촌오빠라는 후광을 등에 업고 강력한 외척 세력으로 등장하였다. 이자의는 헌종이 즉위하자 중추원사로 승진하는 등 권력의 핵심부로 자리를 옮겨 갔다. 그는 헌종이 병약하자 자신의 친동생 원신궁주(선종의 제3비)의 아들 한산후에게 왕위계승권이 있다고 판단, 그를 왕위에 앉힐 음모를 꾸미고 있었다. 원신궁주에게는 세 명의 아들이 있었는데 큰 아들이 바로 한산후 윤이었다.

계림공이 호시탐탐 왕위를 노리고 있다는 것을 모를 리 없었던 이자의는 자신의 재력을 동원하여 사병을 양성하는 등 계림공에 맞설 세력을 키워 나갔다. 당시 이자의는 측근들에게 늘 다음과 같은 말을 했다고 한다.

"왕이 병들어 있어서 아침에 어찌될지 모르는데, 외저(外邸, 왕족) 중에 왕위를 넘겨다보는 자가 있다. 너희가 힘을 다해 한산후를 받들어 신기(神器, 왕위)가 다른 사람에게 돌아가지 못하게 하라."

계림공이 왕위를 넘겨다보고 있으니 그를 견제하고 자신의 외조카인 한산후를 다음 왕위에 앉혀야 한다는 것이다. 왕족 계림공과 한산후를 받들려는 척족 이자의 사이의 치열한 왕위쟁탈전은 피할 수 없는 숙명이 되었다.

이자의가 공공연하게 '정적 타도'를 외치고 나오자 계림공도 이에 질세라 본격적인 자기 세력 확보에 나섰다. 이듬해 헌종 원년(1095) 계림공은 상서병부사로 등용되어 병권을 장악하게 된 왕국모를 자신의 편에 서게 하는 데 성공하였다. 이 당시 측근 세력으로서 계림공에게 힘을 실어 준 인물이 평장사 소태보와 상장군 왕국모였다. 이들은 이미 선대 왕 선종 때부터 각기 문무반의 고관을 지내면서 왕의 자문에 응할 정도로 인정을 받았던 중신들이었다. 계림공은 이들 인물들을 측근 세력으로 포섭함으로써 서서히 조정을 장악해 나갔다.

이자의와 계림공 사이의 주도권 다툼이 치열해지자 조정 대신들은 혹 발생할지도 모를 유혈극을 걱정하며 저마다 몸 사리기에 바빴다. 이들은 어느 쪽에도 가담하지 않는 중립적인 태도로 사태의 추이를 지켜보면서 무력하게 헌종의 앞날을 걱정할 뿐이었다. 헌종이 살아 있는 상황에서 계림공과 이자의가 벌이는 왕위쟁탈전은 참람하기 그지없는 것이었지만, 속수무책이었다.

결국 보다 못한 태사감 쪽에서 넌지시 헌종에게 이자의와 계림공의 심상치 않은 움직임을 보고했다. 정초에 바람이 심하고 건조하여 혜성이 보이는 이변이 생기자 이를 구실삼아 '근신과 제후의 반란이 일어날 조짐이 있다.'는 경고를 보낸 것이다. 근신은 이자의를, 제후는 계림공을 가리키는 것이었지만, 이미 왕은 허수아비 신세에 불과했다.

그 사이 계림공과 이자의 암투는 곧 균형이 깨지고 모든 상황이 계림공 측에 유리하게 돌아갔다. 이자의가 조정 대신들의 협조를 이끌어내지 못하고 있었던 반면, 계림공은 왕국모·소태보와 같은 실세들을 속속 자기 세력으로 끌어들이고 있었다. 이에 더 이상 시간을 끌 수 없다고 판단한 이자의는 거사를 일으킬 결심을 하였다.

마침내 1095년 7월, 이자의는 자신이 양성하던 사병들을 궁중에 모으고 거사를 일으킬 준비에 착수했다. 그런데 이때 이자의의 거사 정보를 미리 감지한 계림공이 급히 평장사 소태보를 찾아가 도움을 청했다.

"국가의 안위가 그대에게 달려 있소. 지금 상황이 매우 급박하게 돌아가니 공이 알아서 대처해 주기 바라오."

계림공의 요청을 받은 소태보는 곧 상장군 왕국모에게 이자의가 반란을 도모하고 있으니 어서 빨리 궁궐로 들어가 진압해 줄 것을 당부하였다. 소태보의 급보를 접한 왕국모는 곧장 군사를 이끌고 궁궐로 들어가 장수 고의화를 불러 "이자의를 암살하라."는 명령을 내렸다. 명령을 받은 고의화는 사병을 이끌고 선정문 안에 있던 이자의를 찾아내어 그 자리에서 죽이고 함께 있던 합문지후 장중과 중추원 당후관 최충백 등도 살해했다. 이 모든 것이 순식간에 일사천리로 진행되어 이자의는 힘 한 번 못쓰고 죽은 꼴이 되었다.

이어서 계림공은 군사들을 풀어 이자의의 아들인 주부 이작과 흥왕사대사 지소를 죽이고 이자의 측에 가담했던 장군 숭렬과 택준 등 17명도 모두 잡아 죽이게 했다. 그 밖에 평장사 이자위, 소경 김의영, 사천소감 황충현 등 관련자 50여 명도 남쪽 변경 지대에 귀양보내고 그들의 처자를 모두 노비로 삼았다. 이른바 '이자의의 모란'이라고 불리는 이 사건은 이렇듯 계림공 측의 완승으로 끝나고 현종 때부터 척족으로서 세도를 부리던 인주 이씨는 큰 타격을 입고 말았다.

숙종의 쿠데타와 헌종애사

이자의를 비롯한 그 일파가 모두 제거되자 권력은 당연히 계림공에게로 돌아갔다. 이미 7월 중에 이자의를 척결하는데 공을 세운 소태보가 이부를 장악하였고 왕국모는 계속해서 병부를 담당하였다. 8월에 계림공이 중서령에 임명되어 차기 왕으로 등극할 것이 확실시 되자 그동안 눈치만 살피고 있던 문무백관들은 모두 그의 저택에 가서 축하하기에 바빴다.

그 뒤로 계림공 일파가 어린 왕과 태후를 위협하며 양위를 재촉했던지 그해 10월 헌종은 마침내 양위를 결심하였다. 왕위에 있어 봐야 명만 재촉할 뿐이라고 판단한 헌종은 조서를 내렸다.

"내가 나이가 어리고 몸에 병이 있어 정치를 잘하지 못하였다. 이제 후궁으로 물러 앉아 남은 생명이나 보전하겠다."

헌종이 양위 의사를 밝히자 근신 김덕균이 각본대로 종저에 가서 계림공을 맞이하니 이가 제15대 왕 숙종(肅宗)이다. 이때 숙종은 불혹을 넘긴 42세였다.

헌종은 즉위한 지 채 1년 반이 못되어 왕위를 숙부에게 물려주고 후궁에 물러 앉아 있다가 숙종 2년(1097) 윤 2월 흥성궁에서 14세라는 짧디 짧은 생을 마감하였다. 헌종의 요절을 두고 《고려사》는 지병 때문이었다고 전하고 있으나, 아마도 조선 시대 '단종애사' 못지않은 여러 가지 애화가 있었을 것이다.

그런 탓인지 뒷날 이제현은 헌종을 두고 이렇게 말했다.

"고대 중국의 하우씨가 왕위를 아들에게 전한 것은 후세에 찬역을 염려한 조치로서 그 후 유복자를 임금으로 세워 곤룡포를 입혀 놓아도 세상이 동요하지 않았다. 이것은 명분이 정해져 있었기 때문이다.

현종의 세 아들(덕종, 정종, 문종)은 형제끼리 서로 왕위를 전하여 순종에까지 이르렀으나, 순종은 상중에 너무 슬퍼하다가 요절하고 후사가 없어서 왕위를 선종에게 물려주었다. 선종이 죽은 다음 태자가 그 뒤를 이었는데 이가 헌종이었다. 이때 사람들은 여러 왕대에서 형제끼리 왕위를 주고받은 데 익숙해져 있어서 선종은 아우가 다섯이나 있는데 어린 태자를 왕으로 세운 것은 잘못이라고만 생각하였으니 어찌 그렇게만 생각했는지 모르겠다.

다만 문제가 되는 것은 근친 중에 주공과 같은 이가 없고, 신하 가운데 곽광과 같은 사람이 없어 나라 일을 맡겨 정치를 보좌하지 못하였기 때문이다. 이렇게 되면 나라의 운명이 위태롭고 정치가 어지럽게 될 것은 뻔한 일이니 후세에 만일 불행히도 강보 속에 있는 유아에게 왕위를 물려주게 될 때에는 반드시 이 일로써 교훈을 삼아야 할 것이다."

숙종

숙종의 즉위와 '회한의 정치'

어린 조카를 후궁으로 밀어내고 왕위에 오른 숙종은 즉위하자마자 원신궁주와 한산후를 경원군(인천 지방)으로 귀양보내고 자신의 측근들을 중심으로 조정 개편을 단행하였다.

 숙종의 재위 기간은 1095년부터 1105년까지 약 10년 동안 지속되었다. 10년 치세 동안 숙종은 비교적 안정된 정치를 이끌어냈다. 그러나 조선 시대 수양대군, 즉 세조에 비견되는 인물인 만큼 그의 치적은 곧 '회한(悔恨)의 정치'였다. 어린 조카를 폐위시키고 왕위 찬탈에 대한 대가를 치르지 않으면 안 되었던 숙종은 그것을 왕권강화책의 일환으로 연결시켰다.

 먼저 숙종은 자신의 무리한 왕위계승에 대한 명분을 세우기 위해 남경 건설에 착수하였다. 남경(한성)은 이미 문종 때에 도참설에 근거하여 신궁을 건설하는 등 별도(別都)로 삼으려 했던 적도 있었으나 예상했던 길조가 나타나지 않아 곧 방치되어 있었다.

 숙종이 즉위하는 과정에서 벌인 살육과 옥사, 폐위 등의 대소란이 있은지 얼마 안 되어 일련의 천재지변이 일어나게 되었다. 숙종 원년(1096) 4월, 느닷없이 서리가 내리고 우박까지 쏟아지는 기상이변은 숙종의 왕위 찬탈과 결부되어 해석되기에 이르렀다.

숙종 즉위	《속장경》 완성	주전도감 설치
1095	**1096**	**1097**
신성로마제국, 클레르몽 종교회의에서 십자군 원정 결정	신성로마제국, 제1차 십자군 원정 시작	

정치적 위기에 몰린 숙종이 탈출구로 선택한 것이 남경 건설이었다. 그러나 새로운 수도의 건설은 백성들의 막대한 노역을 담보로 했을 뿐만 아니라 개경 중신들의 반발 또한 무시할 수 없는 일이었다. 숙종은 남경 건설의 필요성은 절감하였지만 일단 보류하기로 하고 실질적인 왕권강화책으로서 먼저 주전 사업을 벌였다.

숙종 2년(1097) 숙종은 '민간에 큰 이익을 일으키려 한다.'는 취지를 앞세우며 주전도감을 설치, 주화를 만들어 쌀이나 베 대신 통용하도록 했다. 이 정책은 숙종의 측근 세력으로 부상한 윤관과 자신의 아우이기도 한 대각국사 의천의 건의에 의해서 추진되었다. 특히 의천은 전폐 사용을 건의하는 상소문까지 올리며 주화 사용의 유용함을 역설하기도 하였다.

주화의 통용은 세금 수취 과정에서 권세가나 대상(大商)들의 협잡을 막고 국가가 유통경제를 장악할 수 있게 하는 그야말로 혁신적인 조치였다. 이를테면 전폐책은 대민책인 동시에 궁극적으로는 왕권강화와 연결되는 정책이었던 것이다.

정책의 취지가 이러한 만큼 일반 재추들을 중심으로 한 공경대부들의 반발은 이미 예견된 것이었다. 특히 참지정사 곽상은 "주화의 사용은 풍속에 맞지 않는 것"이라며 격렬히 반대하다가 자신의 주장이 관철되지 않자 벼슬을 그만두고 낙향할 정도였다.

대신들의 반대에도 불구하고 숙종은 주화의 사용을 강행하였다. 더욱이

태자부를 세워 관속을 둠
1098

윤관, 송나라에서 《자치통감》 가지고 옴
1099

십자군, 예루살렘 회복

국자감에 서적포를 둠
1101

독일, 동독일의 개척 실시

해동통보 우리나라 최초의 화폐로 숙종 때 주조되었다. [국립중앙박물관 소장 200702-039]

숙종 6년(1101)에는 본국의 지형을 본떠 만든 '활구(闊口)'라는 이름의 은병도 주조하였다. 이듬해는 고주법(돈 만드는 법)을 제정하여 화폐 1만 5천 관을 주조, 문무 양반과 군인들에게 나누어 주었으니 이것이 우리나라 최초의 화폐인 '해동통보'이다.

주전 사업으로 국가의 재정과 왕권안정을 도모한 숙종은 그동안 개경 중신들의 반발을 의식해 잠시 뜻을 들였던 남경 건설 사업을 본격화했다. 그 준비 작업으로 숙종 6년(1101) 9월 남경개창도감을 설치하고 문하시랑평장사 최사추, 어사대부 임의, 지주사 윤관 등에게 양주로 가서 도읍지를 물색하도록 하였다. 도읍지를 물색하고 다음달 10월에 개경으로 돌아온 최사추

처음으로 은병 사용 | 해동통보 주조 **1102** | 대장군 고문개, 모반하여 남예에 유배 **1103**

등은 다음과 같은 보고를 숙종에게 올렸다.

"저희들이 노원역과 해촌(도봉산 밑), 용산 등지에 가서 산수를 살펴보았는데 이곳은 도읍지로 적당하지 않고, 다만 삼각산 면악 남쪽의 산수 형세가 옛 문헌의 기록에 부합되오니 이곳에 도읍을 세우면 좋을 듯합니다."

'옛 문헌의 기록에 부합되는 곳'은 현재 청와대 일대를 가리킨다. 숙종은 보고에 따라 남경 건설을 종묘사직에 고하고 본격적인 수도 이전 작업에 돌입하였다.

남경의 범위는 대략 그 경계가 동쪽의 대봉에서 남쪽의 사리(용산 부근으로 추정), 서쪽의 기봉, 북쪽의 면악으로 정해졌다. 이곳은 지금의 서울 중심가와 거의 일치하는 곳이다. 남경 건설은 3년 뒤인 숙종 9년(1104) 5월에 거의 완성을 보게 되었다. 숙종은 새로운 수도가 거의 완성되었다는 소식을 듣자 직접 남경으로 내려가 누각과 원림을 유람하고 연흥전에서 반야경 도량을 베풀며 자축하기도 했다. 그러나 이듬해 숙종이 고구려 동명왕의 묘에 제사하고 돌아오다 노상 수레 안에서 52세를 일기로 훙거함으로써 남경 건설은 미완성으로 끝나고 말았다.

숙종의 재위 기간 중에는 남경 건설과 주전 사업 외에도 여진 정벌을 위한 별무반의 설치, 6촌 이내의 금혼령, 기자 사당의 건립 등 굵직한 사건들이 있었다. 그 외 1099년 왕제 부여후 왕수의 역모와 숙종 8년(1103) 대장군 고문개와 장홍점, 이궁제, 장군 김자진이 역모를 일으키려다 잡혀 남극(남

별무반(신기군 · 신보군 · 항마군) 설치
1104
송, 과거법 폐함

해안)으로 귀양 간 일이 발생하기도 했지만, 소란스런 집권 과정에 비하면 이렇다 할 참변은 없었던 편이다.

뒷날 이제현은 숙종의 10년 치세를 두고 "지혜로써 난을 진정하고 어짊으로써 나라를 평안하게 했다."고 평했다.

숙종은 인주 이씨라는 외척 세력과 왕위 투쟁을 벌인 탓인지 생전에 명의왕후 유씨(?~1112)라는 단 한 명의 부인만을 두었다. 명의태후 유씨는 정주 출신으로 문하시중 유홍의 딸이다. 숙종이 계림후로 있던 시절에 맞아들인 부인이며 숙종 2년에 왕자를 낳고 2년 후에 비로소 왕비로 책봉되었다. 숙종은 그녀와의 사이에서 예종을 비롯한 7남 4녀를 두었다.

예종

문치의 왕

여진 정벌을 단행하여 북방의 야인을 크게 응징했던 예종은 문종 33년(1079)에 숙종의 맏아들로 태어났으며 어머니는 명의태후 유씨이다. 이름은 우, 자는 세민(世民)이며 어려서부터 유학을 좋아하고 시 짓기에 능했다. 성격 또한 침착하고 도량도 넓었던 예종은 1105년 숙종이 사망하자 27세의 나이로 왕위에 올랐다.

왕위에 오른 예종은 헌종의 묘호를 제정하고 대사면령을 내려 민심을 수습함과 동시에 대대적인 조정 개편에 나섰다. 위계정을 문하시중, 최홍사와 이오를 문하시랑평장사, 윤관을 중서시랑평장사, 임의를 상서좌복야 등에 각각 임명하여 정국을 안정시킨 다음 숙종의 측근 관료인 윤관을 중용, 부왕의 유지대로 대규모 여진 정벌을 단행하였다.

즉위 초의 의욕적인 정치 운영에도 불구하고 동북 9성의 반환과 함께 측근인 윤관마저 실각하자 숙종의 유지를 계승하려는 예종의 정국 운영은 실패하고 말았다. 하지만 일단 변방의 안정이라는 성과를 일궈낸 예종은 내치로 눈을 돌렸다.

여진 정벌이라는 대규모의 정벌 사업에 정력을 기울인 탓으로 예종은 자칫 무치(武治)에 힘쓴 왕처럼 보이기도 하지만 실제로는 문치(文治)에 더 힘

예종 즉위	우란분재(盂蘭盆齋)를 행함	윤관, 여진 격파. 6성 축조
1105	**1106**	**1107**
		송, 휘종 원체화 융성기 주도

쓴 왕이었다. 변방의 안정에 온 힘을 기울임과 동시에 꾸준히 문화 정책과 민심안정책을 벌여나가 왕권의 안정을 도모하였던 것이다.

예종은 학문으로 국운을 일으키려 했다. 예종 4년(1109) 9성을 여진 측에 반환하였을 무렵, 국학에 7재(齋)를 두게 되었는데 이는 학문으로써 국운을 일으키려 한 예종의 뜻이 반영된 매우 중요한 사건이었다. 그러나 문종대 이후로 사학이 흥성한데다 사학에 집착하는 사류들의 반대로 예상만큼의 효과를 거두지는 못했다.

예종은 국학을 다시 일으키려 애쓴 한편, 예종 11년(1116)에는 청연각과 보문각을 따로 두어 문학과 학문을 더욱 진흥시켰다. 청연각과 보문각은 '선비를 길러내는 일이야말로 선정의 근본이다.' 라고 생각한 예종의 집념이 담긴 산실이었다.

예종은 청연각과 보문각 두 곳의 학사들에게 다 같이 저술을 명하되 청연각 학사들에게는 강론에 전념하게 하고 보문각 학사들에게는 시부를 비롯한 창작에 전념하도록 했다. 지금의 학술원에 해당하는 것이 청연각이라면 보문각은 예술원에 해당하는 기관이라 할 수 있다.

이렇듯 목표는 순수했지만, 청연각과 보문각의 설치는 문을 숭상하고 무를 천시하는 풍조를 조장하여 무신난을 초래하게 만드는 단초가 되기도 했다. 예종은 불교보다는 유교적인 것에 더 많은 관심을 두었다는 점에서 고려 왕 가운데 특이한 존재였다고 할 수 있다.

윤관, 함경도 북부에 9성 축조
1108

9성 여진에게 돌려줌, 구제도감(救濟都監) 설치
1109

영국, 스콜라 철학자 안셀무스 죽음

제술·명경 등 제업의 과거 과목을 정함
1110

이외에도 예종은 민심안정책으로 각 지방에 감무(監務)를 파견하여 유망민들을 안정시켰다. 구제도감을 설치하여 환자들을 치료하게 하고 빈민들의 갖가지 질병을 돌보기 위해 혜민국도 설치했다. 요순 시대의 정치를 구현한다는 명목으로 모든 감옥을 비우기도 했으며, 예의상정소를 설치하여 유교적 예의 원칙을 정착시키는 노력도 기울였다.

예종의 탐미적 취향

예종은 즉위와 동시에 여진을 정벌하고 고려 어떤 왕보다도 문치에 노력을 기울였으나 한편으로 중국풍을 좇으며 호종단과 같은 송나라 귀화인을 신임하여 그의 말에 현혹되는 실수를 범하기도 했다. 게다가 척신 이자겸의 둘째 딸(순덕왕후 이씨, 인종의 모후)을 왕비로 맞이하여 이자겸 및 그의 아들들에게 높은 관작을 내려주는 등 인주 이씨가 크게 발호하는 원인을 제공하기도 했다.

예종은 어려서부터 풍류를 좋아하여 자주 신하들과 어울려 술을 마시기도 했는데, 부왕 숙종이 죽은 지 얼마 안 되었을 때에도 주연을 즐길 정도였다. 탐미적인 취향 또한 대단하여 궁궐의 남쪽과 서쪽에 화원을 만들었다. 이때 환관들이 서로 다투어 장원을 늘이며 민간의 화초를 빼앗아다 화원에 옮겨 심는 폐단이 일어나기도 했다. 그것으로도 만족 못한 예종은 송나라 상인들로부터 거금을 주어 화초를 사들이기도 했는데 마침내 이러한 일들이 구설수에 오르자 화원들을 다 없애기도 했다.

예종은 음악과 춤을 몹시 좋아하여 송나라로부터 아악(雅樂, 궁중음악)의 시초가 된 대성악을 전해 받아 궁중에서 연주하게 하기도 했으며 춤 솜씨 좋은 기녀들에게 자주 상을 내려 비판의 대상이 되기도 했다.

특히 예종은 기녀 영롱과 갈운이 노래와 춤을 잘한다 하여 이들에게 자주 상을 내렸다. 입바른 선비 고효충이 〈감이녀시(感二女詩)〉라는 시를 지어 왕의 행태를 풍자하기도 했다. 바른 소리한 죄로 고효충은 결국 감옥신세를 지게 되었다. 그러나 이듬해 과거에 합격, 등용되기도 했으니 예종은 나름대로 격이 있는 인물이라는 평가를 받을 만한 왕이었다.

윤관과 예종, 여진을 정벌하다

여진족의 뿌리는 말갈족이다. 말갈족은 고려 초기부터 빈번히 변방을 습격했다. 그들은 일정한 근거지 없이 산악지대나 늪가에 살면서 노략질을 일삼았다. 일찍이 고려에서 북방에 장성을 쌓은 것이나 동해안의 요해지에 성을 쌓은 것은 이들 여진의 침략 행위와도 관계가 많았다. 특히 문종은 문종 34년(1080)에 3만여 병력을 동원하여 동북 여진을 정벌, 북방의 여진족을 잠재웠다. 그런데 이후 완안부라는 여진족의 신흥 세력이 등장하면서 고려와 여진과의 관계는 새로운 국면으로 접어들게 되었다.

완안부 추장, 즉 금 태조 아구타의 세계에 관해 《고려사》에는 다음과 같

삼사, 녹의 절계법(折計法) 개정
1115
여진족, 금 건국

양현고 설치
1119
금 태조, 여진문자 창제케 함

예종, 팔관회에서 〈도이장가〉 치음
1120

은 흥미 있는 이야기가 전해지고 있다.

> 평주 지역의 승려 금준이란 자가 여진으로 도망쳐 아지고 촌에 살았다고 하는데, 금준의 본명은 김지선이라고도 하고 혹은 승려 김행지의 아들 김극수라고도 한다. 그가 처음 여진족 아지고 촌에 들어가 여진 여자를 얻어 아들을 낳았는데 그가 고을태사였다. 고을태사는 활라태사를 낳았고 활라태사는 아들을 많이 낳았는데 그중 큰아들이 핵리발이요, 둘째 아들이 영가였다. 영가는 매우 웅걸하여 세력을 얻었다. 그리고 영가가 죽자 그의 형 핵리발의 큰아들 우야소가 뒤를 이어 추장이 되었으며, 우야소가 죽자 그의 아우 아구타가 뒤를 이었다.

말하자면, 금나라 황실 시조 및 완안부의 추장이 고려 출신이라는 것인데 금 황실의 고려출자설은 당시 널리 회자될 정도였다. 여진족은 고려출자설을 바탕으로 고려를 '부모의 나라'로 섬기며 한편으로 자신들의 정치적 권위를 높이는 데 이용하곤 했다.

완안부는 추장 영가 때에 이르러 주위의 다른 부족들을 통합하고 지금의 간도 지방을 복속하는 한편, 갈라전 지역까지 남하하는 등 급격히 세력을 뻗어 나갔다. 갈라전은 고려 북방의 장성과 바로 인접한 곳으로 완안부의 남하는 앞으로 고려와의 충돌을 각오하지 않으면 안 되는 하나의 모험이었다. 여진족을 발흥시킨 영가는 후대 목종으로 추존된 인물로서 그가 핵리발의 뒤를 이어 추장이 된 것은 헌종 즉위년(1094)이었다.

영가가 완안부를 이끌고 있던 시절에는 고려에 대해 사대의 예를 갖추고 있었기 때문에 여진과 고려의 관계는 매우 원만한 편이었다. 1103년 영가가 죽고 그의 조카 우야소가 뒤를 이으면서 일대 전환기를 맞이하게 되었다. 우야소가 완안부의 새 추장이 되자 부내로를 비롯한 반대파들이 반기를 드는 등 동여진 내부에 또다시 분열의 위기가 찾아온 것이다.

결국 우야소는 부내로를 공격하기 위해 정주 지역에 진을 치게 되었고, 마침 갈라전 지역을 두고 여진족과 신경전을 벌이던 고려는 여진족의 움직임을 침공으로 의심하였다. 당시 고려 왕 숙종은 문하시랑평장사 임간을 정주로 보내 여진족의 침입에 대비하게 했다.

1105년 2월 공명심에 들뜬 임간이 군사를 이끌고 너무 멀리 쳐들어가는 오판을 자초하는 바람에 여진과의 첫 전투는 참패로 끝나고 말았다. 이 일로 임간은 파직되고 그 후임으로 추밀원사 윤관(尹瓘)이 발탁됨으로써 이른바 윤관의 '여진 정벌'이 시작되었다.

국민총동원부대 '별무반'의 창설

1105년 3월, 임간의 뒤를 이어 출정한 윤관은 적 30여 명의 목을 베는 전과를 올렸으나 오히려 고려군의 피해가 더 심해 쓰라린 첫 패배를 맛보야만

했다. 윤관의 패배는 이미 예고된 일이었다. 보병이 주축이 된 군사력만으로 기마부대인 여진군을 따라잡는다는 것 자체가 애초에 무리한 일이었다. 싸워봐야 승산이 없다고 판단한 윤관은 일단 여진군에게 백기를 들고 절치부심 후일을 기약하였다.

임간에 이어 믿었던 윤관마저 패하고 돌아오자 숙종은 분한 마음에 천지신명께 서약까지 하며 여진 정벌을 천명했다. 하지만 여진족 기마병의 위력을 직접 경험했던 윤관의 생각은 달랐다.

"신이 패한 까닭은 적들은 말을 탔고 우리는 걸으면서 싸워 대적할 수가 없었습니다."

이때부터 별무반을 만들기로 결정했다. 기마병으로 구성된 신기군을 중심으로 보병으로 구성된 신보군, 그리고 특수병인 도탕군, 경궁군, 정노군, 발화군과 승병으로 구성된 항마군으로 각각 편성된 별무반은 나이 스물 이상의 모든 백성이 입대해야 하는 의무군이었다. 문무양반은 물론이고 아전, 농민, 장사치, 노비, 승려에 이르기까지 모두가 징발 대상이었으니 별무반은 그야말로 전 국민을 대상으로 한 국민총동원부대였다.

별무반은 여진을 다시 정벌하려는 야심찬 계획의 하나로 진행되었으나 그 이듬해 숙종이 세상을 떠남으로써 여진 정벌의 과제는 그의 아들 예종에게로 넘어가게 되었다.

그러나 예종은 결단을 내리지 못하고 망설였다. 중신들은 선왕의 유지를 받들어 여진을 토벌할 것을 상소했다. 예종은 출병할 것을 결심하고 윤관을 원수로 오연총을 부원수로 임명했다. 윤관이 임금에게 아뢰었다.

"신이 일찍이 선왕의 밀지를 받았사옵고, 이제 전하의 엄명을 받았사옵니다. 감히 3군을 통솔하고 적의 보루를 격파하여 우리 강토를 개척하고 지난날의 국치를 씻겠사옵니다."

"충성스러운 말이오. 당연히 그래야지요."

예종이 기뻐했다. 그러나 부원수 오연총은 윤관의 태도가 못마땅하여 그의 귀에 대고 속삭였다.

"뭘 믿고 그리도 자신하는 게요?"

"장군이나 내가 아니면 그 누가 죽음의 땅으로 가서 국가의 치욕을 씻을 수 있겠소? 무엇을 의심하는 게요?"

오연총은 끽소리 없이 입을 다물었다.

예종은 서경에까지 나가 위봉루에 올라 윤관에게 부월을 하사하고 전송했다.

20만 대군을 이끌고 출정하다

1107년 11월, 윤관과 오연총은 20만 대군을 이끌고 동부 변방으로 진군한 후 일단 군대를 장춘역에 주둔시켰다. 그리고 병마판관 최홍정과 황군상을 각각 정주와 장주에 파견하여 여진 추장을 꼬이도록 했다. 과거 숙종 때 포로로 잡힌 여진 추장 허장과 라불을 석방하려고 하니 직접 와서 이들을 데려가라는 것이 그 명목이었다.

이 말을 곧이곧대로 믿은 여진 추장 고라와 그 일행 4백여 명이 도착하자 윤관은 이들을 반갑게 맞이하며 잔치를 베풀어 주었다. 고려군의 환대에 그만 경계심을 풀어버린 여진군은 밤새 술을 마시며 추장의 석방을 축하하다 윤관의 기습공격에 그만 섬멸되고 말았다.

고라를 비롯한 여진 지휘군이 일거에 섬멸되자 윤관은 20만 대군에게 출동명령을 내렸다. 윤관이 이끄는 5만 3천의 군대가 정주 대화문을 나서는 것을 신호로 중군병마사 김한충이 이끄는 3만 6천 7백의 병력이 안륙수로 향하였으며 나머지 10만 병력도 각각 정주와 선적진, 도린포 등지로 떠났다.

정주를 출발한 지 반나절, 윤관이 이끄는 5만 부대가 제일 먼저 도착한 곳은 대내파지 촌이었다. 이곳에 있던 여진족들은 고려군이 새까맣게 몰려오자 겁에 질려 모두 마을을 버리고 달아나기에 바빴다. 손쉽게 대내파지 촌을 함락해 버린 윤관은 거기서 더 전진하여 문내니 촌으로 갔다. 이 지역의 여진군은 동음성에 진을 치고 고려군에 저항하며 쉽게 성을 내주려 하지 않았다. 윤관은 임언과 최홍정에게 정예부대를 내주어 이들을 모두 몰아내게 했다.

어렵사리 동음성을 함락한 윤관은 군사를 이끌고 그 다음 제물 대상인 석성(石城)으로 향했다. 그런데 이곳에는 여진군이 일대 항전을 준비하며 고려군을 기다리고 있던 중이었다. 석성 지역에서 여진군과 맞닥트린 윤관은 먼저 이들에게 항복을 종용했다. 하지만 여진군은 굴복하지 않고 석성으로 들어가 화살과 돌을 마구 퍼부으며 결사적으로 저항하였다. 이에 질세라 고려군도 대대적인 반격을 시도했지만, 여진군의 완강한 저항을 뚫지는 못했다. 공격의 실마리가 풀리지 않자 윤관은 용감하기로 이름난 장수 척준경을 불렀다.

"날이 저물면 상황이 더 위급하게 될 것이니 그대가 장군 이관진과 함께 적을 공격해 주기 바라네."

"이번이야말로 지난날의 과오를 씻을 절호의 기회이니 이 한 몸 희생하여 은혜에 보답하도록 하겠습니다."

윤관의 특명을 받은 척준경이 흔쾌히 승낙했다. 척준경은 일전에 임간을 따라 여진 토벌에 참여하였는데 그만 실패하여 파직된 적이 있었다. 그러다가 윤관의 도움으로 간신히 복직이 되어 이번 전투에 참여한 것이었다.

명예를 회복할 절호의 기회라 여긴 척준경은 방패를 들이밀며 비 오듯 쏟아지는 화살을 뚫고 적진으로 몸을 던졌다. 마침내 적진으로 들어간 척준경이 적장 여러 명을 쳐 죽이는 맹위를 떨치자 덩달아 기세가 오른 고려군은 여진군을 일시에 궤멸시켜 버렸다. 사로잡은 포로 수가 무려 5천을 넘었고 목이 잘린 자도 5천이 넘었을 정도로 윤관은 이 전투에서 대승을 거뒀다.

고려군의 파상적인 공격으로 고사한을 비롯한 1백여 개의 여진 촌락은 모두 쑥대밭이 되었고 남녀노소를 비롯한 일반인 사상자들이 다수 발생하게 되었다. 이들 가운데에는 바위에 몸을 내던져 자결한 자들도 많았으며 도망쳐 달아나는 자들이 길에서 서로 맞부딪쳐 죽을 정도로 여진족은 참변을 겪었다.

동북 9성의 축조

여진군을 상대로 대승을 거둔 윤관은 제일 먼저 예종에게 승전보를 알렸다. 승전 소식을 접한 예종은 기뻐하며 좌부승지 심후와 내시형부원외랑 한교여를 전선으로 파견, 윤관과 그 부하 장수들의 노고를 치하하는 조서를 보냈다.

여진족 1백여 개 촌락을 평정한 윤관은 부하 장수들을 그곳으로 보내어 동북계의 국경선을 획정하는 작업에 착수하게 했다. 기록에 의하면, 이 당시 획정된 국경선의 범위는 동으로 화곶령까지, 북으로 궁한이령까지, 서로는 몽라골령에 이르렀다고 한다.

국경선이 획정되자 윤관은 성곽 건설에 전념하여 몽라골령에 950간에 달하는 성곽을 쌓고 영주성이라 불렀으며 화곶령에는 992간을 짓고 웅주성이라 이름붙였다. 그리고 오림금 촌에는 774간을 지어 복주성이라 이름하고 궁한이 촌에는 670간을 지어 길주성이라고 하였다. 더욱이 영주성 안에는 호국인왕사와 진동보제사라는 두 개의 절을 세웠고 또한 이 지역에 고려 주

척경입비도 윤관이 9성을 개척하고 비석을 세우는 장면을 그린 것이다.(고려대학교 박물관)

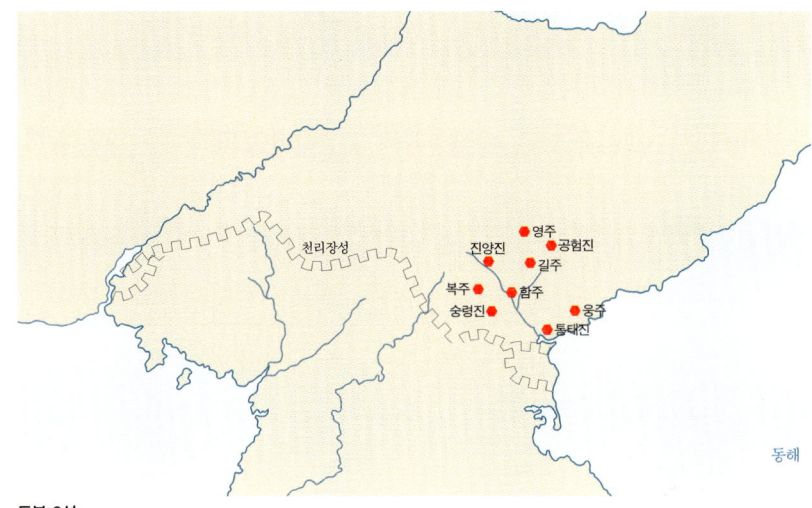

동북 9성

민 수천 호를 이주시켜 살게 하기도 했다.

윤관의 대활약에 힘입어 고려는 영주, 복주, 웅주, 길주 4주와 함주, 공험진을 합친 6성을 새로이 쌓게 되었다. 윤관은 6성에 만족하지 않고 같은 해 예종 3년(1108) 3월, 의주와 통태, 평융 세 곳에 더 성을 쌓아서 마침내 9성의 축조를 완성시켰으니 이것이 그 유명한 윤관의 동북 9성이다.

당시 축조된 9성의 위치에 대해서는 아직까지 논란이 많다. 《고려사》는 영주와 웅주는 길주 근방이고, 복주는 뒤의 단주(단천), 공험진은 백두산 동북쪽의 소하강가에 있었다고 하는데 후대 일본 학자들은 훨씬 남쪽으로 내려잡아서 9성의 위치를 함흥평야 일대라 했다. 그러나 최근에는 공험진을 경원의 아오지보라고 보는 이른바 두만강 이북설이 지배적이다.

축성의 위치가 어찌되었건 간에 당시 9성 3백리 땅이 여진과 고려 사이에 분쟁의 씨앗이 된 이유는 그 지역이 과거 고구려 영토였기 때문이다. 일찍부터 고려는 이 지역을 수복하고 싶어 했고 아울러 완안부의 남하를 경계하고자 하는 목적도 있었다. 반면 동여진은 고구려 멸망 이후 이미 몇 백 년째 그 땅에서 살아왔기 때문에 그들 나름대로 영유권을 주장하려 했다. 동북 9성의 설치 이후에도 여진이 끊임없이 이 지역의 수복을 위해 맹렬한 반격을 시도한 것도 바로 이 때문이다.

여진의 반격과 척준경의 대활약

빼앗긴 땅을 되찾으려는 여진의 반격은 이미 1108년 초, 윤관의 9성 축조와 함께 시작되었다. 1월에 윤관과 오연총이 정예군사 8천을 이끌고 길이 좁은 가한촌 병항소라는 지역을 지나가다 여진군의 기습공격을 받았는데, 이때 고려군은 거의 죽거나 흩어져 달아나고 겨우 10여 명만 고립되어 적과 대항하는 처지가 되었다. 이 과정에서 오연총은 날아오는 화살에 맞았고 윤관은 목숨마저 위태로운 지경에 이르렀다.

때마침 이 소식을 들은 척준경이 이들을 구하기 위해 용사 10여 명과 함께 적진으로 돌진하려고 했다. 그러나 이때 그의 아우 낭장 척준신이 만류하며 길을 막아섰다.

"적진이 견고하여 돌파는 불가능합니다. 왜 헛되이 목숨을 버리려 하십니까. 제발 가지 마십시오."

하지만 척준경은 "늙은 아버지를 부탁한다."는 말만을 남기고 적진을 향해 돌진하였다. 윤관과 합세한 척준경이 고군분투하고 있는 사이, 때마침 최홍정과 이관진이 구원병을 이끌고 진군해 들어왔다. 구원병이 도착하자 여진군은 흩어져 달아나고 윤관과 오연총, 척준경은 간신히 목숨을 건져 영주성에 돌아올 수 있었다.

구사일생으로 영주성에 돌아온 윤관은 척준경의 손을 잡으며 눈물을 흘렸다.

"이제부터 나는 너를 친자식처럼 여길 것이니 너도 나를 아비와 같이 생각하거라."

이 사건이 있은 직후 여진 추장 아로환 등 403명과 주민 1천여 명이 항복하였다. 이들은 윤관이 평정한 지역에 살던 자들로 추운 겨울에 옮겨 갈 곳이 마땅하지 않고 또 싸울 힘도 없으므로 자진 항복한 것이다.

평화는 오래가지 않았다. 1월 하순이 되자 2만에 달하는 여진 군대가 갑작스럽게 영주성 남쪽에 진을 치고 싸움을 걸어왔다. 수적으로 불리하다고 판단한 윤관은 적을 상대하지 않고 그냥 수비에만 전념하기로 결정을 내렸다. 그런데 이때 척준경이 반대하고 나섰다.

"만약 지금 나가서 싸우지 않는다면 적병은 날로 많아질 것이오. 그때 가서 성 안에 양식이 떨어지고 구원병이 오지 않으면 어떻게 할 작정이오. 내가 전날에 싸워 이기는 것을 여러분이 보셨으니 오늘도 나가서 죽을 힘을 다해 싸우겠소. 여러분은 성 위에 올라가 구경이나 하시오."

말이 끝나기가 무섭게 결사대와 함께 성 밖으로 나간 척준경은 여진 선봉대와 혈투를 벌인 끝에 19명의 목을 베는 용맹을 발휘했다. 척준경의 활약에 사기가 떨어진 여진군은 북쪽으로 달아나고 당당히 개선한 척준경은 윤관의 성대한 환영을 받았다.

그러나 이후에도 여진군의 반격은 한 달도 거르지 않고 끈질기게 계속되었다. 그러다가 이듬해 예종 4년(1109) 여진군은 마침내 화친을 청해 왔다. 고려와 계속 싸워 봤자 도저히 승산이 없는데다가 그 와중에 북쪽의 거란(요)으로부터 어떤 화를 입을지 몰라 불안했기 때문이었다.

여진은 화친의 조건으로 9성의 반환을 요구했다. 그저 9성만 반환해 준다면 종전처럼 고려를 상국으로 받들겠노라고 간청하고 나왔다. 하지만 오랜 기간 동안 이 지역에 온갖 정성을 기울여 왔던 고려는 이 제안을 단호하게 거절했다. 고려의 화친 거부로 9성 일대는 또 한 번의 싸움을 하게 되었고, 이때 출동한 윤관과 오연총은 그만 여진군에 패하여 돌아왔다.

9성의 반환과 윤관의 불명예 퇴진

9성 지역이 하루도 편할 날이 없자 예종은 1109년 6월 23일 신료들을 한자리에 모아놓고 9성의 반환 여부를 논의하게 하였다. 그런데 이번에는 전날의 강경론과 달리 화친하자는 쪽으로 중론이 모아졌다.

9성의 반환에 찬성한 주화파는 평장사 최홍사 등 28명이나 된 데 반해, 반대한 주전파는 예부낭중 박승중 등 2명에 불과했다. 결국 이 날의 회의는 종전과 같은 군신관계를 회복하고 9성의 땅을 반환해 주는 것으로 결정이 나고 말았다. 거듭되는 싸움에 지칠 대로 지친 것은 고려도 여진도 마찬가지였던 것이다.

예종은 7월 2일 9성의 반환을 여진 측에 정식으로 통보하였다. 마침 고려에 와 있던 여진의 사신 요불과 사현이 이 소식을 듣고 감격하여 눈물을 쏟아내었다고 하니, 이 지역에 대한 여진인의 마음고생이 어떠했는지 짐작하고도 남음이 있다.

사실 고려에서는 9성 지역만 차지하고 나면 북방의 적들을 쉽사리 가로막을 수 있다고 생각했다. 그러나 9성은 결과적으로 끊임없는 전쟁의 화근만 될 뿐이었다. 게다가 이주해 온 백성들마저 온갖 질병과 전쟁으로 고통을 겪게 되자 고려에서도 더 이상 9성 지역에 미련을 두지 않게 된 것이다.

9성이 반환되는 것으로 결론이 나자 그동안 여진 정벌을 탐탁지 않게 여긴 중신들이 여진 정벌의 과오를 문제 삼으며 들고 일어났다. 평장사 최홍사를 비롯한 정벌 반대파들은 윤관과 오연총을 겨냥, "무리한 정벌을 일삼아 국력을 소모하게 했다."며 연일 직격탄을 쏘아댔다. 하지만 이들이 정작 겨냥한 것은 여진 정벌의 공을 세운 윤관 세력이 조정에 돌아와 정권을 장악하는 것을 막으려는 데 있었다.

이유야 어찌되었건 문책론에 밀린 예종은 윤관의 원수직을 거두는 것으로 사태를 수습하려 했다. 이 때문에 개경에 돌아온 윤관과 오연총은 왕에게 보고도 하지 못하고 집으로 돌아가는 수모를 당했다.

예종의 수습에도 불구하고 문책론은 쉽게 수그러들지 않았고 조정 대신들은 계속해서 패전한 죄를 물어야 한다며 목소리를 높였다.

"두 원수는 나의 명을 받들어 군사를 움직였을 뿐이 아닌가. 싸움에 나가 이기기도 하고 지기도 하는 것이 상례이거늘 어찌 이들에게 죄를 묻겠는가."

예종의 두둔에도 불구하고 반대파들은 파업까지 단행하며 뜻을 굽히지 않았다. 결국 최홍사, 임의 등이 주축이 된 탄핵론은 수십 일을 끌다가 윤관과 오연총을 면직하고 공신호마저 삭탈하는 극약 처방으로 간신히 수습되었다.

여진 정벌의 맹장 윤관은 '무모한 전쟁으로 국력을 소모시킨 자'라는 억울한 누명을 입고 불명예 퇴진을 하였다. 하지만 그의 공적을 잊지 못한 예종의 배려로 이듬해 예종 5년(1110) 오연총과 함께 다시 복직되어 명예를 회복하는 듯했다.

이미 자존심이 무너질 대로 무너진 윤관은 복직 제의를 정중히 사양하였다. 예종은 "여론에 떠밀려 어쩔 수 없이 파직한 것이니 내 마음을 받아들여 하루빨리 관직에 나오라."고 달래었지만 윤관은 끝까지 관직에 나가지 않았다. 그 어떤 것으로도 상처받은 마음을 치유할 수 없었던 윤관은 이듬해 허무하게 세찬 풍진의 일생을 마감하고 말았다.

인종

인종의 즉위와 이자겸의 등장

1122년 4월, 등에 난 종양으로 병석에 누운 예종이 한 달 만에 갑작스레 사망하자 14세의 어린 왕태자 해(楷)가 그 뒤를 이어 왕위에 올랐다. 이가 고려 제17대 왕 인종(仁宗)이며 예종의 맏아들이자 순덕왕후 이씨 소생으로 예종 4년(1109)에 태어났다.

인종은 부왕 예종이 죽자 매일같이 통곡하여 효자왕이라는 칭송을 받기도 하고 인자한 성품의 소유자여서 신하들과의 관계도 원만했으나 한편으로는 우유부단하여 이자겸과 묘청의 난을 비롯한 여러 환란을 자초하기도 했다.

인종의 환란은 즉위 초부터 시작되었다. 어린 왕 인종은 즉위 초부터 이자겸이라는 외척 세력 때문에 온갖 시달림을 겪어야만 했다. 이자겸은 인종의 외조부라는 배경을 바탕으로 막강한 세도를 누린 인물인데, 그의 등장은 왕위계승 과정에서 이미 예고된 것이었다.

예종은 죽기 전 왕태자 해에게 왕위를 선위하였으나 평소 한안인을 비롯한 일부 중앙관료들은 어린 왕태자보다는 왕의 장성한 아우들에게 왕위가 전해지기를 바라고 있었다. 반면 이자겸을 비롯한 외척 세력들은 어린 태자를 왕으로 세우려 했다. 결국 예종은 아우대신 자신의 어린 아들을 선택했고 인종의 즉위와 함께 이자겸은 중앙권력을 모두 독차지하게 되었다. 이로

인종 즉위	서긍, 송나라 사신을 따라 고려에 옴	송 서긍, 《고려도경》 40권 지어 바침
1122	**1123**	**1124**
신성로마제국, 보름스 협약		송, 나침반 발명

써 이자의의 반란과 함께 몰락했던 인주 이씨는 다시 한 번 화려하게 부활하였다.

인주 이씨가 외척으로 등장한 것은 문종 때부터였다. 문종의 후비인 인예왕후, 인경, 인절현비가 모두 이자연(이자겸의 조부)의 딸들이었다. 특히 인예왕후는 순종, 선종, 숙종 3왕과 대각국사 의천, 도생승통 탱 등을 낳았다. 이들 중에서 순종과 선종은 왕비 여섯 명 중 무려 네 명을 인주 이씨가문에서 맞아들이는 근친혼을 자행하였다.

인예왕후의 아들 중 이자의와 왕위쟁탈전을 벌인 숙종만이 인주 이씨가문의 여성을 부인으로 맞지 않은 유일한 왕이었다. 결국 숙종의 숙청으로 인주 이씨는 잠시 쇠락하지만, 그 뒤 숙종의 아들 예종이 이자연의 증손녀, 즉 이자겸의 둘째 딸을 왕비로 맞아들임으로써 인주 이씨가문은 다시 소생할 수 있었다. 그리고 마침내 인종마저 이자겸의 두 딸과 결혼함으로써 인주 이씨는 당대 최고의 외척으로 화려하게 부활하였다.

이와 같이 인주 이씨는 문종 이후로 숙종을 제외한 순종, 선종, 예종, 인종 등 무려 다섯 왕에게 자신의 딸들을 시집보냈으니 당시 인주 이씨 집안은 딸만 낳으면 차례로 왕실에 들여보낸 셈이다.

척신 이자겸의 전횡

이자겸의 부친은 이자연의 아들인 이호이다. 이호는 자신의 딸(장경궁주)을

각종 신분 자손의 부거 및 수직 규례 제정
1125
요 멸망

이자겸의 난
1126

〈유신지교 15조〉 반포
1127
정강의 변

문종의 맏아들 순종에게 시집보내어 외척의 반열에 올라 있었다. 그의 아들 이자겸도 이때 왕비의 오빠라는 이유로 과거도 보지 않고 음서로 벼슬길에 올랐다.

순종이 즉위한 지 3개월 만에 죽자 이호 집안은 그다지 큰 영향력을 발휘하지 못했다. 더욱이 순종의 왕비로 입궁한 장경궁주가 순종 사후에 노비와 간통하다 발각되고 이 때문에 전도양양한 이자겸마저 누이의 간통사건에 휘말려 파직되는 불운을 맞이하였다.

파직된 후 이자겸은 한동안 벼슬길에 나가지 못하다가 자신의 둘째 딸(순덕왕후)을 예종에게 시집보내면서 다시금 출세가도를 달렸다. 예종의 장인이 된 이자겸은 익성공신이 되었고 벼슬이 참지정사, 상서좌복야를 거쳐 정2품 문하평장사에까지 이르렀다.

더욱이 '동덕추성좌리공신소성군개국백(同德推聖佐理功臣邵城郡開國伯)'이라는 엄청나게 긴 봉작도 받고 그의 모친 김씨는 통의국대부인이 되었으며 그의 아들들도 함께 승진되었다.

이자겸은 예종대에는 왕의 견제로 큰 세력을 발휘하지 못하고 있었다. 그러다가 인종이 즉위하면서 절대권력을 차지하게 되었다. 예종이 재위 17년 만에 죽자, 예종의 아우로 나이도 많고 정치적으로도 상당한 연륜이 있었던 대방공 보와 대원공 효를 제치고 예종의 아들인 태자 해를 즉위시킨 것도 이자겸이었다.

서경에 대화궁 낙성
1129

묘청, 칭제건원 요청
1130
신성로마제국, 황제당과 교황당의 항쟁

인종이 즉위하자 이자겸은 어린 왕을 제멋대로 조종하여 자신의 관작을 협모안사공신으로 높이고 동시에 수태사중서령소성후로 승진하였다. 그런 다음 권력을 독식하기 위해 일련의 숙청 작업을 단행하였다.

이자겸은 예종의 아우이자 인종의 숙부인 대방공 보·대원공 효를 비롯하여, 중서시랑평장사 한안인, 추밀원부사 문공인 그리고 이중약과 정극영, 이영, 한안중, 한충, 한두, 임존 등 한안인과 문공인의 친족 수십 명을 반란죄 명목으로 귀양보냈다.

이들이 숙청된 사유는 왕위를 노린 대방공 보가 한안인·문공인과 더불어 반역을 일으키려 했다는 것이다. 여기에 예부상서 이영과 이부시랑 정극영, 병부시랑 임존 등 10여 명이 동조했다고 하는데 이들은 미처 거사하기도 전에 모의 사실이 누설되어 모두 체포되었다.

그러나 사실상 이 사건은 척족 이자겸 일파와 예종의 오랜 총신 한안인 일파 간의 권력투쟁에서 비롯된 일이었다.

사건의 발단은 재상인 이자겸이 방자하게도 정사를 모두 자기 집에서 처리하고 조회에도 참석하지 않는다는 한안인의 노골적인 비방에서부터 시작되었다. 게다가 한안인은 최유적이 급사중으로 임명되자 최유적이 이자겸에게 뇌물을 바치고 벼슬을 얻었다며 공개적으로 이자겸을 비판했다.

이 소식을 들은 이자겸이 노발대발하며 해명을 요구하자 난감해진 한안인은 휴가를 신청하고 집안에 틀어박혀 나오지 않았다. 한안인이 집에서 칩

동서대비원과 제위보를 수리하여 백성을 치료하게 함
1131

묘청 등 서경 천도 건의
1132

1133
남송 악비, 강광의 군도를 평정

거하자 측근 세력들이었던 문공미와 정극영 등이 자주 그의 집을 방문하곤 했는데 이를 지켜본 최홍재가 이자겸에게 한안인과 문공미가 역모를 꾸미고 있다고 전해주면서 사건은 일파만파로 퍼지게 되었다. 예종 시절부터 한안인 일파와 사이가 좋지 않았던 최홍재는 이자겸을 부추겨 이들을 제거하려 했던 것이다.

한안인의 역모설을 전해들은 이자겸은 이 사실을 인종에게 보고한 후, 인종을 조종하여 한안인을 비롯한 문공미, 정극영 등 관련자들을 모두 잡아들이게 했다. 한안인은 이 사건으로 승주 감물도로 귀양 가는 신세가 되고 도중에 이자겸의 심복들에 의해 바다에 수장되는 참변마저 겪었으며, 뒤이어 대방공 보도 귀양길에 올랐다. 그리고 이 사건에 연루된 수십여 명이 모두 유배되었다.

이자겸은 대방공 보와 한안인만 축출한 것이 아니었다. 한안인의 역모 사실을 전해준 최홍재 부자마저도 반역 혐의를 씌워 귀양보내 버렸다. 무인으로 많은 전공을 세운 최홍재가 날로 세력이 커지자 이를 미워한 이자겸이 그만 제거해 버린 것이다.

주위의 모든 정적들이 사라지자 이자겸 자신은 물론이고 그 일족의 관작은 더욱 높아졌다. 게다가 이자겸은 숭덕부라는 기관을 설치하여 최고의결기관으로 삼고는 자기 마음대로 정권을 좌지우지했다. 또한 자신의 거처를 '의친궁'이라 부르고 이것도 부족하여 자신의 생일마저 '인수절'이라 하였

김부식, 서경 천도 반대
1134

묘청 등 서경에 대위국 건설, 서북농민 이에 호응
1135

서경 함락
1136

폴란드 · 보헤미아 · 헝가리, 독일황제의 주권 인정

다. 이때 당시 예부시랑으로 있었던 김부식이 신하의 생일에 어찌 '절' 자를 붙이냐고 따졌으나 막무가내였다.

　인종 2년(1124)부터 1125년에 이르는 2년 동안 이자겸은 자신의 아들들인 이지미, 이공의, 이지언, 이지보, 이지윤 등을 모두 요직에 앉혔다. 이자겸이 셋째 딸과 넷째 딸을 인종에게 바친 것도 이 무렵의 일인데 인종에게 시집간 이자겸의 딸들은 원래 인종의 이모들이었다. 따라서 인종의 결혼은 풍속에도 위반되는 일이었으나 무소불위의 존재인 이자겸에게는 아무런 문제도 되지 않았다.

　이자겸이 승승장구하자 이자겸의 아들들도 덩달아 기고만장하였다. 매관매직을 일삼아 돈을 끌어 모으고 그 돈으로 웅장한 저택을 지었으며 개경 거리는 이들의 창고에서 썩고 있는 수만 근의 고기로 인해 악취가 진동했다. 넘쳐나는 뇌물로도 부족했던 이들은 백성들의 재산을 약탈하고 노복을 시켜 남의 수레를 빼앗아다가 약탈품을 실어 날랐다. 그 바람에 견디다 못한 백성들이 수레를 부숴 버리고 소와 말을 팔아 없애는 소동까지 일으킬 정도로 이자겸 일가의 세도는 하늘을 찔렀다.

이자겸과 척준경의 반란

방자해질 대로 방자해진 이자겸의 전횡은 끝이 없었다. '지군국사(知軍國事)'가 되고 싶었던 이자겸은 인종에게 자기 집으로 와서 직접 임명장을 수

공원시법 개정
1139

1140
팔레르모의 궁정예배당 건립

8도에 어사를 보내 주현 관리를 감찰
1142

여해 줄 것을 요구할 뿐만 아니라 임명식 날짜까지도 지정해 주었다. 일이 이쯤 되자 인내심의 왕 인종도 더 이상 참을 수가 없었다. 제 아무리 외조부요 국공이라 하지만 더 이상 방치하다가는 자신의 위치마저도 어찌될지 모르는 판국이었다.

 이자겸을 제거해야 한다고 느꼈던 사람은 인종뿐만이 아니었다. 누구 못지않게 이자겸 일파를 미워하고 있던 내시 김찬과 안보린이 왕의 내심을 눈치 채고 이자겸의 제거를 주청하고 나섰다. 인종의 묵인을 받아낸 이들은 지원 세력으로 동지추밀원사 지녹연을 포섭하고 지녹연은 평소 척준신에게 불만을 품고 있던 상장군 최탁과 오탁, 대장군 권수와 고석을 포섭했다.

 최탁을 비롯한 무장들이 순순히 이자겸 제거에 동의한 것은 이자겸 측근인 척준신이 자기들보다 아래 직위에 있다가 상관이 된 것에 불만을 품고 있었기 때문이었다.

 척준신은 예종대에 여진 정벌로 평민에서 일약 공신으로 변신한 척준경의 아우인데 형의 권세에 힘입어 일개 군졸에서 병부상서직까지 승진한 인물이었다. 당시 척준경은 이자겸과 사돈관계여서 척준신은 이자겸파에 속한 인물로 분류되었고 이 때문에 지녹연은 척준신을 미끼로 불만 세력들을 끌어들이는 데 성공하였다.

 인종 4년(1126) 2월 25일 아침, 김찬은 오늘 밤 거사가 있을 것이라고 인종에게 알렸다. 신중한 성격이었던 인종은 사안이 매우 중대하다고 보고 원로 이공수와 김인존에게 자문을 구했다.

이공수는 이자겸의 재종형되는 사람이긴 했으나 이들 일족과는 함부로 어울린 일이 없는 곧은 성격의 중신이었고, 김인존은 이자겸의 전횡을 꺼려해서 일부러 낙마하고 집안에 들어앉은 뒤 판비서성사 감수국사란 한직에 머물고 있던 중이었다. 이들 두 사람은 인종에게 신중을 기하는 것이 좋다고 충고하였다.

그러나 더 이상 이자겸의 횡포를 참을 수 없었던 인종은 그날 밤 전격적으로 이자겸 체포 명령을 내렸다. 인종의 명을 받은 최탁과 오탁 등은 군사를 이끌고 궁궐로 들이닥쳐 먼저 이자겸의 심복이던 병부상서 척준신과 내시 척순·지후 김정분·녹사 전기상·최영 등을 잡아 죽이고 그 시체를 궁궐 밖으로 내던져 버렸다.

왕당파의 거사 소식이 전해지자 이자겸과 척준경, 이자겸의 아들 이지미 등은 황급히 대책을 숙의하였으나 모두 겁부터 먹고 말이 없었다. 그러자 역시 용감스런 척준경이 자리를 박차고 일어나며 말하였다.

"이 판에 가만히 앉아서 죽음을 기다릴 수는 없소."

척준경은 곧장 시랑 최식과 지후 이후진, 녹사 윤한 등과 함께 군사 수십 명을 대동하고 나가서 궁궐 문 밖에 이르렀으나 문이 잠겨 있어서 들어가지 못했다. 척준경은 부하에게 자물쇠를 부수게 한 후 궁궐 안으로 들어가 고함을 지르며 항복을 종용했다. 이때 척준경이 내지른 소리가 얼마나 컸던지

안에 있던 김찬 일행은 엄청난 병력이 집결되어 있는 줄 알고 겁에 질려 나오지 않았다. 척준경이 궁궐 안에서 전세를 역전시키는 동안 이자겸도 최탁과 오탁, 권수 등의 집에 불을 지르게 하고 그의 처자와 노복들을 가두는 등 양면작전을 폈다.

날이 밝자 척준경은 그제야 자신의 아우 척준신과 아들 척순이 사살된 사실을 알았다. 시체를 발견한 척준경은 피는 피로 씻어야 한다는 복수심에 불타올랐다. 그는 군사를 더 불러 모아 무장시킨 다음, 의장(이자겸의 아들)이 데려온 현화사 승려 3백여 명과 함께 왕궁을 포위하였다. 그러자 궁 안의 군사들은 척준경의 위협에 나오지도 못하고 문 위에서 화살만 쏘아댔다.

이때 갑자기 인종이 신봉문 앞으로 나와 서더니 왕을 상징하는 황색 양산을 펼쳐 들었다. 인종이 나타나자 척준경의 군사들은 그를 향해 절을 하고 만세를 불렀다. 인종은 아무것도 모른다는 듯이 사자를 보내어 군대가 집결한 연유를 물었다. 이에 당황한 군사들은 은근슬쩍 둘러댔다.

"도적떼가 궁중에 들어가 있다 하기에 사직을 호위하러 왔을 뿐입니다."

"그런 일 없다. 짐도 이렇게 무사하지 않느냐? 너희들은 어서 무기를 버리고 그만 물러가라."

인종의 호통에 기가 죽은 군사들이 하나 둘씩 흩어지려 하자 척준경이 칼을 빼들고 군사들을 독려했다. 결국 양쪽 군사들은 서로 화살을 쏘아대며 결전을 벌이고 인종은 방패 뒤로 얼른 숨어 몸을 피했다. 척준경 부대가 전투를 벌이고 있는 사이 현화사 승병들은 신봉문 기둥을 도끼로 마구 찍어대며 문을 부숴댔다. 그러나 이들 중 태반이 문 위에서 쏜 화살에 머리를 맞아 그 자리에서 즉사했다.

굳게 잠긴 신봉문이 열리자 궁궐로 진입한 이자겸은 인종에게 변란을 일으킨 자들을 내놓으라고 협박하였다. 그런데 이 와중에 더욱 흥분한 척준경이 이자겸의 반대를 무릅쓰고 궁중 동화문 행랑에 불을 지르며 김찬을 잡으려 했다. 이 때문에 불은 삽시간에 내전까지 옮겨 붙어 궁궐 전체가 화염에 휩싸이고 척준경은 "안에서 나오는 자는 모두 죽여라."며 고함을 질러댔다.

궁궐이 화염에 휩싸이자 후원의 산호정으로 도망친 인종은 김인존의 충고에 따르지 않은 것을 땅을 치며 후회했다. 이때 인종의 곁에는 겨우 10여 명밖에 안 되는 소수의 근신만이 남아 있을 뿐이었다. 이에 신변의 위험을 느낀 인종은 이자겸에게 사람을 보내서 선위를 자청했다. 사태는 인종이 폐립되는 상황으로까지 치닫게 된 것이다. 다행히 이때 선위의 조서를 이행하려는 이자겸을 곁에 있던 이공수가 "어떻게 감히 그럴 수가 있느냐."며 말리는 바람에 이자겸은 눈물을 머금고 조서를 다시 돌려보냈다.

궁궐의 불은 변란이 일어난 지 3일이 지났어도 꺼지지 않고 계속 불타올랐다. 인종의 근신들은 모두 살해되고 주모자인 지녹연과 김찬은 유배되었다가, 지녹연은 이자겸에 의해 살해당하고 말았다. 게다가 오탁의 아들 오자승과 고석의 아우 고보준은 북산으로 쫓겨 도망가다 용렬한 자들의 손에

잡혀 죽을 수 없다며 절벽 아래로 몸을 던져 비장한 최후를 마치기도 했다.

이자겸 일파는 인종을 지키는 시신들에게도 보복을 가했다. 당시 인종을 지키던 낭장 지석숭은 잡혀 죽지 않으려고 인종의 옷자락에 "살려 달라."며 매달려 인종의 옷이 모두 찢어지기도 했다.

척준경을 이용하여 이자겸을 제거하라

궁궐이 모두 불타 버려 거처를 사제로 옮겨 간 인종은 이름만 왕일 뿐 왕의 처지가 아니었다. 이자겸은 공공연히 인종의 행동을 속박하고 마치 왕인 양 국사를 모두 자기 마음대로 처리했다. 그 뒤 인종이 별궁인 연경궁으로 옮기자 이자겸은 그 궁 남쪽으로 거처를 옮기고 인종의 동정을 일일이 감시했다. 인종은 거의 연금 상태나 다름없었고, 자신의 처지를 비관하여 하늘을 향해 통곡할 정도였다.

이 무렵 이자겸을 미혹시킨 것으로 이른바 '십팔자참(十八子讖)'이란 것이 있었다. 십팔자란 이(李)자의 파자(破字)로서 이씨가 장차 왕이 된다는 참설이었다. 십팔자참설은 일찍이 중국 남북조 시대부터 유행한 것인데 고려왕조에 들어와 이자겸이 이를 이용, 왕이 될 논리로 사용하였다. 이 참설은 이자겸 외에도 무신 이의민과 이성계의 조선 왕조 창업에도 이용되었다.

이자겸은 이 참설에 미혹된 나머지 자기의 외손자인 인종을 죽이기로 마음먹고 몰래 인종이 먹는 떡 속에 독약을 넣어 죽이려고 했다. 이 사실을 눈치 챈 이자겸의 딸 왕비 이씨가 은밀히 왕에게 알리고는 그 떡을 까마귀에게 던져 주었는데 그것을 먹은 까마귀가 그 자리에서 즉사했다. 떡 독살이 실패로 돌아가자 이자겸은 아예 왕비에게 독약을 보내며 인종에게 몰래 먹이라고 지시했다. 아버지 이자겸의 명령을 거역할 수 없었던 왕비 이씨는 약 그릇을 받들고 방 안으로 들어가다가 걸려서 넘어지는 척하며 엎질러 버렸다.

이렇게 해서 인종은 왕비의 도움으로 몇 차례에 걸쳐 죽을 고비를 넘겼으나 연경궁 남쪽에 거처를 옮긴 이자겸이 그곳에 군대를 배치하는 등 그 움직임이 심상치 않았다. 결국 갖가지 위협에 견디다 못한 인종은 또다시 왕위를 선위하겠다는 뜻을 이자겸에게 알리려 했다. 그러자 내의(內醫) 최사전이 인종을 만류하고 나섰다.

"이자겸이 날뛰는 것은 오직 척준경을 믿기 때문입니다. 왕께서 척준경을 포섭하여 병권을 회복하신다면 이자겸은 아무 힘도 못 쓸 것입니다."

최사전의 계략은 그럴 듯했으나 인종은 일전의 경솔한 행동을 후회하고 있던 터라 잠시 주저하였다.

"척준경은 이자겸의 심복인 동시에 사돈 사이지 않은가? 게다가 척준경의 아우 준신과 아들 순이 앞서 변란 때 살해되었으니 그가 어찌 나를 돕겠느냐."

스스로 판단을 내리기 어려웠던 인종은 점을 쳐서 결정하기로 마음먹었다. 다행히 점괘가 좋게 나오자 인종은 곧장 최사전을 척준경에게 보냈다. 최사전을 만난 척준경은 의외로 순순히 최사전의 계략에 동조할 뜻을 내비쳤다. 무장 출신인 척준경은 워낙 단순한 성품의 소유자인데다 애국심 또한 남달랐던 인물이어서 이자겸을 제거해야 나라가 평화롭다는 최사전의 꼬임에 쉽게 넘어갔다. 척준경이 변심할 뜻을 비치자 인종은 곧장 전날의 자기 허물을 사과하며 지원을 요청하는 글을 보내어 그의 환심을 사두었다.

이 무렵 척준경의 변심을 재촉한 또 하나의 미묘한 사건이 발생했다. 이지언(이자겸의 아들)의 종이 척준경의 종과 다투다가 갑자기 상대방 상전을 대고 욕을 한 것이다.

"네 놈의 주인은 임금이 계신 곳에 활을 쏘고 궁궐에 불을 질렀으니 그 죄로 말하면 마땅히 사형감이요, 네 놈도 체포해서 관노로 삼아야 할 일이다. 그런데 네가 어찌 감히 나한테 욕설을 퍼붓는 거냐."

이 말을 전해들은 척준경이 화가 치밀어 올라 곧장 이자겸의 집으로 달려가 의관을 벗어 던지며 따졌다.

"오냐. 내 죄가 크니 응당 법관에 가서 자수하마."

그리고는 뒤도 돌아보지 않고 자기 집으로 돌아가 누워 버렸다.

이에 난처해진 이자겸이 그의 아들 이지미와 이공의를 보내서 화해를 청했으나 척준경은 꿈쩍도 하지 않았다.

"전날의 변란은 모두 너희들이 일으킨 일인데, 어째서 나 혼자만 죽을죄를 지었다고 하느냐? 차라리 고향에 돌아가 여생을 마치고 싶을 뿐이다."

결국 이 일로 이자겸과 원수지간이 된 척준경은 인종에게 이자겸 일파를 타도하는 데 앞장 설 뜻을 내비쳤다. 그러나 신중론으로 방향을 선회한 인종은 이자겸의 반역이 좀 더 구체적으로 드러날 때까지 기다리자고 답했다.

이자겸, 최후의 날이 오다

1126년 5월 20일, 이자겸은 기어이 숭덕부의 군사를 이끌고 연경궁 안으로 들어와 인종을 죽이려고 했다. 다급해진 인종은 손수 밀지를 써서 척준경에게 보냈다.

"불행히도 내 대에서 타성에게 왕위가 전해진다면, 이 또한 나를 보좌한 대신들에게도 치욕이 될 것이다. 그대는 어서 빨리 대책을 강구하라."

척준경이 그것을 받아 읽고 병부상서 김향에게 건네주자 김향은 눈물을 흘리며 말했다.

"왕의 뜻이 이러하다면 죽기로 섬기는 것이 의리이거늘 어찌 가만 있겠는가."

의기투합한 척준경과 김향은 부하 30여 명을 거느리고 급히 연경궁으로 달려갔다. 이때 이들이 얼마나 창졸간에 달려나갔던지 변변한 무기 하나 마련하지 못할 정도였다. 급한 마음에 척준경은 옆에 있던 나무를 뽑아 몽둥이로 삼고 궁궐로 향했다. 척준경이 궁궐에 도착하자 이공수와 척준경의 명을 받은 순검도령 정유황도 1백여 명의 무장병력을 대동하고 달려왔다.

이윽고 척준경은 천복전 문 앞에 나와서 기다리던 인종을 호위하고 나오다가 이자겸의 부하들과 마주쳤다. 이자겸의 부하들이 먼저 활을 쏘며 저항하였지만 척준경은 칼을 뽑아들고 호통을 치며 이들을 물리쳤다. 그런 다음 왕과 함께 군기감에 가서 무기를 단속하고 곧바로 왕명을 받아 이자겸을 소환했다.

뒤이어 척준경은 이공수와 함께 이자겸에 대한 처리 문제를 논의했다. 소환명령을 받은 이자겸이 소복을 입고 출두하자 척준경은 이자겸과 그의 처자들을 팔관보에 가두고 이자겸의 친위대인 장군 강호, 고진수 등을 죽였다. 이자겸의 잔당들이 모두 체포되자 인종은 광화문으로 나가 반란을 제압한 경위를 백성들에게 알리게 하였다. 이자겸 일족이 체포되고 그 일파들이 모두 살해되었다는 소식이 전해지자 백성들은 만세를 부르며 감격의 눈물을 흘렸다.

척준경의 도움으로 대역전극을 펼친 인종은 이자겸과 그의 처 최씨, 아들 이지윤과 이지미를 비롯한 5형제 그리고 그 일파 30여 명과 노복 90여 명을 모두 귀양보냈다. 이로써 이씨 일문의 세도는 뿌리 뽑히고 말았다.

그해 12월 추운 겨울날 이자겸은 유배지인 전남 영광에서 죽었다. 이자겸이 죽자 효심이 남달랐던 인종은 이자겸과 그의 처를 각각 검교태사 한양공과 변한국대부인으로 봉하여 지난날에 저지른 과오를 덮어주려 했다.

이보다 더 나은 제왕이 있겠는가

인종은 즉위 초반기에 이자겸과 척준경의 반역을 겪고, 재위 중반기에는 묘청의 반란을 경험하였다. 이자겸의 난이 일어났을 무렵에는 인종의 나이가 20세 전이었으므로 혹 그러한 권신들의 발호가 일어날 수도 있었으나, 그 뒤에 일어난 묘청과 조광의 반란은 이른바 인종의 '자애롭기는 하나 우유부단한 천성' 때문이었다. 인종은 집권 후반기에 접어들면서 사술에 미혹되고 서경에 자주 왕림하는 등 처신에 문제가 많았다.

인종이 1146년 38세를 일기로 세상을 떠나기까지 왕위에 머문 24년간은 대외적으로 교린의 정책을 견지하여 별다른 외환이 일어나지 않았다. 반면, 내정으로는 여러 반란 세력들에 의해 하극상의 풍조가 크게 조장되는 난맥상을 보였다. 말하자면 인종대는 뒷날의 무신난이나 지방 민란이 빈발하게 되는 고려 혼란기의 서막을 이룬 시기였다. 하지만 당대에는 선정에 힘을 기울여 김부식으로부터 "이보다 더 나은 제왕이 있겠는가."라는 찬양을 받은 왕이었다.

인종은 자주 경연을 베푸는 등 전대 못지않게 유학과 문학의 성행을 도모했다. 국자감에 경사 6학의 체제를 갖추고 지방에 향학을 세워 교육의 보급에 앞장선 것도 유교적 소양을 갖춘 인재들을 양성하기 위한 조처의 하나였다. 하지만 유학을 너무 숭상한 나머지 무인들을 선발하는 무학재를 폐지함으로써 문무 간의 불화를 조장하는 실수를 범하기도 했다.

단성 향교 고려 인종 때 만들어진 향교. 향학은 고려 시대 지방 교육을 담당했다.

인종은 유학에 조예가 깊었던 인물이었으나 한편으로 참위설에 미혹되기도 하고 불교 또한 매우 독실하게 신봉하였다. 봉엄사 창건과 봉은사, 숭복원의 중수를 지휘하고 각종 도량 및 반승(飯僧, 승려들에게 음식을 베푸는 것)을 궁궐에서 자주 베푼 것도 모두 그의 독실한 불심에서 비롯된 것이었다.

이 밖에 인종은 역사에도 관심이 많았다. 김부식이 유명한 《삼국사기》를 편찬하여 바친 것이 바로 인종 23년(1145)의 일이었다. 평소 자국의 고대사에 깊은 흥미를 가지고 있었던 인종이 김부식에게 명하여 편찬하게 한 것이

《삼국사기》였다.

인종은 우유부단한 천성으로 실수도 많이 저질렀으나 인종이라는 묘호에 걸맞게 어진 성품의 소유자였고 백성을 사랑한 왕이었다. 생활도 검약하였으며 가난한 백성들을 위한 구휼 사업에도 소홀함이 없었다. 형벌에 있어서도 신중과 관용을 중시하며 인명을 아껴 함부로 고문하지 못하게 하고 반역의 혐의가 있더라도 죽이지 못하게 하였다.

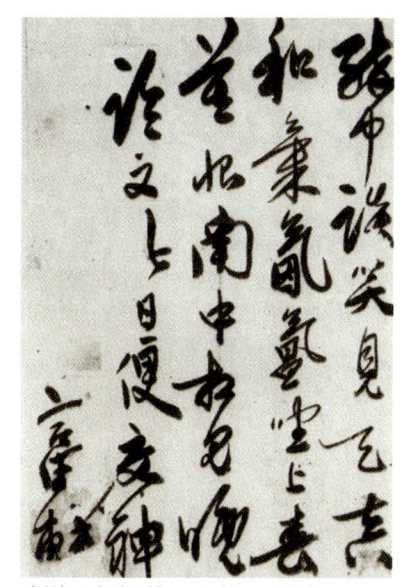

김부식 글씨 김부식은 고려 시대 최고의 관료이자 문인이다. 《삼국사기》를 편찬했으며 우리나라 고문체 문장의 효시라 일컬어진다.

인종은 개경 궁궐이 불타자 이를 다시 중수하기도 하고 서해안 굴포의 운하개척 사업도 추진했다. 운하는 교통상의 편리함을 도모하기 위해 지금의 서산과 태안 사이의 육지를 10리 정도 끊어서 만들 계획이었는데 아쉽게도 완성은 보지 못하였다.

두 명의 왕비를 폐비로 만들다

인종은 즉위한 후 이모가 되는 이자겸의 두 딸을 왕비로 맞아들였다. 고려

풍속상 이모와 혼인하는 경우는 없었으나 권력을 독식하고 싶었던 이자겸이 강제로 두 딸을 인종에게 시집보낸 것이었다. 하지만 이 두 왕비는 이자겸의 실각과 함께 폐비가 되었고 인종은 이들과의 사이에서 자식을 얻지 못했다.

두 명의 왕비가 폐출된 후 인종은 중서령 임원후의 딸을 부인으로 맞았는데 이가 공예왕후 임씨이다. 공예왕후의 부친 임원후는 정안 임씨가문의 후손으로 과거에 급제하여 개성부사직을 역임하고 있던 중 자신의 딸을 인종과 혼인시켰다.

공예왕후는 인종 4년(1126)에 왕비로 간택되었는데 그녀는 일찌감치 왕비가 될 운명이었다. 다만, 이자겸의 훼방으로 시기만 늦춰줬을 뿐이었다.

공예왕후는 《고려사》에 수록된 125명의 후비 중 태조의 제2비 장화왕후 오씨와 더불어 유일하게 상세한 태몽이 실려 있는 왕비이다. 《고려사》에 의하면 왕비의 외조부인 이휘가 공예왕후의 출생 시에 황색기가 자신의 집 중문에 세워져 왕궁 추녀 끝까지 펄럭이는 꿈을 꾸었다고 한다. 이후 이휘는 임씨를 가리켜 "이 딸은 장차 선경전에서 놀게 될 것이다."라며 그녀의 입궁을 일찌감치 예견하였다.

그러나 왕후가 될 운명은 잠시 비껴가는 듯했다. 공예왕후가 김인규의 아들 김지효와 결혼하는 것으로 예정되어 있었던 것이다. 그런데 김지효가 혼약한 후 갑자기 발병하는 바람에 그만 파혼하고 척준경의 주선으로 인종과 결혼하게 됨으로써 일찍이 이휘의 꿈이 헛되지 않았음이 증명되었다.

공예왕후는 1127년에 의종(18대 왕)을 낳고 1129년 정식으로 왕비에 책봉되었으며 인종과의 사이에서 의종 외에도 대녕후 경, 명종(19대 왕), 원경국사 충희, 신종(20대 왕) 등 다섯 아들과 승경, 덕녕, 창락, 영화 등 네 공주를 낳았다. 이로써 공예왕후는 세 아들인 의종, 명종, 신종이 각각 왕위에 오르는 영화를 누린 왕비가 되었고 무신난을 전후 한 시대적 전환기를 직접 목격하는 장본인이 되기도 했다.

한편, 공예왕후는 둘째 아들 경을 사랑하여 그를 왕태자로 삼고 싶었으나 인종은 맏아들에게 왕위를 물려주었고 이 때문에 의종은 모후를 별로 좋아하지 않았다고 한다.

묘청과 김부식, 서경천도론의 등장

이자겸과 척준경의 변란으로 왕권이 뿌리째 흔들리고 사회 기강마저 무너지는 등 고려는 인종대로 접어들면서 새로운 전환기를 맞이하게 되었다. 그런데 이때 북방에서는 요가 멸망하고 북송이 몰락하는 가운데 새로운 신흥 세력으로 여진족이 세운 금이 발흥하고 있었다. 금의 등장으로 동아시아 국제정세는 다시 한 번 파란을 예고하게 되고 이러한 대내외적 혼란 속에서 민족주의 사학자 신채호에 의해 '한국 역사상 천년 이래 최대의 사건'으로 평가받았던 묘청의 난과 서경천도론이 대두하였다.

인종대에 와서 서경천도론이 대두된 것은 왕권의 쇠퇴와 사회 기강의 혼란이 현저하게 우려되고 밖으로는 요와 송을 대신해서 금국이 강성해져 가는 것이 가장 큰 이유였다. 하지만 묘청의 서경천도론은 전부터 있어 왔던 서경천도론의 재판이었지 결코 이때 와서 처음으로 주장된 것은 아니다.

묘청난의 최대의 이슈였던 서경 천도 운동은 풍수와 도참사상을 바탕으로 한 수도 이전 운동이었다. 풍수 도참은 통일신라 말기를 거쳐 고려 일대를 풍미한 사상인데 불교 못지않게 고려왕조에 끼친 영향 또한 대단하였다. 그 가운데서도 특히 지덕이 쇠퇴한 곳에서 왕성한 곳으로 도읍을 옮겨야만 왕실과 국가가 융성해진다는 이른바 '지덕쇠왕설(地德衰旺說)'은 고려 태조 이후부터 거의 모든 고려 왕이 신봉했던 풍수론이었다.

사실, 내용만 따지고 본다면 지덕쇠왕설은 단순한 미신에 불과한 것 같지만, 보수적이고 무기력한 구세력의 근거지 개경을 떠나 새로운 국가질서를 확립하고 싶어 한 왕과 신세력들에게는 더할 나위 없이 매력적이고도 혁명적인 사상이었다. 태조로부터 예종에 이르는 2백여 년 동안 거의 모든 고려 국왕들이 평양을 서경으로 정하고 끊임없이 그곳으로 천도를 하려 했던 것도 모두 이러한 전략적 유용성 때문이었다.

이러한 의미에서 묘청의 서경천도론은 풍수설뿐만 아니라 제도와 문물의 혁신, 그리고 개경 세력을 제치고 정치적 주도권을 잡으려는 서경 세력의 일대 반격에서 비롯된 것이기도 했다.

도선의 후계자 묘청

원래 묘청은 서경의 승려로서 정심(淨心)이라는 이름으로도 알려져 있다. 인종 10년, 이자겸의 난으로 불타버린 개성의 정궁(正宮, 만월당(滿月臺))을 재건하기 위해 기초공사를 할 때 묘청은 '태일옥장보법(太一玉帳步法)'이라는 병가압승의 술책을 부리면서 이런 말을 했다.

"이 법은 일찍이 선사 도선이 강정화에게 전해준 것인데 강정화가 다시 나에게 전하였고, 나는 뒤늦게야 백수한을 만나서 그에게 전해주게 된 것이니, 보통 사람은 알지 못하는 술법이다."

그리고는 비술을 자랑하며 자신의 계보를 늘어놓았다고 전한다.

백수한은 천문관리였다. 묘청을 사사하여 음양비술로써 세인을 현혹시켰다. 그러나 강정화는 어떤 기록에도 전하지 않는 정체불명의 인물이었다. 따라서 묘청의 계보는 정확하지가 않다.

음양대가로 알려진 묘청을 왕실에 접근시킨 사람은 서경 출신의 문신 정지상이었다. 정지상은 서경 출신으로 인종대에 언관직을 맡을 정도로 능력을 인정받았던 인물이었다. 1127년에는 척준경을 탄핵하여 추방시키는 공을 세우기도 했다. 더욱이 경연에서 고전 강의를 도맡을 정도로 실력파였던 정지상은 시문에도 뛰어나 당대에 명성을 날리는 등 본래 묘청과 같은 음양가와는 비교도 되지 않던 인물이었다.

그런 그가 정치의 혁신과 서경 천도 운동에는 크게 공명한 바 있었는지 묘청을 인종에게 추천하기도 하고 내시낭중 김안과 함께 서경 천도를 공공연히 주장하기도 했다. 명망 있는 문신 정지상이 서경천도론을 들고 나오자 대신 문공인과 임경청, 근신 홍이서와 이중부 등도 이에 동조하고 나섰다. 이들은 한결같이 입을 모아 묘청을 극찬하고 심지어는 인종에게 그를 위한 상소문까지 올리기도 했다.

"묘청은 성인이요 백수한도 그 다음가는 성인이니, 국가의 일은 무엇이나 그 두 사람에게 물어 본 뒤에 행하시옵고, 그들이 요청하는 것이면 무엇이든 들어 주셔야 정사가 바로 잡히고 일이 성취될 것입니다."

이들은 상소문과 함께 백관의 지지 서명까지도 받아내려 했다. 이에 많은 관원이 서명했는데 평장사 김부식과 참지정사 임원후, 승선 이지저 등은 의혹을 품고 서명하지 않았다. 인종도 처음에는 묘청의 인물됨에 대해 의혹을 품고 있었으나 하도 여러 사람이 묘청을 찬양하므로 역시 휘말려 들어갔다. 이자겸 일파를 숙청한 지 얼마 안 된 시점이라 서경천도론에 귀가 솔깃하였기 때문이었다.

1127년 2월 인종은 마침내 서경에 거둥하고 묘청 일파의 건의를 받아들여 3월에 상안전에 도량을 베풀고 '유신 정교'를 선포했다. 이때 인종이 선포한 정교는 대개 산천신에게 제사하고, 검약을 실천하며 백성을 구제하고 세상을 이롭게 하여 국가의 안녕과 태평을 도모하자는 것이 주된 내용이었다. 이것은 일종의 고전적 정치이념에 불과한 것이었는데 묘청에 의해 입안 되었으니 이른바 유신 정교는 서경파의 천도 운동을 알리는 예고편이었다.

대화궁의 건설

유신의 정교를 반포한 후 묘청 일파는 본격적으로 인종에게 신궁 건설을 주청하고 나섰다.

"서경 임원역(林原驛의 대원부(大同部)) 땅이 음양가에서 말하는 대화세(大華勢)입니다. 전하께서 만일 그곳에 궁궐을 세우고 수도를 옮기신다면 천하를 얻을 수 있으며 금나라도 조공을 바쳐 스스로 항복할 것이고 36국이 모두 복종하게 될 것입니다."

여기서 묘청 일파가 강조한 '대화세'란 이른바 음양가에서 말하는 산수의 발맥(發脈)·결국(結局) 따위를 나무의 줄기나 가지, 꽃과 열매에 비유해서 말하는 것으로, 산수가 취합하여 좋은 격을 이룬다는 소위 명당자리를 말한다. 말하자면 임원역의 땅이 바로 이 대화세에 해당되는 명당자리라는 것이다.

인종 6년(1128) 8월 23일, 드디어 묘청의 말에 따라 서경으로 향한 인종은 자신을 따라간 묘청과 백수한에게 임원역의 땅에 새로 지을 궁터를 잡게 했다. 그리고 곧장 그해 11월에 일명 대화궁이라는 이름의 신궁 공사가 시작되었다. 이 일을 맡은 내시 김안이 노역에 동원된 백성들을 얼마나 닦달했는지 신궁은 한 겨울이었음에도 불구하고 불과 3개월 만에 완공을 보았다.

대화궁지와편 대화궁에서 출토된 기와 조각

　신궁이 완공되자 인종은 낙성식을 거행하고 문공유에게 궁액을 쓰라고 지시했다. 그러나 문공유는 묘청 일파와 신궁 건설을 못마땅하게 여기고 있던 중이었으므로 한사코 쓰지 않겠다며 버텼다. 이 당시 문공유·김부식 등 개경 유신들은 처음부터 묘청 일파의 허황된 소리를 몹시 싫어하고 있었던 것이다.

칭제건원과 금국정벌론

　묘청은 한 단계 더 나아가 인종에게 칭제건원(稱帝建元)과 금국 정벌 문제를 주청했다. 그야말로 자주 선언이었다. 그러나 이 엄청나고 파격적인 주청을 나약한 문신들이 받아들이기에는 생존의 위험이 너무 컸다. 이 주청은 고려 조정에 정치적 대립을 일으켰다. 더구나 금국 정벌은 그 당시 고려의 국력으로 비추어보아 불가능한 일이었다. 금나라는 일취월장 성장의 고삐를 늦추지 않던 시기였다.

　묘청의 반대파들은 실현성 없는 황당무계한 주청에 등을 돌렸다. 묘청의 칭제권원, 금국 정벌 주장은 고려 조정에서 퇴조의 기미를 보였다. 이에 묘청 일파는 서경 천도를 서둘렀다.

"하루속히 도읍을 옮기셔야 하옵니다. 앞으로 복지는 서경뿐이옵니다."

인종은 결단을 내리지 못하자 묘청 일파는 온갖 수단방법을 가리지 않았다. 인종 10년, 임금이 서경 행차를 기회삼아 술책을 부렸다. 인종이 대동강에서 뱃놀이를 즐기고 있을 때였다. 그런데 뱃전 가까이 가지각색의 기름이 가득 떠올랐다.

"수면에 떠 있는 저것이 무엇인고?"

인종이 물었다.

"마마, 이것은 신룡(神龍)이 토한 오색구름이옵니다. 왕도가 될 상서로운 징조가 바로 나타난 것이옵니다."

묘청의 반대파 중신이 이상하게 여겨 헤엄 잘 치는 하인을 시켜 물밑을 조사해 보도록 했다. 배 밑바닥에서 기름이 흐르고 있었다. 그 기름은 오색으로 물들인 떡 시루 밑에서 흐르고 있었다. 묘청은 몰래 오색 떡을 만들고 거기에 기름을 부어 강으로 흘러내리게 했던 것이다. 이러한 묘청의 잔재주는 그를 궁지로 모는 계기가 되었다.

개경의 궁궐 재건 기공식에 참석한 묘청은 백수한·정지상 등과 함께 인종에게 간절히 아뢰었다.

"전하, 개경의 땅은 이미 쇠했사옵니다. 그리하여 천재지변이 끊임없이 이어지오니 서경으로 옮기시옵소서. 천도하시면 액운이 가시고 복록이 무궁할 것이옵니다."

인종은 묵묵부답이었다. 이미 김부식 등 묘청 반대파들의 입김이 거세지고 있었기 때문이다.

개경파의 역공

인종도 처음부터 묘청 일파의 비술이나 주장이 비현실적이라는 것을 모르지 않았다. 그러나 일찍이 이자겸 일파에게 모진 시련을 당하여 개경 땅이 싫어진 참이라 묘청의 주장에 현혹된 것이었다. 유신들의 거듭되는 반대에도 불구하고 인종은 계속해서 서경 대화궁의 지덕에 미련을 버리지 못했다.

그런 이유 때문에 인종은 임원후가 묘청 일파를 잡아 죽이라고 극간했어도 물리치고 그해 묘청 일파의 말대로 옛것을 혁신하여 새것을 세우는 이른바 '혁구정신(革舊鼎新)'의 정치를 천명했던 것이다.

묘청 일파는 개경파의 반대로 왕의 서경행이 계속해서 좌절되자 인종의 어의(御衣)라도 보내 달라고 요구하기에 이르렀다. 인종을 서경으로 모셔오기가 어려워지자 어의만이라도 우선 갖다 놓고 보자는 궁여지책에서 나온 것이었다. 인종의 어의가 도착하자 묘청은 어의를 궁궐에 안치하고 마치 왕이 앉아 있는 양 꾸몄다.

이런 식으로 묘청 일파의 서경 천도 운동이 집요하게 계속되자 마침내 시어사 문공유가 직문하성 이중과 함께 반대상소를 올렸다.

"묘청과 백수한 등은 모두 요사스런 인물들로 말이 괴탄하여 믿을 수가 없습니다. 근신 정지상과 이중부 및 환관 유개가 서로 손잡고 묘청을 성인이라 추켜세우고 또 대신들이 그들의 말을 믿고 있어 상께서 의심하지 않으시지만 사람들은 모두 그들을 원수같이 미워하고 있습니다. 속히 그들을 멀리 하십시오."

그러나 인종은 여전히 묘청을 신임했다. 인종은 1134년 1월에 묘청을 삼중대통지루각원사에 임명하고 붉은 가사 옷을 주더니 뒤이어 2월에는 다시 서경의 신궁으로 행차하였다.

인종의 서경 행에도 불구하고 묘청 일파의 계획은 생각대로 돌아가지 않았다. 왕의 행차가 마천정에 이르렀을 때 친종장군 김용의 말이 무엇에 놀란 듯 급히 치달려 어가를 앞질러 하마터면 김용이 말에서 떨어져 죽을 뻔 하는 등 이상한 이변들이 꼬리를 물고 발생하였다. 게다가 인종이 신하들과 함께 대동강 가에서 배를 타고 물놀이를 하였는데 별안간 폭풍이 휘몰아쳐 배의 장막이 찢기고 술상이 엎어지는 일도 일어났다. 이렇듯 서경에서 기상이변이 계속되자 인종은 그만 낙심하여 보름 만에 개경으로 되돌아와 버렸다.

인종이 개경으로 되돌아간 이후에도 천재지변은 그치지 않았다. 3월에 눈이 내리기도 하고 하늘에선 별똥도 떨어졌다. 4월에는 때아닌 서리가 내렸으며 또 큰 비와 우뢰 때문에 인명과 농작물의 피해가 막심했고 그해 여름에는 극심한 가뭄마저 들어 인종은 급기야 기우제까지 지냈다. 기상이변이 계속되자 김부식을 비롯한 개경파들은 본격적으로 인종의 서경 행을 저지하고 나서고 인종도 마침내 서경 거둥을 포기하고 말았다.

인종이 개경 유신들 쪽으로 방향을 선회하자 그동안 왕을 의지했던 묘청 일파는 점차 패색이 짙어졌다. 결국 이대로 주저앉을 수 없다고 판단한 서경파들은 새로운 반격을 시도하게 되고 그것은 곧장 반란으로 이어졌다.

묘청의 반란

인종 13년(1135) 정월, 묘청은 서경을 거점으로 반란을 일으켰다. 묘청은 분사시랑 조광과 병부상서 유참, 사재소경 조창언, 안중영 등과 결탁하여 군사를 일으키고 왕의 조서를 날조하여 서경 부유수 최자와 감군사 이총림, 어사 안지종 등을 잡아 가두고, 또 가짜 승선 김신을 파견하여 서북면병마사 이중병과 그의 부하들을 포박하여 서경의 소금창고에 가두었다. 또한 신분고하를 막론하고 서경에 와 있던 개경 출신들을 모두 구속조치했다. 이어서 묘청은 군사를 요충지대인 절령(자비령)으로 파견하여 통로를 차단하는 한편, 서북면 내에 있는 모든 군대를 서경에 집결시켜 임전태세를 갖추었다.

그런 다음 묘청은 국호를 '대위(大爲)', 연호를 '천개(天開)'라 하고 자신의 군사를 '천견충의군(天遣忠義軍)'이라고 부르며 새로운 국가 체제를 갖추었으나 스스로 왕이 될 욕심이 있었던 것은 아니었다. 묘청의 반란은 앞서 이자겸이나 척준경의 반역과는 달리 새롭고 자주적인 독립 국가를 세운다는 것이 그 목적이었다.

　현존하는 문헌으로는 묘청 일파가 과연 언제부터 어떤 식으로 반란을 준비했는가가 확실하게 밝혀져 있지 않다. 다만 묘청의 측근이었던 안중영이 불사에 많은 사람들을 불러 모아 놓았을 때 갑자기 도화선이 터졌으며 백수한과 정지상, 김안, 최봉심 등 묘청 일파 다수는 개경에 머물고 있었다고 《고려사》는 전한다. 말하자면 묘청의 반란은 급작스런 상황에서 일어난 것이며 정지상 등은 뒤늦게 묘청의 반란 소식을 전해들었다는 얘기이다. 물론 확인할 길은 없지만 대규모적인 반란 규모를 볼 때 과연 이들이 사전에 함께 반란을 모의하지 않았을까 하는 의혹이 여전히 남는다.

　묘청은 거사를 일으키면서 신하도 두었는데 재추로부터 주군수에 이르기까지 모두 서경 출신들을 임용했다. 이처럼 개경인이라면 누구를 막론하고 모두 감금하고 관리들을 모두 서경인으로 기용했다는 것은 한편으로 개경인의 서경 탈출을 방지하겠다는 의도였지만, 그보다는 오래 전부터 지속되어 온 서경 사람과 개경 사람들 사이의 반목 내지 대립 감정을 매우 교묘하게 이용한 술책이었다.

　묘청의 반란이 그처럼 쉽게 터지고 눈 깜짝할 사이에 자비령을 포함한 서북 일대를 장악하게 된 데는 그만한 여건이 마련되어 있었기 때문에 가능한 일이었다. 서경은 이미 태조 때부터 서북계의 요충지로서 정치와 경제, 군사 등 모든 면에서 중앙과 비슷한 분사의 조직이 구성되어 있던 곳이었다.

따라서 요소에 자기 일파를 대치시키기만 하면 세력을 확보하기에 안성맞춤이었던 것이다.

반란군을 토벌하라

묘청의 반란 소식이 알려지자 인종은 곧 백관을 소집하고 회의 끝에 반란군을 토벌하기로 결정을 내렸다. 인종은 우선 평장사 김부식, 참지정사 임원후, 추밀원승선 김정순 등에게 역적을 토벌할 계책을 강구하라고 일렀다. 뒤이어 조서를 내려 묘청 배격파의 거두인 김부식을 원수로 임명하였다.

이때 묘청의 반란군이 또 왕명을 사칭하며 양계에서 군사를 징발한다는 놀라운 소식이 전해졌다. 결국 인종은 묘청의 거짓을 널리 알리게 하고 김부식의 동생인 김부의로 하여금 좌군을 이끌고 서경으로 먼저 출정하도록 했다.

그러나 인종은 묘청 일파를 토벌하기에 앞서서 유경심을 서경으로 급파하여 군사행동을 중지시키려 하였다. 유경심이 서경에 도착하자 묘청은 융숭하게 대접하며 한 통의 글을 써 인종에게 보냈다.

"바라건대 폐하께서는 이 도성으로 옮겨 오소서. 그러지 않으면 반드시 변란이 있을 것입니다."

묘청이 왕의 서행 및 서경 천도를 요구하며 이 요구가 관철되지 않는다면 한 치도 양보할 수 없다는 주장의 편지를 보내자 개경의 모든 대신들은 홍분하였다. 그러나 전쟁이 일어날 것을 염려한 인종은 반란을 탈 없이 진압하려는 생각만 하고 있었다. 따라서 인종은 토벌대장 김부식에게 거듭 당부하였다.

"난을 일으킨 서경 사람들도 모두 내 아들 딸들이니 우두머리만 죽이고 다른 사람들은 죽이지 말라."

그러나 김부식은 후환을 없애기 위해 김안과 정지상·백수한 등 개경에 있던 묘청 일파들을 암살하고 인종에게는 나중에 가서야 이 사실을 알렸다. 그런데 당시 암살된 김안과 정지상은 서경의 반란에 처음부터 관련되어 있었다는 증거는 없던 인물들이었다. 그럼에도 불구하고 제일 먼저 살해된 것은 개경파의 모함 때문이었다.

《고려사》에 의하면 김부식이 선참후계식으로 성급하게 정지상 등을 죽인 것은 오래 전부터 정지상의 문명(文名)을 질투한 김부식이 그 기회에 그를 묘청파로 몰아서 죽여 버린 것이라고 한다.

김부식의 지연작전과 반란군의 최후

인종의 출동 명령을 받은 김부식은 대병력을 이끌고 개경을 떠나 금교역(금천)에 닿았다. 그러나 이때는 때마침 한 겨울인데다가 눈까지 내려 군마가 모두 얼고 장병들 또한 태평세월을 누리다가 갑자기 징발된 판이므로 사기가 말이 아니었다. 김부식은 물자를 아끼지 않고 장병을 잘 먹이며 타일러서 겨우 질서를 유지했다.

　김부식의 대군이 출병했다는 소식이 전해지자 반란군의 진영에선 당황하기 시작했고 상황은 관군에게 유리하게 돌아갔다. 그러나 김부식은 매우 신중하게 우회해서 적을 포위하는 작전을 택했다.

　보산역(황해도 평산)에 도착한 김부식은 3일간 군사를 정비하면서 공격 작전을 짰다. 당시 중론은 속전속결론이었지만 김부식은 우선 서경 사람들의 인심을 묘청으로부터 멀리 떼놓고 그 기회에 묘청을 치자는 우회전술론을 폈다. 김부식의 지연론에 여러 장수들은 김부식이 환갑의 나이라 속전을 피하는 것이라며 불평을 쏟아냈지만 그의 고집을 꺾지는 못했다.

　김부식이 지연론의 일환으로 성마다 격문을 띄워 왕명으로 반역자들을 토벌하는 것이라며 계속해서 선전을 하였다. 서경 사람들은 겁을 먹고 반란군들의 기세도 한풀 꺾었다. 결국 조광을 비롯한 일부 반란군들은 더 이상 버티어 봤자 소용이 없다고 판단하기에 이르렀다. 하지만 자신들의 죄가 너무 크므로 항복해도 용서받지 못할 것만 같아 망설이고 있을 따름이었다. 때마침 평주판관 김순부가 개경에서 내려보낸 조서를 받들고 와서 항복을 권하자 조광은 묘청과 유참, 유참의 아들 유호 등 세 사람의 목을 베고 투항할 의사를 밝혔다.

　김부식은 곧 녹사 백녹진을 개경에 보내서 왕과 재추에게 그간의 경위를 알리며 관대한 처분을 당부하였다.

"서경의 적군이 항복하겠다고 하니 윤첨 등을 후대하고 갱생의 길을 열어주라."

그러나 당시의 개경 대신 문공인과 최유는 생각이 달랐다.

"김부식은 곧장 서경을 공략하지 않고 우회하여 안북으로 갔기 때문에 우리가 별도로 김순부를 보내어 서경의 적을 항복시킨 것이지 김부식이 세운 공이 아니다."

더욱이 이들은 투항한 윤첨이 개경 근처에 이르자 칼을 씌워 옥에 가두어야 한다고 주장했다. 그러나 인종은 윤첨의 결박을 풀어주라는 명령을 내리고 곧 궁중으로 불러들여 술과 음식을 내려주며 위로했다. 얼마 후 윤첨은 옥에 갇히고 묘청 등 세 역적의 목은 저잣거리에 걸려 일반에 공개되었다. 이처럼 극단적인 상황이 벌어지게 된 것은 문공인과 최유·한유충 등 개경파들에 의해서였지 인종의 뜻은 아니었다.

개경으로 보낸 윤첨이 투옥되고 말았다는 사실을 전해들은 조광은 항복해도 죽음을 면하기 어렵다는 생각에 결사항전 쪽으로 방향을 선회했다. 그는 인종이 보낸 전중시어사 김부, 내시 황문상과 김부식이 보낸 녹사 이덕경을 살해하는 등 개경 측의 회유를 단호히 거절하였다.

조광의 전면전으로 서경의 반란은 묘청의 이념 투쟁에서 조광의 자위행위로 그 성격을 달리하게 되었다. 그러나 조광마저 정부군의 총공세에 무릎을 꿇고 이로써 서경성은 반란을 일으킨 지 1년여 만에 함락되고 말았다.

조광은 가족들과 함께 불속으로 뛰어들어 자결하고 수많은 반란군 지휘관들은 목을 매 자살하였다. 특히 묘청이나 조광에 합세하여 관군에 항거했던 백성들은 '서경역적(西京逆賊)'이란 글자를 몸에 새기고 먼 곳으로 귀양 가거나 천민이 되었다.

항전 1년여 만에 '칭제건원', '금국 정벌'을 내세웠던 묘청의 난은 조광의 죽음과 함께 완전히 종결되었다. 고려 조정 내의 서경 세력은 완전히 몰락의 길을 걷게 되었으며 이와 함께 불교 세력도 상당히 쇠퇴하였다.

서경성이 무너지자 김부식을 위시한 개경의 문신귀족들은 정권을 독식하고 문신귀족들의 독주는 무신을 홀대하는 풍조로 이어져 무신정변이 발발하는 원인이 되었다.

의종

의종의 즉위와 방종 정치

1146년 인종의 뒤를 이어 의종(毅宗)이 고려 임금이 되었다. 의종은 인종의 장남이자 제2비 공예왕후 임씨 소생으로 인종 5년(1127)에 태어났다. 이름은 현(晛), 자는 일승(日升)이며 인종 21년(1143)에 태자로 책봉되었고 즉위할 때 그의 나이 약관 20세였다.

의종은 등극 전부터 왕재(王材)로서 논란이 많았다. 예민하고 경박한 성격의 소유자였던 의종은 예술적 기질은 뛰어났으나 놀기를 너무 좋아했다. 태자로 책봉된 뒤에도 공부는 내팽개치고 매일같이 무장들과 어울리며 격구를 일삼아 마치 왕위계승을 할 생각조차 없는 사람으로 보였다.

왕으로서 큰 임무를 감당하지 못할 것을 염려한 인종은 의종의 태자 지위를 박탈하려 한 적도 있었으며 게다가 의종의 모후 공예왕후마저 둘째 아들 대령후 경을 총애하여 그를 장차 후계자로 내세우려 하기도 했다. 그러나 인종의 신임이 두터웠던 예부시랑 정습명이 책임지고 태자를 보필하겠다고 나서는 바람에 의종은 간신히 폐위를 모면할 수 있었다.

이후 정습명이 온갖 정성을 다 기울여 의종을 보필하자 인종은 "나라를 다스리는 데는 항상 정습명의 말을 따르라."는 유언을 남기며 의종에게 왕위를 물려줬다. 이렇듯 의종의 왕위계승은 정습명의 도움에 힘입은 것이었다.

의종 즉위
1146

아프가니스탄에 고르 왕조 일어남

서경 사람 이숙 등 역모로 처형
1147

제2차 십자군

5군(軍)을 3군으로 개편
1149

의종은 즉위 초에는 정습명의 말을 잘 들었으나 날이 갈수록 본성을 드러냈다. 놀기 좋아하고 낭비벽이 심했으며 폐신·환관·궁인 등 3류 문객과 놀아나며 김부식의 아들 김돈중과 환관 정함의 감언이설에 넘어가 정습명을 멀리 했다.

의종은 즉위한 후 처음 몇 년 동안은 정습명을 두려워하여 감히 허튼 짓을 못하였다. 그러나 원칙주의자 정습명은 자유주의자인 의종의 행동을 철저하게 규제했다. 결국 정습명의 존재가 귀찮아진 의종은 자신의 근위 세력인 총신 김존중과 환관 정함을 동원, 병중에 있는 정습명의 벼슬을 빼앗아 버렸고 배은망덕한 의종의 처사에 격분한 정습명은 극약으로 자신의 목숨을 끊고 말았다.

정습명의 사망과 함께 자유를 되찾은 의종은 얼마나 기분이 좋았던지 한번은 귀법사에서 놀다가 혼자 달령다원까지 말을 몰고는 흐뭇해 하였다.

"정습명이 죽었기에 망정이지 그가 살아 있다면 내가 어떻게 여기 오겠느냐."

의종은 놀기 좋은 곳이라면 때와 장소를 가리지 않았고 명승지나 명소를 찾아내기만 하면 즉석에서 별궁이나 정자를 지었으며 특히 마음에 드는 장소일 경우에는 백성들이 사는 집이라 해도 상관하지 않았다. 그가 지은 관북별궁은 영은관 북쪽의 민가를 빼앗아 만든 것이었고 태평정을 지을 때는 무려 민가 50여 채를 헐었을 정도였다.

연등회 베풂
1150

의종, 보제사에 거둥하여 오백나한재를 베풂
1153

과거법 개정
1154

프랑스, 파리대학 설립

의종의 탐미적 취향은 정자를 만들 때 더욱 극에 달했다. 중미정과 양화정을 만들 때는 주변에 이름난 화초와 과실나무를 심었고 좌우에는 아름답고 진귀한 돌들을 옮겨다 장식했다. 게다가 양이정을 신축할 때는 청기와를 올렸으며 받침대는 옥으로 제작했다. 뿐만 아니라 기암괴석을 모아다가 절벽을 만들고 물을 끌어다가 폭포도 조성했으니 이렇게 해서 의종이 재위 24년 동안 만든 별궁이나 정자 수는 32개에 다다랐다.

의종의 사치가 극에 달하자 측근들은 비위를 맞추기 위해 진귀한 물건이라도 발견하면 여지없이 빼앗아다 왕에게 바쳤으며, 이 때문에 백성들은 집안 가보도 빼앗기고 돈마저 갈취당하는 이중고를 겪었다.

이처럼 태평정, 중미정, 만춘정 등 32개에 달하는 정자와 누각의 호사스러움이 극치에 달했다고 하니 공사에 동원된 백성과 군졸들의 고역이 이만저만이 아니었음은 짐작하고도 남음이 있다.

다음에 소개할 중미정 공사에 동원된 어느 무명 일꾼에 관한 일화는 이 당시 백성들의 삶이 얼마나 고단했던가를 여실히 보여준다.

중미정 공사에 동원된 일꾼들이 저마다 허기진 배를 채우느라 도시락을 싸들고 와서 먹는데 그중 한 일꾼은 몹시 가난하여 매일같이 빈손으로 와 동료들이 한 술씩 떠서 나누어 주곤 했었다. 하루는 가난한 일꾼의 아내가 도시락을 가지고 와서 친한 사람들을 불러 같이 드시라고 남편에게 말했다. 그랬더니 그 일꾼은 못내 부인이 가져온 도시락이 의심스러웠다.

"집이 가난한데 어찌 이것을 마련했소? 혹시 외간 남자와 정을 통해 얻어 온 거요? 아니면 남의 것을 훔쳐온 것이요?"

"저같이 못생긴 얼굴을 가진 여자가 어떻게 정을 통하겠으며, 성질 또한 소심한데 어떻게 도둑질을 하겠어요. 단지 제 머리를 깎아 마련해 온 것이니 맛있게 드세요."

그러면서 그의 아내는 머리에 쓴 수건을 벗어 보였다. 그것을 본 일꾼은 그만 목이 메어 밥을 먹지 못했으며 옆에 있던 사람들도 모두 슬퍼하였다고 전한다.

의종은 이처럼 백성들을 고생시킨 반면, 자신은 별궁과 누각을 자신의 놀이터로 삼아 하루도 쉬지 않고 유흥을 벌였으니 《고려사》 의종세가는 거의 다 이런 기사로 엮어진 것이라 해도 과언이 아니다.

한 번은 이런 일도 있었다. 의종은 의종 21년(1167) 5월 장단현 응덕정으로 관광 놀이를 떠났는데 임진강 중류에 비단 장식이 된 배를 무려 19척이나 띄우고는 자신의 측근들과 함께 잔치를 베풀었다. 뱃놀이가 절정에 달하자 의종은 다시 서쪽 산기슭으로 올라가 과녁을 세운 후 그 위에 촛불을 켜놓고 좌우 신하들에게 과녁을 맞히게 했는데 아무도 명중시키지 못하였다.

이때 내시 노영순이 "왕께서 맞히신 뒤에 신들이 맞히오리다."라며 부추겼는데 이 말에 고무된 의종이 촛불을 쏘아 맞히자 좌우의 신하들이 만세를 불렀다. 이어서 이담이 덩달아 명중시키자 왕은 그에게 비단을 상으로 주고 거기서 이틀 동안 머물며 물놀이를 즐겼다고 한다.

즉흥적인 유연을 즐겼던 의종은 불사도 즐겨 관여했고, 도참도 매우 좋아하였다. 이렇게 되자 중들은 궁중을 제집 드나들듯이 하고 왕의 총애를 바탕으로 환관과 손을 잡고 백성을 괴롭히며 저마다 다투어 사탑을 지어 이로 인한 재력소모와 민생의 곤폐는 이루 말할 수 없을 정도로 악화되었다. 뿐만 아니라 의종은 주연을 베푸는 과정에서 아첨하는 무리들에게 즉흥적으로 관직을 내리는 일마저 있어 정사에는 원칙도 없었다.

한 번은 유행을 나간 의종이 생황(笙)을 불고는 그를 따라간 문신들에게 물었다.

"음을 아는 자가 있느냐?"

문신들이 급제한 이홍승을 가리켜 아뢰었다.

"그가 음률에 밝습니다."

의종은 곧 이홍승더러 생황을 불어 보라 했다. 이홍승이 생황을 한 번 불어 보이자 의종은 그를 좀 더 일찍 알지 못한 것이 한스럽다 하고 그를 곧 내시로 발탁했다.

또한 의종이 연복정에 나갔을 때 그를 따라간 문신들이 눈에 띄는 물건을 모두 상서로운 조짐이라고 아첨하여 심지어는 정자 밑의 쑥대 세 줄기도 상서로운 풀이라고 할 정도였다. 그런 가운데 의종의 총애를 받던 내시 황문장이 흔한 물새를 가리켜 '현학'이라 추켜세우며 시를 지어 찬미했다. 흐뭇해진 의종은 손수 시를 지어 화답하고 그에게 곧 정언이라는 벼슬을 내리려 했는데 주위에서 아직 그의 나이가 어리므로 안 된다고 말리는 바람에 국자박사직한림원에 임명하는 것으로 그친 경우도 있었다.

의종은 유행이나 연락을 좋아한 인물답게 한편으로 문학을 상당히 좋아했다. 태조의 6대 외손에 해당하는 윤포가 고사 3백 수를 모은 《당송악장일부》와 현장법사의 《서역기》를 기초로 한 《오천축국도》 등을 엮어서 낸 것도 이때였다. 그러나 이러한 일도 따지고 보면 풍류를 몹시 좋아한 의종이 문신들을 가까이하는 와중에 생겨난 일종의 부산물 같은 것이었다.

무인들의 반발

의종 시대의 무관들은 문관들의 푸대접을 심하게 받았다. 문관은 무관을 아예 사람 취급하지도 않았다. 문관들은 의종과 함께 연회다, 뱃놀이다 하며 질펀하게 놀면서 시를 읊고, 아첨을 일삼았다. 이때에도 무관들은 문관들의 눈치를 보면서 그들을 호위해 주고 술잔이나 얻어먹고 지냈다.

의종 24년, 임금은 홍왕사로 행차했다. 많은 문관들이 뒤를 따랐다. 홍왕사에서 보현원으로 가는 도중 임금은 대가를 멈추고 즉흥적인 연회를 베풀었다. 술잔이 몇 순배 돌고 취흥이 무르익었다. 의종은 호위 무관들에게도 술을 주고 싶었다.

"너희들의 수박희(手搏戱) 솜씨를 보겠다. 이기는 자는 술이 석 잔, 지는 자는 한 잔이다."

의종은 무관들에게 맨손 격투기인 수박희 경기를 시켰다. 그리고 이기는 자에게는 술 석 잔을 내리고 지는 자에게는 한 잔을 내렸다.

무관 가운데 이소응(李紹膺)이란 자가 있었다. 그는 무술도 서툴고 체격도 빈약했다. 이윽고 수박희가 시작되자 대장군 이소응과 무인 하나가 시합을 벌였다. 비쩍 마른 이소응은 싸우다가 그만 시합을 포기하고 도망쳤다. 그것을 본 한뢰는 느닷없이 이소응 앞에 다가가 큰 소리로 꾸짖으며 뺨을 후려쳤다.

"못난 놈! 그래도 장수 행세를 하겠느냐!"

비록 술이 취해 한 짓이라고는 하지만 한뢰의 행동은 무관 전체를 모욕하는 행위였다.

의종은 이를 나무라기는커녕 오히려 흥을 돋구어주는 줄 알고 기뻐했다. 이복기·임종식 등 문관들이 깔깔거리고 웃었다. 지독한 모욕에 거기에 있던 무관들은 몸을 떨며 새파랗게 질렸다. 그 자리에 대장군 정중부(鄭仲夫)도 있었다. 그는 한뢰를 노려보며 외쳤다.

"한뢰 네 이놈! 이소응이 비록 무관이라 하나 벼슬이 3품인데 어째서 그렇게까지 모욕을 주느냐."

술자리의 흥은 깨지고 말았다. 정중부의 가슴 속에서 불덩이가 타올랐다. 자신도 일찍이 김돈중에게 수염을 태운 모욕을 당한 일이 있었다. 12월이면 궁중에서는 나례(儺禮)가 시작되었다. 나례가 한창 진행되어 잔치가 무르익을 즈음 술에 취한 김돈중이 촛불로 정중부의 수염을 태워버린 일이 있었다. 정중부는 몹시 화가 나서 김돈중을 주먹으로 갈겨버렸다. 나이 어린 김돈중의 모욕에 참을 수가 없었다.

이 사건을 문제 삼아 김돈중의 부친인 김부식이 인종에게 고해 정중부를 없애려 했으나 인종의 선처로 위기를 모면하고, 오래전부터 복수의 기회를 노리고 있었다.

그날 저녁 무렵, 의종을 비롯한 신하들은 보현원으로 자리를 옮겨 여흥을 즐기려 했다. 의종의 행렬이 보현원 근처에 이르렀을 때 참다못한 이고와 이의방은 마침내 일을 저질렀다. 이들은 왕명이라 속여 순검군사들을 한곳에 불러모으고 왕이 보현원 문 안으로 들어가기를 기다렸다가 먼저 임종식과 이복기 2명을 칼로 내리쳐 죽였다. 이 광경을 목격한 좌승선 김돈중은 취한 척하며 말에서 미끄러지듯이 내려 도망치고 한뢰는 환관들의 도움을 받아 급히 의종이 있는 어상(御床) 밑으로 숨었다.

갑작스런 살육에 놀란 의종이 환관 왕광취로 하여금 이의방과 이고를 저지하려고 하자 정중부가 의종을 향해 다그쳤다.

"화근 덩어리 한뢰가 아직 임금 곁에 있으니 그의 목을 베도록 내보내 주십시오."

겁에 질린 한뢰는 의종의 옷자락에 매달려 나오지 않다가 이고가 칼끝으로 협박하자 그제야 밖으로 나왔다. 한뢰가 나오자마자 이고는 단칼에 그의 목을 베어버렸다. 이 광경을 본 지유 김석재가 이의방에게 "이고 따위가 감히 어전에서 칼을 뺄 수가 있느냐."고 따졌으나 이의방이 눈을 부릅뜨며 호통치자 아무 말도 못했다. 오랫동안 원한을 품고 거사를 마음먹었던 이들에게 의종의 존재 따위는 안중에도 없었다.

한뢰의 주살을 필두로 승선 이세통, 내시 이당주, 어사잡단 김기신 등 간사한 문신배와 환관들이 줄지어 살해되고 거사에 동조하지 않은 무신들마저도 살해되어 보현원은 피바다를 이루었다. 공포에 사로잡힌 의종은 무신들을 무마할 목적으로 장수들에게 칼을 내주었지만 오히려 무신들의 전횡만을 부추길 뿐이었다.

그런데 이때 어디선가 "김돈중이 도망쳤다."는 소리가 들렸다. 김돈중이 개경에 들어가 태자를 받들고 저항하리라고 판단한 정중부와 이고, 이의방은 부하를 개경으로 급파했다. 뒤늦게 김돈중이 개경으로 가지 않았다는 보고를 들은 정중부는 놀란 가슴을 쓸어내리며 거사가 성공했음을 확신했다.

이후 정중부는 행궁을 맡고 이고와 이의방, 이소응은 곧 개경 궁궐로 달려가 "무릇 문관을 쓴 자는 씨를 남기지 말고 모두 없애라."고 소리치며 판이부사 허홍재를 비롯한 고급관료들은 말할 것도 없고 문관인 자는 닥치는 대로 죽였다.

행궁에서 그 소식을 전해들은 의종은 정중부를 불러 어떻게든 진압해 보려고 달랬으나 정중부는 딴소리만 할 뿐이었다. 의종은 할 수 없이 즉석에서 이고와 이의방을 응양용호군 중랑장에 임명하는 선심책을 쓰며 이들을 회유하려 했다.

보현원의 거사가 있은 지 며칠 후 정중부는 의종을 데리고 개경으로 돌아왔다. 의종이 환궁하자 환관 왕광취가 동료들과 모의해서 정중부 일파를 암살하려 했지만 그만 계획이 누설되고 말았다. 화가 난 정중부는 어전 내시 10여 명과 환관 10여 명을 찾아내어 몰살시켜 버렸다.

의종은 개경으로 돌아온 날 밤에도 전날의 방탕한 습성을 버리지 못한 탓인지 수문전에서 태연히 술을 마시고 있었다. 이 광경을 지켜본 이고가 왕을 죽이려 하는 것을 양숙이 제지하는 바람에 의종은 죽음을 모면했다.

그러나 의종의 영화도 그리 오래가지 못하였다. 정중부는 의종을 협박하여 거처를 군기감으로 옮기게 하고 태자를 영은관으로 옮겼다가 그 다음날 의종을 거제로 태자를 진도로 각각 추방시켜 버렸다. 이어서 정중부 일파는 감악산에 숨어 있던 김돈중을 찾아내 죽이고 피살된 문신들의 재산을 모조리 빼앗았다.

명종

무인 시대

문신 대살육과 더불어 의종을 폐함으로써 '무인천하 시대'를 맞은 정중부 일파는 의종의 아우인 익양공 호를 새 왕으로 앉혔다. 이때 즉위한 익양공 호가 바로 제19대 왕 명종(明宗)이다. 그러나 명색이 왕일 뿐 실권은 무신들이 장악하고 있었다.

명종의 즉위와 함께 무신들의 피비린내 보복은 이제부터가 시작이었다. 무신난의 주역들은 의종의 총애를 믿고 무신을 업신여긴 자들을 잡는 족족 살해하였다. 이고 같은 과격파들은 아예 문신이면 모두 죽여 없애야 한다고까지 주장했으나 온건주의자인 정중부의 제지로 간신히 철회될 정도였다.

수많은 문관들이 떼죽음을 당하는 가운데에도 문신인 문극겸만은 죽음을 면했을 뿐 아니라 무장들의 추천으로 벼슬도 했다. 문극겸이 이처럼 무신들의 후대를 받게 된 것은 그가 전날에 환관 백선연과 궁인 무비, 점쟁이 영의 등의 죄상을 낱낱이 들어 탄핵하고 벌을 내릴 것을 주장했다가 오히려 처벌을 받은 일이 있어 그의 충직한 이름이 무장들에게 잘 알려져 있었기 때문이다.

문극겸 외에 승선 노영순도 본래 무인의 아들인데다가 평소에 무인들을 가까이 했기 때문에 화를 입지 않았다. 형부상서 등을 지낸 이공승이라든

정중부 등 의종을 추방하고 명종을 세움
1170

이고, 모역하다 사형
1171

김보당, 의종의 복위 꾀함
1173

영국 헨리2세, 아일랜드를 친정

가, 서희의 현손인 평장사 서공 등도 평소에 지조가 굳고 무인을 가까이했기 때문에 화를 면하였다.

명종이 즉위한 날에 행해진 논공행상을 보면 종전에 문신 측에서 독점하다시피 했던 요직이 그대로 무신들 차지가 되었다. 특히 정중부·이고·이의방 등 무신난의 세 주역은 명종을 옹립한 공이 크다고 해서 벽상공신의 칭호를 받았고, 의종의 사저인 관북택과 천동택·곽정동택의 재산을 탈취하여 하나씩 나눠 가지기도 했다.

이고의 반란

정중부의 난으로 세상은 무인천하가 되었으나 정권 다툼과 반란으로 빚어진 유혈극은 거의 해마다 되풀이 되었다.

무신정권이 들어서자 가장 먼저 반기를 든 인물은 역설적이게도 정변 3인방의 한 사람이었던 이고였다. 무신난이 일어난 지 2년 뒤인 명종 2년(1172) 1월, 권력이 모두 이의방에게로 집중된 것에 불만을 품은 이고는 정권을 독차지할 목적으로 거사를 결심했다.

이의방을 제거하기 위해 제일 먼저 법운사의 중 수혜와 개국사의 중 현소 등과 손을 잡은 이고는 원자의 가관식이 행해지는 날 거사를 일으키기로 계획을 세웠다. 이고는 가관식 날 선화사(宣花使)로 참석할 예정이었으므로 여정궁에서 칼을 지니고 병풍 뒤에 숨었다가 난을 일으킬 참이었다. 반면

이의민, 의종을 죽임

서경유수 조위총의 반란
1174

살라딘, 메소포타미아 및 시리아의 대부분 정복

명종, 정중부에게 궤장(几杖)을 내림
1175

현소와 수혜 두 승려들은 법운사에 무뢰배들을 모아 두었다가 일시에 연회장을 습격하여 측면에서 이고를 도와주기로 되어 있었다.

그러나 이고는 거사도 일으켜 보지 못하고 이의방에게 제거되고 말았다. 이고의 음모를 눈치 챈 그의 사령이 자신의 아버지 김대용에게 일러 바쳤고 김대용은 다시 내시장군 채원에게 알려주는 바람에 모든 사실이 드러나고 만 것이다.

평소에 이고를 미워한데다가 채원으로부터 이고의 음모계획을 전해들은 이의방은 이고 일파가 궁문 밖에 닿자마자 모조리 죽여버렸다. 이고는 궁문 안에 발을 들여 놓지도 못한 채 이의방의 철퇴에 머리를 맞아 죽고, 그의 모친과 부친마저 각각 살해되고 유배되는 참변을 겪고 말았다. 그런데 이고의 반란 사건은 엉뚱한 그의 야심이 원인인 듯하지만, 실제로는 그에게 동조한 수혜와 현소 등 이의방에 대한 승려들의 반감이 훨씬 중요한 원인이었다.

이 무렵, 병부시랑으로 연기궁의 땅을 살피러 서해도(황해도)에 출장 중이던 조동희도 정중부 등 무신들에 대해 반감을 품고 그들을 토벌할 군사를 모으려 동계로 떠났다. 그러나 사전에 그 일이 누설되어 추격당하게 되었는데 회양 철령에서 호랑이 때문에 길이 막혀 어물어물 하다가 체포되어 귀양 도중에 사망하였다.

공주 명학소에서 망이·망소이의 난
1176

망이·망소이 항복
1177

서경에 민란 재발

동로마, 셀주크터키와 교전

김보당의 반란과 의종의 피살

이고의 반란이 진압 된 지 1년 후인 명종 3년(1173) 8월, 동북면병마사였던 김보당도 전왕 의종을 복위시킨다는 기치 아래 무신정권에 반기를 들고 일어났다. 김보당은 본래 전통 있는 문반 귀족가문인 영광 김씨 출신으로 무신정권에도 참여한 인물이었다. 그러나 의종대 이래로 문란해진 정치질서를 바로잡아야겠다는 소신과 기대가 좌절되자 정중부와 이의방 등 무신정권에 반발하고 나선 것이다.

그는 동북면병마사라는 병권을 맡게 된 것을 기회로 군사를 일으킨 후 녹사 이경직, 장순석 등과 결탁하여 거제도에 유폐 중이던 의종을 구출, 경주로 거처를 옮기게 했다. 그리고 배윤재를 서해도병마사로 내세워 동북면지병마사 한언국과 함께 군사를 일으켜 개경을 직접 공격하도록 했다.

이에 정중부와 이의방은 장군 이의민과 산원 박존위를 내세워 대대적인 진압작전에 돌입했다. 그리하여 그 다음달인 9월 7일 한언국은 체포되어 죽고, 얼마 뒤 김보당과 녹사 이경직도 안북도호부에서 체포되어 개경으로 압송되었다.

그런데 영은관에서 이의방의 고문을 받던 김보당이 그만 "문신 중에 이 거사에 가담하지 않은 자가 없다."라고 말하는 바람에 간신히 목숨을 부지하고 있던 나머지 문신들도 이때 거의 다 붙잡혀 죽임을 당하는 참극이 벌어졌다.

이의민, 서경봉기 진압
1178

경대승, 정중부와 송유인 죽임
1179

도방 설치

동로마, 베네치아에 통상특권 갱신

이 유혈사건으로 인해 민심이 흉흉해지자 승선 이준의(이의방의 형)와 진준 등은 이의방에게 살육을 중지하라고 타일렀고 또 낭장 김부도 거들었다.

"하늘의 뜻은 알 수 없는 것이며 인심도 헤아릴 수 없는 것이니 힘만을 믿어 문신들을 모두 죽여 버리면 김보당과 같은 자가 또 나오지 않겠는가. 자식을 둔 우리가 문신과 사돈관계를 맺음으로써 그들을 안심시키고, 우리 지위를 오래 지탱하여 나가는 것이 더 좋을 듯하오."

그 뒤로 살육 행위는 다소 잠잠해졌으나 의종의 복립을 꾀했던 김보당의 난은 유배 중이던 의종을 죽음으로 몰고 간 일이기도 했다.

남로로 출동했던 이의민은 의종이 있는 경주로 내려가서 먼저 장순석과 유인준 등을 잡아 죽인 다음, 의종을 체포했다. 이의민은 의종을 곤원사 연못가로 데려가 술을 몇 잔 먹인 다음 달려들어 척추를 꺾어 죽이고 시체를 연못 속에 내다버렸다. 1173년 10월 1일에 일어난 일이었다.

이와 같이 김보당이 봉기한 뒤로 그 일당은 물론이요 다수의 문신과 의종이 살해된 사건을 일명 '계사(癸巳)의 난'이라 하고 정중부의 난과 이 계사의 난을 합쳐서 '경계(庚癸)의 난'이라고 부른다. 이렇게 정중부의 난과 계사의 난을 합쳐 경계의 난이라고 하는 이유는 이 두 변란에 의해 문신들의 태반이 살해되었기 때문이며, 이로써 무신정권의 기반은 더욱 탄탄해져 갔다.

무신들이 사병을 두기 시작
1180

도방 해산
1183

이의민 정권 잡음
1184

신성로마제국 프리드리히 1세, 롬바르디아와 화약

조위총의 반란

대대적인 숙청이 감행된 계사의 난을 기점으로 무신들에 대한 반발은 끊임없이 발생했다. 앞서 이고의 난 때 법운사와 개국사의 중들이 잠시 반기를 들다 진압된 적도 있었지만, 종래 왕족과 문신귀족의 비호 속에서 번창한 승려들은 마침내 명종 4년(1174) 1월 또다시 총궐기하고 나섰다.

귀법사의 중 1백여 명이 개경 북문까지 진입했다가 격퇴되고 귀법사 외에 중광사와 홍호사·홍화사 등의 중 2천여 명이 동문까지 진입했다가 격퇴되기도 했다. 승려들의 반란이 이어지자 이의방은 개경 근처의 여러 사찰에 군사들을 보내서 건물을 파괴하고 재물을 약탈하는 등 무절제한 보복행위를 감행하여 더욱 미움을 샀다.

이 무렵 서경유수이던 병부상서 조위총이 동북양계의 여러 성에 다음과 같은 격문을 띄우며 무신정권에 맞설 것을 천명하고 나섰다.

"요즘 개경에서 북계의 여러 성이 반기를 든 것을 진압하려고 군사를 출동시켰다고 한다. 우리가 이대로 앉아서 죽임을 당할 수는 없는 일이지 않는가. 군졸들을 모아서 속히 서경으로 오라!"

조위총은 자비령 이북의 40여 성이 호응해 오자 그 세력을 규합하여 정중부의 중앙정부에 반기를 들었다. 이 소식을 들은 정중부는 윤인첨과 두경승을 보내어 반란군을 토벌케 했으나 반란군의 세력이 막강해서 토벌군은 반란군을 쉽게 진압하지는 못했다. 다만 두경승의 활약으로 반란군이 약간 밀

조원종 등 모반하다 사형
1187
이집트 살라딘, 예루살렘 왕국군 격파

1189
제3차 십자군

경주 지방 민란
1190

고려 사회의 혼란과 무신정권의 출현

리는 형편이었다.

　조위총은 이듬해 금나라에 구원병을 요청했다. 서언이 조위총의 친서를 들고 금나라 세종을 만났다.

　"전왕께서는 왕위를 사양한 것이 아닙니다. 정중부 등이 살해한 것입니다. 이제 자비령에서 압록강에 이르기까지 40여 성이 결집했사오니 부디 군사를 보내 주옵소서."

　그러나 금나라 임금은 화를 내고 서언 등을 잡아 고려 조정에 보내었다.

　"내 어찌 반란군을 도와 양국의 우의를 돌이킬까 보냐!"

　금나라 세종의 주장이었다.

　금군 원정 요청에 실패한 조위총은 설상가상으로 명종 6년(1176) 6월, 관군의 총공격을 받았다. 먼저 윤인첨이 통양문을 공격하고 뒤따라 두경승이 대동문을 공격하자 성 안은 온통 아수라장이 돼버렸다. 두 사람의 협공에 휘말린 조위총은 체포되어 목이 잘리고 그의 일당 10여 명도 체포됨으로써 난은 진압되었다. 하지만 서경의 잔병들은 계속 그 뒤로도 산발적으로 정부군에 대항하곤 했다.

　윤인첨은 곧 조위총의 머리와 그의 처자, 포로 1백여 명을 개경으로 보내 전과를 보고한 다음 7월 11일에 개선했다. 조위총이 반기를 든 지 22개월, 윤인첨 등이 서경을 포위하고 공격한 지 꼭 12개월 만의 일이었다. 하지만 무신정권에 대항하는 민란은 이제부터가 시작이었다.

서경 지방 양전 실시
1192

영국 리처드1세, 살라딘과 화합

김사미·효심의 난
1193

1194

셀주크터키, 분열하여 사실상 멸망

망이·망소이의 난

인종에서 고종에 이르는 1백여 년 동안 고려왕조는 왕권이 쇠퇴하고 무신들의 정변이 자주 일어나는 등 쇠퇴의 길을 겪었다. 무신정권의 개막과 함께 전국 각지의 반란 세력들도 포문을 열었으나 김보당과 승도, 조위총 등이 일으킨 반란은 왕권을 회복시켜 낡은 질서를 재현하려는 특권층들의 반동적인 투쟁에 불과한 것이었다.

이른바 '무인천하 시대'는 고려 사회를 무인들의 낙원으로 만들었지만 민초들에게는 그야말로 실낙원이었다. 무인들이 권력 투쟁을 벌인 동안 고려 사회는 하극상의 풍조가 거의 전국적으로 만연하였고 정치적 혼란을 틈 탄 탐관오리들은 제 이익에만 몰두하고 있었다. 게다가 잇따른 천재지변으로 흉년까지 겹쳐 마침내 국가의 질서와 기강은 문란해질 대로 문란해지고 민생은 말 그대로 도탄에 빠졌다. 무인집권기에 지방 각처에서 일어난 민란은 바로 이러한 총체적 난국 속에서 일어난 민초들의 생존을 건 투쟁이었다.

민초들의 항쟁은 1170년 정중부의 난이라는 하극상과 거의 때를 맞춰 본격적으로 일어났다. 그리고 그 첫 번째 사건이 바로 '망이·망소이의 난'이다. 당시 이들이 난을 일으킬 무렵에는 조위총의 난이 한창 진행 중이었기 때문에 조정은 조위총의 무리를 서적이라고 하고, 망이와 망소이의 무리를 남적이라고 불렀다.

공주 명학소의 백성들인 망이와 망소이는 명종 6년(1176) 1월에 무리를

최충헌 집권, 〈봉사 10조〉 올림
1196

모으고 자칭 '산행(山行)병마사' 라 부르면서 봉기하여 본고장 공주를 함락시켰다. 이에 당황한 조정은 지후 채원부와 낭장 박강수를 보내 이들을 회유했으나 별로 효과가 없었다.

하는 수 없이 조정은 남적을 토벌할 대책을 논의한 끝에 대장군 정황재, 장군 장박인에게 장사 3천 명을 거느리고 민란 진압에 나서게 했다. 그러나 관군은 남적과의 싸움에서 오히려 대패하여 많은 희생자를 내고 승병을 증원해 줄 것을 요청하기에 이르렀다. 조정에서는 일단 무력적 진압을 포기하고 이들을 잠재울 생각으로 망이의 고향인 명학소를 충순현으로 승격시키고 현령과 현위를 파견하는 등 무마책을 썼다.

하지만 망이와 망소이는 조정의 제안을 거절하고 그해 9월 예산현을 쳐부수고 감무를 살해하는 등 더욱 세력을 확장해 나갔다. 이에 무마책에서 강경책으로 방침을 바꾼 정부는 그해 12월 대장군 정세유와 이부를 남적처치병마사로 삼아 이들을 일망타진하게 했다. 이때는 이미 조위총의 난이 진압된 뒤라 조정에서도 이들을 공격할 충분한 여유가 있었던 것이다. 결국 수세에 몰린 망이와 망소이는 다음해 1월 관군에 강화를 요청하였다.

조정에서는 이들의 제안을 받아들여 처벌을 하지 않고 오히려 곡식을 나눠 주며 고향으로 돌려보냈다. 이처럼 중앙조정이 관대하게 나온 것은 망이와 망소이의 무력 행동이 무신정권에 대한 반동은 아니었기 때문이다.

일단 고향으로 돌아온 망이 등은 자신들의 가족들이 체포되자 1177년 3

월에 다시 반기를 들어 가야사를 점령하고 황려현(여주)과 진주(진천) 등지를 휩쓸었다. 그 다음 달에는 홍경원(직산)을 불태우고 그곳에 있던 10여 명의 중을 죽인 다음 주지를 협박하여 다음과 같은 글을 쓰게 하고는 곧 개경으로 올려보냈다.

"앞서 우리 고향을 현으로 승격시키고 현령을 보내 무마하더니 다시 군사를 보내어 우리의 어머니와 처자를 체포하는 것은 또 무슨 수작인가. 차라리 칼에 베여 죽을망정 끝내 포로는 되지 않을 것이며 반드시 임금이 계신 개경으로 가고야 말겠다."

망이는 조정에서 기만하는 것을 비난하고 기어이 개경까지 진출할 것임을 다짐했다. 실제로 그들의 세력은 매우 강해서 그해 4월에는 아주(아산)까지 파죽지세로 쳐들어 갈 정도였다. 그리하여 청주를 제외한 청주목의 군현은 모두 이들에게 함락되었다.

망이가 재차 반란을 일으키자 조정은 충순현의 현호를 삭제하여 다시 명학소로 강등시키고 관군의 기세를 북돋아 주기 위해 선지사용별감을 내려보내며 대대적인 토벌작전을 감행하였다. 정부가 강경책을 선포하며 진압하고 나서자 그만 전의를 상실한 망이와 망소이는 사람을 보내 항복 의사를 전했다. 그리고 그해 7월에 처치병마사 정세유가 망이와 망소이 등 남적의 괴수를 붙잡아 청주 감옥에 가둠으로써 망이의 난은 1년 반 만에 종결되었다.

망이와 망소이의 천민반란은 천민들의 행정구역인 '소'에서 일어났다는 점에서 가혹한 수탈에 반발하여 일어난 농민반란과는 성격이 다른 것이었다. 물론 이들의 반란은 여타 다른 민란과 마찬가지로 지배계층의 가혹한 수탈에 저항하는 것이기도 했지만 동시에 천민신분에서 벗어나고자 하는 신분해방 운동이라는 성격이 강했다.

망이와 망소이의 항거가 계속되는 동안에도 이들의 항거를 계승한 남적들의 봉기가 여러 곳에서 일어났다. 특히 명종 6년(1176) 손청 일파는 망이의 난에 자극을 받아 가야산 일대에서 반란을 일으키고 손청 자신을 병마사라 불렀다. 이들은 그 일대를 겨우내 휩쓸다가 이듬해 봄에 진압되어 몰살당했는데 이러한 천민들의 난은 1182년 전주 관노들의 난으로 재차 계승되었다.

중방 정치를 실시하다

쿠데타로 정권을 장악한 정중부 일파는 이후 여러 차례에 걸쳐 반대 세력의 저항에 부딪혔고 안으로는 이고와 이의방이 살해되는 내부 분열의 위기까지 겪게 되었다. 그러나 무신난의 주역인 정중부는 명종 9년(1179)에 사망할 때까지 당대 최고의 실력자로 군림하면서 명종을 허수아비 왕으로 만들어 버렸다.

문신의 손에서 정권을 빼앗은 정중부 일파는 2군 6위의 상장군과 대장군 등이 모이는 집회소에 불과하던 '중방(重房)'을 중심으로 정치적인 문제를 해결했다. 중방은 원래 장군들의 집합 장소에 불과했다. 그러나 무인천하가 되자 중방은 곧 군사를 비롯하여 국가의 전반을 통괄해 나가는 최고기관으로 부상했다.

무신 정치는 중방 정치라고도 할 수 있다. 정중부 등은 왕으로부터 문무백관 및 백성들의 생사여탈권을 위임받고 있어 중방의 비위를 거스르면 살아남지 못했다.

당시 중방의 위세는 대단한 것이었다. 왕마저 중방의 위세에 눌려 지냈음은 말할 것도 없었는데 한 번은 명종이 총애하던 내폐(內嬖) 명춘이 죽었을 때였다. 사랑하는 애첩이 죽자 명종이 슬픈 나머지 크게 울부짖었다. 그러자 당황한 공예태후가 "비록 정이 두터워 그러는 것이겠지만 중방에 이 소리가 들려서는 안 된다."라는 말로 왕을 달랬고 그 말에 놀란 명종은 울음을 뚝 그쳤다 한다.

명종은 천성이 워낙 유약한데다가 여러 번에 걸쳐 변란을 겪었기 때문에 툭하면 놀라는 두려움 병마저 앓았으며 무신들의 견제로 무기력한 나날을 보냈다. 당시 명종은 순주·명춘 등 총애하던 여인들이 낳은 자식들을 예쁜 옷으로 단장시켜 구차(柩車, 어린이용 장난감차)에 태우고 내정에서 노는 것으로 일과를 소일했다.

이 시기 중방의 무신들이 괴롭힌 사람은 비단 왕뿐만 아니었다. 명종 10년(1180) 11월 강안전이 중수되었을 때 마침 그 문의 이름이 '향복(嚮福)' 이었다. 이때 무신들은 '향복은 항복(降服)과 음이 비슷하므로 이는 반드시 문신이 무신을 항복시키려는 뜻으로 지은 것이다.'라고 생각하였다. 결국 이들은 이름을 바꿀 것을 왕에게 요구했고 마침내 향복은 중방의 '중' 자를 넣은 '중희(重禧)'로 고쳐지게 되었다. 게다가 무신들의 적인 의종의 시신을 서쪽 해안사에 안치할 수 없다 하여 성 동쪽의 오미원을 선효사(宣孝寺)라 개칭하고 진전을 그곳으로 옮기는 동시에 해안사를 중방의 원당(願堂)으로 삼아 버렸다.

경대승의 등장과 정중부의 죽음

사실 무신난은 정중부의 동의하에 이루어진 것이지만, 실제 반란 과정에서는 이의방과 이고 등 하급무장들의 도움이 컸다. 이런 이유로 무신난 직후 권력구도에 파란이 일어나게 되었다. 무신난을 일으킨 3인방 중 이고는 이미 명종 2년(1172)에 반란을 도모했다가 이의방에게 살해되었고, 이의방은 1174년 12월 정중부의 아들 정균의 하수인에게 살해되었다. 이고와 이의방이 비명에 가자 모든 권력은 정중부에게로 집중되었다.

  정중부는 쿠데타를 성공시킨 후 벼슬이 수상인 문하시중에까지 이르고 곳곳에 광대한 장원을 마련하는 등 탐욕적인 인물로 변해 갔다. 정중부가 무소불위의 권력을 휘두르자 그의 아들 정균과 사위 송유인은 말할 것도 없고 그 집안의 종들과 문객마저도 덩달아 세도를 부렸다.

그중에서도 아들 정균은 원래 난폭한 성질에다 음탕한 인물로 우부승선 김이영의 딸을 유인하여 아내로 삼더니 곧 버리고, 뒤이어 공주까지 탐내어 명종의 걱정이 이만저만이 아니었다. 게다가 사위 송유인도 정균처럼 방자하기 이를 데 없어 문극겸과 한문준 등 명성 높은 유신들을 괜한 트집으로 좌천시키는 등 갖은 행패를 부렸다.

정중부의 전횡이 심해지자 분개한 여러 영부(嶺府)의 군인들이 익명으로 방을 붙이기도 했다.

"시중 정중부, 그의 아들 승선 정균과 사위 복야 송유인 등이 정권을 농락하여 남적이 들고 일어난 것이다. 군대를 출동시켜 남적을 토벌할 작정이면 먼저 이들부터 제거해야 마땅하다."

정중부는 과거 조정의 무관 홀대 정책에 분개하여 굶주림과 학대를 모면하기 위해 일어나 무신정권을 세웠으나 과거 문신의 실책을 그대로 범하고 있었다. 과거 문신들은 문벌과 왕과 인척관계를 이용한 대신, 정중부는 무력으로 문신들과 같은 길을 걷게 되어 그 자신이 숙청의 대상이 되고 말았다.

결국 전국 각지의 반란과 함께 정중부 일파의 독주도 마침내 20대의 청년 장수 경대승의 반란으로 종지부를 찍고 말았다. 무반가문 출신인 경대승은 문신에 대한 이해가 깊었으며 타고난 성품이 매우 강직하여 일찍부터 정중부 등 무신난 주역들에 대해 못마땅하게 생각하고 있던 인물이었다.

명종 9년(1179) 9월, 정중부 일파를 제거하기로 굳게 결심한 경대승은 용맹이 뛰어난 장수 허승을 만났다.

"오늘 장경회(藏經會, 궁중에서 대장경을 읽는 집회)가 끝나면 숙위군사들이 모두 피곤해서 잠에 떨어질 것이네. 정균의 호위군사도 아마 곯아떨어질걸세. 나는 화의문 밖에서 복병을 배치하고 있을 터이니 자네는 궁중으로 들어가 정균을 죽이고, 휘파람으로 신호를 보내면 내가 복병을 일으켜 이들의 무리를 처치하겠네."

허승은 한밤중에 정원(政院) 앞 여막에서 잠자고 있는 정균을 단칼에 목을 베고 휘파람으로 신호를 보내었다. 경대승이 30여 명의 결사대를 거느리고 궁궐의 담을 넘어 들어가 정중부의 측근들을 죽인 이후 곧장 명종을 찾아갔다.

"이번 거사는 사직을 보호하기 위한 것이니 임금께서는 놀라지 마시옵소서."

그리고는 곧 금군을 풀어 정중부와 송유인 그리고 송유인의 아들 송군수 등을 체포할 것을 요청했다.

이 소식을 들은 정중부는 당황하여 어찌할 바를 몰랐다. 아들 정균은 이미 죽었고, 그는 70이 넘은 늙은 몸이었다. 그는 급한 김에 자기 집에서 얼마 멀지 않은 민가로 숨어들었다. 그러나 경대승이 보낸 금군에게 체포되어 그의 목은 거리에 효수되었다. 허무하게 끝난 권세의 말로였다.

정중부 일파가 살해되었다는 소식을 전해들은 조신들은 모두 기뻐하며 입궐하여 하례하였다. 그러자 경대승은 "임금을 죽인 놈이 아직도 살아 있는데 무엇을 축하한다는 말이요."라며 시큰둥했다. 임금을 죽인 자는 바로 계사의 난 때 경주에서 의종을 무참하게 죽인 이의민을 두고 한 말이었다.

무장가문 출신인데다 무신난에 가담하지 않았던 경대승은 이의민을 비롯한 한미한 출신의 무장들을 제거하려 했으나 이것은 고스란히 암살 위협으로 다가왔다. 생명의 위협을 받은 경대승은 부하 수백 명을 주위에 배치하고 침식과 행동 일체를 같이 하면서 불의의 변에 대비하기에 이르렀다. 당시 그는 '도방(都房)'이라는 사병조직을 통하여 자신의 신변안전을 도모했는데 이 도방의 도(都)는 도취(都聚)란 말에서 나온 것으로 도방은 한편으로 오늘날의 깡패조직과도 비슷한 것이었다.

정중부를 제거하고 집권한 경대승은 그 다음 제거 대상자로 이의민을 지목하고 나왔지만 겁을 먹은 이의민이 경주로 낙향하는 바람에 뜻을 이루지 못하고 1183년 7월 30세를 일기로 갑작스레 사망하고 말았다. 경대승은 정중부가 칼을 들고 큰 소리로 꾸짖는 꿈을 꾸고 난 후 병을 얻어 사망했다고 전하는데 이것은 그가 정적들에 대한 심리적 압박감을 끝내 극복하지 못했음을 말해준다.

이의민의 집권과 전횡

정중부를 제거하고 등장한 경대승의 권력 독점은 4년 만에 끝나고 정권은 이의민에게로 돌아갔다.

　이의민은 경주 출신으로 아버지는 소금장수인 이선이며 어머니는 영일현 옥령사의 종이었다. 키가 8척이나 되는 거구에다 힘이 천하장사였던 이의민은 젊은 시절 고향에서 형들과 함께 나쁜 짓만 일삼던 건달이었다. 그 일로 안찰사 김자양에게 잡혀 심한 고문을 당하게 되었는데 이때 두 형은 죽었으나 이의민은 죽지 않고 살아남아 그를 가상하게 여긴 김자양의 추천으로 경군에 발탁되었다.

　경군에 들어간 이의민은 수박희를 특히 잘해 의종의 눈에 띄었고 대정을 거쳐 별장으로 승진하였다. 그러다가 정중부의 난에 가담한 공으로 중랑장 지위에 올랐으며 그 뒤 서경 조위총의 난 때도 전공을 세워 상장군까지 뛰어 올랐다.

　무신난 3인방 중의 한 사람인 이의민은 자신을 총애한 의종을 살해하는 일도 마다하지 않은 인물이었다. 당시 이의민은 맨손으로 의종의 척추를 꺾어 죽였는데 힘센 그의 손이 닿자 의종의 등뼈는 뚝뚝 부러지는 소리가 났고 이것을 본 이의민은 껄껄대며 웃었다고 한다. 그는 의종을 죽인 다음 시체를 이불에 둘둘 말아 가마 두 개 사이에 끼운 채로 연못에 내다 버리는 비정함까지 발휘하기도 했다. 이후 이의민은 의종을 죽인 공으로 대장군으로 승진하였고 당대의 권력자로 부상했다.

　잘나가던 이의민도 함께 무신난을 일으켰던 정중부가 경대승에 의해 제거되자 입지가 크게 줄어들었다. 설상가상으로 의종을 죽인 일로 경대승의 표적이 되었다. 그는 경대승의 암살 위협을 피하고자 자기 집 골목과 대문까지 호위병을 세우고 있었는데 경대승이 죽었다는 소문이 돌자 "나도 죽이지 못한 경대승을 누가 먼저 죽였는고? 나보다 손이 빠른 놈이 있구나." 하고 기뻐했다고 한다.

하지만 이때는 경대승이 아닌 그의 측근 허승의 죽음이 잘못 전해진 것이었다. 이 말을 전해들은 경대승은 앙심을 품게 되고 겁에 질린 이의민은 병을 핑계로 고향인 경주로 내려가 버렸다. 이후로 이의민은 명종이 여러 번 소환해도 오지 않았으며 경대승이 죽은 후에도 혹시 그가 살아 있을까 두려워하여 좀처럼 미동도 하지 않다가 명종의 간청으로 마지못해 상경하였다.

경대승의 죽음과 함께 실권을 잡은 이의민은 중서문하평장사에 임명되고 공신의 칭호까지 받게 되었다. 그런데 그 당시 이의민은 무장 출신인 두경승이 자기보다 높은 지위에 앉아 있는 것을 몹시 못마땅해 하고 있었다.

하루는 중서성에서 두 사람이 만나게 되었는데 이의민이 두경승을 제압할 목적으로 힘자랑을 하고 나왔다.

"어떤 사람이 힘자랑을 하기에 내가 이렇게 때려 눕혔지."

이 말을 내뱉은 후 이의민은 손으로 기둥을 내리쳤는데 그 힘에 서까래가 내려앉아 버렸다. 그러자 두경승도 이에 질세라 힘자랑을 했다.

"어느 때 내가 빈 주먹질을 했더니 주위 사람들이 모두 도망치더라."

그러면서 벽을 내리쳤는데 그만 벽이 무너져 버렸다

이 일이 있은 후에도 두 사람은 중서성 회의 도중에 또다시 의견 충돌을 빚게 되었는데 이때 이의민은 "네가 무슨 공이 있다고 나보다 지위가 높은 거냐?"고 외치며 주먹으로 기둥을 내리치는 등 자신의 직위가 낮은 것에 대해 불만을 표출하기도 했다.

이들 외에 당시 조정에는 무장 출신인 추밀원사 김영존과 추밀원부사 손석도 서로 욕지거리를 하며 대판 싸움을 벌이곤 했는데 항간에는 중서성과 추밀원의 이 같은 권력다툼을 빗대어 "중서성에는 이가와 두가요, 추밀원에는 손가와 김가로다."라는 말이 유행했다고 한다. 또 어떤 문인은 다음과 같은 시를 지어 이들을 조소하기도 했다.

나는 이가와 두가가 무섭더라
위풍이 당당해서 진짜 재상 같거든
황각에 앉은 지 삼사년에
주먹 바람은 만 번도 넘게 불었네

이의민은 권력을 잡은 이후로 본성을 드러내며 뇌물을 많이 받는가 하면, 여러 민가를 빼앗아 자기 소유로 만들고 백성의 논밭도 수시로 빼앗곤 했다. 그의 포악성에 걸맞게 그의 아내 최씨도 성격이 꽤나 모질던 여자였다.

한 번은 이의민이 자기 집 여종을 건드린 적이 있었는데 그녀는 질투에 못 이겨 여종을 때려죽이기까지 했다. 최씨는 음욕도 대단해서 자기 집 머슴과 간통하다 이의민에게 발각되어 결국 쫓겨났다.

이의민도 부인 못지않게 꽤나 여색을 밝혀 아내를 내쫓은 후로 양가집 예쁜 규수가 있으면 아내로 삼았다가 싫증나면 차버리기를 반복했다. 아버지의 성품을 그대로 이어받은 그의 아들 지순, 지영, 지광도 횡포한 짓을 마음대로 했는데 특히 이지영과 이지광이 더 심해 사람들은 이 두 형제를 '쌍도자(雙刀子)'라고 불렀다.

이지영은 자기의 뜻을 거역하는 자는 아무 때나 죽이고 아름다운 부인이 있다는 소문을 듣기만 하면 그녀의 남편이 출타한 틈을 타서 꼭 겁탈했으며, 또 길에서 미모가 뛰어난 부인을 만나면 사람을 시켜 강제로 끌어다가 욕을 보이는 등 변태적인 만행을 수없이 저질렀다. 나중에는 명종이 총애하는 여자까지 강간하기도 했는데 왕이 처벌하지 못하자 조야가 비웃으며 개탄해 마지않았다.

아들 못지않게 이의민의 딸 역시 방종하고 음탕하기가 그 어머니와 다를 바 없어 심지어는 남편 이현필이 더럽다며 함께 살지 않을 정도였으며, 그의 아들 진옥 또한 별장직에 있으면서 그 행패가 대단했다.

자식들과 더불어 권력을 남용하던 이의민은 급기야 자신이 왕이 될 꿈마저 꾸었다. 이의민은 일찍이 홍예(紅霓, 붉은 무지개)가 양쪽 겨드랑이 밑에서 일어나는 꿈을 꾼 적이 있었는데 이후로 '용손이 12대에 끊기고 십팔자(十八子)가 일어난다.'는 참위설을 자신과 결부시켜 고향 경주를 중심으로 신라를 부흥시킬 야심을 품었다.

이에 이의민은 당시의 남적 가운데서 신라 부흥을 내걸었던 운문의 김사미와 성주의 효심 등과 내통하고 김사미와 효심에게서 많은 재물을 받아내기도 했다. 명종 23년(1193)에는 이의민의 아들 이지순이 대장군 전존걸과 함께 남적을 토벌하러 내려갔는데 이지순이 그의 부친 이의민을 왕위에 앉힐 목적에서 김사미와 효심과 내통하여 군수품을 보내주고 군사기밀도 일러주기까지 했다.

이지순의 내통으로 관군은 남적을 토벌할 수가 없었고 이에 분개한 대장군 전존걸은 "내가 이지순을 처벌해도 그 아비 이의민이 나를 해칠 것이고, 내버려 두면 남적이 더욱 창궐할 것이니 이 죄를 누가 져야 하느냐."라고 한탄하며 자살해 버렸다.

이의민 일족의 몰락과 최충헌 형제의 등장

1196년 이른 봄, 이의민의 아들 지영이 상장군 최충헌의 아우로 동부녹사이던 최충수의 집의 비둘기를 강탈하는 사건이 일어났다. 이 일에 앙심을 품은 최충수는 그 길로 그의 형 최충헌을 찾아갔다.

"이의민 부자를 가만 놔두면 나라가 망해요. 형님, 내가 역적 부자들을 반드시 없애버릴 생각이오. 형의 생각은 어떻소?"

"정중부 일가보다 더한 놈들이야. 죽여야 해!"

흥분한 최충수가 이의민을 암살할 뜻을 전하자 형 최충헌도 흥분하여 말했다.

때마침 명종이 보제사(普濟寺)에 거둥하기로 되어 있었다. 이의민은 병을 핑계로 수행을 거부하고 몰래 미타산 별장에 가 있었다. 습격하기에는 다시 없는 기회였다.

최씨 형제는 사병을 거느리고 미타산 별장으로 달려가 순식간에 덮쳐 버렸다. 이의민의 암살에 성공한 최충헌은 곧 개경으로 올라와 이의민의 머리를 거리에 효수하고 감행령장군 백존유의 도움을 받아 군사를 소집했다.

보제사에 가 있던 명종은 급히 환궁하였다. 이 날 왕을 수행했던 이의민의 아들 이지순과 이지광은 최충헌의 부하들과 맞서 싸우다 수세에 몰려 도주해 버렸다. 이지순과 이지광 일당이 도망치자 최충헌 형제는 곧장 군사를 이끌고 궁궐로 가서 명종을 알현하고 이의민 일당을 토벌할 것임을 알렸다.

명종의 허락을 받아낸 최충헌은 성문을 굳게 닫아걸어 이의민 일당이 도망가는 것을 막고 하나하나 체포해 나갔다. 그리고 장군 한휴를 시켜 이지영을 체포하게 했는데, 이때 이지영은 안서도호부(해주)에서 기생들과 함께 주연을 즐기다 잡혀 죽었다. 이 사실을 전해들은 해주 백성들은 "이지영이 죽었으니 우리는 이제 걱정이 없게 됐다."며 크게 기뻐했다고 한다.

이후 최충헌은 이의민의 3족을 멸하고 각 지방에 사람을 보내어 이의민의 도당들과 노예까지 다 잡아 죽였다. 이 무렵 도망쳤던 이지순과 이지광이 돌아와 잘못을 빌었는데 최충헌은 "네 놈들이 화근이니 용서하지 못한다."며 모두 죽였다.

최충헌 형제의 정변으로 명종 14년(1184)에서 명종 26년(1196)까지 13년간 지속된 이의민 정권은 하루아침에 무너지고 말았다. 《고려사》이의민 열전에는 그의 실각을 예고하는 다음과 같은 일화 한 토막이 실려져 있다.

이의민은 까막눈에다 무당을 몹시 신봉하였다. 그의 고향 경주에 나무로 만든 귀신상이 있었는데 사람들이 그것을 '두두을(豆豆乙)'이라고 불렀다. 이의민은 자기 집에다 사당을 짓고 그 귀신을 가져다가 날마다 제사하면서 복을 빌었는데 하루는 사당에서 귀신의 곡성이 들렸다. 괴상히 여긴 이의민이 연유를 물으니 그 귀신은 이렇게 답했다고 한다.

"내가 너의 집을 오랫동안 지켜주었는데 이제 하늘이 재화를 내리려 하니 내가 의탁할 곳이 없어져 울고 있는 것이다."

최충헌의 암중모색

이의민 정권은 이의민의 아들 이지영과 최충헌의 동생 최충수 사이의 비둘기를 둘러싼 분쟁을 계기로 하루아침에 몰락하고 말았다. 하지만 이는 표면적인 계기에 불과하고 이의민 정권에 대한 불만이 최충헌을 비롯한 그 주위의 인물들에게 누적되어 왔던 것이 가장 큰 이유였다.

이의민을 숙청하고 정권을 잡은 최충헌은 상장군 최원호의 아들로 외가 역시 외조인 유정선이 상장군까지 오른 무반가문 출신의 인물이었다. 이렇듯 좋은 가문 출신에다 학문적 소양까지 갖춘 최충헌은 까막눈에 오로지 미신만을 신봉했다는 이의민과는 출발부터가 달랐다. 그는 음서에 의해 벼슬길에 나간 후 도필리(刀筆吏)라는 말단 행정직 생활을 하며 문신의 길을 걷고 있었다.

무신난은 말단 행정직에만 만족해야 했던 그에게 새로운 변신의 기회를 준 사건이었다. 명예욕이 남달랐던 최충헌은 무신들의 권력 장악에 자극을 받아 도필리 직을 버리고 무신으로의 변신을 꾀하며 출세를 꿈꾸었다.

최충헌은 명종 4년 조위총의 난을 진압할 때 부원수 기탁성에게 발탁된 후 별초도령에 뽑혔고 이어서 별장직에 오르면서 출세를 보장받는 듯했다. 하지만 야망에 비해 출세운은 크게 따르지 못했다. 이의민이 집권하자 출세에 제약을 받아 이후 20년 동안 승진도 못하고 불우한 신세가 되고 만 것이다. 10년도 채 못 되어 장군직에 올랐던 경대승과 비교해 보면 최충헌은 초창기 관운은 없었던 편이다. 정변을 일으키기 직전까지 그의 지위는 고작 섭장군에 머물러 있었다.

자신보다 낮은 신분의 출신들이 상급자로 군림하는 것을 지켜본 최충헌은 결국 이들과 상당한 갈등을 빚었고 결국 안찰사 직에서 파면되는 불운을 겪기도 했다. 이후 그는 중요한 직책은 거의 맡지 못하고 한직에 머무르는 신세가 되었다. 이 당시 그의 처지는 '여러 해 동안 막히고 오그라들' 정도였다고 한다.

절치부심의 야심가 최충헌은 이의민 정권에 대한 불신을 적절히 이용, 쿠데타를 일으켜 부활에 성공하였다. 당시 최충헌의 이의민 일당 제거에 직접 참여한 사람은 동생 충수뿐만 아니라 생질인 박보재와 친족 노석숭 그리고 대장군 이경유와 최문청 등이었다.

이들의 협력으로 정권을 탈취한 최충헌은 반대파는 말할 것도 없고, 그러한 혐의가 있는 자까지도 철저하게 숙청시켜 버렸다. 많은 문무 관원들이 수차례에 걸쳐 죽임을 당하였고 거사를 도왔던 이경유와 최문청까지도 숙청하며 자신의 독재기반을 마련해 나갔다.

왕후장상에 씨가 따로 있으랴

김사미와 효심의 난이 진압된 지 3년 후인 명종26년(1196), 정권은 이의민에서 최충헌으로 넘어갔다. 이듬해는 최충헌에 의해서 명종이 폐위되고 신종이 즉위하는 등 조정은 불안한 나날이 계속되었다. 어수선한 상황 속에서 전국 각지의 민란은 그칠 줄을 몰랐고 특히 남부 지방에서는 대대적인 민란이 일어나게 되었다.

신종 2년(1199) 명주(강릉)에서 일어난 무리는 북진하여 울진을 함락하면서 남하하였고 경주에서 일어난 무리는 북진하여 중앙정부를 크게 긴장시 켰다. 그러나 국왕 신종이 투항자들에게 음식과 의복을 하사하여 난은 간신히 진정될 수 있었다. 이렇듯 최충헌 집권기 동안에는 신라나 고구려, 백제 부흥을 표방하고 나선 각 지역의 항거 운동과 함께 최씨 정권 또는 고려 조정에 반기를 든 민초들의 항쟁이 끊임없이 일어났다.

최충헌이 정권을 잡은 후 가장 먼저 발생한 항거 운동은 바로 사노 만적과 미조이 등이 일으킨 반란이었다. 신종 원년(1198) 5월에 일어난 만적의 난은 당대를 휩쓴 하극상의 풍조를 가장 잘 반영한 노예해방 운동이었다.

만적은 당시 제일의 실권자였던 최충헌의 사노(私奴)였다. 그는 비록 노비 출신이었지만 무신난 이후로 이의민과 같은 미천한 신분들도 출세하는 것을 보면서 자신도 그 못지않게 출세할 수 있다고 믿고 있었다.

어느 날 그는 동료인 미조이·연복·성복·소삼·효삼과 함께 북산에서 나무를 하다가 주변의 노비들을 불러 모아 놓고 다음과 같이 선동했다.

"정중부의 난 이후로 많은 고관이 천한 출신에서 나왔다. 왕후장상이 처음부터 씨가 있을까 보냐. 때가 오면 누구나 할 수 있는 것이다. 왜 우리들만 상전의 매질을 당해가며 뼈가 빠지게 일만 해야 하는가!"

노비들은 환호성을 지르며 만적의 말에 힘찬 박수를 보내었다. 그들은 만적을 지도자로 떠받들고 그의 밑에 한 덩어리로 뭉칠 것을 굳게 맹세했다.

만적의 선동에 고무된 노비들은 곧 누런 종이 수천 장을 오려서 '정(丁)'

자 휘장을 만들어 차며 거사를 약속했다.

"이달 17일에 홍국사에 모두 모여 북을 치고 고함을 지르며 격구장으로 달려가 난을 일으키도록 하자. 우리들이 힘을 합해 최충헌과 상전들을 죽이고 또 노비문서를 불태워 이 나라에 천민이 하나도 없게 하면 공경과 장상은 모두 우리 차지가 될 것이다."

그러나 막상 거사일에 모인 노비들은 몇 백 명에 지나지 않았다. 거사가 어렵다고 판단한 만적은 다시 거사일과 장소를 옮기기로 했다. 그달 21일 보제사로 모이도록 하고 만적은 명령을 내려 모든 노비 동지들이 이 계획에 세심한 주의를 기울여 아무쪼록 기밀 유지에 철저를 기하도록 했다. 그러나 만적의 명령은 몇 시간도 유효하지 않아 비밀이 새나가고 말았다. 율학박사 한충유의 가노 순정이 반란 계획을 주인에게 고해 바쳤다. 한충유는 다시 최충헌에게 고해 바쳤다. 최충헌은 재빨리 손을 써서 만적을 비롯하여 반역 모의에 가담한 노비 100여 명을 잡아 강물에 던져 죽였다. 그리고 잔당 소탕 작전에 나섰으나 그리 용이한 일이 아니었다. 노비 무리들이 이루 헤아릴 수 없이 많았기 때문이다. 그들을 모조리 체포하여 벌주기도 쉬운 일이 아니었다. 최충헌은 그들의 죄를 묻어 버렸다.

자유의 몸이 되려고 노예해방 운동을 꿈꾸던 만적의 꿈은 동지의 배반으로 한낱 물거품이 되고 그의 몸은 수장되고 말았다. 만적을 비롯한 수많은 동지를 배반한 순정은 공로자가 되어 상금 80냥을 받고 노비에서 양민으로 신분 상승이 되는 특전을 받았다.

당시의 사회적 여건으로 보아 노예 스스로가 해방 운동을 한다는 것은 꿈에도 생각할 수 없는 일이었다. 그럼에도 만적은 이를 어렵게 생각하지 않고 구체적인 계획을 짰던 것이다. 결국 실패로 돌아갔지만 노예해방 운동은 최충헌에게 적지 않은 자극을 주었다. 또 고려 사회에도 충격적인 영향을 끼쳤다.

만적의 난이 좌절된 지 5년 뒤인 신종 6년(1203)에도 개경의 사노들이 산에 모여 음모를 꾸미고 전투 연습까지 하다가 들키는 일이 일어났다. 이들은 발각과 동시에 50명이 체포되어 만적의 난 때처럼 산 채로 강물에 던져졌다고 하는데 이들과 만적과의 관계는 확실하지 않으나 그 영향을 받아 일어난 듯하다.

1170년 무인정권과 함께 촉발된 농민과 천민들의 항쟁은 삼별초 항쟁을 끝으로 무인정권이 완전히 무너지는 1270년대까지 약 1세기라는 오랜 기간 동안 지속되었다. 가혹한 수탈에 항거하고 신분해방을 외쳤던 무신 집권기의 농민항쟁은 신라 하대와 조선 후기에 일어났던 농민항쟁과 더불어 한국사의 3대 농민항쟁으로 평가받을 정도로 농민항쟁사의 한 획을 긋는 사건이었다.

신종

명종의 폐립과 신종의 즉위

명종 26년(1196) 쿠데타에 성공한 최충헌은 그해 5월 명종에게 토지개혁과 조세개혁 등 사회 전반에 대한 개혁 조치를 담은 〈봉사 10조〉를 올렸다. 이러한 개혁적 조치는 과거 정중부나 이의방 집권기에는 볼 수 없었던 것이었으나 한편으로 자신의 집권을 합리화하려는 의도이기도 했다.

최충헌은 〈봉사 10조〉를 통해 국정 전반을 개혁해야 한다고 주장하는 한편 명종을 몰아내고 평양공 민을 왕으로 세워 왕권까지 장악하려 했다. 명종은 원래 최충헌이 옹립한 임금도 아니었고 아직도 전대의 신하와 장군 다수가 그대로 남아 있어 정권을 독점하는 데 여간 귀찮은 존재였던 것이다.

이런 상황에 반대파들이 자신을 해치려 한다는 말이 들려오자 최충헌은 그의 아우 충수와 함께 명종 27년(1197) 9월 21일 별안간 군사를 풀어 여러 성문을 봉쇄한 다음 당시 명망이 높았던 두경승을 비롯한 13명의 중신과 대선사 연담, 소군 홍기 등 10여 명의 승려를 귀양보냈다.

이어서 명종을 창락궁에 유폐시키고 태자 수를 강화도로 보낸 뒤 평양공 민을 옹립하여 왕위에 앉혔는데 이가 제20대 왕 신종(神宗)이다. 최충헌에 의해 왕위에 오른 신종은 명종의 친아우로 왕위에 오를 무렵에는 그의 나이 이미 50을 넘긴 상태였다. 신종은 1203년 등창으로 병석에 누워 이듬해 61

신종 즉위
1197
남송, 위학을 금함

만적의 난
1198
로마교황 이노센트 3세 즉위. 교황권의 전성기

명주, 경주에서 민란
1199
인도 구르왕, 벵골을 정복

세를 일기로 사망할 때까지 6년이라는 짧은 치세 기간 동안 최충헌의 무단 정치를 지켜보며 이름뿐인 왕위에 앉아 있었다.

최충헌 형제의 암투

명종을 몰아내고 신종을 왕으로 추대한 최충헌과 아우 충수는 신종이 즉위하던 달에 상장국 주국에 오르는 등 더욱 그 지위가 굳어져 정권은 완전히 최씨 일가의 차지가 되었다. 하지만 얼마 안가 최충헌과 그의 아우 최충수 간에 무력 충돌이 생기고 말았다. 당시 최충수는 자신의 딸을 태자비로 만들 속셈으로 강제로 태자비를 내쫓았는데 최충헌이 "이의민이 실각한 것은 자신의 딸을 태자비로 들여보냈기 때문이다."는 이유를 내세우며 반대하고 나선 것이다.

결국 최충헌 형제는 서로 군사를 동원해 싸우게 되었고 이때 최충헌은 조카인 박진재의 지원을 받아 흥국사 남쪽에서 최충수와 일전을 벌여 크게 이겼다. 패한 최충수는 "임진강 북쪽에 형이 살고 나는 그 남쪽에서 살겠다."며 임진강 남쪽으로 도망치다가 파평(파주) 금강사에서 그를 추적한 군사들에게 살해되었다. 신종이 왕위에 오른 다음달 10월의 일이었다.

가장 막강한 라이벌이었던 최충수가 죽자 이로부터 정계는 최충헌의 독무대가 되었고 그는 병부상서와 이부상서를 겸하고 문무관의 임면권까지 장악하게 되었다. 하지만 이즈음 최충헌도 과거 정중부나 경대승, 이의민과

최충헌 사저에 도방 설치
1200
독일시인 하인리히 죽음

1201
남송, 임안에 대화재

최충헌, 사저에서 문무관을 인사 처리함
1202
제4차 십자군

마찬가지로 끊임없는 모살의 위협을 겪는데 그 또한 누구 못지않게 정적들을 살해한 탓일 것이다.

신종 2년(1199) 8월에 황주목수 김준거 등이 최충헌을 토벌하려고 몰래 개경으로 들어왔다가 발각되는데 최충헌은 즉시 김준거 일당을 잡아 죽이고 그들의 처자들은 모두 노비로 만들었다. 그러나 또 다른 음모가 염려된 최충헌은 과거 경대승이 설치했던 도방을 다시 설치하고 문무관과 한량 및 군졸들을 모아 자신의 경호를 전담하게 했다.

도방은 최충헌을 중심으로 모인 문객 집단이자 가장 강력한 세력 집단으로 발전했다. 한때 도방에 드나들던 사병과 문객의 수효가 3천 명이나 되어 그 일문의 위세를 떨쳤다고 하지만, 최충헌이 차츰 문사들을 애호하였으므로 뒤에는 금의·이규보·이공로·최자 등 당대의 문호들도 그 문하에 출입하게 되었다.

희종

희종의 즉위와 최충헌 암살 기도

최충헌이 독재기반을 쌓아 나가던 무렵인 1204년 1월, 신종은 노환으로 왕위를 자신의 맏아들인 태자 영에게 물려주었는데 이가 제21대 왕 희종(熙宗)이다.

희종은 앞서 무신 집권자들이 옹립한 명종·신종과 달리 적통자로서 별다른 문제없이 왕위에 오른 군주였다. 따라서 정통성과 대의명분이 뚜렷했고 이와 같은 배경은 왕권을 회복시킬 수 있었던 좋은 기반이었다. 게다가 희종 또한 최충헌의 독단에 크게 불만을 품고 있었으므로 최충헌의 독주에 불만을 품은 세력들은 희종의 즉위와 함께 본격적으로 반기를 들고 일어섰다.

희종의 즉위년(1204)에 급사동정 지구수의 집에서 장군 이광실 등 30여 명이 모여 최충헌을 죽일 음모를 꾸미다가 발각되었고 희종 5년(1209) 4월에는 개경 부근의 청교역리 3명이 최충헌 부자를 살해하려다 실패하기도 했다. 이때 주모자들은 병력을 확보하기 위해 여러 사찰에 가짜 공문을 띄우고 중들을 소집하다가 귀법사 승려의 고발로 발각되었다.

귀법사 승려로부터 자신의 암살기도 소식을 들은 최충헌은 영은관에 교정도감을 설치하고 대대적인 범인 색출 작업에 들어갔다. 그런데 당시 붙잡혀온 청교역의 관리들이 잔혹한 고문에 못 이겨 우복야 한기도 공모자라고

신종 선위, 희종 즉위
1204
십자군, 콘스탄티노플 함락, 라틴제국 세움

최충헌에게 내장전 100결 내림
1205
일본, 북조의시 집권

1206
몽골, 테무진 몽골 통일. 칭기즈 칸을 칭함

발설하는 바람에 최충헌은 한기와 세 아들을 잡아 죽이고, 장군 김남보를 비롯한 9명도 함께 공모자로 몰아 처형하였다.

모반사건이 처리된 이후에도 최충헌은 교정도감을 해체하지 않고 자신의 독재기반을 유지하기 위한 권력기구로 삼아 버렸다. 최충헌은 무신들의 합좌기관인 중방을 유명무실한 기관으로 전락시키고 대신 교정도감을 중심으로 모든 국사를 처리해 나갔다. 최충헌은 교정도감을 통해 자신의 정권에 위협을 가할 수 있는 제도적 장치들을 모두 배제시키고 권력세습의 기틀을 마련한 것이다.

하지만 최충헌의 서슬 퍼런 독재 정치 아래서도 또다시 그를 제거하려는 움직임이 진행되는데 이때는 국왕 희종도 직접 가담하였다. 최충헌의 무단통치를 7년간이나 묵묵히 지켜보던 희종이 마침내 자신의 측근 내시들과 함께 모의하여 최충헌을 제거하기로 나선 것이다.

희종 7년(1211) 12월 경자일, 그날 최충헌은 관리임명 관계로 희종을 알현하기 위해 수창궁으로 입궐했다. 그런데 왕이 최충헌과 함께 잠시 내전으로 들어가자 중관의 내관들이 최충헌의 수하들에게 "왕께서 술과 음식을 내리라는 분부가 계셨소." 하고는 이들을 궁궐 깊숙한 곳으로 유인해 갔다. 그러자 그 안에 미리 잠복하고 있던 10여 명의 승려와 무사들이 이들을 습격하였고 이 일로 내전 안은 아수라장이 되었다. 이 소리를 듣고 당황한 최충헌은 희종에게 "신을 구해 주십시오." 하고 애원했으나 희종은 아무 말 없이

제도의 유배자 300여명을 방면
1207

남송 오희, 촉 왕을 자칭

진흙도감 다시 설치
1208

영국 존왕, 성직서임권 권한을 가지고 교황 이노센트 3세와 싸워 파문됨

희종, 최충헌의 집으로 옮겨감
1209

오토4세를 신성로마황제에 가관

내실 문을 닫아걸고 그를 들여보내 주지 않았다.

희종이 자신을 죽이려 한다는 사실을 뒤늦게 깨달은 최충헌은 급한 김에 지주방(知奏房, 궁중 출납창고) 문틈에 몸을 숨겼다. 그때 최충헌을 죽이기 위해 승려 몇 명이 달려와 세 차례나 그 주변을 기웃거렸지만 최충헌을 발견하지는 못했다.

급박한 상황이 중방에 있던 상장군 김약진과 최이의 장인 정숙첨에게 알려지면서 상황은 역전되고 말았다. 최충헌에게 변고가 일어났다는 급보를 전해들은 이들은 내전으로 급히 달려가 최충헌을 구해냈고 최충헌의 도당들은 승려들과 엉켜 격투를 벌였다.

궁궐 바깥에는 최충헌에게 변고가 생겼다는 소식을 전해들은 도방군사들이 집합해 궁궐 진입을 준비 중이었다. 하지만 이들은 최충헌의 생사 여부를 몰라 궁성 진입을 망설이고 있었다. 그때 최충헌과 동행했던 노영의란 자가 내전에 있다가 대궐 지붕 위에 올라가서 큰 소리로 "우리 대감님이 무고하다."고 소리치므로 군사들은 그제야 앞을 다투며 궁궐 안으로 들이닥쳤다.

도당들의 도움으로 최충헌은 간신히 죽음을 모면했다. 김약진은 최충헌에게 임금을 시해할 뜻을 밝혔다.

"당장 내전으로 들어가 상감을 없애 버리겠소."

"그래서는 안 되오. 우선 배후 인물부터 가려 처리합시다."

교정도감 설치

최충헌은 관련자들을 모두 처단하고 희종을 폐위시켜 강화도로 쫓아 버렸다. 이와 함께 태자 지는 인주(인천)로, 덕양후 서(희종의 아우)는 교동으로, 시녕후 위(희종의 차자)는 백령도로 각각 추방시켰다. 이로써 31세라는 젊은 나이에 폐위된 희종은 그 후 자연도에서 유배 생활을 하다가 노년에는 법천정사로 옮겨 고종 24년(1237) 57세를 일기로 사망하였다.

강종과 고종

최충헌을 암살하려던 희종이 퇴위하자 그 뒤를 이어 왕위에 오른 이가 한남공 정(貞) 제22대 왕 강종(康宗)이다.

강종은 명종의 맏아들이며 태자 시절부터 무신정권의 틈바구니 속에서 숨을 죽이고 살았던 인물이다. 그는 1197년 부왕 명종이 최충헌에 의해 퇴위 당하자 14년간 강화도에서 유배 생활을 했는데 희종의 퇴위와 함께 나이 환갑에 이르러 우연찮게 왕위에 오른 것이었다.

하지만 강종은 희종과 달리 최충헌에 의해 왕위에 오른데다가 고령인 탓에 왕의 행세마저 제대로 못해보고 왕위에 오른 지 2년도 채 못되어 강종 2년(1213) 8월에 죽었다. 이에 최충헌 일당은 태자 철을 옹립하여 왕위에 앉혔으니 이가 제23대 고종(高宗)이다.

고종은 강종의 맏아들로 부왕 강종이 강화도에 유배되어 있을 때 안악현에 유배되어 있다가 강종 즉위 이듬해인 1212년 개경으로 돌아와 왕태자에 책봉되었다. 강종이 임종하자 최충헌의 지지를 받아 22세의 나이로 왕위에 올랐는데 그는 고려 왕 중 가장 오랜 재위 기간을 자랑하는 45년간을 왕위에 있으면서 숱한 전쟁을 겪다가 사망하였다.

정중부의 난이 일어난 지 이미 43년, 최충헌이 정권을 잡은 지 17년 동안에 무인들이 폐립한 왕은 모두 6명이나 되었고 그 가운데서도 최충헌이 갈

최충헌 휘종을 폐하고 강종을 세움
1211
몽골, 서요를 멸함

최충헌의 흥녕부를 진강부로 고침
1212
소년십자군, 성지로 원정했으나 실패

고종 즉위
1213
영국 존왕, 이노센트 3세에게 굴복, 국토를 교황의 봉통 바침

아 치운 왕은 무려 4명이었다.

국왕 못지않은 권세를 누리다

최충헌이 공식적으로 대권을 장악한 것은 신종 4년(1201) 이후의 일이다. 이 즈음 최충헌은 주로 자기 집에 들어앉아 국사를 처리하였고 이 사실을 왕에게 통보하면 그대로 통과되었다.

그러는 사이 최충헌의 관직은 점점 높아만 갔다. 특히 희종은 그를 신하의 예로 대하지 않고 은문상국(恩門相國)이란 특별한 호칭으로 부르기까지 했다. 그러나 그것으로도 성이 차지 않았던 최충헌은 흥녕부란 관청을 따로 설치하여 여기에 요속을 따로 두었고 흥덕궁도 여기에 편입시켰다. 게다가 민가 1백여 채를 허물어 왕실 궁궐에 못지않은 대저택을 지었으며 집에서 외국의 사신을 맞아 잔치를 베풀면 그 규모가 역사상 전례가 없는 초호화판이었다.

최충헌 열전

그는 또 자신의 저택 북쪽에다 '십자각'이란 호화 별당도 지었다. 이 공사를 위해 백성들을 강제로 동원하여 원성이 자자했다. 그 당시 백성들 사이에는 최충헌이 남자아이 5

명과 여자아이 5명을 잡아다가 오색 옷을 입혀서 집터의 네 귀퉁이에 묻었다는 소문이 횡횡했다. 이 때문에 아이 가진 부모 중에는 먼 곳으로 도주하는 경우까지 생기게 되었다. 이러다 보니 불한당들은 아이를 유괴하여 숨겨두고 이 소문을 빙자하여 부모들로부터 돈을 갈취하기까지 했다.

이 일로 민심이 흉흉해지자 최충헌은 어사대를 시켜 방을 붙이게 했다.

"사람의 목숨이 가장 귀중한 것인데 어찌 생매장하여 재앙을 물리치려 하겠는가. 만약 어린아이를 잡아가는 자가 있거든 관아에 고발토록 하라."

방이 붙은 뒤로 아이를 유괴하여 돈을 요구하는 사건은 점차 줄어들었지만 당시 최충헌의 권세가 얼마나 대단했는지 알 수 있는 사건이다.

이외에도 최충헌은 그의 아내 임씨를 수성택주라 부르고 강종의 서녀를 부인으로 맞이하여 정화택주로 삼았는데 '택주(宅主)'란 본래 왕녀에게만 허용되어 있던 칭호였다.

어느 제왕 못지않은 권력을 누리고 왕녀를 첩으로까지 삼았던 최충헌은 눈에 거슬리는 자가 있으면 가차 없이 반역으로 몰아 죽였다. 게다가 국난을 당했을 때에도 사사로운 감정에 치우쳐 횡포를 일삼았던 인물이었다. 고종 5년(1218) 서북면 원수 조충과 병마사 김취려가 몽골·동진과 연합전선을 펴서 그 이듬해 강동싸움에서 크게 이기고 돌아온 일이 있었는데 최충헌은 오히려 그들의 공을 시기하여 아무런 상훈도 내리지 않았다.

이에 교위 손영 등 10여 명의 장병이 주막에서 술을 마시며 "거란과 싸워

흥왕사 승도, 최충헌 시해 시도
1217

여몽연합군 거란족 물리침
1219

최충헌 죽음, 아들 최우 집권

홍건적의 난

최충헌 묘지명

전공을 많이 세웠는데도 뇌물을 바치지 못해 벼슬을 못한다."고 한탄하였다. 이 말을 전해들은 최충헌은 사병을 보내서 그 불평분자들을 1백여 명이나 잡아내어 보정문 밖에서 죽였다. 이 무렵 낭장 기인보도 최충헌에게 불만을 품고 반란을 꾀하였다가 오히려 잡혀 죽었다.

위로는 왕으로부터 아래로는 백관이나 일반 백성들에게까지 갖은 못된 짓을 다하고 국가를 혼란에 빠트린 최충헌은 정중부나 이의민 이상으로 몹시 음흉하고 이루 말할 수 없이 잔학하였는데도 천수를 다 누리고 고종 6년(1219) 9월 71세를 일기로 세상을 떠났다. 그 뒤를 이어 국가의 대권을 장악한 것이 그 아들 최이였으므로 죽은 그 아비에게는 경성(景成)이란 시호가 내려지고 백관은 소복을 입고 장례에 참석했다. 그의 장례식은 어느 제왕에 못지않은 대규모의 것이었다.

최우, 진강후에 봉해짐	왜, 금주에 침입	
1221	**1223**	**1224**
몽골군, 인도에 침입	몽골 속부대, 러시아 제후군을 하르하 강에서 대파	프리드리히 2세, 나폴리에 국립대학 창립

몽골의 침입과 최씨 정권의 몰락

고종 6년(1219) 23년간 최씨 정권의 아성을 쌓았던 최충헌이 사망하자 권력은 그의 아들 최이(崔怡)에게로 넘어갔다. 최충헌은 생전에 강력한 사병조직을 통해서 정적들을 제거했고 따라서 무사히 아들에게 권력을 물려줄 수 있었다. 이처럼 대를 이어 권력을 세습한 최씨 정권은 최충헌에서 최의에 이르는 4대 60여 년간 지속되었다.

최충헌에게는 아들이 4명 있었는데 상장군 송청의 딸인 송씨 부인과의 사이에서 최이와 최향, 임씨 부인에게서 최성, 그리고 왕씨 부인에게서 낳은 최구가 있었다. 평소 최충헌은 맏아들인 최이에게 정권을 물려주고 싶었으나 이 일로 형제들 간에 분란이 일어날 것을 염려하여 속마음을 드러내 놓지 않았다. 그러던 중 나이 들어 병이 들자 비밀리 최이를 불러 당부했다.

"내 병이 낫지 못할 듯싶구나. 앞으로 집안 싸움이 생길까 걱정되니 다시는 내게 오지 말라."

이후 최이는 병을 핑계로 문병도 가지 않고 대신 김약선을 보내어 최충헌의 병시중을 들게 했다.

그런데 최충헌의 여종 가운데 미모가 뛰어난 동화라는 여자가 있었다. 그녀는 최충헌을 비롯한 여러 남자들과 정을 통하고 있었다. 하루는 최충헌이 동화에게 물었다.

"너는 누구를 남편으로 삼겠느냐?"

저고여, 압록강 연안서 피살
1225

최우, 정방 설치

왜, 경상도 연안 침입
1226

"공생 최준문이야말로 남편감입니다."

이 말을 들은 최충헌은 즉시 최준문을 불러다가 대장군 벼슬까지 주며 신임하였고 이 덕택에 최준문은 권세를 누리게 되었다.

하지만 최준문은 최이와 사이가 좋지 않았다. 최준문은 최충헌이 병들자 최이의 보복을 두려워하여 막내아들인 최향에게 대권이 넘어가도록 음모를 꾸몄다. 최준문은 최충헌 측근들 중에 최이와 관계가 좋지 않았던 대장군 지윤심, 장군 유송절, 낭장 김덕명과 함께 최이를 죽이기로 결심하고 최충헌의 병세가 위독하다며 거짓으로 통보하여 최이를 유인하였다. 그러나 김덕명의 배신으로 최준문과 그 일당들은 모두 체포되고 최향과 최향의 장인, 처남, 노비들도 각각 유배되었다. 정적들을 살해한 최이는 며칠 후 최충헌이 죽자 교정별감에 올라 권력을 차지하였다.

부친 못지않은 권세를 누리다

반대 세력을 물리치고 권좌에 오른 최이의 초명은 최우(崔瑀)이다. 최이는 부친인 최충헌의 뒤를 이어 최씨 정권을 유지하는 데 지대한 역할을 한 인물이다. 집권 초반기에 제법 인심을 얻을 생각으로 부친 최충헌이 남겨 준 많은 금은보화를 고종에게 바치고 또 최충헌이 불법으로 차지한 토지를 원주인에게 돌려주는가 하면 부당한 절차로 지방관이 되어 토색질이나 일삼던 자들을 적발하여 귀양보내기도 했다. 또한 고종 8년(1221)에 고종이 그를

인걸의 지휘하에 농민반란군 개경에서 활동
1227

1228
제5차 십자군

1229
오고타이, 칭기즈칸을 계승

진양후에 봉하자 굳이 사양하는 겸손함을 보이기도 했다.

그러나 그도 본질적으로는 그 아비 최충헌과 마찬가지로 세도와 사치를 좋아한 인물이었다. 최고 실력자에 오른 뒤로 반대파에 대한 무자비한 보복을 하기 시작했다.

한 번은 어떤 자가 최이에게 거짓으로 다음과 같이 밀고한 일이 있었다.

"얼마 전에 공이 병들어 누워 있을 때 상장군 노지정과 대장군 금휘 등이 점쟁이 주연지의 집에서 공을 해치고 전왕인 희종을 복위시킬 음모를 논의했습니다."

이 말을 들은 최이는 곧바로 주연지의 집에 들이닥쳐 그의 가산을 몰수하였다. 이 과정에서 '희종과 생사를 같이하며 아버지로 모시겠다.'고 맹세한 글이 발견되었다. 분개한 최이는 희종을 자연도에서 교동으로 옮기고 주연지를 바다에 빠트려 죽였다. 그리고 그의 일족을 멸하는 한편, 노지정과 금휘 등 주모자들도 잡아 죽이거나 귀양보내 버리는 등 실로 잔혹한 성격을 드러내기도 했다.

이때 최이에 의해서 죽임을 당한 주연지는 평소 최이에게 "공의 얼굴에는 왕이 될 상이 나타난다."는 말로 신임을 얻었던 자였다. 원래 그의 이름은 최산보였다. 동생 최광호와 함께 남의 재산을 약탈하다가 들키자 주연보로 이름을 바꾸었다. 점쟁이 행세를 하며 음양술수로 최이의 환심을 사고 있다가 주변 인물의 음모로 제거된 것이다.

최우의 아우 최향, 홍주에서 난을 일으키다 잡혀 옥사
1230

몽골 1차 침입
1231

다루가치 설치. 강화 천도
1232

최이는 이 일이 있던 전 해인 고종 13년(1226)에 발에 종기가 생겨 앓은 적이 있었다. 고위직에서 말단 관리에 이르기까지 모든 관원이 최이의 병 때문에 기도를 올리고 재(齋)를 베풀며 소지를 태워대는 바람에 개경의 종잇값이 갑자기 뛰어오르기도 했다.

이때 허다한 의원들이 최이의 종기를 고치기 위해 줄을 섰으나 아무도 고치지 못하였는데 의원의 딸로 자란 합문지후 임정의 처가 독을 빨아들이는 고약을 붙여주어 낫게 되었다. 이에 고종은 최이를 대신하여 특별히 임정에게 공부낭중의 벼슬을 내리기까지 했다.

1228년 최이는 오대진국공신에 올랐고 이듬해에는 그 나름의 특별한 취미를 살린다며 민가 수백 채를 헐어 엄청난 규모의 격구장도 만들었다. 이 때문에 백성들의 원성이 자자했다. 당시 그는 근처 백성들을 동원하여 구장에 물을 뿌리게 하고 자신은 옆에서 잔치를 즐기며 구경하다가 기예가 뛰어난 자를 발견하면 그 자리에서 관직이나 상을 내려주기도 했다.

최이와 함께 그의 아내 정씨도 남편 못지않은 호사를 누린 여자였다. 고종 18년(1231) 정씨가 죽자 고종은 장례식을 국장으로 치르게 하고 채단 70필을 하사했다. 최이는 이 가운데 14필만 받고 나머지는 사양했지만 왕족이나 관리들이 정씨의 명복을 빌기 위해 제각기 전(奠)을 베풀었다. 이 일로 개경의 물가가 폭등하였다. 고종은 정씨에게 '변한국대부인'이란 작위를 추증하고 경혜(敬惠)라는 시호까지 내렸다. 정씨의 무덤은 왕비의 무덤 못

몽골 2차 침입

금속활자로 〈상정고금례문〉 간행
1234
금, 원에 의해 멸망

몽골 3차 침입
1235
프랑스, 노트르담 성당 완성

지않게 사치스러웠다 한다.

이런 일들은 어느 제왕도 함부로 못하던 일이었으니 당시 최이의 권세와 호사가 어느 정도였는지 짐작할 만하다.

정방과 서방의 조직

최이는 부친인 최충헌에게 대권을 물려받았을 때, '도방', '교정도감' 등의 권력기구도 거의 그대로 물려받았다. 당시 도방은 개인의 사병기구에 불과했지만 최이에 의해 내외 2개의 도방으로 확대되었고 그는 이것 외에 마별초라는 특별 기마대도 조직하였다.

최이는 최충헌처럼 교정도감의 별감직까지 겸임하여 인사와 행정 일체를 관장했다. 교정도감은 그 뒤로도 최고 권력기구의 구심점 노릇을 하였다. 이것이 최이 시대에 확대되지 않았던 것은 그의 사제에 '정방(政房)'이란 것을 설치하였기 때문이다.

최충헌 때 흥녕부에 해당하는 정방은 고종 12년(1225) 6월에 최이에 의해 처음 설치되었다. 그 당시 조정 관리들은 모두 이곳에 와서 정년도목(政年都目, 연례 임면에 관한 이유서)을 바쳤고 최이는 대청에 앉아서 이들의 보고를 들었다. 그리고 이때 6품 이하의 관리들은 대청 아래에 엎드린 채 감히 고개를 쳐들지 못했다 한다.

본래 고려왕조에는 관원들의 이력과 근무성적 등을 조사한 《정안(政案)》

대장도감에서 《향약구급방》 간행
1236

이규보 《동국이상국집》 지음
1237

《장미이야기》 편찬

황룡사탑 불에 타 소실
1238

사라센, 그라나다왕국 건설

이라는 것이 있었다. 정안은 문관을 관리하는 이부와 무관을 관리하는 병부가 작성하는 것이 원칙이었다. 그러나 최이의 집권 이후로 정안은 모두 정방에서 관장하게 되었고 그 명칭도《정년도목》으로 바뀐 것이다.

당시 고종은 정방에서 올라온 보고를 듣고 그저 고개만 끄덕일 뿐 최이의 일에 대해 아무런 간섭도 못하였다. 이처럼 개인의 일개 사설기구로 시작된 정방은 곧 국가권력기구의 하나로 발전하였으며 무신정권이 몰락한 뒤로도 오랫동안 존속하였다.

인사행정을 담당한 정방 외에도 문인들의 숙위기관인 '서방(書房)' 이란 것이 있었다. 이것은 최이가 포악 무도하면서도 한편으로 문인들을 가까이 하여 설치된 것이다. 최이의 문객 가운데는 당대의 명유가 많아 이들을 3번으로 나누어 교대로 서방에 숙위하게 했다 한다. 서방은 고종 14년(1227)에 최이에 의해 설치되어 무신정권이 몰락된 원종 11년(1270)까지 지속되었다.

몽골의 1, 2차 침입과 강화 천도

고려 희종 때 몽골 사막에서 일어난 칭기즈칸이 위력을 떨치면서 만주벌판의 판도가 변하여 그 영향이 고려에 미쳤다. 금나라 세력은 약해지고 금나라에 무릎을 꿇었던 거란족 가운데 야율유가가 옛 거란을 부흥시킨다며 융안에서 일어나 반기를 들었다. 그 후 야율유가는 칭기즈칸에게 투항해 버렸다.

금나라의 세력이 꺾이고 대요수국과 동진국이 새로 생기자 고려의 정세

몽골, 고려 왕의 친조 요구
1239

최우의 아들 민진·만종 등, 50만석의 쌀로 고리대하여 경상도 민 착취
1240

1241
함부르크 및 뤼베크 한자동맹 성립

는 숨가쁘게 돌아갔다. 이들의 침입을 막으려고 싸움을 하게 되었다. 그러는 와중에 몽골은 거란의 잔당을 친다는 명분으로 고려에 들어왔다. 고려는 몽골의 피해를 입게 되었다.

고려 고종 6년 몽골이 주위의 여러 나라를 정복해 나가자 그 힘에 밀려 거란 사람들이 고려 영토 안으로 쫓겨 들어왔다. 그러자 몽골군은 거란의 잔당을 친다는 명분으로 고려에 들어왔다. 고려도 거란인을 쫓아내기 위해 군대를 동원했다. 고려군과 몽골군이 힘을 합쳐 거란 사람들이 몰려든 강동성(江東城)을 함락시켰다. 이때 몽골의 요청으로 형제 맹약이 맺어졌다.

그 후부터 몽골의 사신이 고려를 왕래했다. 그때마다 몽골은 일방적으로 많은 공물을 거두어 갔고 고려는 점차 불만이 쌓여갔다. 고종 12년, 몽골의 사신이 돌아가다가 압록강변에서 피살되는 사건이 빚어졌다. 이를 꼬투리 삼아 몽골은 고려와의 외교관계를 끊어 버렸다. 고려는 이때부터 몽골의 침입을 예상했다.

당시 고려는 최충헌이 죽고 그의 아들 우(瑀, 최이)가 집권하던 때였다. 최충헌은 손청의 딸을 아내로 맞아 아들 우와 향(珦)을 얻었다. 다시 혼홍윤의 처 임씨를 강제로 빼앗아 아들 성(城)을 낳았다. 그 후 다시 강종의 딸을 얻어 아들 구(球)와 선사(禪師)를 낳았다.

이와 같이 배다른 형제들이 많은 최충헌의 아들들은 골육상쟁의 기미마저 보였다. 상장군 지윤심·유송절 등이 맏아들 우를 제쳐놓고 향을 받들려

지방에 순문사와 권농사 파견	몽골 4차 침입	
1243	**1247**	**1248**
		제6차 십자군

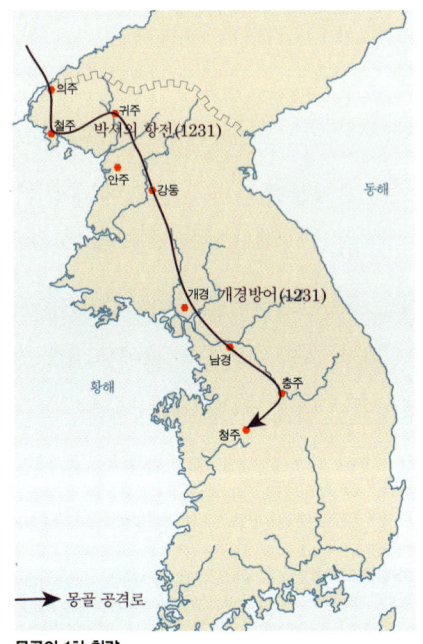

몽골의 1차 침략

고 했다. 최우는 선수를 쳐서 지유심·유송절을 처단해 버렸다. 이로써 최우의 집권 시대가 열렸다. 그러나 최우는 몽골의 침입에 대비책이 없었다.

몽골의 칭기즈칸은 서역 정벌을 마치고 서하 지역을 정복하려다가 죽고, 그의 아들 태종이 즉위하여 금나라를 정복했다. 그리고 살리타이에게 군대를 주어 고려를 침입토록 했다. 살리타이군은 함신진을 포위했다.

"우리는 몽골군이다. 목숨이 아깝거든 성을 열고 항복하라!"

살리타이의 졸개들이 외쳤다. 이에 놀란 성안의 장군 조숙창(趙淑昌)은 살길을 찾아 나섰다. 그는 재빨리 항복하고 나서 그것도 모자라 이따위 소리를 했다.

"나는 옛날 조원수 충의 아들이오. 일찍이 귀국의 합진 원수와 저희 선친은 형제를 맺은 사이요."

몽골, 고려 왕의 출륙친조 강요 **1249**	최이 죽음, 최항 정권 잡음	고려청자 전성기 **1250**
유럽, 고딕양식 전성기		

이러고는 성 안의 군사들에게 항복을 권했다.

"진짜 몽골군이다. 항복하라!"

몽골군은 피 한 방울 보지 않고 함신진을 함락한 후 철주에 이르렀다. 그리고는 고려 낭장 문대(文大)를 잡아 성 안에 들어가 이렇게 외치라고 했다.

"진짜 몽골군이 왔다. 나가서 항복하자!"

그러나 문대는 엉뚱하게 외쳤다.

"가짜 몽골군이다. 맘 놓고 싸우자!"

그는 곧 몽골군에게 피살되었고, 판관 이희적은 끝까지 싸우다가 역부족을 느끼고 보급 창고에 불을 지른 후 자결하고 말았다. 그러나 홍복원은 성문을 열고 살리타이 앞에 나아가 무릎을 꿇고 항복했다. 그리고 살리타이의 앞잡이가 되어 화살을 고려군에게 쏘았다.

몽골군은 철주를 점령하고 귀주성(龜州城)을 에워쌌다. 귀주성 안에 김경손·김중온·박서 등과 정주·삭주·위주·태주 등의 수령들이 모여 항전을 전개했다.

남문을 지키고 있던 김경손이 수하군사와 별초군에게 말했다.

"너희들 가운데 죽어도 후퇴하지 않을 자만 나를 따르라!"

겨우 수하군사 12명만이 따랐다. 김경손은 12명의 결사대를 거느리고 성 밖으로 나섰다. 이것을 보고 몽골의 선봉장이 검은 기를 앞세우고 진격해 왔다. 김경손은 강궁을 날렸다. 몽골의 기수가 화살을 맞고 쓰러졌다. 12명

삼별초, 금주·전주에서 몽골 격파
1253
일본 승려 일련, 법화종 창도

몽골 차라대군 5차 침입
1254
신성로마제국 대공위 시대

몽골 차라대군 6차 침입
1255

의 결사대는 용기백배하여 적진으로 달려갔다.

12명의 결사대는 몽골군을 뒤로 물러나게 한 후 잽싸게 성 안으로 들어왔다. 김경손은 적의 화살에 어깨를 맞았으나 초전을 승리로 장식했고, 성 안에서 싸움을 독려했다.

다음날부터 몽골군은 더욱 극성이었다. 귀주성은 완전히 고립무원이었다. 몽골군은 귀주 성주에게 항복을 재촉했다. 살리타이는 항복을 권유하려 위주 부사 박문창을 보냈다.

"항복만이 살 길입니다. 어서 결정을 내리십시오."

박서가 이 말을 듣고 화가 머리끝까지 치밀어 고함을 쳤다.

"이놈아, 그걸 말이라고 하느냐! 천하에 미물만도 못한 놈!"

박서는 박문창의 목을 베어 성 밖으로 던져 버렸다. 고려군이 완강하게 버티자 몽골군 3백여 명이 북문을 공격했다. 몽골군은 큰 차에 나무를 쌓고 그 속에 숨어서 성문 앞까지 가까이 다가왔다. 김경손은 이 사실을 알고 쇠를 녹인 철물을 쏟아 부었다. 몽골군은 견딜 수 없어 달아나 버렸다.

몽골군은 고려군의 화살을 막으려고 누차와 커다란 상자를 만들어서 그 속에 숨어 성문 밖에까지 다가와서 성 밑에 땅을 파고 성 안으로 들어왔다. 적군이 거의 성 안으로 들어왔을 때 고려군은 성 밑 땅의 움직임을 알고 구멍을 내어 끓는 철물을 부었다. 그러는 한편 성 위에서 횃불을 마구 던져 적의 누차를 불태워 버렸다.

이번에는 남문으로 적이 대포를 쏘며 들이닥쳤다. 고려군도 큰 포차를 성위에 내걸고 돌을 넣고 쏘아 적의 전차를 부쉈다.

어느 날 김경손 앞에 적의 대포알이 떨어졌다.

"장군님! 피하십시오. 대포알입니다."

김경손은 그 자리에서 꼼짝하지 않았다. 다행히 대포알은 터지지 않았다.

"왜 그런 위험한 일을 하셨습니까?"

"내가 대포알이 무서워 피한다면, 병사들의 사기가 떨어질 것이다."

참모들은 목숨을 걸고 김경손을 따르기로 했다.

몽골군은 달포 동안 모든 수단 방법을 가리지 않고 귀주성을 공격했다. 그러나 귀주성은 철옹성이었다. 몽골군은 어쩔 수 없이 귀주성을 포기하고 다른 성으로 떠나 버렸다.

다른 성들은 얼마 견디지 못하고 함락되었다. 그리하여 몽골군은 개경 가까이 쳐들어 왔다. 몽골 사신이 고려 조정에 들어와 위협했다.

"고려가 우리의 말을 거역하면 망할 것이오. 즉시 투항하시오."

최우는 살리타이의 사신을 우대하며 우물쭈물하고 있었다. 몽골은 사신을 계속 보내어 막대한 배상금을 요구했다. 고려는 살리타이에게 사람을 보내어 강화를 청하며 흥정을 하고 있었다.

이러는 사이에 살리타이는 남쪽으로 내려가 각지에 다루가치(단사관) 72명을 두고 고려 땅을 다스렸다. 개경 부근만 남기고 몽골 군대가 장악한 곳

무신정권 끝남
1258

쌍성총관부 설치

몽골, 강화도의 내, 외성을 헐어 버림
1259

몽골군, 바그다드를 점령, 압바스 왕조 멸망

은 모두 이 다루가치가 통치했다. 고려는 대가를 치르고 몽골과 겨우 강화를 맺었다. 몽골군은 전리품을 챙긴 후 고려에서 철수했다. 이것이 제1차 몽골의 침입이다.

이후에도 몽골은 사신을 보내어 고려의 조정을 끊임없이 괴롭혔다. 사신이 고려 궁중에 머물며 큰소리를 쳤다.

"나는 고려의 국사를 보기 위해 파견되었다."

그런가 하면 강화의 조건 외에 많은 공물을 요구하며 괴롭혔다. 게다가 또다시 몽골의 침입이 있을 것이라는 소문이 파다했다. 고려 조정은 집권자 최우를 중심으로 중신들이 모여 대비책을 강구했다. 최우는 강화도로 천도할 것을 제의했다. 이 제의에 모두 두려워서 이의를 제기하는 신하가 없었으나 참지정사 유승단(兪升旦)만이 천도의 불가를 말했다.

"만약 강화도로 천도한다면 육지의 장정들은 모두 전쟁터에서 희생당할 것이오. 그리고 노약자는 모두 몽골의 포로가 될 것이오."

이때 야별초의 지휘관 김세충이 승단의 의견에 찬성했다. 그러자 최우는 김세충을 충의에 따르지 않는 방해자라고 하여 곧 처단해 버렸다. 그 누구도 이제는 천도를 반대하지 못했다.

그러나 3백여 년이나 도읍으로 정하고 있던 수도 개경을 하루아침에 버리고 강화도로 옮긴다는 것은 말처럼 간단한 일이 아니었다. 당시 집권자였던 최우는 고종에게 건의하여 개경을 버리고 강화도로 천도할 것을 주장하고 나섰지만 국왕 고종은 강화도로 가는 것을 반대하며 궁궐을 떠나려 하지 않았다.

고종의 반대에도 불구하고 최우는 녹전차 백여 대를 동원하여 자기 집 재산을 모두 강화도로 운반시켰다. 궁궐의 모든 기관들도 강제로 강화도로 옮기게 했다. 당시 최우는 강화로 떠나지 않는 관리는 모두 군법에 따라 처벌하겠다고 엄포를 놓았다. 동시에 군사를 동원하여 강화도에 새 궁궐을 짓게 했다. 결

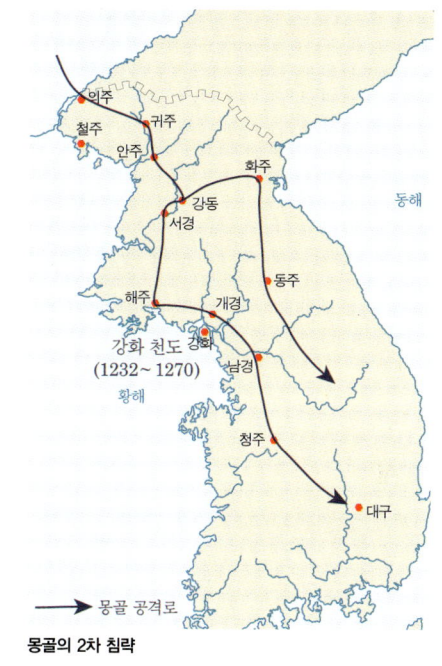

몽골의 2차 침략

국 그해 6월 장마철임에도 불구하고 고종과 백관들은 강압에 못 이겨 강화도의 새 궁궐로 모두 옮겨갔다.

고려의 도읍이 강화도로 옮겨갔다는 소리를 들은 몽골은 다시금 대병력을 보내 고려를 침략하였다. 하지만 수전에 미숙한 몽골군은 강화도에 쳐들어갈 엄두를 내지 못하였다. 다만 섬으로 도읍을 옮긴 것을 힐난하면서 국왕이 육지로 나올 것을 요구했다. 몽골의 요구가 위협일 뿐이라고 판단한

강화 조정은 이를 과감히 묵살했다.

왕이나 최우가 강화도 방어에만 힘을 쏟고 있을 무렵, 전국의 백성들은 거의 무방비 상태였다. 백성들은 단지 산성이나 섬으로 피신할 것을 명령받았을 뿐이었다. 그러다 보니 몽골의 침입 기간 중 백성들의 피해는 이루 말할 수 없을 정도였다. 이 소식을 들은 최우는 울릉도가 안전하다는 소문을 듣고 많은 백성들을 그곳으로 이주시키고자 했다. 그러나 풍랑으로 물에 빠져 죽는 사람들이 많아지자 울릉도 이민을 중지시켜 버렸다.

고려 궁지 강화 천도 후 궁궐을 세웠으나 몽골과 화친이 성립된 후 삼별초 잔당을 소탕한다며 궁궐을 불태웠다. 조선 시대 병인양요때 이궁까지 전소되었다. 현재에는 복원된 일부 건물이 세워져 있다.

당시 고려에 침입한 몽골군은 마치 고려 전역을 마구 유린하는 것이 목적인 듯했다. 백성들의 도륙은 말할 것도 없고 문화재 소실도 극심하였다. 몽골의 2차 침입 때에 부인사의 대장경 조판이 소실되고, 3차 침입 때에는 황룡사 탑도 소실되었다.

이 사이 강화도에서는 앞서 거란이 침입했을 때에 부처의 신통력에 적지 않은 도움을 받았다 하여 이번에도 그 신통력을 빌리려 했다. 때문에 각종 도량을 베푸는 한편, 1236년경에 와서는 대장경판의 재조(再雕)를 계획하여 각판을 서둘렀다. 이것이 해인사에 보관되어 전하는 유명한 《팔만대장경》인데 완성된 것은 고종 38년(1251) 9월의 일이다.

강화도로 옮겨간 최우는 잠시 병란이 진정되자 호화로운 생활을 다시 시작하였다. 틈만 나면 호화찬란한 연등을 둘러치고 밤새도록 주연을 베푸는 일로 시간을 보냈다. 이때 동원된 악공들만도 1천 명이 넘었다. 강화도는 이들의 노랫소리와 악기소리로 천지가 진동할 정도였다.

강화 천도를 하고 난 이듬해 최우는 왕을 모시고 잔치를 벌였다. 잔칫상이 얼마나 호화로웠던지 "다시 오늘과 같이 할 수 있을 것인가."라며 흡족해 했다. 이렇듯 풍류를 좋아한 최우는 주량 또한 굉장했다. 3품 이상의 고위관원들과 시간에 구애받지 않고 한밤중까지 술을 먹곤 했다.

강화도로 천도한 최우와 개경 귀족들이 호사를 누리는 동안 백성들은 이들이 기거할 궁궐을 짓는데 수없이 동원되고 있었다. 당시 강화도에 지어진

해인사 장경각

궁궐은 그 규모나 배치가 개경 궁궐을 거의 그대로 본뜬 것이었다. 최이는 강화도에 궁궐뿐만 아니라 자신의 집도 지었다. 그는 자신의 집 정원을 꾸미기 위해 군사들을 시켜 개경의 나무들을 공수해 오게 했다. 결국 수많은 군사들이 이것을 운반하다 바다에 수장되었다.

전란 속의 효자

몽골군이 고려 땅을 짓밟아 온 지 무려 스무 해가 넘을 무렵이었다. 고려 조정은 백성들은 아랑곳없이 천혜의 요새 강화도로 천도하여 평화로운 생활을 누리고 있었다. 그러나 고려 백성들은 몽골군에게 숱한 시달림을 당하고 때로는 죽임을 당했다.

고종 말년 강원도 명주 땅에 김천(金遷)이라는 효자가 있었다. 그의 어릴 때 이름은 해장(海壯)이었다. 해장은 어려서부터 용모가 뛰어나고 풍채가 좋아 동네 사람들의 귀여움을 독차지했다. 게다가 효성이 지극하고 예절이 바르고 형제간의 우애가 남다르게 깊었다.

어쩌다가 부모님이 병석에 누우면 해장은 밤낮을 가리지 않고 간호했다. 어머니는 호장 벼슬의 김자릉의 딸로서 역시 호장 벼슬의 아버지 김종연에게 시집을 왔다. 현모양처로 어려서부터 규방에서 소학·효경 등을 읽은 유식한 여인이었다.

해장의 집안은 늘 웃음꽃이 피었다. 해장의 할아버지 때부터 전해오는 많은 땅으로 살림 넉넉하겠다, 현숙한 어머니의 이야기 솜씨가 뛰어나겠다, 해장이 훤훤 장부로 잘 커가고 있어서였다. 게다가 명주 땅의 내로라하는 딸 가진 집에서는 해장을 사위로 맞으려고 매파를 하루가 멀다고 보내왔다.

해장의 집에서는 촉선 땅 고진사의 둘째딸을 아내로 맞이하게 되었다. 길일을 택하여 놓고 잔치 준비에 한창 바빴다. 그해 가을도 저물어가는 어느 날이었다. 해장의 어머니가 작은 아들 덕린을 데리고 평창의 친정에 다녀오다가 때마침 몰려온 몽골군에게 붙잡혀 버렸다. 당시 몽골군은 고려의 아녀자와 아이들을 잡아다가 종으로 삼았다.

이 소문을 들은 해장의 집에서는 어머니와 동생이 죽은 줄 알고 상복을 입었다. 해장의 혼인 날짜도 3년 후로 미루어졌다. 3년 상을 치른 후에야 혼인할 수 있었기 때문이다. 해장은 바깥 출입을 삼가고 집 안에 틀어박혀 죄인처럼 지냈다.

3년 상을 치른 후 해장은 혼인식을 치렀다. 그러나 해장은 즐겁기는커녕 비통하기만 했다. 아버지는 어머니를 잃은 충격으로 병석에 누워 계시고 아내는 아내대로 기운이 없어 보였다.

해장이 혼인한 이후 해마다 흉년이 들고 아버지마저 오랫동안 병석에 누워 수발을 드느라고 어느새 살림이 줄어들기 시작했다. 엎친 데 덮친 격으로 해장이 친구 빚보증을 서 주었다가 잘못되는 바람에 할아버지가 물려준 땅마저 거의 거덜이 나고 말았다. 해장은 평생 해보지 않던 농사일에 매달리며 아버지 병수발을 들고 겨우 입에 풀칠하는 신세로 전락했다.

어머니가 몽골군에게 끌려간 지 15년이 흘렀다. 어느 날 밤 해장은 해괴한 꿈을 꾸었다. 생전 보이지 않던 어머니가 나타나 자기의 이름을 애타게 부르는 것이었다.

"해장아! 어미를 모르겠느냐?"

해장은 깜짝 놀라 잠이 깨어 방문을 열고 밖으로 뛰쳐나갔다. 어머니는 보이지 않고 보름달이 휘영청 추녀 끝에 걸려 있었다.

"휴우, 아무래도 이상하구나. 혹여 어머니께서 살아계실지도 모르겠구나."

이런 생각을 하며 잠을 설치고 뒤척였다. 어머니의 부름 소리가 아직도 귀에 쟁쟁했다. 아내가 부스스 눈을 뜨고 뒤척이는 남편에게 물었다.

"나쁜 꿈을 꾸었어요?"

"좋은 꿈이요, 허나 꿈은 꿈일 뿐이요."

"황금덩어리라도 만져 봤나요?"

"쓸데없는 소리, 어머니를 보았소."

"어머님을요?"

아내도 숙연해졌다.

"살아계신 것 같소. 꿈이 그것을 예시해 준 것 같소."

"설마요. 15년 동안이나 소식이 끊긴 분이에요. 너무 깊이 생각하지 말아

요."

그 후 해장은 볼 일이 있어 명주장에 나갔다가 볼 일을 보고 돌아오는 길에 정선에 사는 친구 김순을 만났다.

"해장이 마침 잘 만났네. 그렇잖아도 자네를 만나러 가는 길이라네."

"나를? 급한 일이라도 있었는가?"

"암, 급하다마다."

"무슨 일이야? 사람 속 태우지 말고 말해 보게."

"자네 놀라지 말고 침착하게. 어머님이 살아계시네."

"이 사람 순공, 자네 어머님께서 살아계시는 걸 내가 몰라서 이러나?"

"이 사람아, 자네 어머님이 몽골 땅에 살아계시단 말이야."

"아니 뭐?"

해장은 며칠 전 선명하던 꿈이 생각나서 몹시 긴장되었다. 김순은 편지를 해장에게 주며 말했다.

"정선 쪽에서 명주로 들어오는 주막에서 점심을 먹을 때였네. 몽골에서 왔다는 습성이라는 사람이 갑자기 명주 땅 김천을 아는 사람이 있느냐고 외치는 것일세. 나는 귀가 번쩍 뜨여 자리를 박차고 일어나 내가 김천의 친구라고 했지. 그랬더니 동경(몽골의 서울)에 있는 자네 어머님의 편지를 갖고 왔다는 거야. 나는 그 편지를 빼앗다시피 하여 자네를 만나러 오는 길일세."

"고마우이."

김천과 김순은 길가 풀밭에 앉아 편지를 읽었다.

"해장아, 어미는 살아 있으나 죽은 목숨과 같구나. 가족들이 보고 싶어 그나마 목숨은 부지하고 있단다. 나는 동경에서 조금 떨어진 북주라는 곳에서 요좌 씨 집의 노비로 있단다. 낮에는 김매고 밤에는 방아 찧고 하루도 쉴 새 없이 일하지만 이 어미는 배가 고파 피골이 상접해 있단다. 그러니 어찌 생사조차 알 수 있단 말이냐. 네 동생도 살아서 역시 남의 집 종노릇을 하고 있단다. 이 무슨 날벼락이냐. 전쟁에 진 백성의 비참한 실정을 글로 어찌 너에게 전달할 수 있을지 암담하구나. 너를 한 번만 보고 눈을 감으면 원이 없겠다. 맞을 뻔하다가 맞지 못한 내 며느리도 보고 싶구나. 그러나 꿈에서나 갈 수 있는 내 고국 내 고향 내 집이랴. 바라서 무얼 하겠느냐."

해장은 죽은 줄로 알고 있던 어머니의 편지를 대하고 대성통곡을 터뜨렸다. 이 가혹한 운명을 어떻게 헤쳐 나가야 할지 설움만 복받칠 따름이었다.

"이보게 해장이, 기운을 내게. 이제 어머님을 찾아 길을 떠나야 하지 않겠나."

"떠나야지, 떠나고말고."

그러나 기막힐 노릇이었다. 가난뱅이로 전락하여 땡전 한 푼 없었던 것이다. 돈이 있어야 어머니와 동생을 속량(贖良)해 올 수 있었다. 그렇다고 앉아서 마냥 기다릴 수도 없었다.

해장은 부지런히 일 하여 돈을 모으고, 가까운 친척과 친구들에게 도움을 청했다. 이렇게 한 1년 모은 돈이 백 냥 정도 되었다. 해장은 우선 개경으로 올라갔다. 금나라로 가는 길을 알아보기 위해서였다. 몽골에 가는 월국장(越國狀)(여행권)은 천도한 강화도에 가서 내야 했다. 몽골과 고려 사이가 원만하지 못하여 월국장이 나오기는 힘들었다. 무역상 외에 일반 백성들에게는 하늘의 별 따기였다.

여기저기 몽골에 갈 방법을 알아보고 일단 고향으로 돌아왔다. 그렇게 또 몇 해가 흘러갔다. 해장은 다시 개경으로 돌아와 몽골로 들어갈 방법을 알아보았다. 저번에 비해 별로 뾰족한 수가 없었다. 그래도 개경을 떠날 수가 없어 여기저기 기웃거렸다. 노자가 떨어져 잠잘 곳과 먹을 것이 없었다.

그런 어느 날 효록(孝祿)이라는 스님을 만났다. 스님은 조정과도 통하고 영향력이 있었다. 해장은 그 스님에게 넋두리 삼아 자기의 처지를 하소연했다. 효록은 인정 많고 통이 큰 스님이었다. 효록은 해장을 몽골의 동경으로 보내려고 백방으로 알아보았다. 때마침 효록의 형이 국사로 동경에 가게 되자 기회를 놓치지 않고 해장을 그 일행에 끼워 주었다. 그리하여 해장은 습성으로부터 편지를 받은 지 6년 만에 동경으로 가게 되었다.

해장은 동경에 닿아 유씨의 개사에 묶었다. 그리고 효록의 형 충연으로부터 고려 사람 공명을 소개받았다. 공명은 해장을 북주로 데리고 가서 어머니를 종으로 부리고 있는 요좌의 집을 찾아 주었다.

두 사람은 요좌의 집을 찾아 어머니를 만나려고 집 앞에서 서성거렸다. 때마침 한 노파가 그 집에서 나와 쓰레기를 버렸다.

"여기가 요좌 씨 댁 맞지요?"

"그렇소만, 댁들은 누구시오?"

노파는 굽은 허리를 펴고 두 사람을 흐린 눈으로 번갈아 보았다.

해장은 누더기를 걸친 노파를 쳐다보면 측은하여 눈물을 찔끔거렸다.

"우린 고려에서 온 사람이오."

공명이 노파에게 대답하고 주인이 집에 있는지 물었다.

"주인은 외출 중이오. 무슨 일로 고려 사람이 여기를 왔소?"

"고려 사람을 찾으러 왔소."

"고려 사람을? 나도 고려 사람이오. 나는 고려국 명주 땅 호장 김자릉의 딸이오. 내 남편은 호장 김종연이고, 내 아들은 김천이오."

"어머니! 어머님이 이런 모습이라니, 이게 웬일이십니까?"

해장이 노파에게 달려들어 와락 껴안았다. 노파는 눈을 끔벅거리다가 해장의 얼굴을 손으로 더듬었다. 두 줄기 눈물이 주름살 사이로 흘러내렸다.

"네가 정말 해장이더냐? 네가 어떻게 이곳에 왔느냐. 해장아, 내 아들 해장아!"

노파는 목을 놓고 울었다. 모자는 얼싸안고 땅을 치며 통곡했다. 옆에서 지켜보던 공명도 눈물을 훔쳤다. 모자가 해후한 후 해장은 잠시 어머니와 헤어져 객사로 돌아왔다. 며칠 후 다시 해장은 요좌의 집을 찾아가 속량비로 백 냥을 내놓고 어머니를 풀어달라고 사정했다. 요좌는 돈을 힐끔 보고 머리를 살래살래 흔들었다.

"일 없어! 속량 못해!"

함께 간 공명이 아무리 여러 말로 간청해 보았으나 요좌는 요지부동이었다. 해장은 눈물을 흘리며 객사로 돌아왔다.

요좌는 돈 욕심을 내고 해장의 어머니를 풀어주지 않았다. 돈만 많이 주면 당장 어머니를 모셔올 수 있었으나 해장은 그럴 수가 없어 안타까웠다.

해장은 서변에 가서 동생 덕린도 만나 보았다. 형제는 실컷 울고 신세타령만 할 뿐 속량할 길은 막연하기만 했다. 후일을 기약하며 피맺힌 작별을 하고 돌아온 해장은 객사에 돌아와 그만 자리에 누워 버렸다. 곡기도 끊고 흐르는 눈물을 닦을 생각도 않고 해장은 죽은 듯이 누워 있었다.

해장은 며칠을 누워 있다가 이대로 주저앉을 수 없다고 생각했다. 기운을 차려 장문의 지정서를 작성하여 동경 총관부에 올리고 소식을 기다렸다. 며칠이 지났으나 총관부에서는 아무런 소식이 없었다. 시름에 겨워 설핏 잠이 들었다가 깨어난 해장은 베갯머리에서 이상한 편지를 발견했다. 해장은 의아한 마음으로 그 편지를 뜯어보았다.

'이 적은 돈이나마 보탬이 되었으면 해요. 당신의 효심에 감복했답니다.'

편지와 함께 백 냥짜리 수표가 들어 있었다. 해장은 자기를 도와준 사람이 주인집 외동딸 혜랑임을 알았다. 혜랑은 객사를 하고 있는 유씨 소실의 외동딸이었다. 혜랑은 해장의 뛰어난 용모와 지극한 효심에 감동하고 있었다. 그리하여 조금이나마 보탬이 되고자 몰래 백 냥짜리 수표를 해장이 자는 머리맡에 가져다 놓았던 것이다.

때마침 총관부에서도 해장에게 들어오라는 기별이 왔다. 해장은 곧 총관부로 달려갔다. 그는 관원에게 눈물을 흘리며 그간의 일을 죄다 이야기해 주었다. 관원은 요좌에게 보내는 서찰을 건네주었다. 그리고 약간의 노비와 역로(驛路) 관원에게 편의를 봐 주라는 증명서까지 만들어 주었다.

해장은 그 길로 요좌의 집으로 달려가 관원이 써준 서찰과 혜랑이 준 돈 백 냥을 합쳐 2백 냥을 요좌에게 주었다. 요좌는 서찰을 보고 연신 고개를 끄덕였다. 그리고 2백 냥을 챙긴 후에 어머니를 속량시켜 주었다. 해장은 어머니를 모시고 객사로 돌아갔으나 문전박대를 당하고 말았

효자 김천의 이야기 《동국신속삼강행실도》에 수록되어 있다.

다. 혜랑의 일이 발각되어 유씨가 딸을 큰집으로 데리고 가고 해장을 객사에 들여놓지 않았다. 해장은 어머니를 모시고 아우 덕린을 찾아갔다. 셋이 또 한바탕 신세타령을 늘어놓으며 눈물을 흘렸다.

"조금만 참아라, 덕린아! 이 형이 꼭 너를 데리러 오겠다. 돈이 마련되는 대로 달려올 거야. 그때까지 몸 성히 잘 지내야 돼."

"기다릴게요. 어머님을 모시고 가는 것만도 천만 다행이에요."

"애야, 희망을 버리지 않았기에 오늘날 네 형을 만나 이런 영광을 누리지 않느냐."

어머니는 덕린을 부둥켜안고 어쩔 줄 모르고 있었다.

해장은 어머니를 모시고 아우를 이국 만리 몽골 땅에 떨어뜨린 채 귀국길에 올랐다. 덕린의 애절하게 호소하는 모습이 눈에 박혀 해장은 눈앞이 흐려졌다. 어머니는 가다가 뒤돌아보며 한숨을 뿜어냈다.

해장 모자는 몽골에서 귀국하는 사신 일행을 따라 동경을 떠난 지 두 달 만에 고려로 돌아왔다. 해장의 아버지가 병든 몸을 추슬러 멀리까지 마중을 나왔다. 헤어진 지 22년 만에 부부가 다시 해후했다.

"여보, 당신을 보기 전에는 죽을 수 없었소."

"살아계셔서 얼마나 기쁜지 몰라요."

"아가, 너도 늙은이가 되었구나."

해장은 동네 사람들을 모아 잔치를 벌였다. 그러나 즐거운 시간도 잠시였다. 몽골 땅에 두고 온 덕린을 잊지 못해 해장의 가족은 또다시 우울한 나날을 보냈다.

해장이 어머니를 모시고 돌아온 지 5년이 지났다. 그동안 덕린의 속량비를 마련하려고 온갖 노력을 다했다. 그런데 그해 봄, 몽골 옷을 입은 중년과 어여쁜 처자가 해장의 집에 나타났다. 덕린과 혜랑이었다. 혜랑이 집을 뛰쳐나와 덕린의 속량비를 물고 함께 명주로 온 것이다. 해장의 부인은 혜랑을 자매처럼 대했다. 그제야 해장의 집에 평화가 찾아왔다. 해장, 즉 김천의 이야기는 《고려사》 열전을 아름답게 장식하고 있다.

최씨 정권의 종말

강화도에서 온갖 호사를 다 누리던 최이(처음 이름은 우)의 30년 철권 통치에도 종말이 다가왔다. 1249년 몽골군의 4차 침입이 있은 후 악사까지 불러 연회를 즐기던 중 별안간 하늘에서 내리친 번개소리에 놀란 이후로 시름시름 앓게 된 것이다. 그해 11월에 최이는 세상을 떠났다.

최이가 죽자 조정은 3일간 업무를 중단하며 성대한 장례식을 치러주었다. 최이는 신라의 김생, 고려의 승려 탄연, 유신과 함께 서예에 가장 능한 신품 4현의 한 사람으로 알려져 있기도 하다.

최이는 적자를 두지 못했다. 기생 첩 서련에게서 얻은 만종과 만전이라는 두 명의 서자만 있었다. 최이는 사위인 김약성에게 병권을 물려줄 생각으로 두 아들을 일찍이 송광사로 보내어 선사라는 칭호를 주었다. 두 아들이 서로 세력을 다투어 싸움질을 할까 염려되어서였다. 후에 만종은 단속사(斷俗寺) 주지를 맡고, 만전은 쌍봉사(雙峰寺)의 주지를 맡았다. 그러나 둘 다 염불보다 잿밥에 더 마음을 두었다. 이들은 말만 중일 뿐 유부녀 강간 등 온갖 나쁜 짓을 도맡아 하였고 재산을 쌓는 데만 눈을 돌렸다. 금과 비단이 수북이 쌓였고, 경상도에 축재한 쌀만도 50만 섬이나 되었다. 그러나 각 처의 주·현에서는 그들이 무서워서 잡아둘 엄두도 내지 못했다.

신하들은 최이에게 두 아들을 개경으로 소환할 것을 주청하였다. 만전과 만종이 서울로 올라와 최이에게 울면서 호소했다.

"아버님, 아버님 생시에도 이처럼 핍박이 심한데 돌아가신 후에는 우리 형제 언제 누구 손에 죽을지 모르겠습니다. 부디 저희들을 불쌍히 여기소서."

최이는 마음이 흔들렸다. 게다가 만전과 만종은 아첨배들이 부자간을 이간시키려고 벌인 일이라 꼬드겼다. 최이는 만전을 환속시켜 항(沆)으로 이름을 바꿨다.

30여 년 동안 권력을 휘두른 최이도 나이는 어쩔 수 없이 1249년 11월 세상을 떠났다. 이 무렵 병권은 지리부사 상장군 주숙이 장악하고 있었다. 그는 최이가 죽자 병권을 고종에게 되돌려 주어 왕정을 회복할 생각을 갖고 있었으나 결단을 내리지 못하고 미적대고 있었다. 그러는 사이 이공주와 최양백 등 70여 명의 장수가 최항에게 붙었다. 주숙은 하는 수 없이 최항에게 병권을 넘겨주었다. 이로써 최항은 아무 저항도 받지 않고 정권을 장악할 수 있었다.

최항은 최이의 장례식이 끝나자마자 상복을 벗고 아비의 첩들을 간음하는 것으로 권력자 생활을 시작했다. 이어서 고종으로부터 은천광록대부 추밀원사 이병부상서 어사대부 태자빈객이라는 초겸직 관직을 제수받고 동북면병마사와 교정별감까지 겸임하며 명실상부한 실권자 자리에 앉았다.

최항도 집정 초기에는 교정별감첩을 내려서 각 지방의 세금을 감면해 주고 백성들에 대한 가렴주구를 억제하는 등 제법 인심을 얻으려 했다. 그러나 오랫동안 정계에서 밀려나 있던 그를 당시의 정치 세력들이 달가워할 까닭이 없었다. 적지 않은 관료들의 반발은 그의 정치적 행보를 어렵게 했고 결국 이러한 상황은 무고한 사람들을 해치는 것으로 표출되고 말았다.

최항은 최이 집권 시절부터 명망이 높던 지추밀원사 민희를 공연히 시기하여 귀양보냈다. 그런가 하면 역시 명망 있던 추밀원부사 김경손마저도 시기해서 귀양보냈다가 죽인 일도 있었다. 게다가 고종 38년(1251)에는 대장군 대집성의 딸이며 최이의 계실이던 대씨를 평소 자신을 박대했다는 이유로 죽이기까지 했다. 이때 최항은 대씨의 친척과 노비들까지 죽이거나 귀양보냈는데 그 숫자는 모두 70여 명이나 되었다. 이 밖에도 '난을 꾸미려 한다.'는 말만 들어도 사실 유무에 관계없이 사람을 해쳤다.

최항은 사치나 향락을 좋아하는 점에서도 최이의 뒤를 이었고 몽골 정책에서도 마찬가지였다. 집정 초기인 고종 37년(1250) 1월에는 몽골 측의 출륙 요구에 응하는 척하면서 강화도 북쪽에 승천부란 새 궁궐을 짓기도 했다. 하지만 왕이 그곳으로 행차한다거나 거기서 몽골 황제의 조서를 받는 데에는 적극 반대하였다. 승천부 자리는 참위설에서 말한 우소(右蘇)의 땅, 즉 명당자리다. 최항은 그곳의 지력을 빌어 자신의 정권을 연장하려 했던 것이다.

계속되는 몽골의 침입과 최의의 집권

몽골의 3차 침입은 고종 22년(1235)부터 고종 26년(1239)까지 5년에 걸친 장기전이었다. 이때 경주의 황룡사 9층탑이 불타 없어졌다. 또 최우에 의해 대장경 조판이 이루어졌다.

이즈음 몽골도 태종이 죽고 몇 년간 황후의 수렴청정이 이어져 두 나라는 잠시 소강상태가 유지되었다. 그러다가 정종이 즉위하자 몽골은 고려로 다시 침입해 들어왔다. 그러나 몽골의 4차 침입은 정종의 급사와 함께 종결되었다. 몽골은 또다시 황후의 집정이 이루어져 양국은 잠시 공백기를 가졌는데 고종 40년(1253) 헌종의 즉위와 함께 몽골은 다시 고려로 쳐들어왔다.

사실 몽골의 5차 침입은 최항 정권의 대몽 정책과도 맞물린 것이었다. 당시 몽골의 헌종은 고려에 사신을 보내 왕의 출륙 여부를 물었는데 최항이 "사신을 맞이하러 어가가 함부로 강 밖으로 나가서는 안 된다."고 강력히 반대하여 전쟁이 유발되었다.

이후 야굴이 이끄는 몽골군은 전국을 유린하며 고려 왕에게 친접(親接)을 요구했다.

"국왕이 강화도에서 나와 내 사자를 맞이하면 곧 군사를 철수하겠다."

몽골군의 위협에 고종은 하는 수 없이 강화에서 나와 강을 건너 몽골 군대를 맞이하였다. 강화 천도 이후로 국왕이 친히 강 밖으로 나온 것은 이번이 처음이었다.

몽골군은 고종의 출륙 이후에도 완전히 철수하지 않고 북변에 눌러 앉았다. 이 때문에 고려에서는 고종의 둘째 아들인 안경공 창을 몽골로 보내 군사의 완전 철수를 요청하기에 이르렀다. 이와 함께 공물도 보냈는데 그 양이 얼마나 엄청났던지 국고가 바닥날 정도였다.

몽골의 헌종은 고려 왕자가 온 것만으로는 만족하지 않았

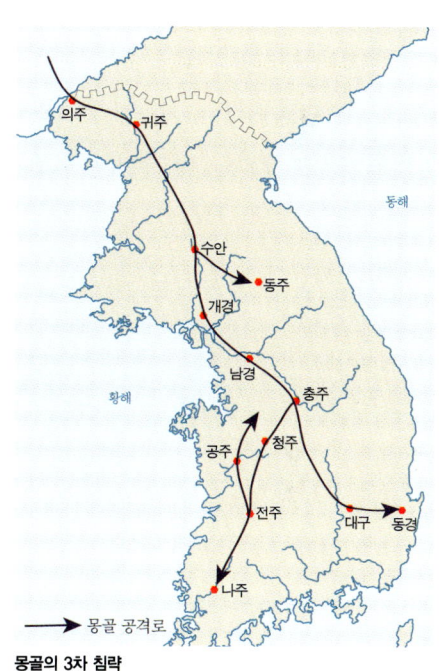

몽골의 3차 침략

다. 국왕이 개경으로 돌아올 것과 몽골에 친조할 것을 요구하고 있었기 때문에 상황은 또다시 일촉즉발의 위기로 치달았다. 결국 1254년 몽골의 제6차 침입이 시작되었다. 이때의 몽골 침략이 가장 참혹했던 것으로 알려진다.

《고려사》에 따르면, 이 해 몽골군에 잡혀 간 사람들은 남녀 20만 6천 8백여 명이나 되었다. 들판은 죽은 자들의 해골로 뒤덮였으며 몽골군이 휩쓸고 지나간 곳은 모두 잿더미로 변해 버렸다고 한다.

대여섯 차례의 몽골 침입이 이어지면서도 최항 정권은 몽골의 요구조건에 선뜻 응하지 않았다. 참혹하게 짓밟힌 데 대한 반감이 컸거니와 좀처럼 독립을 포기하지 않는 자주정신이 강했기 때문이다. 하지만 몽골의 침입 앞에 백성들을 무방비 상태로 내버려두는 과오도 함께 저질렀다.

그러는 가운데 고종 44년(1257) 윤4월 중서령으로 국가의 대권을 장악하고 있던 최항이 마침내 죽었다. 그는 죽기 전 병든 몸을 일으켜 후원의 작은 정자에 올라 지난날을 회상하는 시 한 수를 읊고는 세상을 떠났다.

> 복숭아꽃 향기는 서울을 감싸들고
> 비단 장막은 십 리 벌판에 구름인양 나부끼는데
> 난 데 없는 노진 광풍 이 속에 불어 들어
> 붉은 꽃잎 휘말다가 장강을 건너가네

최항에게도 아들이라곤 최의라는 서출밖에 없었다. 최의는 최항이 젊은 시절 중으로 지낼 때 송서의 여종과 관계해서 낳은 자식이었다. 최항은 죽기 직전에 심복 선인렬과 유능을 불러 "그대들이 이 자식을 보호해 준다면 나는 죽어도 여한이 없겠네." 하고 서출 의를 자기의 후계자로 세울 것을 부탁하였다.

최항이 죽자 선인렬 등은 최의를 옹위하였다. 최의는 차장군 교정별감의 자리에 올라 4대 집정관이 되었다. 최의는 잘생긴 용모에 과묵하고 수줍은 성격의 소유자였다. 하지만 아버지의 애첩인 심경을 데려다가 자신의 첩으로 만들어 버리는 파렴치한 면도 있었다.

최항은 어머니가 기생 출신이었고 최의도 천출이라 당시 사람들은 책이나 문서를 읽다가 '창기나 천비'라는 문구가 나오면 아예 이 말을 입에 담지도 않았다. 자신의 신분에 상당한 열등감을 가지고 있었던 최의는 출신 배경을 문제 삼는 말만 들어도 모조리 잡아 죽였다.

최의도 집정 초에는 민심을 얻고 싶어 했다. 기민을 구제하기 위해서 곳집을 열기도 하고 여러 군영에 곡식을 나눠주기도 하였다. 하지만 최의는 나이가 어린데다 세상물정에도 어두웠다. 또한 용렬하여 어진 선비들을 대우할 줄 몰랐다. 항상 경박한 예복이나 친족 또는 폐첩 따위에게 둘러싸여 있었다. 특히 그의 장인인 원발과 애첩 심경은 참소나 일삼고 세도를 부리면서 신민들을 괴롭혔다.

결국 최의는 집정한 지 1년도 채 못 된 고종 45년(1258) 3월에 대사상 유경과 별장 김인준(김준으로 개명) 등에 의해 제거되고 말았다. 당시 최의의 장인인 원발은 김인준이 야별초를 동원하여 반란을 일으켰다는 말을 듣자 사위 최의를 업고 도망치려 했다. 힘이 장사였던 원발은 혼자 군사들을 물리치며 사위를 등에 업었으나 최의가 너무 뚱뚱하여 할 수 없이 지붕 위에다 숨겨두었다. 탈출에 실패한 원발은 오수산이란 자가 내리친 칼에 정수리를 맞아 그 자리에서 즉사하였고 최의도 체포되어 살해되었다.

최의와 그 일파들이 모두 제거되자 김준 등은 곧 병권을 고종에게 바쳤다. 이로써 최씨 정권은 4대 60여 년 만에 막을 내렸다.

원종

원종의 즉위

고종이 1259년 죽자 실권자 김준은 태자 전(원종)이 몽골에 있다는 이유를 들어 고종의 둘째 아들인 안경공 창을 왕위에 앉히려 했다. 하지만 그의 계획은 "원자가 왕위를 계승하는 것이 원칙이고 지금은 그 태자가 왕을 대신하여 몽골에 가 있지 않느냐."라는 조신들의 반대로 무산되고 말았다. 따라서 태자가 귀국하기 전까지 왕위는 공백 상태로 있게 되었다. 이듬해 태자 전이 귀국하여 왕위에 오르게 되었다. 이가 고려 제24대 왕 원종(元宗)이다.

원종의 즉위 후에도 고려 조정의 실권자는 여전히 김준이었다. 김준은 강화도 궁궐에서 원종이 즉위하자 곧바로 공신의 순위를 고쳐 자기를 제1위로 하고, 유경은 제5위로 강등시켰다. 게다가 원종은 그 다음해 몽골에 다녀온 뒤로 진양공 최이의 예를 따라 김준에게 시중의 직위와 해양후의 작위를 주었다. 겉으로는 왕정이 복고된 듯해도 실제로는 최씨를 대신해서 김씨가 집권한 것이나 다름없었던 것이다.

몽골에 대해서도 김준은 최씨 일족처럼 강경책을 취했다. 그는 원종 9년(1268) 이장용이 몽골의 독촉대로 환도를 서두르려 하자 강력하게 반대하고 나섰다. 그러나 이장용이 "여름에는 개경으로 나가고 겨울이면 강화도로 돌아오자." 하는 절충안을 내놓으므로 마지못해 동의하였다.

원종 즉위
1260

이인로의 《파한집》 간행

동서학당 설치
1261

동로마 제국, 님파이온 조약으로 부활

그 사이 몽골 황제 쿠빌라이가 매 새끼와 구리 2만 근, 몽골식 잠치의 설치, 민호의 수, 군량 및 군사의 제공, 조속한 환도 등을 요구해 왔다. 이에 고려는 겨우 매 새끼와 약간의 구리만을 구해 보냈고 화가 난 몽골 황제는 1268년 3월 그 죄를 묻기 위해 사신을 보내서 김준 부자와 김준의 아우 충을 소환했다.

이 문제로 몽골로부터 사신이 오자 김준은 원종을 찾아가 몽골 사신들을 모조리 죽이겠다며 날뛰었다. 하지만 친몽골주의자인 원종은 절대로 허락하지 않았다. 따라서 몽골에 대한 김준의 감정은 날이 갈수록 악화되기만 했다. 김준은 몽골의 요구에 대해서는 아예 들은 척도 하지 않았고 몽골 사신이 올 때마다 공연히 대접을 소홀히 하여 화를 돋우었다. 이 때문에 몽골 사신이 힐책이라도 하면 "죽여 버리고 말겠다."고 협박하곤 했다. 결국 이 일로 원종은 김준을 극도로 미워하게 되고 마침내 그를 제거하기에 이르렀다.

김준과 임연, 무인 시대의 종말

최의의 죽음과 함께 왕정은 복고되었으나 무인 시대가 완전히 청산된 것은 아니었다. 정권은 왕에게 이양되었지만, 거사를 일으킨 유경과 임연, 김준 등이 정권을 농락했다. 당시 왕정을 복구한 김준은 최의를 제거한 공로로 공신 칭호를 받는 등 제2등 공신에 올랐다. 그러나 애당초 함께 거사한 유경이 제1등 공신에 오른데다가 정방을 편전 옆에 설치하고 백관의 전주(銓

금주에 왜구 침입
1263

영국 헨리 3세, 귀족과 충돌

몽골, 원종의 친조를 권유. 원종 몽골로 감
1264

왜, 남쪽 해안지방 침입
1265

영국, 하원의 시초인 시몽 드 몽포르의회 개최

注)를 도맡자 불만을 품었다.

　김준은 사실 최씨 집안의 노비 출신이었다. 막강한 권력을 장악하지 않으면 자신의 생존조차 보장받을 수 없는 형편이었다. 결국 김준은 그의 아우 김승준(김충으로 개명)과 모의해서 고종에게 참소하여 유경을 승선직에서 파면시켰다. 이어서 유경과 가깝게 지내던 장군 우득규 등을 죽이고 낭장 경원록을 섬으로 귀양보냄으로써 마침내 국가의 대권을 장악하였다. 김준의 천하가 온 것이다.

　김준(김인준이라고도 함)은 집을 지을 때 임금까지 불러내어 낙성식을 성대하게 치렀고 김준의 처를 택주(宅主)로 봉하기도 했다. 김준의 아내는 대궐 같은 집에 살면서도 집이 좁다고 앙탈을 부렸다.

　김준은 새로 지은 집에 안심이라는 첩을 들이려 했다. 그러자 아내가 말했다.

　"그런 일은 요방에게 물어보고 하세요."

　요방은 김준의 집에 자주 드나드는 무당이었다. 김준은 요방에게 물었다. 요방의 대답은 뻔했다.

　"새로운 집에 옛날 요귀가 들어오면 망하오."

　김준의 아내는 그래도 마음이 안 놓여 몰래 사람을 시켜 안심을 죽여 버렸다. 김준은 나중에야 그 사실을 알고 정실부인의 택주라는 칭호를 거두어 주도록 임금에게 상주했다.

몽골, 군신사 흑적을 보내 일본에 안내할 것을 요구
1266

1267

출배도감 개경에 설치
1268

아퀴나스 《신학대전》 저술

김준과 쌍벽을 이루는 실력자 임연은 한때 아버지의 실력을 믿고 설쳐대는 김대재에게 토지를 빼앗긴 일이 있었다. 임연은 몹시 불쾌했으나 아무 소리도 못하고 있었다. 임연은 진천 사람으로 눈은 벌의 눈 같고 목소리는 승냥이처럼 여러 소리를 낼 수 있었다. 또 힘이 세어 장정 몇 사람을 한꺼번에 때려눕힐 만했고 추녀를 잡고 지붕으로 뛰어오르는 재주를 지니고 있었다.

장군 송언상의 휘하 졸개로 들어갔다가 장군이 죽은 후에 고향으로 내려갔다. 몽골 군대가 쳐들어오자 임연은 군대 경험을 살려 자발적으로 의용대를 조직하여 몽골군과 싸워 이를 물리쳤다. 이 사실이 나라에 알려져 대장직을 얻었다.

임연이 장가를 들어 신접살림을 꾸렸다. 아내의 인물이 고와 동네 사람들이 눈독을 들였다. 부자이고 세력 있는 임효후라는 자가 있었다. 그가 임연의 아내를 꾀어 간통한 일이 있었는데 임연이 이 사실을 알고 분하여 임효후의 부인을 간통하고 말았다.

두 사람 사이에 시비가 벌어졌고 임효후는 임연을 고발해 버렸다. 관가에서 임연을 잡아다가 가두었다. 그러나 내용을 알고 보니 임효후에게도 잘못이 있어 임연을 내보내려고 했으나 임효후의 거센 반발로 할 수 없이 임연을 사형에 처하도록 했다.

김준이 이 사실을 알고 임연의 기개를 높이 사서 살려 주었다. 임연은 서울로 올라왔다. 김준은 임연을 귀여워하며 자기 휘하에 두고 낭장을 시켰

전민변정도감을 둠
1269
몽골, 팔사파의 몽골문자 사용

서경에 동녕부를 둠
1270
제7차 십자군 원정

배중손 등 삼별초 항쟁

다. 임연은 김준을 아버지처럼 여겼다. 그런데 김준의 아들과 땅 문제로 서운한 마음을 품은 뒤부터 사이가 소원해졌다.

그 후 임연의 처가 종을 죽인 사건이 벌어졌다. 이 소문을 듣고 김준이 한마디 내뱉었다.

"그 계집 형편없구나. 전에는 간통을 하더니 이번에는 종을 죽여? 법으로 다스리도록 해야겠군."

임연이 이 소문을 듣고 비방했다.

"자기의 처는 사람을 안 죽였나? 안심이를 누가 죽였는데?"

김준이 권력을 쥐고 행패를 부리자 낭장 강윤소가 원종 임금에게 임연을 극구 칭찬했다.

"전하, 조정의 중신들이 모두 김준에게 아부하느라고 정신이 없사온데 오로지 임연 한 사람만이 아부하지 않사옵니다. 참으로 충신이옵니다."

그러고는 강윤소가 임연에게 가서 은근히 꼬드겼다.

"임장군, 지금 조정은 매우 어지럽소. 충신이 나올 때요. 권신을 없애야 하오."

"왕명을 내린다면 그까짓 김준이나 그 동생 김충 같은 놈은 단칼에 목 벨 수 있소."

강윤소는 기회를 보아 원종에게 임연의 뜻을 알렸다. 원종은 김준의 세력이 두려워 감히 명령을 내리지 못했다.

삼별초군 탐라로 이동
1271

이탈리아, 마르코 폴로 동방 여행길에 오름

동서학당별감을 둠
1272

세자, 변발 · 호복하고 돌아옴

임연은 한 번 말을 꺼낸 일은 오래 가면 탈이 난다는 것을 알고 환관 최은을 통해 원종에게 독촉해 주도록 부탁했다. 최은이 임금에게 아뢰어 내락을 받아왔다.

　임연은 몽골 사신을 전별할 때 김준을 없애려고 계획을 세웠다. 그런데 그날 김준 일파는 나오지 않았다. 일이 어렵게 꼬이자 원종은 불안해졌고 급기야 병석에 눕고 말았다. 그래도 김준은 원종의 병문안을 오지 않았.

　임연은 최은과 김경을 김준에게 보내어 입궐하라고 했다. 김준은 마지못해 좌우에 수십 명의 군사를 거느리고 입궐했다. 김충도 형의 뒤를 따라왔다. 환관 최은이 김준을 침전 앞까지 인도했다.

　"짐이 몸이 불편하니 정방으로 나가 기다리도록 하라!"

　이 말을 듣고 김준이 막 돌아서는 순간이었다. 임연의 부하들이 뛰어나와 김준을 습격했다. 김준이 쓰러지며 임연을 보았다.

　"네 이놈! 너를 구해준 네 애비도 몰라보느냐!"

　김준이 혼신의 힘을 다해 외쳤다.

　"대의를 따랐을 뿐이오. 잘 가시오."

　임연이 쌀쌀맞게 대꾸하고 그 자리를 떠났다.

　김준을 없애고 권력을 잡은 임연은 원종을 폐하고 왕의 동생인 안경공 창을 옹립했다. 그러나 몽골의 사신이 와서 트집을 잡아 6개월 후 전왕을 복위시켰다.

탐라총관부 설치
1273
신성로마제국, 대공위 시대 끝남

여몽연합군 1차 일본 원정
1274
원, 고려와 함께 일본 원정 하였으나 실패

몽골의 압력 덕택으로 왕위를 되찾은 원종은 단독으로 몽골로 들어갔다. 몽골에 간 원종은 양국 간의 화호를 위해 태자와 몽골 공주와의 혼인을 제의하였다. 동시에 권신을 제거하고 개경으로 환도하는 데 필요한 몽골군의 원조를 요청하였다.

몽골에 간 원종이 군사를 이끌고 올 것을 염려한 임연은 삼별초를 각 지방에 파견하여 백성들을 대피시키는 등 대몽 정책에 부심하였다. 그러나 임연은 원종이 귀국하기도 전에 너무 고민한 탓인지 등창이 도져 사망하고 말았다.

임연이 죽은 후 그의 둘째 아들 임유무가 잠시 교정별감 자리에 올라 권세를 누리는 듯했다. 하지만 곧바로 원종에 의해 제거되고 나머지 아들들인 유간·유거·유제 등도 사로잡혀 몽골로 압송됨으로써 1백 년간 지속되었던 무신정권은 완전한 종말을 맞았다.

개경 환도와 삼별초의 항쟁

무신정권이 무너지자 개경 환도는 순조롭게 실현될 듯이 보였다. 몽골에서 돌아온 원종은 곧바로 신하들에게 환도 문제를 논의하게 했다. 마침내 개경 환도 문제가 재추회의를 통과하였다. 그런데 재추회의의 환도 결정에 불만을 품은 삼별초 무리들이 무기창고를 열며 소란을 피우기 시작했다.

당시 환도 결정에 반기를 든 삼별초는 좌별초·우별초·신의군을 총칭하는 군대로서 원래는 최씨 무신정권의 사병이었다. 삼별초의 효시는 최이가 도둑을 막기 위해서 만든 야별초였다. 그런데 점차 인원이 늘어나면서 야별초는 좌·우별초로 다시 확대 개편되었다. 이후 몽골군한테 잡혀갔다가 돌아온 자들로 신의군이 조직되면서 이른바 삼별초란 이름을 얻게 된 것이다.

삼별초는 최씨 집정하에서는 말할 것도 없고 그 뒤 김준·임연 등이 집정했을 때에도 사병조직으로 큰 활약을 하였다. 삼별초는 권신들의 사병노릇을 했지만 녹봉은 국가로부터 지급받았다. 따라서 사병조직임에도 불구하고 삼별초는 국가의 정규군과 같은 성격의 군사조직체이기도 했다.

권신들의 사병노릇을 하던 삼별초는 몽골 침입 이후 근거지를 강화도로 옮기며 외적을 막는 군사조직체로 변신하였다. 무신정권의 일개 사병조직인 삼별초가 대몽 항쟁의 일선에 나선 것이다. 그러나 무신정권의 몰락은 이들의 앞날을 불투명하게 만들었고 게다가 몽골 측에 굴복하여 개경으로 환도한다는 사실은 마지막 생존권마저 사라지게 만드는 일이었다.

삼별초가 1270년 5월 23일 무기고를 열어젖힌 것은 이러한 위기 상황에 대한 노골적인 반감의 표현이었다. 삼별초가 무기고를 털었다는 소식이 전해지자 원종은 상장군 정자여를 강화도에 보내며 이들을 타이르게 했으나 아무런 효과가 없었다.

그런 가운데 원종은 5월 27일 개경으로 입성했다. 이때에는 몽골에서 돌아온 원종을 맞으러 비빈들도 개경에 나와 있었으므로 왕실과 중신들은 거의 다 환도한 셈이었다. 따라서 왕이나 문신들은 반기를 든 삼별초를 못마땅하게 여겼다. 몽골과도 화해한 상황이라 그들이 더 이상 필요하지 않았다. 결국 삼별초를 해산시키기로 결심한 원종은 그들의 명부를 거둬갔다.

그러자 삼별초 명부를 몽골에 전하여 자신들을 처벌할 것이라 판단한 장군 배중손과 지유·노영희는 6월 1일 다음과 같이 외치며 반란을 일으켰다.

"몽골군이 다시 쳐들어와서 백성을 마구 죽이려 한다. 나라를 구할 생각

용장산성 삼별초가 대몽 항쟁의 근거지로 삼았던 곳이다.

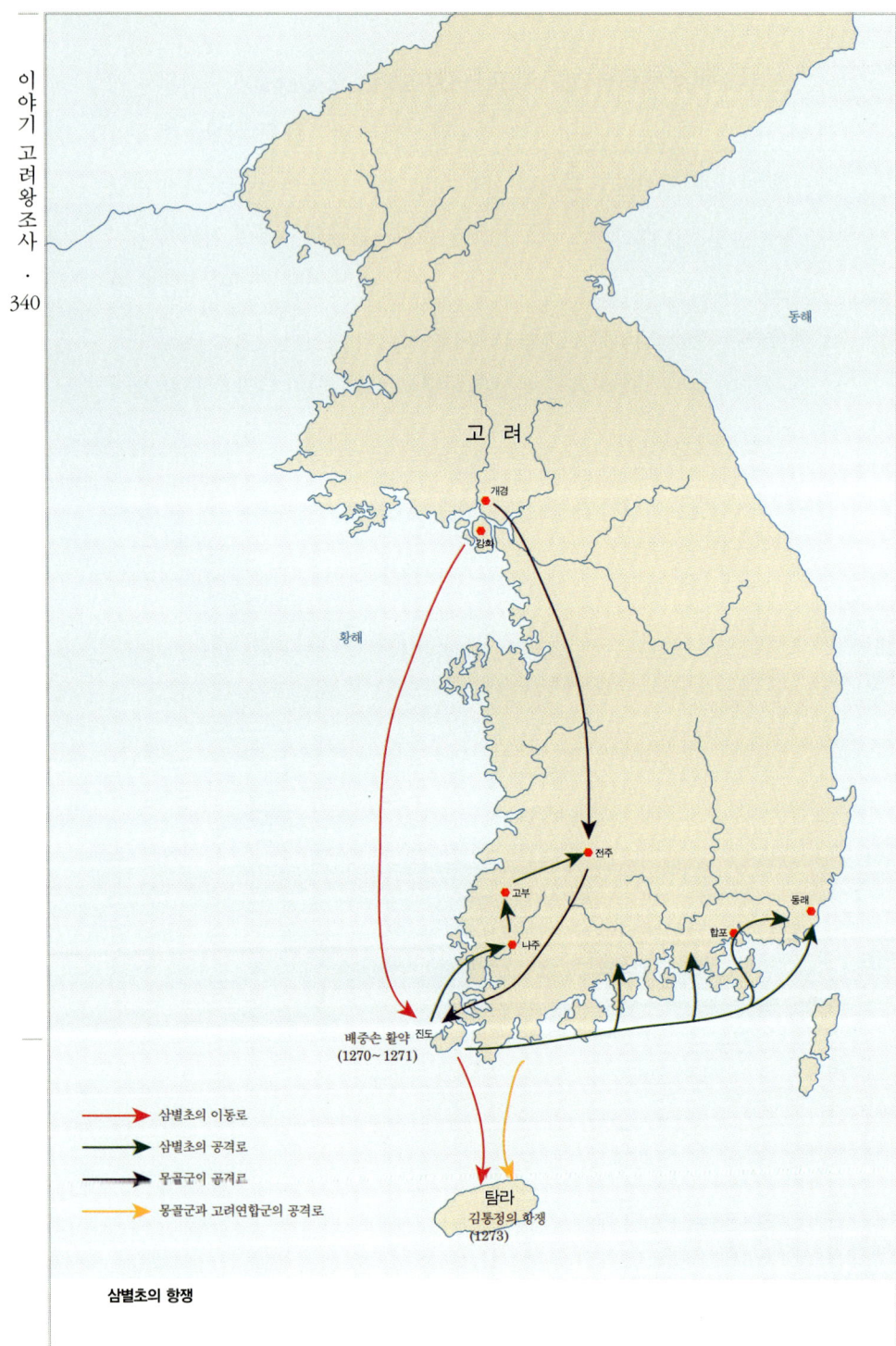

삼별초의 항쟁

이 있는 자는 모두 격구장으로 모여라."

배중손의 명령이 떨어지자 강화도는 그 뜻에 호응하여 격구장으로 달려가는 자들과 배를 타고 도망치려는 자들로 아수라장이 되었다. 배중손은 삼별초를 동원하여 강화도를 탈출하려는 배를 막았다.

"양반 신분으로 배에서 내려오지 않는 자는 모조리 죽일 것이다."

배에 탔던 사람들이 겁을 먹고 내려왔다. 그중에는 기어이 개경으로 도망치려고 배를 저어 나가다가 사살되는 사람들도 적지 않았다.

그것을 보고 놀란 백성들과 귀족들은 숲 사이로 뿔뿔이 흩어져 숨었다. 아직 피하지 못한 어린애와 부인들은 울부짖으며 길을 헤맸다. 그 사이 배중손은 군사들에게 무기를 나누어 주며 강화도 방비를 굳히고, 왕손인 승화후 온(현종의 왕자인 평양공 기의 후손)을 왕으로 옹립하며 관부를 설치했다. 이 새로운 정권은 원종의 개경정부에 정면으로 도전하는 신세력이었다. 따라서 원종의 개경정부가 문신을 중심으로 한 강화파라면 배중손의 강화도 정부는 무신을 중심으로 한 항몽파였다.

당시 원종 이하 일부 중신들이 비록 개경에 가 있었으나 강화도에는 많은 문무 지배계급과 그들의 가족이 머물고 있었다. 또 많은 물자와 선박이 남아 있어 삼별초는 충분히 항쟁을 계속할 수 있는 여건을 갖추고 있었다.

그러나 배중손은 강화도를 버릴 수밖에 없었다. 육지와 가까운 강화도가 전략상 좋지 못하리라 판단한 배중손은 곧 배를 모아 온갖 재물과 가족, 심지어는 노비까지 태우고 이튿날 강화도를 떠났다. 이때 바다에 뜬 배는 무려 1천여 척이나 되었다. 그런데 이에 앞서 관원들은 모두 몽골에서 돌아온 원종을 영접하러 개경에 나가 있는 중이었다. 이들은 자신들의 처자가 모두 삼별초에게 붙잡혀 바다로 떠나가는 것을 바라보며 대성통곡하였다. 육지는 이들의 울음소리로 가득 찼다.

강화도를 떠난 삼별초는 서해 일대의 섬들을 차례로 약탈하면서 서서히 남쪽으로 내려가 두 달 반 뒤인 그해 8월 19일 전라도 진도에 도착했다. 이것은 원종이 몽골에 굴종하기 때문에 그들의 공세를 피하여 멀리 남쪽 해상으로 옮겨 간 것이므로 성격상 최이 때의 강화 천도와 비슷한 것이었다.

배중손이 남하하여 진도에 진을 치게 된 이유는 여러 가지가 있었다. 진도는 남쪽 섬들 중에서 상당히 면적이 넓은 편이므로 웬만큼 많이 모여 살아도 불편할 것이 없는 곳이었다. 게다가 진도는 위치상 해로의 요충지여서 관군을 막는 데 좋았다. 또한 도참설의 영향도 있었다. 당시 강화도에는 안방열이라는 술사가 있었다. 그는 삼별초의 난이 일어나자 강화도 봉은사의 태조 진전에서 점을 쳐 보았다. 그랬더니 '반존(半存)·반망(半亡)'이라는 아리송한 점괘가 나왔다. 이에 '망'을 육지로 떠나는 것, '존'을 삼별초를 따라 바다로 떠나는 것이라 판단한 안방열은 배중손을 따라 남하하였다. 이후로 그는 반란군을 달랠 목적으로 "용손이 12대에서 끝나고 남쪽에 제경(帝京)을 세운다."는 참위설을 인용하며 그 증험이 이제야 나타난 것이라 했다. '용손'은 고려의 왕손을 가리키는 말이었다. 당시 왕인 원종이 용녀 전설의 주인공 원창왕후의 아들 세조로부터 정확히 12대째에 해당하였으므로 이 말은 상당히 설득력이 있었다.

삼별초는 주변의 30여 도를 휘하에 두고 일대 해상 왕국을 이루었다. 남해안 일대를 석권한 배중손은 지방 세력들을 규합하여 반란을 일으키게 하고 해로를 장악하여 경제적으로도 중앙에 큰 타격을 주고 있었다. 삼별초의 세력이 이처럼 강해지자 몽골에서도 삼별초의 저항을 가볍게 볼 수 없었다.

삼별초의 사기는 드높았다. 고려·몽골 연합군과 싸워 번번이 승리로 장식했고 그들을 대수롭지 않게 여겼다. 마음만 먹으면 물러터진 고려·몽골군쯤은 언제든지 처부술 수 있다고 방심하고 있었다.

원종 12년 5월 15일, 드디어 총공격전이 전개되었다. 김방경·힌도·홍다구가 3군으로 나누어 군사를 이끌고 삼별초군을 3면으로 공격해 들어갔다. 방심하고 있다가 불의의 습격을 받은 삼별초군은 잘 싸웠다. 그러나 삼별초는 작전상의 실수와 연합군의 신무기에 눌려 패주하고 말았다.

연합군 사령관이던 김방경은 도망치는 삼별초를 추격하여 1만여 명의 남녀를 생포하고 전함 수십 척을 노획했다. 이와 함께 새로운 몽골군 지휘관으로 임명된 좌군의 홍다구는 총공세를 감행하여 진도를 함락시켰다. 진도를 함락한 홍다구는 승화후 온과 그의 아들 환을 잡아 죽였고 배중손도 이때 살해되었는지, 그 뒤로는 소식이 끊어지고 말았다.

배중손이 실종된 후 삼별초의 나머지 군사들은 김통정의 인솔로 탐라(제주도)로 내려갔다. 여기서 삼별초는 제2의 항전을 계속하다 원종 14년(1273) 4월 김통정의 자살과 함께 3년에 걸친 대몽 항전의 막을 내렸다. 이로써 무신 집정기를 일관한 대몽 투쟁은 종말을 고하고 바야흐로 고려는 몽골의 지배권 속으로 빨려 들어갔다.

고려의 황혼

고려의 황혼

고려가 원과 강화한 뒤 충렬왕이 원의 공주와 결혼, 고려는 원의 부마국이 되었다. 원은 40여 년간 고려와 혼인관계를 맺으며 고려에 절대적인 영향력을 행사했다.

이후 등장하는 공민왕은 초기에 원나라의 예속에서 벗어나 주권을 회복하고자 원을 멀리 하고 새로 일어나는 명나라와 외교를 트려고 노력했다. 그러나 이미 고려 조정은 재기할 힘이 없을 정도로 타락했고, 백성들은 고려 왕실에서 멀어져 갔다.

무당이 판을 치고, 승려 출신의 신돈이 정권을 쥐고 정치를 농단했다. 이에 환관들이 기회를 노려 정치 일선에 뛰어들고, 왕실은 무질서와 혼란으로 품위를 잃어갔다. 고려 왕실은 이미 황혼을 맞고 있었다.

친원파를 중심으로 한 권문세족이 새로운 지배 세력으로 등장하였고, 이에 대항하는 신진 사대부 세력이 대두하여 현실을 극복하고자 노력하였다. 신진 세력을 대표하는 이성계의 위화도 회군으로 이성계 일파는 실권을 쥐고, 꼭두각시 임금을 세워놓고 역성혁명의 길을 닦아나갔으며, 반대파를 회유하거나 제거하며 민심을 끌어 모았다.

고려의 마지막 왕 공양왕으로부터 왕위를 선위 받으며 이성계는 1392년 7월 11일 수창궁에서 등극했다. 조선의 건국과 함께 우리 역사는 새로운 시대를 맞이하게 되었고 500년에 걸치는 찬란한 문화를 이룩했던 고려는 역사의 뒷장으로 사라지게 되었다.

충렬왕

일본 원정과 원 황실과의 통혼

오랜 기간에 걸친 몽골과의 전쟁이 끝나자 고려왕조는 잠시 평화를 되찾는 듯했다. 하지만 계속되는 몽골의 간섭으로 고려는 여러 가지 시련을 겪게 되었다. 그중 제일 먼저 닥쳐온 것이 원의 일본 원정에 동원된 일이었다.

원 세조 쿠빌라이는 고려와 화호를 다져가는 과정에서부터 고려를 일본 원정에 이용하려 했다. 그는 동북아 지역에서 유일하게 복속되지 않은 일본마저 정벌하여 자신의 영토확장 정책을 완성시키고 싶어 했다. 그리하여 고려에 조서를 보냈다.

"고려 사람 조이(趙彝)가 말하기를 고려는 일본과 가까운 나라로 제도와 문물이 좋다고 하오. 또한 일본은 한·당 이래로 중국에 사신을 보내온 적이 있으므로 일본과 화의를 맺을까 하오."

그러니 어쩌란 말인가. 고려더러 길 안내를 하라는 것이었다. 일본 정벌의 막이 오르려고 했다. 고려는 일본과의 지리상 여건을 들어 안내를 사양했다. 기실 몽골의 원정이 고려에 직접 끼칠 영향과 몽골을 도우면 일본의 보복이 언제 다가올지 모르는 일이어서 길잡이에 선뜻 나설 수 없었다. 고려는 확답을 미룬 채 세월을 보냈다. 그러자 쿠빌라이의 열화 같은 책망이 뒤따랐다.

충렬왕 원나라에서 돌아와 즉위
1274

일본 정벌군 실패하고 돌아옴

군기조성도감을 둠
1275

마르코 폴로, 원에 이르러 세조 알현

몽골래습회사(蒙古來襲繪詞) 1274년 여·몽 연합군과 일본의 전투를 묘사한 그림의 일부이다.

　일본은 12세기 말부터 무인 정치가 열려 효조지(北條氏)가 집권하고 있었다. 쿠빌라이의 독촉을 받는 원종은 일본에 몽골의 국서를 전달했다. 일본은 몇 차례의 국서를 받고도 반응이 없었다. 몽골은 무력 침략을 하려고 고려에 지원군을 요청했다. 그리고 곧 흑산도를 전진기지로 삼아 일본 정벌을 준비했다.

　삼별초의 저항이 시작되자 몽골은 이를 계기로 봉주에 둔전경략사(屯田經略史)를 설치했다. 이 둔전책은 고려의 반발을 샀으나 몽골은 이를 무시한 채 그대로 진행시켰다. 삼별초를 정벌한 다음 몽골은 탐라를 직할지로 두었다. 이는 일본 정벌과 깊은 관계가 있었다.

　1274년 5월 14일, 몽골은 일본 정벌의 포문을 열었다. 몽골의 정예군인 둔전군과 고려군을 합하여 정벌할 기세가 드높았다. 그러나 고려의 원종이 갑

국자감을 국학으로 개칭　　　　　　　　농무도감을 둠
　　　　　　　1276　　　　　　　　　　**1277**
　　　영국 에드워드 1세, 웨일스 정복
　　　하여 잉글랜드에 병합

자기 사망하여 출전이 석 달이나 연기되었다. 몽골에 볼모로 가 있던 세자가 왕위에 올라 고려 제25대 충렬왕이 되었다.

여·몽 연합군은 출전하여 쓰시마를 점령하고 이키(壹岐) 섬으로 쳐들어갔다. 이키 섬을 점령한 연합군은 하카다(博多)를 공격했다. 초반전부터 연합군은 승리를 장식하여 하카다에 상륙했다. 그러나 일본의 반격이 만만찮았다. 이 싸움에 일본은 쇼니 가케스케를 총대장으로 약 1만 명의 병력이 동원되었다. 일본군은 세가 불리하자 일단 미즈키(水城)로 퇴각했다.

양군의 승패를 결정지은 것은 군사적 우열이나 전법이 아니었다. 무기의 차이였다. 일본은 활이 장궁이었고 연합군 측은 단궁이었다. 그리고 일본에 결정타를 먹인 것은 진천뢰라는 철포였다. 둥근 쇠통에 화약을 채우고 불을 붙여서 발사하는 화기였다. 연합군은 압도적인 승리를 거두었다.

충렬왕, 몽골 관리와 몽골군의 철수 및 고려인 송환 요구
1278

관리에게 지급하였던 노비를 환수하여 도관에 소속시킴
1279
남송 멸망

정동행성 설치
1280
원, 일본 정벌 실패 귀환

어느새 날이 저물었다. 연합군의 장수 힌도는 싸움에 지쳐 참모들에게 말했다.

"지친 군사들을 채찍질하여 나날이 늘어나는 적군과 싸우는 것은 이롭지 않다. 철수하자."

힌도는 전군을 되돌려 배로 철수하도록 했다.

그날 밤이었다. 갑자기 태풍이 휘몰아쳤다. 함선이 주위의 암벽에 부딪혀 산산조각이 나버렸다. 좌군사 김신을 비롯하여 연합군 1만 4천여 명이 물귀신이 되어 버렸다. 일본은 이것을 신풍이라고 불렀다. 이렇게 1차 원정은 완전 실패로 끝났다.

충렬왕 원년 쿠빌라이는 일본 원정을 다시 하겠다고 나섰다. 은세충·하문저를 고려로 보내어 일본에 국서를 보내라고 했다.

이 무렵 고려는 엉뚱한 데서 내분이 일어났다. 정화궁주가 공주를 미워한 나머지 제안공 숙, 시중 김방경 등 43명이 왕을 죽이고 강화도로 달아날 음모를 꾸미고 있다고 투서를 날조했다. 충렬왕은 투서를 그대로 믿고 모두 옥에 가두어 버렸다. 나중에 투서가 무고임이 밝혀져 혐의를 벗었으나 김방경은 계속해서 모함을 받았다.

몽골의 지시를 받은 고려는 서찬을 사신으로 일본에 보냈으나 일본에서 피살되고 말았다. 이에 격분한 몽골은 대규모의 일본 원정을 준비했다. 충렬왕 6년에 고려의 합포에 몽골의 정동행성(征東行省)을 설치하고, 충렬왕

원, 고려 김방경과 함께 제2차 일본 정벌 시도하였으나 폭풍으로 대패
1281

원, 정동행성 폐지
1282

주부군현(州府郡縣)의 사심관을 폐지
1283

독일 기사단, 러시아 정복

을 좌승상행중서성사로 정했다. 다음해에는 몽골의 승상 하타해를 동정의 도독으로 임명하고, 홍다구를 동로군 장군, 송나라에서 항복해 온 장수 법문호를 강남군의 대장으로 삼아 총병력 15만 명을 동원하여 일본 정벌에 나섰다. 고려에서도 김방경을 총대장으로 삼아 1만 명을 거느리고 몽골군에 합세했다.

충렬왕 7년 5월, 홍다구·김방경 등이 군함으로 합포를 떠나 일본의 규슈로 건너갔다. 몽골의 강남군이 도착하기 전에 동로군과 일본군과의 싸움이 여러 차례 벌어졌다. 싸움은 동로군이 불리했다. 동로군과 일본군 사이에 공방전이 계속되던 중 마침내 강남군이 합세했다. 전쟁은 점점 치열해졌다.

그런 가운데 다시 태풍을 만났다. 원나라 15만 명의 병졸과 고려군 1만

고려와 몽골 연합군 고려와 몽골 연합군이 북을 치며 싸우고 있는 장면

원, 제2차 정동행성 폐지
1284

일연 《삼국유사》 지음
1285

영월에 농민반란
1286

영국, 스코틀랜드 정벌

피렌체공화국, 농노해방령 내림

명이 거의 다 태풍에 휩쓸려 수장되고, 살아남은 자는 겨우 1만 9천 명에 불과했다.

일본 원정의 대참패로 몽골의 세계 통일의 야망이 사라졌다. 몽골의 전쟁 준비를 거든 고려 백성들은 허리가 휠 지경이었다. 몽골이 침략하기 시작한 고종 18년 이후 약 50년을 고려는 싸움의 소용돌이 속에서 지내는 비운의 세월을 겪었다. 두 차례에 걸쳐 일본 원정에 실패한 쿠빌라이는 또다시 일본 정벌을 계획했으나 몽골 국내 정세가 복잡하게 돌아가고 반대 여론에 부딪쳐 그만둘 수밖에 없었다.

원의 부마국

칭기즈칸이 몽골 대제국을 건설하고 쿠빌라이가 중국을 평정한 후 나라 이름을 원(元)이라고 일컬었다. 쿠빌라이, 즉 원나라에 굴복한 고려는 그들의 명령을 따르는 일개 제후국으로 전락하고 말았다.

고려가 원의 공공연한 지배권 안으로 들어가게 된 것은 무엇보다도 원 황실과 고려 왕실 간의 통혼이 가장 큰 이유였다. 일찍이 고려 왕들은 후비들을 왕실이나 귀족가문에서 맞아들였다. 오랜 항쟁이 끝나고 원은 고려에 그들의 공주를 보냈다. 정략결혼을 시켜놓고 고려를 감시하겠다는 뜻이었다. 고려 왕은 원나라 공주와의 결혼은 물론이고 충성을 한다는 의미로 충(忠) 자를 사용했다.

이승휴 《제왕운기》 지음
1287

전민변정도감 둠
1288

원에서 성리학 들어옴
1289

스코틀랜드, 영국의 지배하에 들어감

고려 왕실과 원 황실과의 첫 통혼 대상자는 제25대 충렬왕이었다. 충렬왕은 원종의 맏아들이자 정순왕후 김씨 소생으로 1236년에 태어났다. 1267년 태자로 책봉된 이후 원나라에 입조하여 연경에 머무르다가 원 세조의 딸과 결혼하였다. 당시 39세의 나이로 원 세조 쿠빌라이의 딸과 결혼한 충렬왕은 이미 왕녀인 정화궁주와 혼인하여 장성한 자녀까지 둔 유부남이었다.

충렬왕과 원 공주와의 혼인은 원종 12년(1271) 원종이 원나라에 정식으로 청혼하면서 이뤄진 것이다. 원종은 추밀원사 김연을 원 세조에게 보내서 정식으로 청혼하였고, 그해 6월 충렬왕은 세조를 알현하고 혼인 허락을 받았다. 그리고 6개월 후 충렬왕은 천여 근의 금을 마련하여 원나라로 가서 1년 반쯤 지난 뒤인 원종 15년(1274) 5월에 원 세조의 딸(몽골명, 홀도로게리미실 공주)과 결혼하였다.

충렬왕의 아버지 원종이 승하하자 원나라에서는 태자를 고려 왕으로 보냈다. 충렬왕은 혼례를 치른 후 두 달 뒤에 고려로 돌아왔다. 즉시 즉위식을 거행했다. 원나라 사신들이 이제는 충렬왕을 가볍게 보지 않았다. 바로 원나라의 부마왕이었기 때문이다.

두 달 후 공주가 원나라에서 돌아온다는 전갈이 왔다. 충렬왕은 멀리 평원군까지 마중을 나갔다. 공주의 일행을 맞은 충렬왕은 몽골식으로 공주에게 가서 손을 잡고 읍을 했다. 공주는 살포시 미소를 머금고 왕을 반겼다.

"오랫동안 모시지 못해 황송하여이다."

동녕부 폐지
1290

원나라 반란군 화주 침입. 충렬왕 강화로 피난
1291

스위스, 원삼주동맹 결성, 독립국의 기초 확립

맑고 앳된 목소리였다.

서울로 돌아오는 길에 아름다운 산천이 공주의 마음을 사로잡았다.

"마마, 고려 땅은 산천이 아름답군요."

공주가 마냥 즐거운 표정으로 충렬왕에게 애교를 부렸다.

"옛 선조 대대로 강산을 아름답게 가꾸어 놓으셨답니다."

"마마께서도 산천을 가꾸는데 게을리 하지 마소서."

충렬왕은 미소로 대답을 대신했다.

개경 백성들은 원나라 공주를 보려고 국청사 앞까지 나와 양쪽 길가를 꽉 메웠다. 충렬왕과 제국대장공주가 나란히 나타났다. 백성들이 탄성을 질렀다.

"와! 원나라 공주다!"

"이제는 몽골과 싸우지 않을 거야."

"평화의 사도 공주 만세!"

제국대장공주는 백성들의 환호에 생글생글 웃었다.

제국대장공주의 고려 궁중 생활이 시작되었다. 모든 것이 낯설어 보였으나 곧 친숙해졌다. 자기가 데리고 온 궁녀가 많은데다가 궁중에 드나드는 벼슬아치들도 몽골식 조복을 입고 체두변발하는 이들이 많아 몽골 조정과 다를 바 없어서였다. 공주는 다음해에 아들을 낳았다.

이후로 충선·충숙·충혜·공민왕 등 고려의 왕들은 원나라에서 일명

개경으로 환도
1292

호구 및 토지조사 사업 시행

원나라 세조 죽음, 동방정벌 중지됨
1294

원, 세조 죽음. 일본 정벌 계획 중지

뚤루게(禿魯花)인 질자(質子)로 성장하게 되고, 원나라 공주는 고려의 왕후가 되어 충선·충숙·충목왕 등 세 명의 왕을 낳았다.

매사냥을 좋아한 충렬왕

원나라 공주와 결혼한 충렬왕은 변발에 호복차림을 하고 귀국하였다. 충렬왕의 귀국에 환호성을 지른 백성들도 있었지만, 그의 모습에 통탄하며 눈물을 흘린 백성들도 있었다. 충렬왕은 아랑곳하지 않고 즉위 초부터 응방(鷹坊)을 설치하여 사냥을 즐기는 등 향락에 탐닉하는 생활을 하였다. 비록 몽골의 침입이 끝난 뒤였지만 원나라에 보낼 각종 공물 때문에 전 국민이 허리띠를 졸라매고 있는 상황을 생각하면 너무나 어처구니없는 행동이었다.

문제의 응방은 매 사육과 사냥을 전담하는 기구로서 개경뿐 아니라 각 도의 역과 외군에도 설치되었다. 응방심검별감이니 착응별감이니 하는 직책 외에도 몽골인 착응사가 자주 파견되어 백성들의 원성이 많았다. 응방을 유지하기 위해서는 엄청난 비용이 들었다. "나라는 작고 백성은 가난한데 가뭄마저 심하니 응방들을 없애는 것이 좋겠다."며 폐쇄하려 한 적도 있었다. 그러나 몽골인으로 고려에 와서 왕후의 시종 노릇을 하던 인후란 자의 반대로 무산되었다.

응방은 충목왕대에 와서야 폐지되었다. 응방은 대체로 고려 말까지 이어지면서 조세를 포탈하고 매사냥을 구실로 민간의 닭이나 개를 없애는 등 양민을 괴롭혔다.

　사냥을 좋아했던 충렬왕은 수시로 풍덕 마제산이나 장단의 도라산으로 사냥을 나갔다. 마음이 내키면 멀리 충청도까지도 사냥 여행을 떠났다. 당시 사냥을 할 때에는 매 외에도 개를 동원하고, 화렵이라 해서 밭이나 산에 불을 지르는 수단도 마다하지 않았다. 이 엄청난 사치에 놀란 제국대장공주가 왕의 잦은 사냥을 나무랄 정도였다. 공주는 임금의 사냥터에까지 따라나서서 잔소리를 해댔다. 어느 날 충렬왕은 충청도로 사냥을 나간다며 따라나서는 공주를 임진강까지 데리고 나왔다.

　"전하, 나라일은 돌보지 않고 마냥 사냥을 나가시다니, 될 말이옵니까? 난 여기서 돌아가겠습니다."

　공주가 태도를 바꿔 돌아가겠다고 강짜를 부렸다. 충렬왕은 공주의 비위를 맞추어 강을 건넜다. 공주가 임금을 안내하는 윤수(尹秀)에게 물었다.

　"여기에 뭐가 있다고 상감을 모시고 왔느냐?"

　윤수가 대답이 없자 이번에는 임금에게 따졌다.

　"임금의 할 일이 겨우 이것이옵니까?"

　충렬왕은 대꾸하지 않았다. 그러자 이번에는 조인규에게 말했다.

　"백성들은 임금의 사냥이 심해 고생이 많아요. 호송하는 자도 고생이 많고, 그만 돌아가도록 합시다."

　충렬왕은 더 가자는 말을 못하고 돌아오고 말았다. 임금은 공주에게 잡혀

충선왕 즉위, 충렬왕을 태상왕으로 함
징빙 폐지, 권제 고침
충렬왕, 공주와 함께 원나라로 감. 충렬왕 복위
1298

1299

전민변정사 둠
1301

마르코 폴로 《동방견문록》 출판

운신의 폭이 자꾸 좁혀졌다.

충렬왕은 정력가였다. 사냥뿐 아니라 여색 또한 밝혀서 사냥을 핑계로 왕후 몰래 폐희들과 노는 것을 좋아했다. 그중에서도 무비라는 궁인을 가장 총애하여 왕이 장단 도라산으로 사냥 나갈 때에는 반드시 무비를 데리고 가서 즐겼다. 사람들은 무비를 '도라산'이라고도 불렀다.

어처구니없는 일로 백성들의 원성을 자아내기는 제국대장공주도 그에 못지않았다. 왕후는 하찮은 익명서의 무고를 믿고 김방경 등 중신들을 함부로 투옥하는가 하면 충렬왕의 첫 번째 부인인 나이 많은 정화궁주를 자기 앞에 무릎 꿇게 만드는 오만한 짓도 저질렀다. 게다가 장사 수완도 좋아 일부 시종들의 말을 듣고 전국의 인삼이나 잣 등을 매점매석하고는 원나라 상인들에게 몰래 팔아 거액의 돈을 챙기기도 했다.

하지만 제국대장공주는 신혼 초를 빼고는 충렬왕의 바람기 때문에 무던히도 마음고생을 한 왕비였다. 그녀가 39세로 요절한 것도 아마 이 때문인 듯하다. 제국대장공주가 죽자 원나라에서는 혹시 궁중에 있는 임금의 총비들이 저주하여 죽은 것이 아닌가 하여 철저하게 조사했다. 애매한 여자가 한둘 희생당했다.

1302
프랑스, 삼부회 최초로 소집됨

충렬왕 충선왕의 환국을 막으러 원으로 감
1303

안향의 건의로 국학섬학전을 둠
1304

충선왕

세자 원의 정략 결혼과 충렬왕의 양위

충렬왕의 뒤를 이은 충선왕, 즉 세자 원(몽골명 익지예보화)은 충렬왕과 제국대장공주 사이에 태어난 왕자였다. 따라서 세자 원은 고려 왕실 최초의 혼혈 왕이었다. 그도 역시 충렬왕의 뒤를 이어 원나라 공주를 아내로 맞이하였다. 하지만 그는 이미 충렬왕 14년(1289) 2월 서원후 영의 딸을 부인(정비)으로 맞아들였고, 그 이듬해에는 추밀원 부사였던 홍문계의 딸을 부인(순화원비)으로 맞아들였다. 2년 뒤인 1292년에는 조인규의 딸을 부인(조비)으로 맞아들인 상태였다. 그러나 1296년 부왕과 마찬가지로 원나라 공주를 다시 세자비로 맞아 왕과 왕후와 함께 원나라로 갔다.

이에 두 번째로 고려 왕실에 시집오게 된 것이 진왕 감마라의 딸 계국대장공주이다. 그녀의 아버지인 진왕 감마라는 원 세조의 황태자 진금(眞金, 유종)의 아들로서 그는 또한 원 성종의 형이자 태정제의 아버지이기도 했다.

중국 연경에서 세자와 계국대장공주의 혼례가 치러진 것은 1296년 11월이고 이듬해 5월 5일에는 왕과 왕후만이 귀국하였다. 세자 원은 계속 원나라에 머물고 있었다. 그 사이에 왕실에서 들인 혼례비용은 당시 국가 재정에 비추어 그 비중이 매우 컸으므로 백성의 원성은 높아만 갔다.

그런데 왕과 왕후가 귀국한 지 보름 만에 왕후가 병들어 죽었다. 모후의

충렬왕 죽음, 충선왕 다시 즉위
1308

스위스인, 독일제 알베르트 1세에 대항하여 독립을 꾀함

각염법(榷鹽法) 제정하여 국가가 소금판매권 장악
1309

교황의 바빌론 유수

응방 다시 설치

사망 소식을 전해들은 세자 원은 급히 귀국한 후 모후가 죽은 것이 충렬왕이 총애한 궁인 무비 때문이라며 무비를 잡아 죽였다. 이와 함께 엄인 도성기와 중랑장 김근을 죽이고 그 일당 40여 명을 귀양보내며 충렬왕의 수족들을 처단했다.

당시 세자 원이 이러한 숙청을 단행할 수 있었던 것은 이 시기 그의 정치적 실권이 부왕을 능가하고 있었기 때문이다. 그는 계국대장공주와 결혼함으로써 원 세자의 외손이 되어 원 황실의 지원을 받을 수 있은 위치에 섰다. 반면 충렬왕은 제국대장공주의 사망으로 원의 부마라는 위치가 흔들렸다. 이러한 배경을 바탕으로 세자 원은 모후의 사망 원인을 밝힌다는 명분으로 부왕이 총애하는 인물들을 처단할 수 있었다.

충렬왕의 측근들을 일시에 제거한 세자 원은 부왕을 위로한다는 명목으로 당시 절색으로 유명한 과부 김씨를 충렬왕에게 바쳤다. 김씨는 원래 진사 최문의 부인이었으나 최문이 일찍 죽는 바람에 청상과부가 된 여자였다. 그녀는 충렬왕의 사랑을 받아 숙창원비에 봉해졌는데 충렬왕이 죽은 후 충선왕과 눈이 맞아 불륜관계를 맺었다. 이후 충선왕은 그녀를 숙비로 봉해 자신의 부인으로 맞아들였다.

제국대장공주와 무비 및 측근들을 거의 다 잃고 만 충렬왕은 더 이상 왕위에 있을 이유가 없어진 듯했다. 게다가 원 황실이 자신보다 세자를 지지하는 움직임을 보이자 세자가 원나라로 떠난 후 곧바로 원 세조에게 양위를

각 도에 채방사를 파견하여 세법을 고치려 하였으나 대토지 소유자들의 반대로 중지
1310

쇄권별감을 각도에 두어 지방관들이 축낸 관청재물을 변상시킴
1311

연경궁 건축공사에 양광도·서해도 주민 1,000여명 동원
1312

하인리히 7세, 신성로마황제에 가관됨

요청하였다. 그 결과 이듬해인 충렬왕 24년(1298) 1월 초에 세자와 계국대장공주가 고려로 왔다. 충렬왕은 세자에게 양위한 후 광문선덕태상왕이 되어 뒤로 물러나 앉았다.

반복되는 왕위교체

24세라는 젊은 나이에 충렬왕의 뒤를 이어 충선왕이 왕위에 올랐다. 충선왕은 성장기의 태반을 대륙에서 보낸 만큼 포부가 크고 식견이 높았으며 과단성도 있던 인물이었다. 그는 즉위한 날부터 전대의 숙폐를 혁신하기로 결심하였다. 교서를 내려 혁신정치를 선언하는 한편, 전리사를 전조(銓曹)와 의조(儀曹)로 개편하는 등 원나라 관제를 뜯어 고치는 대대적인 정부조직 개편을 단행하였다.

하지만 젊은 충선왕의 혁신정치는 엉뚱하게도 여자 문제로 곧 좌절되었다. 충선왕에게는 정식 왕비만도 6명이나 되었다. 이들 중 특히 조비(조인규의 딸)가 왕의 사랑을 독차지했다. 반면 원의 계국대장공주는 충선왕의 사랑을 받지 못했다. 계국대장공주도 제국대장공주처럼 왕의 사생활과 정치에 간섭이 심했다. 충선왕은 공주의 그런 행동을 몹시 싫어했다.

어느 날 충선왕과 공주가 말다툼을 했다. 그날도 공주가 정치에 간섭하고 나서자 충선왕이 일언지하에 무시해 버렸다.

"그런 일은 공주가 나설 일이 아니란 말이오."

원나라 연경 고려인, 충선왕의
환국촉진운동 일으킴
1313
원, 처음으로 과거 시행

"뭐라고요? 상감, 상감은 누구 덕에 보위에 올랐나요?"

"그게 어쨌다는 게요? 원나라 황제의 명령에 따랐소."

"그렇다면 원나라 공주가 고려에 시집 온 뜻도 아시겠군요."

"공주는 나를 잘 내조하면 그만이오."

"악정을 해도 가만 있으란 말예요?"

"누가 악정을 했단 말이오! 그 따위 소리를 하려거든 당장 내 앞에서 나가시오!"

충선왕은 역정을 내었다. 공주는 눈물을 흘리며 내전에서 나갔다. 공주는 원나라에서 데리고 온 활활불화를 공주전에 불러들였다. 그리고 자기가 임금에게 모욕당한 일을 상의했다.

"왕이 나를 욕한 것은 원나라 조정을 욕한 것이오. 이를 어찌하면 좋겠소?"

"……."

"그 뿐만이 아니오. 조비가 나를 저주하고 비방한다고 하오. 그대로 두어서는 아니 됩니다. 즉시 원나라에 들어가 낱낱이 보고하시오."

"잘 알겠습니다."

때를 놓치지 않고 충렬왕을 모시던 신하들이 충선왕을 모함하는 말을 함부로 입에 담아 공주 편을 들고 나섰다.

"지금 임금은 원나라에 불충할 뿐만 아니라 부왕에게도 불효막심하오."

공주는 서둘러 활활불화에게 편지를 써서 원나라 황태후에게 보내게 했다. 이 사실을 간파한 충선왕은 조비의 매부인 박선을 계국대장공주의 측근인 활활불화에게 보내 편지의 내용을 알아오게 했다. 하지만 박선은 활활불화에게 흠씬 두들겨 맞기만 하고 그냥 돌아왔다.

충선왕은 원나라에 편지가 전달되는 것을 막을 심산으로 태상왕, 즉 충렬왕에게 직접 계국대장공주를 찾아가서 위로하게 하고 활활불화에게 막대한 돈을 주며 달래 보려고 했다. 그러나 계국대장공주는 기어이 활활불화를 연경에 보내서 위의 편지를 황태후에게 전하도록 했다.

그런데 얼마 후 "조인규의 아내가 저주를 일삼아서 왕이 공주를 멀리하고 조비를 총애한다."라는 익명의 글이 궁궐 문 앞에 나붙는 일이 발생했다. 이 일을 한 자는 사재주부 윤언주였다. 계국대장공주는 그 익명서의 무고를 그대로 믿고 조인규 내외를 비롯한 그 가족들 10여 명을 잡아 가두었다. 이어 몽골인 사자 철리를 연경으로 보내 원나라 황태후에게 이 사실을 알리게 했다.

이 일로 당시 원나라 황제 성종은 조비와 조비의 매부 최충소, 장군 유온 등을 잡아 가두도록 했다. 그리고 조인규를 문초하여 새로 제정한 관제의 문서를 압수했다. 그런데 이러한 원나라의 소행은 사실 충선왕의 관제개혁에 대한 불만에다 왕후인 계국대장공주 등의 무고까지 겹쳐져 발생한 일종의 보복 조치였다.

당시 원나라 사신들은 조인규의 처를 혹독하게 고문하여 허위 자백을 받아냈다. 이어서 이들은 조인규와 최충소를 원나라로 데려갔다. 그 뒤 조인규는 섬서성에, 최충소는 감숙성에 각각 귀양 가게 되었고 조비마저도 원나라로 끌려갔다.

뒤이어 원나라 황제는 충선왕과 왕후의 입조를 요구해 왔다. 원의 계속되는 입조 요구에 충선왕도 더 이상 버티지 못하고 왕후와 함께 원나라로 떠나게 되었다. 충선왕이 원으로 떠나기 직전, 태상왕(충렬왕)이 금교에 나가서 왕과 왕후에게 전별연을 베풀어 주었다. 이 자리에서 원나라 사신 패로올이 황제의 명이라며 충선왕에게서 국왕인(國王印)을 뺏어다가 태상왕에게 주었다. 이렇게 해서 태상왕, 즉 충렬왕은 선위한 지 약 7개월 만에 복위되고 충선왕은 얼떨결에 왕위를 뺏긴 채로 계국대장공주와 함께 원나라로 떠났다.

충선왕과 계국대장공주 간의 불화는 마침내 충선왕의 실각을 가져오게 만들었다. 충선왕과 계국대장공주는 원나라에 있을 때부터 별거 생활을 하였다. 충렬왕과 그 측근 인물들은 이를 최대한 정치적으로 이용했던 것이다.

충렬왕이 복위되자 충선왕이 뜯어 고친 관제는 그대로 복구되었다. 이로써 충선왕의 개혁 정치는 모두 수포로 돌아갔다. 원은 충렬왕을 복위시킨 후 계속 고려 내정을 간섭해 왔다. 그런데 충렬왕은 이 무렵 또다시 소인배들의 꼬임에 넘어가 50이 넘은 늙은 몸으로 다시 환락에 빠져들게 되었다.

그러더니 1301년경에 가서는 오기를 비롯한 그들 군소배들이 충선왕비 계국대장공주를 아예 서흥후 전에게 개가시켜 장차 그를 왕위에 오르게 하고 원나라에 있는 충선왕을 아예 폐위시킬 음모를 꾸몄다.

서흥후 전은 신종의 4대손으로 명종(신종의 동복형)의 4대손인 충렬왕과는 10촌 사이였다. 하지만 이들은 왕실 혼인관계로 얽혀 서흥후는 충렬왕의 3종제이자 처조카뻘이었고 이들은 처남매부 사이기도 했다. 이러한 관계로 충렬왕의 측근 세력들은 서흥후 전을 왕위계승 후보자로 낙점했고 게다가 서흥후에 대한 계국대장공주의 연심도 한편으로 크게 작용했다. 당시 계국대장공주의 질투가 부담스러웠던 충선왕은 공주의 관심을 돌릴 목적에서 용모가 뛰어난 서흥후를 궁궐로 불러대곤 했었다. 이러한 충선왕의 작전은 들어맞아 공주는 서흥후에게로 마음이 쏠렸다.

그러나 반대파 중신들이 거듭 오기의 음모를 원나라에 알림으로써 주모자 오기는 귀양을 가게 되었다. 이로써 이들의 음모는 성사되지 못했지만, 충렬왕 일파와 충선왕 일파 사이의 치열한 파쟁이 끝난 것은 아니었다.

예컨대 1305년 충렬왕이 충선왕을 데리러 원나라에 들어갔는데 이때 왕유소 등은 서흥후 전을 왕위에 앉히려고 또다시 이들 부자 사이를 이간질하였다. 어느 날 충렬왕이 옷을 갈아입으러 나가던 도중에 넘어져 이가 부러지자 왕유소는 곧 충선왕이 자식의 도리를 다 하지 못해서 그런 일이 생긴 것인 양 중상모략을 하였다.

이에 최유엄이 충렬왕에게 왕유소의 죄를 극론하며 충렬왕을 모시고 귀국하려 했다. 그러나 본국의 충선왕 일파들에게 살해당할 것을 염려한 충렬왕은 일부러 약을 먹고 설사를 일으켜 몇 달 동안이나 자리에서 일어나지 못했다. 더욱이 왕유소가 최유엄에게 참소당했다는 사실을 들은 계국대장공주가 충렬왕의 처소를 통제하는 바람에 병든 충렬왕의 곁에는 일부 시종신들만 남고 모두 흩어지고 말았다.

그러는 가운데 이듬해 충렬왕 33년(1307) 1월 원나라에서는 성종이 죽고 황족 사이에 치열한 왕위 다툼이 벌어졌다. 그 끝에 무종이 즉위하게 되었는데 당시 충선왕은 무종을 편들어 반대파 아홀태를 제거하는 데 공을 세웠다. 따라서 정세가 차츰 자기에게 유리하다고 판단한 충선왕은 동지밀직사사 김문연 등을 본국에 보내 순군부에 정세의 급변을 알리는 동시에 대담하게 정부를 개편하도록 했다. 뒤이어 충선왕은 서흥후 전을 비롯한 왕유소, 송방영 등 반대파들을 죽이고 오기는 귀양을 보내는 등 반대파 잔당들을 모두 제거해 버렸다.

반대파를 모두 제거한 후 국정을 장악한 충선왕은 원나라 중서성에 청하여 충렬왕을 귀국하도록 요청했다. 그리하여 측근을 다 잃고 고려로 돌아온 72세의 노인 충렬왕은 숙창원에서 외롭게 여생을 보내다가 이듬해 충렬왕 34년(1308) 7월에 신효사에서 죽었다. 부왕의 사망 소식을 들은 충선왕은 그 다음 달인 8월에 급히 귀국하여 상을 치르고 10년 만에 왕위를 되찾았다.

전지만으로 다스린 충선왕

충선왕이 복위하기 석 달 전인 1308년 5월, 충선왕은 원 무종으로부터 아홀태를 제거한 공로를 인정받아 심양왕으로 봉해졌다. 원 무종으로서는 반대파를 물리치고 제위에 오른 지 얼마 되지 않은 만큼 자기의 세력을 안정시키기 위해서 충선왕을 후대할 필요가 있었다.

충선왕은 무종의 지지를 획득하자 그해 11월에 들어서 우선 팔관회를 금하고 전에 못다 한 개혁을 추진하였다. 그런데 충선왕은 원나라 공주의 소생인데다가 세자 시절부터 오랫동안 원나라에서 생활한 탓에 본국인 고려보다 원나라에 더 많은 지우들이 있었다. 그는 평소 본국보다 원나라에 더 마음을 두고 있었고 정치보다는 문학에 더 취미를 가지고 있었다. 더구나 고려에는 아직도 충선왕의 혁신정치에 불만이나 불안을 느끼는 자들이 적지 않아 상당한 정치적 부담감을 안고 있었다.

결국 충선왕은 서정쇄신을 명한 지 며칠이 안 되어 제안대군 숙에게 뒷일을 맡기고 원나라로 떠났다. 이때부터 충선왕 5년(1313) 3월까지 약 5년에 걸친 재위 기간 동안 충선왕은 단 한 번도 본국에는 나와 보지 않고 연경 생활을 즐기며 가끔 전지(傳旨, 신하들에게 내리는 교지)만을 보내는 식으로 나라를 다스렸다.

원나라로 간 충선왕은 여전히 본국의 서정쇄신에 큰 관심을 가지고 소금의 전매 제도를 실시하였다. 또 중국 제도를 본떠서 개성 안의 빈터에 기와 집을 짓게 하기도 하였다. 그 무렵 홍다구의 아들 홍중희란 자가 중국 요양 행성의 요직에 있었다. 그도 자기 아버지 홍다구처럼 틈만 나면 본국에 해를 끼치는 인물이었다. 홍중희는 원 중서성에다 고려의 충선왕이 본국에서 관제를 개혁하여 원나라를 참월한다고 참소하였다. 입장이 난처해진 충선왕은 원래대로 관제를 다시 복구하고 말았다.

이 무렵부터 충선왕도 원나라에 있는 고려인이나 원 황실의 청탁을 받아들여 몽골인이나 회회인(서역출신)을 주요 관직에 마구 임명하는 등 실정을 거듭해 국내 정치는 더욱 혼탁해져 갔다. 게다가 독실한 불교 신자였던 충선왕은 개경 구궁을 민천사(旻天寺)로 고치며 그 공사를 매우 정성들이게 하고 불상 3천여 개를 구리로 만들어 금은을 입히게 했다.

그러는 사이 본국의 신료들은 충선왕의 전지만으로 국정을 다스리는 어려움을 겪어야 했다. 신료들은 왕의 귀국을 여러 차례 요청하였다. 그러나 충선왕은 귀국할 의사가 전혀 없었다. 결국 1310년 1월에 왕위를 아예 세자 감(鑑, 원나라 여자인 의비 야속진의 소생)에게 물려주려 하였다. 그러나 이것은 계속 원나라에 머무르려는 정치적 행동이었을 뿐이었다. 결국 주위의 반대를 빌미로 충선왕은 양위하지 않았고, 그해 연경에서 자신의 아들인 세자 감과 그 시종 김중의를 제거하면서까지 고려와 원나라에서의 정치적 입지를 포기하지 않았다.

그 뒤 1312년 초 이번에는 원 황제 인종과 황태후가 충선왕의 귀국을 종용하고 나섰다. 그러자 충선왕은 "가을이 되면 돌아가겠다."라며 출국 날짜를 미루었다. 그러나 그는 그해 가을이 되어도 귀국하지 않았다. 그러자 이듬해에는 연경에 있던 고려인들마저 왕의 귀국을 요청하였다.

귀양살이를 할망정 고려로는 돌아가지 않겠다

결국 연경에 더 머물러 있기가 곤란하다고 판단한 충선왕은 차자인 강릉대군 도(燾, 세자 감의 아우)에게 양위할 뜻을 밝혔다. 충선왕은 아예 왕위에서 물러나 계속 연경에서 생활할 작정이었던 것이다. 이에 1313년 원 인종이 양위를 허락하여 충선왕은 재위 5년 만에 상왕으로 물러앉고 그 뒤를 강릉대군 도가 '정동행중서성 좌승상 상주국 고려국왕'이 되었으니 이가 제27대 충숙왕(忠肅王)이다.

양위의 허락을 받은 충선왕은 원나라의 종용에 못 이겨 마침내 본국으로 돌아왔다. 하지만 충숙왕의 즉위식을 지켜본 후 또다시 원나라 연경으로 되돌아갔다. 그에게는 아무래도 고국 고려보다 중국 연경이 더 고향 같았던 것 같다.

그런데 충선왕이 왕위를 충숙왕에게 물려줄 때 원나라에서 받은 심양왕의 지위만은 그대로 가지고 있었다. 따라서 충선왕은 양위 뒤에도 여전히 심왕(瀋王)이라 불렸는데 그는 그의 형 강양공 자의 아들인 연안군 고(暠)를 후계자로 삼아 뚤루게(질자)로 연경에 머물게 했다. 그러나 다시 원나라로 들어간 충선왕은 충숙왕 3년(1316)에 심왕의 지위마저 연안군 고에게 물려주고 자신은 태위왕이라 칭하였다.

이에 원 인종이 그에게 원 제국의 수상 자리를 주려 했으나 충선왕은 이것마저도 마다하고 '제미기덕당(濟美基德堂)'에 머물 것을 요청하여 허락을 받았다. 이 '제미기덕당'이 바로 유명한 '만권당(萬卷堂)'으로 이곳에서 충선왕은 하루 종일 문을 닫아걸고 향을 사르며 앉아 있곤 했다 한다.

충선왕은 칩거 생활 동안 고금의 서적을 많이 모으고 조맹부 등 원나라 거유들을 불러 고전 연구에 몰두했다. 그런 가운데 본국의 이제현을 불러 원나라 거유들과 어울리게 해주는 등 고려 유학 발전에도 기여했다. 하지만 그것으로도 만족하지 못한 충선왕은 충숙왕 6년(1319) 3월부터 몇 달 동안 이제현과 권한공 등을 데리고 절강 방면으로 돌아다니며 글쓰기에 몰두하는데 이때 쓴 글들은 뒤에 《행록(行錄)》 1권으로 편찬되었다.

한편, 이듬해 1320년 1월 중국 연경에서는 인종이 죽고 인종의 아들 영종이 제위에 오르면서 충선왕의 입지도 크게 달라졌다. 이때 고려인 환관으로 악명이 높던 임백안독고사(任伯顔禿古思)가 평소 충선왕을 미워하던 차에 새 황제 영종을 뇌물로 움직여 충선왕을 제거하려 했다. 화를 입을 것을 염려한 충선왕은 영종의 허락을 받아 서둘러 강남으로 몸을 피했다. 그런데 그가 강남에 있는 금산사에 이르렀을 때 원나라 조정으로부터 사자가 달려와 그를 호송해 갔다.

원 영종은 충선왕을 일단 고려로 송환하려 했다. 그러나 본국으로 돌아가기 싫었던 충선왕은 이때도 머뭇거리며 출발하지 않았다. 그러자 영종은 그를 감옥에 가두었다가 머리를 깎고 석불사란 절에 유폐시켰다. 이후 충선왕은 다시 연경에서 1만 5천 리나 떨어진 토번으로 보내졌다.

이때 고려 조정에서는 충선왕의 반환을 원나라에 요청하였으나 영종은 환관 임백안독고사 일파 외에도 심왕 고의 참언을 믿고 좀처럼 충선왕을 돌려보내지 않았다. 이후로 충선왕은 영종이 시해되고 태정제가 즉위한 충숙왕 10년(1323) 9월까지 약 3년간 귀양살이를 하였다.

태정제의 즉위와 함께 충선왕은 귀양살이에서 풀려나 연경으로 돌아 올 수 있었다. 이때 충선왕이 자유의 몸이 될 수 있었던 것은 태정제와 충선왕이 처남매부 사이였기 때문이었다. 그러나 충선왕은 귀양에서 풀린 뒤에도 고려로 돌아오지 않고 1년 반쯤 지난 충숙왕 12년(1325) 5월에 51세를 일기로 그가 그렇게도 좋아하던 중국 연경에서 죽었다.

충숙왕

충숙왕과 심왕 고의 왕위다툼

충선왕의 선위를 받아 고려 제27대 왕이 된 충숙왕은 충선왕의 차남이다. 충숙왕은 충선왕과 몽골여자 야속진 사이의 소생이다. 야속진은 충선왕이 중국 체류 시절에 만난 여성으로 충선왕과 결혼하여 맏아들인 세자 감과 충숙왕을 낳았다.

충숙왕은 일찍이 큰 형인 세자 감이 부왕에게 피살되는 비극을 맛보았다. 더욱이 충선왕이 조카인 왕고에게 심양왕직을 양위하는 바람에 왕위에 적지 않은 위협을 받았다. 부왕인 충선왕이 연경에서 계속 전지를 보내며 국정을 간섭한데다 부왕의 총신인 권한공과 최성지마저 인사권을 쥐고 권세를 누려 국정 운영에도 어려움을 겪었다. 충숙왕은 상왕으로 물러나 앉은 이후에도 여전히 전권을 장악하고 국정 전반을 운영하고 있었다.

1320년에 충선왕이 멀리 토번으로 귀양 간 후, 충숙왕은 때가 왔다는 듯이 권한공 등 부왕의 총신들을 귀양보내고 부왕의 개혁 제도들을 뜯어 고쳐 버렸다. 하지만 이때부터 심왕 고와의 본격적인 왕위 투쟁에 돌입하지 않으면 안 되었다.

그 당시 심왕 고는 일찍이 충선왕의 총애를 입어 심왕의 자리에 올랐을 뿐만 아니라 계국대장공주의 친오빠인 양왕의 딸을 왕비로 맞아들여 원나

충선왕, 충숙왕에게 전위하고 연안군 왕고를 심양왕세자로 함
1313

충선왕, 만권당 설치
1314

충선왕, 이제현과 경사 연구

독일 왕 루드비히, 프리드리히 3세와 신성로마황제의 위를 놓고 다툼

라 왕실로부터 절대적인 신임을 받고 있었다. 게다가 본국에서 충숙왕한테 박대를 받거나 추방당한 자들이 거의 다 심왕에게로 몰려가서 충동질하므로 심왕 고는 마침내 본국의 왕위까지도 넘보게 되었다.

심왕 고의 왕위 찬탈 음모는 1320년 평소 친분이 두터웠던 영종이 즉위하면서 본격화되었다. 당시 충선왕은 고려로 귀환하라는 영종의 명령을 듣지 않다가 토번으로 유배되었기 때문에 충숙왕에 대한 심왕 고의 음모는 더욱 가속화되었다. 심왕 고는 틈만 나면 원나라 조정에 충숙왕의 갖은 실책과 횡포를 일일이 일러바치며 이간질했다.

그런데 당시 심왕 일파 가운데 조적·채하중·박인평이란 자들이 있었다. 이들은 본국에서 박대를 받고 원나라로 건너간 자들이었다. 본국에 있을 때에도 "원나라 황제가 이미 심왕을 국왕으로 세웠다."며 유언비어를 퍼트려 민심을 현혹시키는 데 앞장섰던 인물들이었다. 게다가 충숙왕비 복국장공주가 사망한 이유도 이상하다며 원나라에 무고하기도 하고, "충숙왕이 황제의 조칙을 받아 찢어 버린 일이 있다."는 사실까지 무고하였다. 특히 이들이 문제 삼은 복국장공주의 사인 의혹은 충숙왕에게 결정적인 타격을 입힌 사안이었다.

복국장공주와 결혼하기 전 충숙왕은 이미 남양인 홍규의 딸을 부인으로 맞아들여 왕자까지 둔 상태였다. 그러나 원 왕실의 딸을 적비로 맞아야 하는 관례에 따라 충숙왕 3년(1316) 7월에 복국장공주(몽골명 역련진팔랄)를 제

1왕비로 맞아들이게 되었다. 그런데 충숙왕과 덕비 홍씨는 매우 금슬이 좋았다.

한번은 충숙왕이 복국장공주 몰래 덕비와 함께 묘련사에 간 일이 있었다. 복국장공주는 덕비를 찾았는데 궁중에 없는 것을 알고 묘련사로 나갔다. 절에서는 공주를 맞아 왕의 처소로 안내했다. 문 밖에서 왕의 수작을 지키고 있던 환관이 공주를 보고 질겁했다. 공주는 마루로 성큼 올라가 방문을 활짝 열었다. 그리고는 공주의 시선은 한군데에서 멎어 버렸다.

충숙왕과 덕비의 기가 막 용을 쓰고 있는 중이었다.

"상감, 여기가 어딘 줄 알고 이러십니까?"

"이게 무슨 짓이오! 공주는 체면을 모르는가?"

충숙왕은 화가 나서 머리털이 곤두섰다.

"체면을 아시는 상감께서 염치없는 행동을 하시다니, 말이나 되는 일입니까?"

"입 닥치시오!"

공주는 떡 버티고 서서 한 발짝도 물러 설 기세가 아니었다.

"망측한 임금이로고!"

"무엇이라고?"

흥분한 충숙왕이 공주의 얼굴에 주먹을 휘둘렀다. 공주의 콧대가 내려앉고 코피를 쏟았다.

사심관제 폐지
1318
러시아 대공, 모스크바에 천도

안향을 문묘에 종사
1319

원, 상왕 충선왕을 토번으로 귀양 보냄
1320
브라디슬라브 1세, 폴란드 통일하여 왕국 세움

"너희 나라로 가버려!"

충숙왕은 이성을 잃고 길길이 날뛰었다. 시녀들과 환관들이 달려와 공주와 왕을 따로따로 모시고 환궁했다. 공주는 그날부터 온 몸에 화병이 끓어 자리에 누웠다. 의원들이 정성껏 약을 썼으나 차도가 없었다, 공주는 끝내 일어나지 못하고 세상을 떠나고 말았다.

충숙왕은 공주를 때려죽인 살인자가 되었다. 소문이 꼬리를 물어 원나라 조정에까지 들어갔다. 원나라에서 다루가치가 진상조사차 고려로 나왔다. 원 황실은 공주의 사인을 조사하다 공주가 평소 충숙왕으로부터 구타당한 사실을 밝혀내었고 이 사건 이후 충숙왕은 원 왕실로부터 미움을 받았다.

원의 영종은 1321년 3월 충숙왕한테서 옥새까지 빼앗으며 그를 원나라로 불러들였다. 게다가 이 무렵에는 충숙왕이 귀양보냈던 부원세력가 권한공도 풀려 나와서 곧 심왕 일파에게 가담하며 덩달아 왕을 무고하는 짓을 일삼았던 터라 충숙왕은 사면초가 상태에 빠졌다.

이러한 상황에 원나라에서는 영종이 죽고 태정제가 황제에 올라 귀양갔던 충선왕이 연경으로 돌아왔다. 그럼에도 불구하고 심왕 일파의 음모는 그칠 줄을 몰랐다. 충선왕은 새 황제 태정제와 사이가 가까운데다 심왕 일파들을 매우 못마땅하게 여겼으므로 심왕 고는 자신의 측근인 조적과 채하중과 함께 술책을 바꾸어 또다시 충숙왕을 괴롭혔다.

이들은 충숙왕을 참소하는 문서에 당시 연경에 체류 중이던 고려 귀족 자

충숙왕, 원나라에서 심왕의 참소로 국왕인을 빼앗김
1322

1323
원, 〈대원통제〉를 반포

1324
일본, 정중의 변

제 2천여 명의 서명을 받아내어 이것을 중서성에다 올렸다. 그리고 고려의 국호를 없애고 정동행성을 다시 세워 원나라가 직접 고려를 통치해 줄 것을 청원하기도 했다. 하지만 충숙왕 11년(1324) 1월 태정제는 충숙왕에게 국왕인을 돌려주고 귀국을 허락하였다.

그러나 부원 세력들이 득실거리는 개경보다 연경이 안전하다고 판단한 충숙왕은 태정제의 귀환 명령에도 불구하고 본국으로 돌아가는 것을 주저하였다. 그리하여 충숙왕은 그해 8월 원나라 위왕(무종의 서형)의 딸 금동공주와 재혼하고 눌러 앉아 있다가 이듬해인 1325년 5월, 5년 만에야 본국으로 돌아왔다.

바로 이 무렵 연경에서는 상왕 충선왕이 세상을 떠났다. 이 해 9월에는 금동공주마저 용산원자를 낳다가 산욕으로 곧 세상을 떠나고 말았다. 이 일로 그만 고독감에다 우울증까지 휩싸인 충숙왕은 심왕 고가 계속해서 자신을 다시 무고하는 등 고려 국왕자리에 대한 미련을 못 버리자 아예 왕위를 심왕에게 주려고까지 했다. 이 일은 한종유와 이조년 등 대신들의 반대로 실현되지 못했다. 이후로 충숙왕은 그저 산천을 유람하며 울적한 기분을 풀고 지내는 것으로 마음을 달랬다.

예문춘추관을 예문관과 춘추관으로 분리
1325

충숙왕, 심왕에게 선위하려 했으나 실행되지 않음
1327

반전도감을 둠
1328

프랑스, 필립 6세 즉위하여 발로아 왕조 시작

충혜왕

충혜왕의 패륜 정치

심왕 일파의 계속된 무고로 그만 정치에 염증을 느낀 충숙왕은 마침내 충숙왕 17년(1330) 왕위를 세자 정(禎, 몽골명 보탑실리)에게 물려주었다. 이로써 충숙왕은 재위 17년 만에 물러나고 그 뒤를 이은 세자 정이 왕위에 올랐다. 이가 제28대 왕 충혜왕(忠惠王)이다.

왕위에 오른 충혜왕은 배전이나 주주 등 측근들에게 정사를 맡기고 사냥이나 씨름을 하며 노는 것으로 일과를 삼았다. 특히 자신의 행적을 기록한다 하여 사관들을 몹시 미워하였다. 이러한 몰지각한 행동 때문에 그는 '발피(潑皮, 무뢰한)'라는 별명을 얻을 정도였다. 충숙왕은 비록 장자인 충혜왕에게 왕위를 내주긴 했으나 이러한 그의 행동을 못마땅해 하고 있었다.

한 번은 왕위에 오른 충혜왕이 연경에서 원나라 관서왕의 장녀 덕녕공주와 결혼하고 귀국할 때였다. 이때 그가 황주에 이르렀을 즈음 원나라로 가는 부왕을 만났다. 여기서 충혜왕은 부왕인 충숙왕에게 몽골식 배알을 했다. 이에 충숙왕은 몹시 불쾌한 기색으로 다음과 같이 그를 꾸짖었다.

"너의 부모가 다 고려 사람인데 너는 어째서 호례(胡禮)를 행하느냐? 게다가 너의 의관은 너무 사치스럽구나. 어서 갈아입도록 해라."

부왕의 눈 밖에 나는 행동을 자주 했던 충혜왕은 왕위에 오를 당시 불과

충혜왕 즉위	경기 지역의 사급전을 없애고 녹과전으로 충당	충숙왕 복위, 충혜왕 원나라로 감
1330	**1331**	**1332**
오스만터키, 유럽에 침입하여 발칸 남부 유린, 니케아 점령	독일, 슈바벤도시동맹 결성	

16세의 어린 나이였다. 본성이 경박하고 몽골 풍속을 좋아했다. 수렵이나 격구, 주색에 빠져 지내는 것을 좋아했던 충혜왕은 귀국 후에도 정사를 돌보지 않고 유희나 사냥만을 일삼았고 마침내 그의 실정은 곧 원나라에까지 알려지게 되었다.

하지만 당시 충혜왕을 궁지에 몰아넣은 것은 그의 모자란 인격보다 주티무르나 조고이 등 간신배들이 원나라 문종에게 다음과 같이 무고했기 때문이었다.

"고려는 요양행성과 함께 반란을 일으켜서 지금의 대청도에 유배되어 있는 타권첩목이(원 명종의 태자, 순종)를 황제로 세우려 한다."

이 말을 들은 문종은 곧 충숙왕을 복위시키기로 결정하여 1332년 2월 장백상 등을 보내 충혜왕으로부터 국왕인을 회수하게 했다. 이로써 왕위에 오른 지 2년도 채 못 되어 폐위된 충혜왕은 다시 원나라로 건너가게 되었다.

충숙왕은 복위된 뒤로도 1년 이상이나 연경에 더 머물다가 원나라의 재촉으로 새 왕비 경화공주와 함께 귀국길에 올랐다. 그 뒤로 충숙왕은 6년간을 더 왕위에 머물렀지만 전국을 유람하며 사냥한 일 외에는 별로 한 일도 없이 충숙 복위 8년(1339) 3월에 세상을 떠났다.

충혜왕은 폐위되어 원나라로 건너간 뒤에도 여전히 군소배와 어울려 주색을 일삼다가 그만 당시의 승상인 빠이앤의 미움을 사 1336년 12월에 본국으로 송환되어 왔다. 그 자신은 말할 것도 없고 왕실이나 국가의 체면이 크

1334
일본, 〈덕정령〉 반포

매관매작하는 형상이 성행
1335

전왕 충혜왕에게 재물을 바치고 양인이 되었던 사람을 다시 천인으로 만듦
1336
일본, 남북조 시대 시작됨

게 손상된 일이었으나 충혜왕은 조금도 뉘우치지 않고 오히려 황음을 일삼고 난폭해져만 갔다. 충숙왕은 죽음에 임박하자 장남인 충혜왕에게 다시 양위를 했으나 원나라는 그의 자질을 문제 삼으며 복위를 승인하지 않았다. 때문에 고려는 1339년 3월 충숙왕이 죽은 뒤에도 몇 달 동안 왕이 없는 공위(空位)의 상태에 놓이게 되었다.

이럴수록 충혜왕으로서는 조금이라도 근신하는 모습을 보여야 했을 텐데 자중은커녕 거의 매일같이 여자들과 어울리는 생활을 일삼았다. 그는 남의 처첩 가운데 미모가 뛰어난 인물이 있다는 말만 들으면 달려가 겁탈하거나 억지로 궁중에 끌어들였다. 충혜왕의 여성편력으로 궁궐에는 끌려 온 여자들이 1백여 명이 넘었고 그중에는 사기옹주라는 별칭까지 얻은 여자도 있었다.

그해 8월 충혜왕은 마침내 부왕 충숙왕의 계비인 경화공주에게까지 강간을 가했다. 당시 젊고 아름다웠던 경화공주는 영안궁 깊숙이 틀어박혀 충숙왕과의 짧았던 사랑을 음미하며 세월을 죽이고 있었다.

충혜왕은 때때로 영안궁에 나가 경화공주를 위로했다. 그러나 위로도 위로지만 충혜왕은 경화공주의 미모와 싱싱한 젊음에 반쯤 넋이 나가 있었다. 아름다움을 보기 위해 영안궁을 자주 찾는 충혜왕이었다.

"모후께서 얼마나 쓸쓸하십니까? 더러 편전으로 나오셔서 이야기를 나누시면 어떠실지요?"

금주령 내림
1338

백년 전쟁 발발

전왕 충혜왕, 원나라 집사성에 뇌물을 주고 복위를 꾀함
1339

원나라 순제, 고려인 기씨를 제3황후에 봉함
1340

슬로이스의 해전

"여기가 마음 편합니다. 국사 총망 중에도 찾아 주시어 은혜가 무겁소."

충혜왕은 주안상을 차려놓고 손수 술을 권하기도 했다. 8월의 어느 날 밤에도 충혜왕이 영안궁에 들러 주안상을 앞에 놓고 경화공주와 마주 앉았다.

"가을이 오고 있어요, 모후."

"아침저녁으로 제법 서늘합니다."

"자, 한 잔 드시고 시름을 잊으시지요."

임금이 공주에게 술을 권했다. 공주는 몇 차례 사양하다가 마지못해 술잔을 들었다. 충혜왕은 거나하게 취해갔다. 공주도 양 볼이 발그레 젖고 가슴이 두근거렸다. 밤이 깊어갔다. 임금은 술상을 물리고 슬그머니 모로 누웠다. 공주가 방에서 나가려고 자리에서 일어났다.

"어디로 가시려고요?"

"상감께서 예서 주무시겠다면, 내가 나가야지요."

"모후, 나가지 마오."

"그 무슨 망측한 말씀을 하십니까."

"손님을 두고 나가시다니요."

왕이 공주의 손목을 덥석 잡았다.

"놓으셔요, 이래서는 아니 됩니다."

"앉으세요, 모후."

공주는 할 수 없이 자리에 앉았다. 그러자 임금이 공주를 와락 껴안았다.

원나라, 왕제 강릉대군(공민왕)을 입조케 함
1341

이제현 《역옹패설》 지음
1342

기인 제도 다시 실시
1343

스코틀랜드 왕 데이비드 2세 귀국 복위. 스코틀랜드 독립

"이러지 마오. 체통을 지키셔야죠."

"모후, 뿌리치지 마오."

"이런 일은 있을 수가 없어요."

공주는 임금을 뿌리치고 밖에 대고 소리쳤다.

"밖에 누구 없느냐!"

아무런 대꾸가 없었다. 공주는 그제야 임금에게 속은 것을 알고 방에서 뛰쳐나가려고 했다. 임금은 공주를 쓰러뜨리려고 온갖 요령을 다 부렸으나 공주의 저항이 거세었다.

"여봐라! 안되겠다."

옆방에 대고 임금이 소리치자 시종이 나와 공주의 손을 묶고 입을 막은 후 사라졌다. 임금은 여유를 부리며 공주를 강간하고 말았다.

때마침 개경에는 심왕 일파인 조적(曺頔)이란 자가 고려 국왕의 자리를 심왕에게 넘겨주려는 음모를 꾸미고 있었다. 충혜왕에게 성폭행을 당하여 분노를 참지 못하던 경화공주는 조적을 불러서 그 사건을 낱낱이 말하고 임금을 없애달라고 부탁했다. 조적은 이를 구실로 충혜왕을 습격했으나 오히려 패하고 공주전으로 쫓기다가 화살에 맞아 죽었다.

조적의 쿠데타는 좌절되고 말았으나 이때 서경에 머물던 심왕의 시종 박전이 와서 심왕이 이미 고려 국왕으로 책정되었다는 유언비어를 퍼뜨려 민심을 현혹시키려 했다.

전민추쇄도감을 두고 토지와 백성의 통제를 강화

유비창을 없애고, 보흥고에 통합

충혜왕 악양에서 죽음
1344
원, 수령출척법을 정함

이에 충혜왕이 군사를 서경으로 보내 심왕을 잡아 가두려 하자, 심왕 고는 재빨리 압록강 건너 중국으로 도망쳤다. 그 사이 충혜왕은 원나라 조정에 백방으로 뇌물을 쓴 보람이 있었는지 조적의 난을 진압한 지 석 달 뒤인 11월에 원나라 조정으로부터 국새를 넘겨받아 정식으로 왕위에 오를 수 있었다.

충혜왕의 복위 문제로 개경에 온 원나라 사신 두린이 경화공주로부터 충혜왕의 강간 사실을 알게 되었다. 이에 두린은 경화공주에 대한 폭행과 조적의 난을 트집삼아 충혜왕을 다시 원으로 데려가 형부에 가두었다. 그런데 때마침 심왕과 가까운 승상 빠이앤이 실각하는 바람에 충혜왕은 의외로 쉽게 풀려나 다시 귀국길에 올랐다.

충혜왕의 객사

원나라에서 돌아온 충혜왕은 이전과 다름없이 또다시 군소배와 어울려 음행이나 저지르며 정사를 어지럽혔다. 얼마나 음행을 좋아했던지 야간에 변장하여 주색을 즐기다 불량배에 맞아 쓰러진 적이 있을 정도였다.

이 무렵 충혜왕은 삼현 지방에 새 궁궐을 짓고 있었다. 몸소 공사 감독까지 하며 밤낮으로 독촉을 해댔다. 궁궐의 문을 놋으로 장식하기 위해 백관 이하 서리에 이르기까지 누구나 놋을 바치게 했으며 각 도에서 솥과 농기구를 마구 거두어들여 백성의 피해 또한 막심했다. 또 마구간을 지을 때에는 민가 백여 채를 헐었고 부잣집의 예쁜 여종들도 빼앗아 자신의 시녀로 삼았다.

충혜왕은 황음무도할 뿐만 아니라 이재에도 밝아 재산을 많이 축적하고 각종 잡세를 만들어 세금도 많이 징수했다. 충혜왕의 황음무도와 폭정이 이같이 심해지자 원나라에 머물고 있던 이예·조익청·기철 등 부원 세력들이 원나라 중서성에 글을 올려 충혜왕의 실정을 고자질하며 고려를 직할지로 삼아 백성들이 편히 살게 해달라는 글을 올렸다. 원 황실은 사신을 보내 충혜왕을 체포하였고, 발로 걷어차며 원으로 데려갔으니, 일국의 왕에 대한 예우는 이미 사라진 지 오래였다.

충혜왕이 끌려가자 고려에서는 언양군 김윤(김취려의 증손)으로 하여금 용서를 구하는 글을 중서성으로 보내려 했으나 뜻을 이루지 못했다. 마침내 원나라 황제는 1343년 12월에 충혜왕을 독충이 우글거리는 남만 땅으로 귀양보냈다.

충혜왕은 한 사람의 시종도 없이 역마에 실려 온갖 고초를 겪으며 유배지로 향하다가 이듬해 1월 15일 악양현에서 급사했다. 이때 그의 나이 향년 30세였다. 그의 사인에 대해서는 자세한 기록이 전하지 않으나 독살되었다고도 하고 귤을 잘못 먹은 때문이라고도 한다.

한편, 충혜왕의 죽음이 본국에 전해지자 백성들은 기뻐 날뛰며 이제 다시 갱생할 날을 보게 되었다고까지 했다. 그리고 항간에선 이런 노래가 유행하기도 했다.

"아야마고지나(阿也麻古之那) 이제 가면 언제 오나."

　이는 '악양에서 죽을 재난이 왔는데 오늘 가면 언제 돌아오나.' 라는 뜻이라고 전한다.

충목왕과 충정왕

어린 충목왕의 병사와 충정왕의 독살

1344년 2월 객사한 충혜왕의 뒤를 이어 제29대 왕이 된 이는 충목왕(忠穆王), 즉 당시 연경에 있던 원자 흔(昕, 몽골명 팔사마타아지)이다. 충목왕은 충혜왕의 장남이자 덕녕공주 소생으로 왕위 책봉을 받기 직전 원나라 순제를 찾아갔다가 당시 순제로부터 다음과 같은 질문을 받았다.

"너는 아비를 본받으려 하느냐? 아니면 어미를 본받으려 하느냐?"

어린 충목왕이 어미를 본받으려 한다고 말하자 순제는 그의 말을 가상히 여겨 왕으로 책봉했다. 하지만 이때 충목왕의 나이 8세밖에 안 되었으므로 모후인 덕녕공주가 섭정을 하게 되었다. 덕녕공주는 충혜왕의 학정 때문에 극도로 혼란해진 사회와 민심을 수습하려는 일부터 추진하였다.

먼저 덕녕공주는 보흥고과 덕령고·응방을 없애고 거기에 소속되어 있던 토지와 노비를 각각 원주인에게 돌려주었다. 뒤이어 선왕인 충혜왕의 애첩들을 모두 붙들어 섬으로 귀양보내거나 고향으로 돌려보내 왕실의 기강을 바로잡았다. 이 밖에도 양전(量田)을 행하고 조세의 공정을 기하는 한편, 환관 족속이나 권문세가가 돈을 빌려주고 장리(長利)라 해서 착취하는 고리대금 폐습도 일절 금하게 했다.

덕녕공주가 국가기강을 바로잡으며 왕실 재건에 힘쓰는 사이 충목왕은

충목왕 원나라에서 즉위
과거법 고침
1344

이탈리아, 시모네마르티니 죽음

정방 폐지, 보흥고·내승·응방을 없앰

정방을 다시 둠
1345

원, 《요사》·《송사》 완성

급속도로 병약해져 재위 4년 만인 1348년 12월 12세의 어린나이로 생을 마감하고 말았다. 따라서 후사 없이 죽은 충목왕의 대를 누가 이을 것인가가 문제로 떠올랐다. 당시 고려 조정에서는 연경에 머물고 있던 충혜왕의 모제인 강릉대군 기(뒤의 공민왕)와 본국에 있던 충혜왕의 서자 저(희비 윤씨 소생) 가운데 왕을 선정해 줄 것을 요청했다.

원 순제는 신중을 기하기 위해 왕자 저를 원나라로 불러 만나 본 다음, 저를 왕위에 오르도록 했다. 이가 제30대 왕 충정왕으로 즉위할 때 그의 나이 불과 12세였다. 이렇듯 충정왕 역시 나이가 어렸으므로 모후 희비 윤씨가 섭정을 하게 되었는데 이 때문에 덕녕공주와 충정왕의 모후 윤씨 사이에는 치열한 권력 다툼이 전개되었다. 따라서 충목왕 때에 잠시 다소 안정되는 듯하던 정국은 또다시 혼탁해져 갔다. 더구나 이때는 왜구마저 기승을 부려 경상도 일대가 매우 소란스러워졌다. 이에 윤택·이승로 등이 중서성에 글을 올려 고려의 실정을 밝히고 충정왕을 폐하여 강릉대군 기를 새 왕으로 세워 달라고 청원하였다.

마침내 원나라 순제는 고려 조정을 안정시키기 위해 곧 그들의 청원을 받아들여 충정왕 3년(1351) 10월 충정왕을 폐하고 강릉대군 기를 새 왕으로 세웠으니 이가 제31대 왕 공민왕(恭愍王)이다. 이때 단사관 완췌부카가 와서 여러 창고와 궁실을 봉하고 국왕인을 회수한 후 충정왕을 강화도로 유배시켰다.

1346	1347	1348
	정치도감, 기황후의 족제 기삼만을 처단	이색, 연경에서 성리학 연구
크레시의 싸움	인도, 데칸 지방에 바흐마니 왕국 일어남	유럽, 페스트 유행. 농촌인구 격감

충정왕이 유배되자 그 뒤로 이제현이 섭정승으로 국사를 대행하였고 공민왕이 왕후 노국대장공주와 함께 본국에 온 것은 그해 12월의 일이다. 이듬해인 공민왕 원년(1352) 3월 15세의 충정왕은 공민왕에 의해 강화에서 독살되고 말았다.

충정왕 즉위
안집별감을 각도에 파견, 정치도감 폐지, 경순부 설치
강릉대군 왕기, 원나라 노국대장공주와 혼인
1349

왜의 침략 격파
1350

독일, 한자동맹 전성기

왜선 130여척, 경기 지방 노략질
1351

원, 황하의 고도를 수치

공민왕

공민왕의 즉위와 배원 정치

원나라 지배가 본격적으로 시작된 충렬왕대 이후 고려 국왕은 불과 10년 미만에 폐립되거나 폐립과 복위가 반복되었다. 충렬·충선·충숙 3왕이 각각 중간에 한 차례씩 폐위되었다가 복위하였고 충혜·충목·충정 3왕은 각각 5년도 채 안 되어 폐위되었다. 이러한 현상은 고려왕조가 극심한 불안 상태로 빠져들었음을 입증하는 적신호였다. 이 시기 왕실과 권신들 간의 내분상태는 그치지 않았다. 민생은 문자 그대로 도탄에 빠져 있었다.

고려 국왕의 단명은 원나라 황제들의 빈번한 교체와도 깊은 관계가 있었다. 이 무렵 원나라는 세조가 죽은 직후 충렬왕 20년(1294)부터 황실의 제위 다툼과 권신의 전횡이 심하였다. 반세기 동안에 황제만도 11명이나 바뀌고 공위 상태만도 3·4회씩이나 되풀이되었다. 따라서 국가는 여러모로 파탄이 난 지 오래였고 백성은 백성대로 각종 부역과 천재·기근에 지칠 대로 지치게 되었다. 더욱이 14세기 중엽에 들어서면서 각종 반란과 함께 홍건적까지 봉기하여 원나라는 돌이킬 수 없는 몰락의 길을 걷게 되었다.

고려 31대 왕 공민왕은 이러한 혼란 시기에 고려 국왕으로 즉위하였다. 공민왕은 충숙왕의 차남이자 공원왕후 홍씨 소생으로 충혜왕의 동복아우이기도 하다. 초명은 기(祺), 이름은 전(顓)이며 몽골명은 빠이앤티무르이

공민왕 즉위
1351

정방 폐지, 변발 금지, 예의추정도감을 둠
1352

쇄권도감 폐지
1353

보카치오 《데카메론》 완성

다. 1330년에 태어난 공민왕은 전례에 따라 원나라 연경에서 성장하였다. 충정왕이 폐위되자 1351년 12월에 귀국하여 왕위에 올랐다. 이때 그의 나이 22세였다.

왕위에 오른 공민왕은 원나라의 내정을 환히 꿰뚫고 있었을 뿐 아니라 대륙 각지에서 일어난 반란으로 원나라의 멸망이 멀지 않았음을 간파하고 있었다. 그런 이유로 공민왕은 즉위하자마자 "변발과 호복은 선왕의 제도가 아니니 전하는 그것을 본받지 마소서."라는 대간들의 건의를 흔쾌히 받아들여 변발을 풀어 헤치고 호복도 갈아입는 과감한 모습을 보여주었다. 공민왕의 영토회복과 국권회복 운동은 그가 변발을 풀어 헤쳤을 때 이미 그 막이 오른 것이었다.

친원 세력의 제거

원나라 순제의 제2 왕후 기씨(통칭 기황후)는 고려 여자였다. 기황후는 원래 원나라에 바쳐진 공녀였는데 순제의 눈에 들어 제2 왕후의 자리에 올라 태자 아이유시라다라를 낳으면서 일약 핵심 권력자로 부상했다.

기황후에게는 기식·기철·기원·기주·기륜 등 여러 명의 형제들이 있었다. 이들은 여동생 덕분으로 고려와 원나라에서 모두 득세하며 친원 세력의 선두그룹을 형성하고 있었다. 특히 이들 가운데 기철은 충혜왕 때 정동행성 참지정사로 임명되어 고려에 파견되기도 했다. 동생 기원은 한림학사

1354
독일 승 벨트루드 슈발츠, 화약을 발명

1355
원구, 전라도 조운선 200여척을 약탈

1356
정동행중서성이문소 폐지
푸아티에 전투

에 재직하는 등 출세가도를 달리고 있었다. 이들은 본국인 고려에서 각각 덕원부원군과 덕양군이라는 봉작까지 받을 정도였다. 그 당시 기씨 형제들은 막강한 권력을 행사하며 왕 앞에서 '신(臣)'이라고 말하지 않을 만큼 무례하고 방자하기가 이를 데 없었다.

방자한 기씨 형제들을 공민왕이 좋아할 리 없었다. 당시 판삼사사로 있던 조일신은 공민왕이 원나라에 머물러 있을 때 시종을 도맡아 하던 인물이었다. 어려운 시기에 왕을 시종했다는 공로를 믿고 갖은 횡포를 일삼곤 했다.

당시 조일신은 원나라 체류 시절에 교류했던 사대부들의 후원에 힘입어 친원파의 수장노릇을 하고 있었다. 반면, 또 다른 친원파인 기철 형제들은 기황후의 세력을 등에 업고 있었다. 이 때문에 조일신은 기철 형제들과 사이가 좋지 않았고 평소 기철 형제들과 사사건건 부딪치게 되자 마침내 이들을 제거할 계획을 세우게 되었다.

마침내 공민왕 원년(1352) 6월 조일신은 정천기·최화상 등과 모의하여 기씨 형제와 그 일파인 고용보·박도라대 등을 제거하기로 결심했다. 그러나 거사가 있던 날 밤에 붙잡혀 죽은 것은 기원 한 사람뿐이었고 기철 등 나머지 형제들은 놓쳐버리고 말았다. 그러자 조일신은 나머지 기철 형제들을 추격하는 한편, 공민왕이 있는 성입동 이궁을 포위했다.

이후 조일신은 공민왕으로부터 국인(國印)을 빼앗아다가 관직제수를 제 마음대로 했다. 이 때문에 여론이 좋지 않자 역모 혐의를 우려한 조일신은 변란의 책임을 최화상 등 동료들에게 뒤집어씌우고는 공민왕에게 역적들을 토벌하러 나서라며 협박했다. 이때 조일신은 머뭇거리는 공민왕의 등을 밀며 "어디 두목 없이 성취된 일이 있습니까?" 하였고, 이에 어쩔 수 없이 왕은 칼을 차고 역적들을 잡으러 갔다. 동료들을 죽인 조일신은 마치 자신이 역적들을 토벌한 양 위세를 부렸고 그 공으로 좌정승까지 승진하였다.

정권을 잡은 조일신이 날로 횡포를 부리자 마침내 공민왕은 그를 제거하기로 결심하였다. 조일신을 제거하는 계획은 일사천리로 진행되었다. 조정 중신들로부터 제거 동의를 받는 그 즉시 공민왕은 조일신을 잡아들이게 하여 목을 베어 버렸다.

이처럼 조일신의 난은 공민왕의 진압작전으로 곧바로 진압되었다. 그런데 이 변란은 얼핏 권신 상호 간의 알력에 의해서 일어난 듯싶지만 사실은 공민왕의 배원 정책과도 관련이 있는 것이었다. 원나라가 쇠퇴하자 공민왕은 용기를 내서 친원파를 제거하기로 결심하였고 그 첫 대상자가 바로 조일신이었다.

친원파 가운데는 이미 제거된 조일신 외에도 기씨 형제를 비롯한 노책과 권겸이란 자가 있었다. 노책은 딸을 원나라 태자비로 바치고 집현전 학사가 된 자이며 권겸 역시 딸을 원나라 황태자비로 바치고 그 덕에 태부감 태감이 된 자였다. 기철을 비롯한 친원파들은 조일신의 난 이후 공민왕의 배원 정책이 더욱 가속화되는 것을 보고 공민왕을 폐위시킬 역모를 꾸미려 하였

1358
북프랑스, 자크리의 농민반란

홍건적 고려 침입
1359

홍건적을 무찌르고 서경 수복
1360

다. 하지만 이를 눈치 챈 공민왕이 먼저 선수를 치고 나오는 바람에 이들의 역모는 수포로 돌아가고 말았다.

당시 공민왕은 연회를 베푼다는 핑계로 재추들을 궁궐로 초청하면서 이들 세 명도 함께 초청했다. 초청을 받은 기철과 권겸이 연회장에 들어오자 공민왕은 즉시 밀직 강중경과 목인길에게 암살 명령을 내렸다. 왕명을 받은 강중경 등은 곧장 기철에게 달려가 그를 때려죽이고 뒤이어 도망치는 권겸을 뒤쫓아가 궁문에서 죽였다. 기철과 권겸을 살해한 강중경은 곧장 노책의 집으로 달려가 그마저 죽여 버렸다. 이들이 비명에 가자 기유걸·배천경·완췌부카 등 친원 세력들은 모두 도망치고 나머지 그 일파들도 뿔뿔이 흩어졌다.

친원파 거물들을 일시에 제거해 버린 공민왕은 곧바로 정동행중서성이문소를 철폐하고 쌍성총관부를 회복시켰다. 쌍성총관부는 고종 말년에 잃어버린 뒤 실로 약 1백여 년 만에 회복된 것이다. 이렇듯 공민왕대에 들어와 고려는 영토의 회복과 관제의 복개 등 일련의 배원 운동으로 새롭게 중흥을 맞는 듯했다. 하지만 공민왕의 앞에는 또 다른 난관이 놓여 있었다.

이 무렵 고려의 남방과 북방 지역은 외적의 침입으로 혼란에 빠져들고 있었다. 사실 고려와 원의 일본 정벌이 실패한 후 왜구는 이들 두 나라에 대한 복수심으로 중국과 고려의 연안 지방에 자주 침입해 들어왔다. 게다가 남방 연안에 왜구들이 큰 소란을 피우는 사이 북방에서는 홍건적이 침입하여 소

홍건적, 10만군으로 삭주·이성에 침입
1361

이성계 홍건적 대파

탐라의 목호 반란 일으킴
1362

오스만투르크군, 아드리아노플 점령

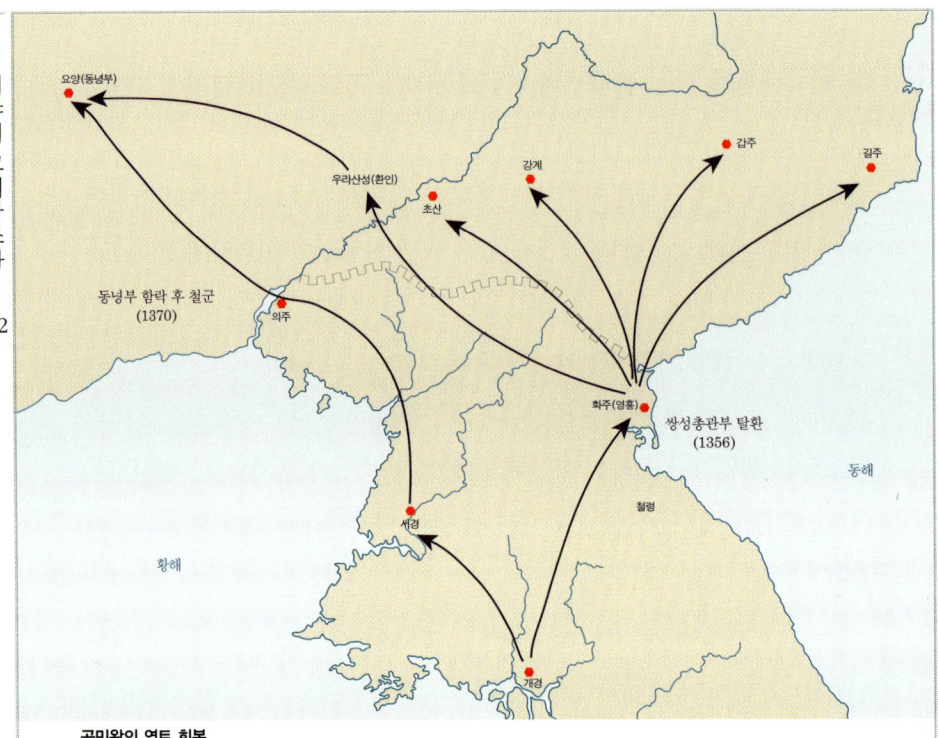

공민왕의 영토 회복

란을 피웠다.

    홍건적은 공민왕 8년(1359) 겨울, 압록강이 언 것을 이용하여 의주까지 함락하며 살인과 약탈을 자행하다 고려군의 총공격에 밀려 후퇴했다. 그러나 1361년에 들어와 대규모의 침입을 강행하여 수도 개경까지 함락시켰다. 이 때 개경 주민을 비롯한 공민왕과 노국대장공주는 다행히 성 밖으로 몸을 피했으나 미처 피신하지 못한 사람들은 모두 화형당해 죽는 참변이 일어났다.

문익점 원에서 목화씨 들여옴		승려 신돈을 사부로 삼고 국정에 참여케 함
1363	**1364**	**1365**
	주원장, 오왕을 칭하고 자립	

그 당시 홍건적들은 임신한 부인의 유방을 도려내어 구워 먹는 등 잔혹한 짓을 서슴없이 저질렀다. 하지만 이듬해 초 이성계를 비롯한 고려 장수들이 개경을 공격하여 홍건적들을 모두 몰아냄으로써 두 차례에 걸친 홍건적의 침입은 완전히 평정되었다.

김용과 최유의 반역

1362년 홍건적이 쫓겨간 지 며칠 후 개경에서는 또 다른 유혈극이 벌어졌다. 평장사 김용이 자신과 왕의 총애를 다투던 정세운을 시기하여 안우와 이방실로 하여금 그를 죽인 것이다. 김용은 정세운을 암살한 뒤 사실이 발각될까 두려워 안우와 이방실마저 죽였다.

정세운과 안우 등을 제거한 김용은 이후 원나라 기황후파인 최유가 공민왕을 폐립하려던 일에도 관여하였다. 당시 기황후는 기철 등 자신의 오빠들이 공민왕에 의해 제거되자 원한을 품고 복수할 기회만을 엿보고 있었다. 이것을 안 최유는 공민왕을 폐하고 덕흥군 혜로 하여금 왕위를 잇게 하는 음모에 김용을 끌어들였다.

최유 일파가 옹립하려 한 덕흥군 혜는 충선왕과 궁인 사이에 태어난 왕자로 어려서 중이 되었다가 원나라로 건너가 있던 상태였다. 그런데 때마침 기황후가 원나라 황제를 움직여 덕흥군을 고려 국왕으로 정해 주자 최유와 김용은 자기들 멋대로 좌정승과 판삼사사직에 오르고서 요양성병을 빌려

전민변정도감 설치
1366
오스만투르크, 아드리아노플에 정도

신돈, 정치개혁 행함

호복제 폐지
1367
신성로마제국, 한자시의 쾰른동맹

고려로 쳐들어가려 했다.

그 무렵 공민왕은 상주에 머물고 있었는데 그는 궁궐 하나 남지 않은 개경을 떠나 수원으로 천도할 생각을 하고 있었다. 하지만 수원은 땅이 비좁고 바다에서 가까우므로 외적에 쉽게 노출된다는 의견이 올라와 수원 천도는 중지되었다.

그러는 사이 원나라 장수 나하추가 쌍성총관부를 수복할 목적으로 얼마 전까지 쌍성총관이던 조소생, 그리고 쌍성천호이던 탁도경과 함께 수만 명의 군사를 이끌고 홍원의 달단동에 나타났다. 이 당시 나하추의 등장은 쌍성을 되찾으려는 조소생과 탁도경의 야욕으로 빚어진 것이지만 그 무렵 연경에서 반역을 꾀한 덕흥군과 최유와도 관련이 있었다.

어쨌든 이들이 침입하자 당시 동북면병마사이던 이성계가 곧 출동하여 이들을 격퇴시켰다. 이때 공민왕은 상주를 떠나 청주로 갔으나 개경이 아직 어수선하다 해서 상경할 생각을 하지 못하고 있었다. 그러다가 이듬해 환도해도 좋다는 점괘가 나오자 공민왕은 1363년 2월 청주를 떠나 임진강에 이르러 우선 흥왕사에 머물게 되었다.

이때에 연경의 최유 일파와 내통하고 있던 찬성사 김용은 순군제조로서 경무(警務)의 실권을 장악하고 있었다. 김용은 공민왕이 흥왕사에 머물고 있다는 정보를 입수하자 부하 50여 명을 비밀리에 흥왕사로 보냈다. 이들이 도착하자 왕을 숙위하던 군인들은 모두 겁을 먹고 달아나 버리고 침전 밖에

국학 다시 설치　　국자감시 폐지　　이성계, 원나라의 동녕부 공격
　　　　　　　　　1368　　　　　　**1370**

주원장 황제를 칭하고 명 건국

있던 환관 강원길은 살해되었다. 공민왕의 처소가 급습 당하자 환관 이강달은 재빨리 왕을 업고 창문으로 도망쳐 공민왕을 대비의 밀실에 숨겼다. 그리고 침전에는 공민왕과 얼굴이 비슷한 환관 안도적이 대신 누워 있다가 변을 당했다.

김용의 부하들은 뒤이어 개경에 있는 다른 반대파도 죽이려 했다. 김용 일파가 이렇게 왕과 반대파를 모두 죽이려고 한 것은 최유와의 유착 외에도 그 무렵 덕흥군과 최유의 음모설을 전해들은 공민왕이 그 정황을 알아보기 위해 이부상서 홍사범을 서북면 체복사로 파견하였으므로 이들이 먼저 선수를 친 것이었다.

변란 소식이 전해지자 밀직사 최영은 개경의 군사를 이끌고 행궁으로 달려가 난을 진압했다. 최영의 활약으로 김용의 반란은 진압되었으나 여전히 원나라에서는 덕흥군을 국왕으로 삼으려는 움직임을 보였다.

이듬해 공민왕 13년(1364) 1월 1일 덕흥군을 받든 최유는 마침내 원나라 군사 1만을 이끌고 압록강을 건너 의주를 포위했다. 공민왕은 최영을 도순위사에 임명하여 안주의 관군을 모두 지휘하게 하고 또 이성계에게는 정예 기마병 1천을 주어 최영을 돕게 했다. 이에 최유는 기세가 꺾여 다시 원나라로 달아났는데, 이후에도 최유는 계속해서 본국을 헐뜯으며 다시 침공할 기회만을 엿보고 있었다.

그러나 국력이 쇠퇴한 원나라는 고려와 불화를 빚는 것을 원치 않았고 마

신돈 일당 처형	관제 개혁	이성계를 원수로 왜구에 대비
1371	**1372**	
일본, 북조 휴원융원 천조	스페인 카스티야해군, 라로셀 해전에서 영국함대 파함	

침내 원 순제는 고려에 사신을 보내서 공민왕의 복위를 승인하는 조서를 보냈다. 그리고 최유를 포박하여 고려로 압송시키고 덕흥군은 영평부로 귀양 보내 버렸다. 최유는 이 해 11월에 고려에서 처형되었다.

신돈의 등장

즉위한 이래로 내우외환을 잘 수습하고 주권회복과 국정쇄신에 온 힘을 기울인 공민왕은 말년에 이르러 신돈이란 승려를 만나면서 또 한 차례 개혁을 시도했다. 하지만 공민왕의 개혁 정치는 신돈의 실각과 함께 그만 종말을 고하고 말았다.

신돈은 영산 출신으로 그의 어머니는 계성현(영산) 옥천사의 여종이었다. 이러한 출신배경 탓에 신돈은 어려서부터 중이 되었는데 원래 이름은 신돈이 아니라 편조였다. 워낙 천한 출신이었던 신돈은 중들 틈에도 끼지 못하고 그저 산방으로 겉도는 신세였다. 그가 개경에 온 것이 언제인지, 또한 어떤 경위로 왕실과 접촉하게 되었는지는 확실하지 않다. 다만 그가 공민왕을 처음 만나게 된 시기는 1358년이었다. 이때 공민왕은 유학자 중심의 관료 체제에 염증을 느끼고 불교 세력을 통하여 제2의 개혁 정치를 펼치려던 중이었다. 그리고 이러한 공민왕의 계획에 적합한 인물이 바로 신돈이었다.

신돈의 등용에 대해 전설적인 이야기가 전한다. 공민왕이 어느 날 꿈을 꾸었는데 그 꿈에 어떤 사람이 칼을 들고 왕을 죽이려 했다. 그런데 때마침

한 스님이 달려와 왕을 구해주었다. 공민왕이 꿈을 꾸고 난 후 얼마 지나지 않아 김원명이 신돈을 소개했다. 신돈의 모습이 꿈에서 본 스님의 모습을 쏙 빼어 닮았다. 왕은 신돈에게 꿈 이야기를 했다.

"전하, 소승과 전하 사이는 전생에 깊은 인연이 있나 보옵니다."

이때부터 공민왕은 편조(신돈) 스님을 자주 불렀다. 편조의 말을 들은 공민왕은 심기가 편해지고 마음이 즐거웠다. 편조는 매우 총명하고 영리했다.

"나는 모든 것이 다 싫소. 정치도 백성도 다 싫소. 차라리 훌훌 털어버리고 산천경계나 즐기며 그림이나 그리고 싶소."

"하시고 싶은 대로 하소서. 임금이라고 해서 자신의 낙을 가지지 말라는 법이 있습니까? 산수 좋은 곳에서 그림을 그리시는 것도 좋을 것이옵니다."

다른 신하들은 임금이 그런 말을 하면 심기를 바로 하라고 야단법석을 피웠다. 그런데 편조, 즉 신돈은 달랐다. 임금도 즐길 권리가 있다며 공민왕의 비위를 맞추었다.

공민왕의 총애를 한 몸에 입은 신돈은 청한거사라는 호와 사부의 직책을 받고 국정 전반에 걸쳐 자문을 받을 만큼 권세를 얻었다. 신돈의 등장은 그 해 2월 공민왕비 노국대장공주가 난산 끝에 세상을 떠났던 것과 관련이 있었다.

공민왕의 노국대장공주에 대한 추모는 그 유례가 드물 만큼 너무도 지나친 것이었다. 공민왕은 노국대장공주가 죽자 손수 공주의 진영을 그려놓고

공민왕 살해됨
1374

공민왕과 노국대장공주의 영정

밤이건 낮이건 간에 마주보고 앉아 애통해 했고 그 뒤 3년 동안이나 육식을 피할 정도였다. 부인을 잃고 상심해하던 공민왕에게 언변 좋은 신돈이 접근하기란 어느 때보다도 쉬웠던 것이다.

더욱이 공민왕은 전부터 국정의 혁신을 바라고 있었으나 재상들과 뜻이 맞지 않자 새로운 인물을 찾고 있던 터였다. 때마침 신승처럼 보이는 신돈이 나타나자 공민왕은 그를 절대적으로 신임하며 그에게 국정을 맡겼다.

신돈이 권력을 잡자 간신배들은 그에게 아부하기 시작했다. 신돈은 밀직 김란의 집에서 기숙하고 있었는데 출세욕이 남달랐던 김란이 신돈에게 처녀 두 명을 바쳐 아내로 삼게 했다. 그것을 안 최영이 김란을 크게 나무랐는데 이 말을 전해들은 신돈은 최영에게 원한을 품었다. 그렇지 않아도 구세력들을 축출하여 자신의 세력기반을 굳히려던 신돈은 곧장 이 일을 공민왕에게 참소하였다. 그리고 자신을 중심으로 한 정계개편을 짰다.

신돈은 우선 최영을 계림윤으로 좌천시키고 자기 세력들을 요직에 앉혔다. 이후 신돈의 위세는 더욱 높아져 그의 마음에 든 무리는 요직에 배치되고 조금이라도 미움을 받은 사람은 쫓겨났다. 그런 가운데 공민왕은 신돈을 더욱 신임하여 진평후에 봉하고 무려 50글자에 해당하는 최고 관직에 임명하였다. 마침내 최고 관직까지 오른 신돈은 편조라는 이름을 버리고 '신돈'이란 이름으로 개명했다.

《고려사》 신돈전에는 공민왕이 신돈을 신임한 경위를 이렇게 전한다.

> 공민왕이 오랜 기간 왕위에 있으면서 재상들에 대해 만족을 느끼지 못하였다. 재상대족들은 친족의 뿌리가 얽혀 서로 엄폐하고 있고 초야신진은 명망을 얻어 귀하게 되면 자기 가문이 한미한 것을 부끄럽게 여겨 대족과 혼사하여 처음의 뜻을 모두 버린다. 게다가 유생들은 과단성이 적고 기백이 없으며 문생이다 좌주다 동년이다 하면서 서로 당파가 되어 사정에 끌리니 이상 세 부류는 모두 쓸 수 없다고 공민왕은 생각하였다. 이에 세상을 떠나 초연한 인물을 얻어 그를 등용시킴으로써 이러한 폐해를 혁파할 것을 생각하던 차에 신돈을 보자 그가 적임자임을 알았다고 한다.

그러나 신돈은 공민왕이 꿈에 본 그런 신승이 아니었다. 그는 공민왕에게 "참소를 믿지 않아야 세상을 복되게 할 것입니다."라며 절대적인 신임을 강요하였고, 심지어는 "스승이 나를 구하고 내가 스승을 구하여 어떤 일이 있어도 남의 말을 듣고 의혹을 품지 않을 것이니 오늘의 이 맹세는 불천이 증명하리라." 하는 서약서까지 쓰게 만들었다.

때마침 항간에는 '진사(辰巳)에 성인이 나온다.'라는 참설이 돌고 있었는데, 신돈은 자기가 개경에 다시 나타난 1364년이 갑진년이요, 이듬해인 1365년이 을사년이니 "참설에서 말하는 성인이란 것이 내가 아니면 또 누구겠는가."라며 공공연하게 떠들고 다녔다.

이렇듯 입으로는 성인인 척하면서 한편으로는 더욱 더 세력 확장에만 급급하여 남을 중상모략하고 자기를 따르는 자들을 요직에 배치하고 또 양가의 부녀자들을 갖은 구실로 유인하여 음행을 가하는 등 신돈의 횡포와 부정은 날로 심해가기만 했다. 신돈은 자기 집에서는 온갖 술과 고기를 맘대로 먹고 여자를 밝히다가도 공민왕을 대하면 갑자기 돌변하여 좋은 말만 하고 채소나 과일만 먹으며 술 대신 차를 마실 뿐이었다.

신돈의 전횡이 날로 심해지자 당대의 유학자 이원충(李遠衷)이 노골적으로 신돈을 비판했다.

"그의 주색이 도에 넘치고 있다. 중이 고기 맛을 알면 절간의 빈대가 남아나지 않는다더니 신돈이 그 짝이다."

이 말을 들은 신돈은 이원충마저 내몰아 버렸다.

신돈의 극무도한 행패에 드디어 간관들이 일어나 그를 탄핵했다. 그 가운데 엄부흥과 이존오는 여러 차례 모여 신돈 제거의 밀담을 나누었다.

"더 이상 보고만 있을 수 없소이다."

"그렇다고 함부로 다룰 수는 없어요. 상감의 신임이 철석같지 않소."

"그자의 패행은 금수보다 못하오. 양기를 북돋운다고 백마를 잡아 그 신(腎)을 회쳐 먹는다 하오."

"그뿐만이 아니외다. 지렁이도 산 채로 먹는다지를 않소."

"놈에겐 이상한 버릇이 있소. 사냥은 싫어하고 개나 매를 보면 새파랗게 질려 부들부들 떤답니다."

"그놈은 아마 늙은 여우가 환퇴한 놈이 아닐는지요."

이존오는 죽을 각오로 공민왕에게 상소를 올렸다. 공민왕은 상소문을 불에 태워버리고 화를 냈다.

이후에도 신돈은 자신의 잘못을 뉘우치기는커녕 사치와 향락에 젖어들며 권세를 누렸는데 급기야 노국대장공주의 정릉에 재실을 짓는다며 덕릉(충선왕릉)의 나무를 거의 다 베어도 누구 하나 반대하지 못하였다. 또한 옷차림이나 생활에서도 왕 못지않아 세인의 눈을 놀라게 했고, 그의 오만불손한 태도 또한 이루 다 말할 수 없을 정도였다. 신돈은 공민왕과 마치 허물없는 친구처럼 행동하였으며 선왕이나 왕후의 능에 배알할 때 백관이 모두 왕을 따라 무릎을 꿇고 절을 해도 신돈만은 홀로 우뚝 서 있을 정도였다.

성인인가, 요승인가

그런 가운데 신돈은 백성들에게는 성인으로 추앙받고 귀족들에게는 요승으로 각인되는 개혁조치를 단행했다. 앞서 원종과 충렬왕 때에도 잠깐 설치된 일이 있으나 번번이 실적을 올리지 못하고 말았던 '전민변정도감'을 설치하고 스스로 판사가 되어 토지 제도와 노비 제도를 혁신하려 한 것이다. 이때 신돈은 서울은 15일, 지방은 40일의 기한을 주고 그동안 권세가와 호족들이 불법으로 탈취했던 전민(田民)을 원주인에게 돌려주게 했다. 또한 양민이 되기를 호소하는 천민이나 노예는 모두 그 소원을 들어주었으므로 백성들의 대대적인 환영을 받았다. 이에 권문세가는 신돈의 처사에 대해 격분했으나 노비의 신분에서 해방된 자들은 신돈을 '성인'이라고까지 찬양하였다.

신돈은 그의 부모와 같은 천인들로부터 인심을 얻었지만, 그의 행동은 날이 갈수록 점입가경이었다. 신돈은 부녀자의 송사가 있을 때 용모가 괜찮으면 겉으로 불쌍하게 여기는 척하고 간음한 다음 송사에 이기게 해 주었다. 이 때문에 심지어 신돈을 위하여 화장까지 하는 과부가 있었고 여알(女謁, 여자가 신돈을 찾아가는 것)이 크게 성행하기도 했다. 이처럼 신돈의 위세가 높아가자 백관들은 아예 궁궐로 가지 않고 그의 집에 출근하여 국사를 논의할 정도였다.

신돈의 세력이 하늘을 찌르자 지도첨의 오인택 등은 신돈을 몰아낼 계획을 세웠고 원로 중신인 이제현도 "신돈의 골상은 옛날의 흉인과 유사하니 가까이 하지 마십시오."라고 왕에게 간청까지 할 정도였다. 하지만 오인택은 사전에 계획이 누설되어 죽임을 당했고 이제현은 간신히 죽음은 모면했으나 그의 문도들이 벼슬길에 나가지 못하는 화를 당했다. 당시 신돈은 이제현의 문도들이 벼슬길에 나가는 것을 막기 위해 과거시험 자체를 아예 폐지시켜 버렸는데 이 때문에 제사를 주관하는 관청에서는 소지나 축문 한 장 제대로 쓸 줄 아는 사람을 찾기가 힘들 정도였다.

자신을 배척하려는 운동이 자꾸 일어나자 신돈은 불안감과 불쾌감에 사로잡혀 그들을 큰 장애물로 여기게 되었다. 때문에 신돈은 음양설을 내세워 공민왕에게 자주 천도를 권유하여 구귀족이

이제현 [국립중앙박물관 소장 200702-039]

뿌리박힌 개경을 떠나려 했다. 이때 공민왕이 난색을 표하자 개경의 위치가 바다 가까이 있으므로 외적의 침입이 용이하기 때문에 옮겨야 한다고 주장하였다. 이렇듯 허물없는 사이였던 공민왕과 신돈에게도 마침내 사이가 멀어지는 날이 왔다.

공민왕은 사람을 잘 시기하는 성질이 있어 자기의 심복이라 할지라도 그 권세가 너무 강해지면 제거해 버리는 성향이 있었다. 신돈이 사심관 제도를

부활시켜 5도사심관이 되려는 야망을 키우자 그를 절대적으로 신임하던 공민왕의 생각도 달라지기 시작했다.

눈치 빠른 신돈은 임금이 자기를 의심하고 있다는 것을 알아차렸다. 그는 심복들과 논의했다. 기현·최사원·이춘부·김난 등이 머리를 맞대었다.

"임금이 나를 의심한다. 어떻게 하면 좋겠는가."

"한번 의심을 받으면 되돌리기 어렵습니다. 마침내 쫓겨나거나 죽고 말지요."

"나를 죽인다?"

신돈은 심복들을 돌아보았다.

"그렇습니다. 종당에는 제거당합니다."

"안될 말, 내가 먼저 선수를 쳐야지."

"바로 그렇습니다."

역모가 되어 버렸다. 죽지 않으려면 죽여야 한다는 명분이 찾아졌다. 그들은 역모를 은밀히 진행시켜 나갔다. 하지만 이 일은 곧 발각되었고 신돈은 체포되어 수원으로 유배되었다가 곧 참살당하고 말았다.

신돈은 죽기 직전까지도 자백하지 않았다. 그러면서 임금의 세서를 들먹였다.

"전에 대왕께서 어떠한 일이 있더라도 소승을 버리지 않으시겠다고 세서까지 써 주신 일을 벌써 잊으셨사옵니까? 오늘 소승을 닦달하시니 대왕의 맹세가 부끄럽지 않으신지요?"

공민왕은 쓴 웃음을 지었다.

"내 맹세보다도 네놈의 맹세부터 따져보자. 너는 부녀자들을 가까이 하는 것은 설법을 하여 부처의 길로 인도하기 위해서이지 결코 음행을 생각하는 것이 아니라고 했다. 그런데 너는 지금 두 명의 자식까지 낳지 않았느냐? 게다가 성 안에 갑옷 만드는 곳을 일곱 군데나 만들어 놨다니, 네 놈이 역모를 하려고 한 짓이 아니더냐? 이러고도 평생 고락을 함께 하자고 맹세한 임금을 배반하지 않았다고 우길 터이냐!"

신돈이 죽은 뒤 대궐 뒤편 숲속에서 꼬리가 아홉 달린 늙은 여우가 피를 토하고 쓰러지는 것을 본 사람이 있다고 전한다.

《고려사》는 신돈을 반역열전에 올리고 그의 인물됨을 이렇게 평했다.

"신돈은 사냥개를 무서워했으며 활 쏘고 사냥하는 것을 싫어했다. 또한 호색 음탕하여 매일 검정 닭과 흰 말을 잡아먹고 양기를 돋웠다. 당시 사람들이 이러한 신돈을 늙은 여우의 요정(妖精)이라고 했다."

하지만 《고려사》가 조선 건국 세력에 의해 쓰인 역사서라는 사실을 감안한다면 〈신돈열전〉에 쓰인 갖은 신돈의 횡포는 어느 정도 각색되고 왜곡되었을 가능성도 크다.

우왕의 탄생과 공민왕의 죽음

노국대장공주를 잃은 뒤로 국정을 신돈에게 맡기며 새 정치를 표방했던 공민왕은 신돈의 실각과 함께 마치 딴 사람처럼 변해갔다. 말년에 후사 문제로 갖가지 변태적인 기행을 보이던 공민왕은 시해당하는 것으로 자신의 인생을 마치고 말았다.

본래 여색을 좋아하지 않았던 공민왕은 노국대장공주가 살아 있을 때에도 왕비의 침소에 가는 일이 매우 드물었다. 노국대장공주와의 사이에서 아들을 얻지 못한 공민왕은 왕비가 죽은 뒤로 계비를 들이기도 하고, 혹은 신돈과 함께 불공을 드리며 축원하기도 했으나 후사를 얻지 못했다.

그 사이 공민왕은 신돈의 집에 자주 드나들다 신돈의 비첩인 반야라는 미인을 보고 총애하였다. 공민왕의 사랑을 받은 반야는 1365년 아들을 낳았는데 이가 공민왕을 이어 왕위에 오른 우왕이다. 우왕의 어릴 적 이름은 모니노였는데 그를 몹시 사랑했던 공민왕은 자주 장난감을 갖다 주며 부정을 나타냈다.

모니노의 나이 8세 때이던 공민왕 20년(1371), 신돈이 역모 죄로 몰려 죽자 공민왕은 모니노를 데려다가 태후궁에 두고 당시 수시중으로 있던 이인임에게 "신돈의 집에 아름다운 여자가 있기에 가까이 하였더니 아들을 얻었다." 면서 모니노를 세자로 세우려고 했다. 하지만 태후가 모니노는 비빈의 소생이 아니라며 반대하여 세자로 정하지는 못했다.

공민왕은 태후의 반대에 부딪혀 모니노를 세자로 삼지 못했으나 여전히 태후궁에 두고 우(禑)라는 이름을 지어주며 강녕부원대군에 봉하였다. 그리고 이듬해에는 우가 궁인 한씨의 소생이라고 발표하게 했다. 당시 궁인 한씨는 이미 사망한 상태였는데 우왕의 친모를 궁인 한씨라고 한 것은 생모인 반야가 신돈의 비첩 출신이었기 때문이었다.

우왕은 당시에 공민왕의 아들로 공인되어 있었다. 하지만 이후 우왕은 반야의 아들이라는 사실 때문에 이른바 '우왕신씨설'을 내세운 이성계 일파와 조선 왕조 건국 세력들에게 폐위되고 말았다.

공민왕은 이 무렵 요사스런 자들을 가까이하는 생활을 하였다. 이것은 신돈을 총애하던 때와는 성격이 좀 다른 것이긴 하지만 공민왕의 이상한 성격을 보여주는 점에선 일치하고 있다.

당시 시중 김취려의 증손인 김흥경이 총명하여 우덴치란 것에 뽑혔는데 공민왕은 내시굴치로 삼고 남색의 정을 기울였다. 이후로 내침에서 매일같이 공민왕을 모신 김흥경은 승진을 거듭하였고 공민왕은 그에게 궁중에다 자제위란 것을 설치하게 했다. 자제위는 얼굴이 아름다운 미소년들을 선발하는 곳으로 김흥경이 이를 총관했다. 이때 뽑혀 들어간 미소년들은 홍윤·한안·권진·홍관이란 자들이었고 이 밖에 여자들도 다수 뽑혀 들어갔다. 공민왕은 이들과 함께 매일같이 음란한 유희를 벌였다.

공민왕은 이들 자제위 미소년들과 기괴한 유희에 열중한 나머지 휴목(休

沐, 목욕을 위한 휴가)을 주지 않았으므로 이들은 차츰 바깥세상을 그리워하고 불만을 품게 되었다. 공민왕은 때마침 태후가 우를 세자로 허락해 주지 않아서 다시 후사를 걱정하던 중이었는데 홍윤 등 자제위들의 불만을 해소시키는 동시에 비빈들을 임신시킬 생각을 하게 되었다.

공민왕은 홍윤·한안 등 자제위 출신들과 그의 비빈들을 억지로 간음하게 하여 왕자를 얻으려는 희망을 품었으나 정비·혜비·신비 등 3비가 한사코 거부하는 바람에 뜻을 이루지 못했다. 하는 수 없이 공민왕은 마지막으로 익비를 김흥경과 홍윤·한안 등이 간음하도록 했다. 이때 익비 역시 거부하자 공민왕은 칼로 위협하며 강제로 간음을 시켰다.

그런 가운데 공민왕 23년(1374) 9월 21일 최후의 유혈극이 벌어졌다. 당시 환관 최만생이 공민왕을 측간까지 따라가며 말하였다.

"신이 익비를 찾아가 뵈었더니 익비 말씀이 임신 5개월이라 합니다."

이 말을 들은 공민왕은 매우 기뻐했다.

"내가 일찍이 노국대장공주에게서 아들을 얻지 못해 걱정했더니 이제 익비가 아들을 가졌나 보구나. 이제 무슨 걱정이 있겠느냐. 그런데 그게 누구의 씨더냐?"

"익비의 말씀으로는 홍윤의 자식이라고 합니다."

최만생의 대답을 들은 공민왕은 다음과 같이 말하였다.

"내일 창릉(세조릉)에 가서 독주를 먹여 홍윤 등을 죽여 없애 비밀이 누설

공민왕릉

되지 않도록 하겠다. 너도 이번 일을 알고 있으니 죽음을 면할 수 없다."

그러자 최만생은 크게 겁을 집어 먹고 홍윤과 한안에게 달려가 공민왕을 죽일 것을 모의했다. 그날 밤 자정, 침전에 들어간 최만생과 홍윤, 한안은 술에 취해 정신없이 자는 공민왕의 온 몸을 수검으로 마구 찔러댔다. 이들이 휘두른 칼에 공민왕은 뇌수가 벽에까지 튀어 붙을 정도로 처참한 죽음을 맞이했다. 이때 공민왕의 나이 45세였다.

그 뒤 최만생·홍윤·한안·권진 등은 왕을 시해한 죄로 능지처참을 당하고 그들의 나머지 친족도 모두 잡혀 유배되거나 노비가 되었다. 이로써 공민왕의 죽음과 함께 국권회복과 북진 정책을 수행할 수 있는 기회는 어이없게 사라지고 고려왕조는 쇠퇴의 길을 치닫게 되었다.

   고려의 역대 제왕은 태조 이후로 원종까지 본국에서 시호와 묘호를 지었으나, 원나라 간섭을 받게 된 충렬왕대부터는 원나라로부터 시호를 받았을 뿐 묘호는 붙이지 못했다. 그러나 공민왕대에 명나라가 강성해지자 고려의 대외관계도 크게 바뀌어 공민왕의 시호 '공민'은 명나라에서 받은 것이었다. 본국에서는 공민왕에게 경효(慶孝)라는 시호를 추증했다. 그 뒤의 우왕과 창왕은 모두 폐시(廢弑)되어 시호가 없고 마지막 임금 공양왕의 경우는 새 왕조 조선에서 추증한 것이다.

우왕

우왕의 즉위와 권신 이인임의 득세

공민왕의 죽음을 전후로 고려와 북원·명의 삼각관계는 매우 복잡 미묘하게 전개되었다. 1369년 명 태조가 칭제와 건국 사실을 알려오자 고려는 사대의 예를 취하며 명나라 연호 홍무(洪武)를 사용하는 등 친명의 입장을 취했다. 그러나 몽골로 쫓겨 간 북원이 여전히 그 명맥을 보존하고 있는 상태였으므로 고려는 북원과 명나라 사이에서 적당히 양다리 외교를 펼치며 국가의 안전을 도모하려 했다.

이러한 상황에서 고려는 공민왕이 시해되고 1374년 9월 제32대 우왕(禑王)이 그 뒤를 이어 왕위에 올랐다. 그런데 우왕은 그 당시 10세라는 어린나이에다 신돈의 비첩인 반야의 아들이라는 출신성분 때문에 왕위에 오르는 데 하자가 있었다. 그런 그가 별다른 잡음 없이 왕위에 오를 수 있었던 것은 권신 이인임의 절대적인 도움이 있었기 때문이다.

공민왕이 죽자 공민왕의 모후인 명덕태후는 강녕대군 우가 왕비의 소생이 아니라며 종친 중에서 다른 왕위계승자를 찾아야 한다고 주장했다. 하지만 수시중 이인임이 종실의 영녕군 유와 밀직 왕안덕과 합세하여 나이 어린 강녕대군 우를 즉위시킨 것이다.

당시 우왕 옹립의 기수역을 자임했던 이인임은 공민왕대와 우왕대를 누

우왕 즉위
1374

명, 복제를 정함

친원·친명의 다툼 시작

상평제용고 설치
1375

명, 천하에 사학을 세움

빈 절대권력자였다. 그는 공민왕 17년(1368)에 좌시중으로 등용된 이래 우왕 13년(1387)에 노환으로 수상직을 그만둘 때까지 장장 19년간이나 재상직에 있으면서 온갖 권세를 누렸다.

아무튼 우왕은 이인임의 후광으로 왕위에 오르기는 했지만 그 무렵 복잡한 대외관계 때문에 왕위를 인정받지 못하는 난항을 겪게 되었다. 우왕이 즉위한 지 얼마 되지 않아 명나라로 공마를 호송 중이던 밀직부사 김의가 명나라 사신을 죽이고 북원의 장수 나하추에게로 달아나는 사건이 발생한 것이다.

이 일로 우왕의 즉위를 허락받으러 명나라로 갔던 밀직사 장자온은 그냥 되돌아올 수밖에 없었다. 게다가 여전히 개경에서는 "선왕인 공민왕에겐 아들이 없다."며 우왕의 자격 시비가 끊이지 않았고 또한 북원에서는 심왕 고의 후손인 탈탈불화를 고려 국왕으로 내세우려는 심상치 않은 움직임까지 진행되고 있었다.

이렇듯 상황이 복잡하게 돌아가자 이인임은 명나라 대신 북원으로 사자를 보내 우왕의 왕위계승을 허락받으려 했다. 하지만 당시 조정의 친명파들은 "공민왕이 친명(親明)하였는데 이제 다시 친원(親元)할 수는 없다."며 이를 거부하고 나섰다. 이에 이인임은 가장 심하게 반대하던 정도전을 회진으로 귀양보내는 조치를 단행하며 친명파들의 반발을 진압하는 한편, 북원의 승인을 받아 우왕을 즉위시켰다.

최영, 홍산에서 왜구 토벌
1376

최무선, 화통도감 설치하고 화약과 화포 제작
1377

최영·이성계, 왜구를 승천부에서 대파
1378

교황 그레고리우스 11세 로마로 돌아옴. 아비뇽의 유수 끝남

로마교회, 로마와 아비뇽으로 분리

하지만 다사다난한 국제정세에다 신구 세력 간의 갈등이 교차하는 정치 상황을 나이어린 우왕이 감당하기엔 너무나 무리한 일이었다. 게다가 10세에 왕위에 오른 철부지 우왕은 수렴청정할 모후마저 없는 신세였으므로 권신들이 발호하기에 안성맞춤이었다.

우왕은 성품이 매우 연약한데다 이인임의 강력한 비호로 왕위에 올랐으므로 정사에 별로 뜻을 두지 않았다. 학문에 그다지 흥미를 보이지 않았던 우왕은 즉위한 이후에도 오직 말달리기와 매사냥 따위에 열중하더니 나이 15세에 이르자 이루 다 말할 수 없는 횡포함을 드러내기 시작했다. 민간의 닭이나 개를 마구 쏘아 죽이고 길 가는 여자들을 닥치는 대로 강간하는 통에 백관에서부터 천민에 이르기까지 예쁜 첩이나 딸을 둔 사람은 한시도 마음을 놓지 못하였다.

더욱이 우왕은 인명을 경시하는 성향이 있어 시종들의 조그마한 잘못도 용서하지 않고 그 자리에서 죽이는 일이 비일비재했다. 그러나 이러한 행동은 그의 천성이라기보다 부왕인 공민왕이 시종에게 살해당한 것에 대한 일종의 후유증이었다. 우왕은 평소 부왕이 잠자다가 해를 당한 일을 되뇌며 자신의 신변 안전에 큰 강박증세를 보이곤 했다. 따라서 잠자는 것을 몹시 두려워했으며 잠 잘 땐 항상 시종들을 모두 나가게 했고 이것마저도 불안하여 뜬 눈으로 밤을 새기 일쑤였다.

이렇게 시종들에 대한 의심증은 날이 갈수록 심해졌는데 한 번은 우왕이

우왕, 처음으로 보평청에서 정사를 살핌
1380

전민변위도감 설치
1381

남경에서 개경으로 천도
1383

베네치아, 제노바해군 전멸

영국, 와트 타일러의 난

영비(최영의 딸)와 함께 부벽루에서 놀다가 눈에 거슬리는 마부를 죽이려고 한 일이 있었다. 당시 곁에 있던 최영이 죽이지 말라고 간청하자 우왕은 "장인께서는 사람 죽이기를 즐겨하면서 어째서 나에게만 금지하오?"라며 빈정대고는 끝내 마부를 죽여 버렸다. 이렇듯 시종에 대해서는 가차 없는 우왕이었지만, 부왕인 공민왕의 뜻을 받들어 북진 정책을 추진하며 요동 정벌의 꿈을 불태운 호전적인 기질도 있었다.

우왕은 인명을 경시하는 성향 외에도 놀이벽 또한 심했다. 시도 때도 없이 말달리기나 격구를 하는가 하면 남의 기첩이나 여종 따위를 빼앗아서 궁중에 데려다 놓고 비나 옹주로 삼기도 했다. 그런 그를 대간들이 말리기라도 하면 "듣자하니 사관들이 나의 잘못을 기록한다고 들었다. 만일 그런 자가 발각되면 반드시 죽이고 말겠다."라고 폭언하기도 했으며, 어떤 간관한테서 사냥을 삼가라는 말을 들었을 때에는 그들의 이름을 적으면서 "이 자들로 왜구를 막게 해야겠다."라고 위협했다.

이 말에 간관들은 모두 겁을 먹고 병을 핑계 대며 사퇴하는 이들이 많았을 뿐만 아니라 재추들은 왕의 그런 횡음이 아무래도 신들린 것이지 사람의 일은 아니라고 생각하여 혜명전이나 현릉 등에 고사를 지내기까지 하였다.

그러나 우왕의 그러한 횡포는 비단 그의 잘못만도 아니었다. 우왕은 조선 건국자들에게 폐위되고 사사된 왕인 만큼 그의 일대기가 좋게 기록될 리 만무한데다가 설사 그가 실제 광폭했다 하더라도 그 타락의 배후에는 이인임

이성계 동북면 도원수가 됨, 무예도감을 설치하고 군사훈련 강화
1384

이성계 함주에서 왜구 대파
1385
독일, 하이델베르크대학 창립

1386
밀라노 대사원 착공

이라는 권신 탓도 컸다. 이인임은 우왕이 정사에 몰두하지 못하도록 배후에서 항상 조종하였고 그런 틈을 타 권력을 마음대로 휘두르려 했다.

우왕을 즉위시킨 공으로 정권을 잡은 이인임은 충신들을 몰아내고 자기 일파를 중외의 요직에 고루 배치하는가 하면 매관매작도 일삼았다. 이인임 일파는 자기들 마음껏 권세를 부리고 재물을 모으기 위해 우왕을 일부러 타락시키고 그 뒷바라지를 해준 것이나 다름없었다.

이러한 상황에서 조정은 오랫동안 이인임의 독무대나 다름없었다. 하지만 우왕 13년(1387) 12월 이인임의 심복 염흥방의 가노인 이광이란 자가 전 밀직부사 조반의 토지를 빼앗는 사건이 발생하면서 그의 20년 세도에도 종말이 오고야 말았다. 분한 생각을 억누르지 못한 조반은 부하들을 이끌고 가서 이광을 잡아 죽이고 그의 집을 불태웠다. 그러자 이광이 죽은 것을 분하게 여긴 염흥방은 조반과 그의 모친·처 등을 잡아 옥에 가두고 모진 고문을 가하였다.

결국 이인임을 비롯한 그 일파들의 횡포를 더 이상 방관할 수 없다고 생각한 최영과 이성계는 이듬해 1월 군사를 동원하여 조반과 그의 가족을 구출한 뒤 이인임을 체포하여 경산부(성주)로 귀양보내는 한편 염흥방과 그의 일당을 모조리 잡아 죽였다. 이렇게 해서 이인임 일파의 독무대는 염흥방 이하 1천여 명이 살해되는 엄청난 유혈과 함께 그 막을 내렸다.

사전에서 반조(半租)를 거두어 군량에 충당
1387

우왕, 최영과 요동 공격 밀의
1388

명, 강계에 철령위 설치

남독일 도시 전쟁 재개

요동 정벌과 위화도 회군

우왕 14년(1388) 이인임이 실각하자 이번에는 최영과 이성계가 대표하는 2대 군벌이 맞섰다. 명문거족의 후예인 최영은 구세력을 대표하였고, 이성계 또한 중앙에 진출한 지 얼마 되지 않으나 최영에 못지않게 여러 번 전공을 세우면서 신흥 군벌로 부상하고 있었다.

그런데 이 무렵 고려의 대내외 정책에 일대 전환을 몰고 오는 사건이 발생했다. 명 태조로부터 "철령 이북은 본래 원나라의 땅이었으니 이를 요동에 귀속시킨다."는 조처가 날아든 것이다. 하지만 철령 이북은 앞서 공민왕 때 수복한 지역이었기 때문에 고려 조정은 명의 이러한 조처에 대해 반감을 품게 되었다. 특히 국왕인 우왕은 최영과 함께 8도에 명하여 정병을 모으고 관복을 원 제도로 환원시키는 등 명나라에 대해 노골적인 적개심을 나타냈다.

그러나 전쟁을 우려한 조정의 백관들은 명나라와 화친하기를 바라고 있었다. 더욱이 백성들은 우왕의 전렵 준비에 시달린 상태라 민심도 좋지 않았다. 때문에 우왕은 최영과 함께 요동 정벌을 위해 평양으로 떠나려 하면서도 이를 공식적으로 알리지 않았다.

그런 가운데 우왕은 1388년 4월 1일 최영과 함께 봉주에 가서야 이성계에게 요동 정벌의 결심을 밝혔다. 그러자 이성계는 다음과 같은 4불가론(四不可論)을 들면서 요동 정벌을 반대하고 나섰다.

"지금 출정하라는 것은 네 가지의 불가(不可)한 점이 있습니다. 소국으로

이성계, 위화도 회군으로 정권 장악

서 대국을 거역하는 것이 한 가지 불가요, 여름에 군사를 동원하는 것이 두 가지 불가입니다. 또한 이 시기에 원정하면 왜적이 빈틈을 노려 쳐들어 올 우려가 있으니 이것이 세 가지 불가요, 지금은 하필 장마 때이므로 활에 먹인 아교가 풀리고 대군이 역질에 걸릴 우려가 있으니 이것이 네 가지 불가입니다."

이성계의 말에 우왕은 잠시 마음이 바뀌는 듯했으나 오랜 기간 요동 정벌을 준비한데다가 최영이 "결코 다른 말에는 귀를 기울이지 말라."며 말리는 바람에 마침내 요동 정벌을 강행하였다.

드디어 정벌군이 서경을 떠나 요동을 향하게 되었는데 우왕은 최영을 파견하지 않고 곁에 붙잡아 두었다. 우왕이 최영을 요동 정벌에 보내지 않은 이유는 알 수 없으나 어쨌든 공교롭게도 10만 대군은 정벌을 반대하던 이성계와 조민수가 지휘하게 되었다.

이들은 5월 7일에 의주의 압록강 위에 있는 위화도에 닿았다. 그 사이 군졸들은 대오를 이탈하여 도망치는 자들이 끊이지 않았고 우왕은 이탈하는 자들을 사살하라는 명령을 내렸다.

이성계가 이끄는 정벌군이 위화도에 닿았을 때 갑자기 큰비가 내리고 강물이 불어 사망자가 많아졌다. 결국 요동 정벌이 어렵다고 판단한 이성계는 조민수와 함께 조정에 회군을 요청하였다.

정벌군을 보낸 후에도 여전히 대동강에 나가서 주색잡기에 열을 올리던 우왕은 이성계의 회군 요청을 묵살하고 다만 환관 김완을 보내어 진군을 독려할 뿐이었다. 이에 화가 난 이성계는 김완을 잡아두고 돌려보내지 않았다. 이후 이성계는 또다시 "많은 군사가 굶어 죽은데다가 물이 깊어서 더 이상 행군하기 어려우니 즉시 회군을 허락해 달라."는 전갈을 최영에게 보냈으나 답신은 '진군 명령' 뿐이었다.

이에 이성계는 여러 장수들의 뜻을 모아 마침내 위화도에서 회군하여 압록강을 건너 개경으로 진군하였으니 이때가 1388년 5월 22일의 일이다. 이성계의 회군 소식이 전해지자 근처의 군민은 노소를 막론하고 모두 '목자득국(木子得國)', 즉 "이씨가 나라를 얻는다." 하는 동요를 소리높이 부르며 따랐다고 한다.

최영의 죽음과 우왕의 폐위

외적과의 싸움에서 착실히 명성을 쌓아 올리며 신흥 군벌로 부상한 이성계는 이 무렵 정치적 안목도 상당히 넓어져 있었다. 위화도 회군에 앞서 그가 두서너 차례에 걸쳐 요동 정벌에 반대할 때의 발언을 살펴보면, 당시의 국내외 정세로 봐서 최영보다는 오히려 이성계가 더 융통성이 있었다. 더욱이 우왕이나 최영이 이성계의 말대로 가을에 정벌군을 일으켰거나 최영이 직접 위화도로 갔더라면 상황은 많이 달라졌을 것이다. 그러나 우왕과 최영은 명나라에 대한 적개심만 불태울 뿐 새롭게 변화하는 동아시아 정세를 읽어

내는 데는 실패하였다.

사실 이성계의 위화도 회군은 왕조의 전복까지 염두에 둔 거사는 아니었다. 명나라를 자극하다가는 자신의 앞날 또한 어찌될지 모른다는 위기감이 더 크게 작용한 것이었다. 아무튼 이성계가 회군한 후 군사를 이끌고 개성으로 진군하자 당황한 우왕은 이성계를 제거하기 위해 군사를 모집하는 등 안간힘을 썼다. 하지만 민심은 이미 이성계에게 돌아선 뒤였다.

개성에 도착한 이성계는 제일 먼저 최영을 체포할 것을 명령했다. 이 무렵 최영은 우왕과 함께 팔각전에 있었는데 우왕은 끝까지 최영을 내주지 않으려 했다. 그러자 이성계의 군사들은 일시에 담을 부수고 팔각전 안으로 들어가 최영을 내놓으라며 소리를 질렀다. 우왕은 하는 수 없이 최영의 손을 잡고 울면서 작별하고 최영은 왕에게 두 번 절을 하고 나왔다.

최영을 사로잡은 이성계는 "이번 사변은 나의 본의가 아니고 부득이한 것이니 부디 잘 가시오."라는 말과 함께 최영을 그날로 고봉현으로 귀양보냈다. 70이 넘은 고령으로 귀양길에 오른 최영은 이후 고봉현에서 합포, 충주 등지로 이배되다가 그해 12월 순군옥에 이송된 뒤에 곧 참살당하였다. 죽을 때 최영은 말했다.

"내가 평생에 탐욕한 마음을 조금이라도 가졌었다면 무덤 위에 풀이 날 것이나, 그렇지 않다면 풀이 나지 않을 것이다."

과연 뒷날 그의 무덤 위에는 풀이 나지 않았다 한다. 이런 이유로 최영의

최영 장군묘

무덤은 '적분(赤墳)'이라고도 불렸는데 《동국여지승람》에는 그것이 대자산에 있었다고 전한다.

한편, 최영을 제거하고 제1인자가 된 이성계는 명나라 '홍무' 연호를 다시 사용하고 명나라의 의관을 따르게 하는 동시에 원나라 제도를 일절 금하였다. 이성계가 실권을 잡자 우왕은 이성계를 암살할 목적에서 사재를 털며 장수들을 모집하는 등 동분서주했지만 이마저 실패하고 강화도로 유배되는 신세가 되고 말았다.

우왕이 강화도로 쫓겨 갈 당시 날은 이미 저문 상태였다. 강화행 말을 타기 위해 밖으로 나온 우왕은 주위를 한 바퀴 둘러보았다.

"오늘은 날이 이미 저물었구나."

시종들은 모두 엎드려 아무 말 없이 눈물만 흘릴 뿐이었다. 마침내 우왕은 왕비인 영비(최영의 딸)와 함께 회빈문을 나서 강화도로 떠나고 백관은 국보를 받아 정비전에 안치하였다.

창왕

우왕을 강화도로 추방한 뒤 이성계는 우왕의 아들 창(昌, 이인임의 외종 이림의 딸 근비 소생)이 아닌 다른 왕씨를 왕위에 앉히려고 했다. 아무래도 우왕이 왕씨가 아닌 듯하고 또 우의 아들 창이 전날의 권신 이인임의 친족이기도 하다는 게 그 이유였다. 그러나 이성계를 도와 위화도 회군을 단행한 조민수가 과거에 자기를 천거해 준 이인임의 은혜를 생각하며 창을 옹립하려 한데다가, 명유 이색마저 "전왕의 아들을 왕으로 세워야지."라고 주장하여 마침내 창이 왕위에 오르게 되었다. 이로써 우왕을 이어 창왕이 고려 제33대 왕으로 즉위하였는데 이때 그의 나이 불과 9세였다.

창왕을 즉위시킨 후 명실상부한 실권자가 된 이성계는 명나라와의 관계를 호전시키기 위한 일련의 조처를 단행했다. 위화도 회군 직후에 명나라의 '홍무' 연호와 명나라 복제를 채용한 것 외에도 문하찬성사 우인렬과 설장수 등을 명나라에 보내 우왕의 양위를 알리고 신왕인 창왕의 습봉을 요청하며 최영이 앞서 요동을 공략하려 한 죄를 밝히기도 했다. 정치적 기반이 확고하지 못한 이성계의 입장에서는 어떻게 해서라도 명나라의 지지를 획득해야 할 필요가 있었다.

1388년 10월 이성계는 창왕의 즉위 문제로 명나라에 하정사를 보내려고 했다. 그런데 하필이면 이 무렵 전제 개혁의 문제로 이성계와 갈등을 빚고

이성계, 우왕을 폐하고 창왕을 세움
1388

정방을 상서사로 고침

박위, 왜구의 근거지인 대마도 정벌
1389

영국, 잔혹의회, 리처드 2세와 대립

신성로마제국, 남독일 도시 전쟁 종식

있던 문하시중 이색이 "왕이 아직 어려 명나라로 가기 곤란하니 내가 다녀오리다."며 자청하고 나섰다.

  이때 이색의 나이 이미 60세. 연로한데다 당시 노환까지 있었던 이색은 주위 사람들의 만류를 뿌리치고 명나라로 떠났다. 환갑을 앞 둔 이색이 이렇듯 완강하게 고집을 피우며 명나라로 떠난 이유는 오로지 왕실을 지키겠다는 일념에서였다. 처음부터 창왕을 싫어한 이성계가 창왕 옹립을 주장한 조민수를 제거해 버린데다 또 언제 왕을 갈아 치울지도 알 수 없는 상태였다. 게다가 창왕 옹립을 주장했던 이색 자신도 이성계에게 언제 어떻게 제거될지 알 수 없었다. 따라서 이색은 이성계를 견제할 목적으로 명나라에 '관리를 보내어 감시해 줄 것'을 요청하려 했고 이를 위해 직접 명나라로 떠난 것이다.

  이색은 또한 자신이 명나라로 떠난 사이에 이성계가 무슨 변란을 일으키지 않을까 염려하여 이성계의 아들 이방원을 서장관으로 삼아 명나라로 데리고 갔다. 명나라로 간 이색은 우선 창왕의 친조를 허락받으려 했다. 창왕이 직접 명나라로 가서 황제의 책봉을 받는다면 왕위가 확고해지리라는 판단에서였다. 그러나 명 태조는 제멋대로 왕을 갈아치운 고려에 강한 불신감을 표시하며 창왕의 친조를 거절했다. 고려에서는 이듬해 또다시 권근을 명나라에 보내 친조를 허락받으려 했으나 똑같은 결과만 안고 돌아왔다.

  이에 입장이 거북해진 이성계 일파는 권근이 명나라에서 귀국하자마자

주군에 의창을 둠   이성계 창왕을 폐함

명 태조가 창왕을 못마땅하게 여겨 입조를 거부하는 것처럼 말을 바꾸고는 이를 창왕 폐위 구실로 교묘히 이용하려 했다. 그리고 마치 이것이 명 태조의 의사인양 선전하였는데 조작극이 탄로 날 것을 우려한 이성계 일파는 권근에게 명 태조의 자문(咨文)을 뜯어본 죄를 뒤집어 씌워 귀양보내 버렸다.

공양왕

고려 마지막 왕

1388년 창왕이 즉위한 이후 정국은 이색을 중심으로 하는 온건개혁파와 정도전을 중심으로 한 급진개혁파의 대립 상태가 지속되고 있었다. 특히 사전(私田) 개혁 문제와 왕위계승 문제에 온건적인 태도를 보였던 이색은 급진적인 개혁론에 상당한 반감을 가지고 있었다. 이러한 와중에 정국을 파란으로 몰고 가는 사건이 발생했다.

그 사이 우왕은 강화도에서 여주로 옮겨졌다. 우왕은 어떻게 하면 다시 왕위를 되찾을까 궁리하고 있었다. 그런 어느 날 최영의 생질 김저(金佇)와 정득후가 우왕을 찾아왔다. 이들이 찾아오자 우왕은 눈물을 흘리며 속내를 드러냈다.

"전하, 고생이 얼마나 자심하시옵니까?"

"말해서 무엇 하리오. 생으로 말라 죽을 지경이오."

"신들의 과오가 크옵니다."

"서울은 어떻소?"

"이성계 일당들의 난장판이지요."

"이성계, 그 자를 없애야 하는데 말이요."

우왕은 이성계를 생각하면 이가 갈렸다. 자연히 얼굴이 굳어지고 주먹을

이성계 공양왕 세움, 폐왕 우·창왕을 죽임
1389

덴마크 및 노르웨이 여왕 마르가레테, 스웨덴 왕 겸함

전리사는 이조, 군부사는 병조, 판도사는 호조로 관제 개혁

이성계, 8도군마 영솔
1390

위클리프주의, 보헤미아에 퍼짐

쥔 손이 부르르 떨렸다.

"전하, 옥체를 보전하셔야 하옵니다. 후일을 기약하셔야지요."

김저가 은근해 말했다.

"무슨 묘책이라도 있소?"

"학자들이나 늙은 신하들은 전하를 생각하고 있사옵니다."

"서울에 가거든 곽충보에게 이르시오. 그 사람만은 믿을 수 있소. 이번 팔관회 행사 때 이성계를 없애 달라고 하시오. 만일 일이 이루어지면 왕비의 동생을 아내로 주고 부귀영화를 함께 나눌 것이라고 말이오."

"그리 전해 올리겠사옵니다."

"돌아가는 대로 내 뜻을 전하도록 하오."

"염려 마시옵소서."

우왕은 김저에게 보검을 내리었다.

김저와 정득후는 서울에 돌아와 곽충보를 만나 우왕의 말을 전하고 보검과 금은을 주었다. 곽충보는 입이 벌어져 우왕의 명령에 따르겠다고 확답했다. 그러나 곽충보는 조용히 생각해 보았다. 최영이 죽은 마당에 과연 우왕을 옹위할 권신들이 몇이나 될까? 이성계를 죽인다 해도 창왕이 왕위에 있는 이상 우왕을 다시 모셔 오기란 쉬운 일이 아니었다. 그리고 대세는 이미 이성계 쪽으로 기울고 있는데 옛정을 생각하여 경거망동한 행동으로 패가망신하고 싶지도 않았다. 곽충보는 힘센 쪽을 선택하기로 마음을 먹었다.

사전(私田) 정리를 위해 낡은 토지문서 불태움 　　정몽주에 의해 오부학당 설치 　　아악서 설치

1391

북원(北元), 명에 항복

곽충보는 이성계를 찾아가 모두 털어 놓았다. 이런 사실을 까마득하게 모르고 있던 김저와 정득후는 팔관회 행사에 이성계가 보이지 않자 그의 집으로 찾아갔다가 체포되었다. 당시 정득후는 그 자리에서 목을 끊어 자결하고 김저는 순군옥으로 끌려가 문초를 받았다. 고문에 못이긴 김저가 변안렬·이임·우현보·우인렬 등 구세족들이 이번 음모에 가담하였다며 실토하고 말았다. 이 바람에 변안렬을 비롯한 구세족들은 모두 체포되어 유배되고 우왕은 강릉으로 추방되었다.

이성계는 김저 사건이 진정되자 이것을 빌미로 창왕마저 폐위할 마음을 품었다. 그는 심덕부·정몽주·조준·정도전·박위 등을 모아놓고 후계자 문제를 논의하며 말했다.

"우·창왕은 본래 왕씨가 아니므로 종사를 받들게 하는 것은 옳지 않소이다. 또한 천자께서도 마땅히 이들 두 왕을 폐하고 진왕(眞王, 왕씨)을 세우라 하셨으니 내 생각엔 정창군 요가 그 적임자인 듯싶소이다. 그는 신종의 7대손인데다 종친 가운데 왕실 혈통에 가장 가까우니 그를 옹립하는 것이 옳다고 생각하오."

말하자면, 우왕과 창왕이 공민왕의 혈통이 아닌 신돈의 혈통이므로 창왕을 폐위시키는 것이 마땅하다는 것이다. 그러나 이러한 이성계의 우창비왕설(禑昌非王說)은 창왕을 폐위하기 위한 구실에 불과할 따름이었다.

창왕을 폐위하자는 이성계의 제의에는 다들 아무런 이론이 없었다. 다만 정창군을 왕으로 세우는 문제에 있어서는 약간의 이론이 있었다. 회의에 참석한 지문하부사 조준이 반대하고 나섰다.

"정창군은 정치에 뜻이 없는 평범한 인물이오. 적당치 않소."

"임금은 너무 많이 알아도 귀찮소. 정창군 같은 인물이야말로 우리에게 합당하오."

정도전이 정창군을 다시 천거했다.

결국 합의점을 찾지 못한 이들은 제비뽑기로 후계자를 정하기로 했다. 그런데 이성계가 대표로 제비를 뽑았더니 하필 정창군의 이름이 나왔다. 하지만 이것은 이성계가 우유부단한 정창군을 왕으로 세워 자기 마음대로 전권을 휘두르기 위해 꾸며낸 연극에 불과한 것이지 우연의 일치는 아니었다.

이성계 일파는 장단에 살고 있는 정창군에게 사람을 보내어 임금의 자리를 제안했다. 정창군은 달갑지 않게 여겼다. 정창군은 사위와 집안사람을 불러 의논했다.

"지금 공을 왕으로 내세우려 하는 것은 후일 자기들이 우왕과 창왕을 내쫓은 죄를 질까봐 주저하는 것이오. 공은 그런 자들의 말에 귀 기울여서는 안 될 것이오."

정창군의 사돈 강기가 말했다.

"나도 그 정도는 아오. 어찌하면 좋겠소?"

"당연히 거부하셔야죠."

이성계, 수창궁에서 즉위 (조선 건국)

"그렇다고 일이 해결될 것 같소?"

"그렇긴 합니다만."

왕이 되기 싫어도 할 수 없이 운명 지워진 정창군이었다. 정창군을 왕으로 옹립하기로 결정한 이성계는 1389년 11월 15일 심덕부 등 8명과 함께 정비궁으로 갔다. 그리고 종친·백관과 함께 공민왕 정비(定妃)의 교서를 받들어 창왕을 강화로 내쫓고 정창군을 왕으로 앉혔다. 이때 왕위에 오른 정창군 요가 바로 고려의 마지막 왕 공양왕(恭讓王)이다.

공양왕은 즉위 다음날부터 이성계 일파의 숙청 대상자 색출에 생머리를 앓아야 했다. 대간에서 목은 이색 축출에 열을 올렸다.

"이색 부자와 조민수는 전에 이인임과 한패가 되어 우왕을 내세운 자입니다. 조정에서 내쳐야 합니다."

"알아서들 하시오."

공양왕은 처음부터 무기력했다. 꼭두각시처럼 이성계 일파의 의견에 대변인 역할을 하는 존재였다. 이색 부자는 대간의 성토에 따라 임금의 재가를 얻어 쫓겨나고 말았다.

이성계 일파는 윤회종이 상소하여 우왕과 창왕을 죽이라고 포문을 열었다.

"권신 이인임이 역적 신돈의 자식을 왕자라고 내세워 16년간 종묘와 사직을 타성에게 맡겼습니다. 다행히 이번에 왕씨의 후손이 다시 종사를 잇게 된 것은 하늘이 도운 것이옵니다. 그동안 타성의 두 왕은 조정의 간흉들을 포진해 놓았으니 이자들이 언제 전하를 해칠지 모르옵니다. 두 왕에게 사약을 내리소서."

공양왕은 자신의 딱한 처지를 한숨으로 달래었다. 일은 이성계 일파가 꾸미고 악역은 공양왕 자신이 맡아 처리하는 꼴이었다.

공양왕은 정당문학 서균형을 보내어 우왕을 처형하라고 명했다. 우왕은 그때 강릉에 있었다. 강릉 동헌 한쪽에서 최영의 딸 영비와 함께 귀양살이를 하고 있었다.

"어명이오!"

우왕은 날벼락을 당한 꼴이었다. 우왕은 대경실색했으나 체통을 지켰다.

"어명이라면 달게 받겠다. 죽는 연유나 알고 죽자."

서균형이 목소리를 높였다.

"전왕 우는 공민왕의 아들이 아니고 신돈의 자식이오. 타성으로 고려 역대 임금의 위패를 더럽혔으니 그 죄 그대로 덮어 둘 수 없어 죽인다 하오."

"이런 순 패륜아 같은 자들이로고. 그렇다면 왜 진즉 내치지 않았다더냐? 너도 그렇게 믿느냐?"

"어명을 전할 따름이오."

우왕은 영비와 작별하고 형장으로 실려갔다. 많은 백성들이 형장으로 몰려들었다. 그 백성들에게 우왕은 마지막 검증을 받고 싶었다.

"백성들이여! 나를 전왕의 아들이 아니라서 죽인다 하오. 자고로 우리 왕씨는 용의 아들이라 하여 겨드랑에 용 비늘이 있소."

우왕은 웃옷을 벗고 팔을 번쩍 들었다.

"똑똑히 보시오! 내 겨드랑에 용 비늘이 없다고는 못할 것이오. 이래도 내가 신돈의 자식이오?"

백성들은 우왕의 겨드랑이에서 돈짝만한 비늘 흔적을 보았다. 잠시 후 우왕은 망나니의 칼에 목이 잘렸다.

영비는 시체를 끌어안고 목 놓아 울었다. 밤이 깊어도 영비는 그 자리를 떠날 줄을 몰랐다. 동네 부인들이 먹을 것을 가져왔다. 동네 사람들은 우왕의 시체를 수습해 주고 여막까지 마련해 주었다. 영비는 여막에서 지쳐 쓰러져 울다가 세상을 떠나고 말았다.

창왕도 강화도에서 피살되고 말았다. 두 왕은 이성계 일파의 정략적 제물이 되어 엉뚱한 누명을 쓰고 비명에 갔다.

두 왕이 죽은 후 벌써부터 서울에 떠돌던 목자득국(木子得國)설, 즉 이씨가 나라를 세운다는 참언은 더욱 구체화되어 갔다.

정몽주의 피살

고려 마지막 충신으로 알려진 정몽주가 이성계를 공공연히 견제하고 나선 것은 바로 이 무렵부터이다. 그는 이성계가 지나치게 구세력들을 숙청하고

선죽교

발호하자 지극히 우려를 표명하였다. 정몽주는 앞서 창왕을 폐하고 공양왕을 세우는 정변에 참여하였고 그 이후에도 이성계 일파의 핵심 일원이었다. 하지만 이방원과 조준, 정도전 등이 중심이 된 역성혁명(易姓革命) 자체에는 동의하지 않았다.

이성계파들이 역성혁명까지 도모하려 한다는 사실을 알게 된 정몽주는 은밀히 이들을 제거할 뜻을 품게 되었다. 그러던 중 공양왕 4년(1392) 3월에 마침 명나라에서 돌아오는 세자 석을 맞으러 황주로 떠났던 이성계가 해주에서 사냥을 하던 중 낙마하여 중상을 입는 사태가 발생하였다. 이 소식을 들은 정몽주는 매우 기뻐하면서 "이성계가 지금 말에서 떨어져 병이 위독하니 먼저 그의 협력자인 조준부터 제거한 뒤에야 일을 처리할 수 있겠다."면서 즉시 조준과 정도전·남은·윤소종 등을 죽이고 뒤이어 이성계마저 죽이려 하였다.

선죽교비

사세가 이처럼 급박해지자 이방원은 이성계가 있는 벽란도로 달려가 위급함을 알리고 그날 밤 함께 개경으로 돌아왔다. 이성계가 아픈 몸을 이끌고 예상 외로 급히 돌아오자 정몽주는 이번 일이 제대로 진행되지 못할까 근심하여 사흘씩이나 식사를 거르며 노심초사 하였다.

한편 이성계의 집에서는 아들 이방원이 머리를 맞대고 있었다.

"사태가 매우 급박한데 어떻게 하실 겁니까?"

"죽고 사는 것에는 다 천명이 있으니 순응할 따름이다"

"우리가 먼저 선수를 쳐야 합니다."

이방원은 친족인 이제(이성계의 아우 이화의 사위)를 불러들여 정몽주를 제거할 뜻을 결의하였다.

"우리 이씨가 왕실에 충성을 다한 것은 온 세상이 다 아는 일인데 지금 정몽주의 모함을 입고 또 악명까지 쓰게 되었으니 후세에 누가 이것을 분간할 수 있겠는가."

이 소식이 전해지자 정몽주는 동정을 살피기 위해 대담하게도 문병을 핑계 대며 이성계의 집을 찾아갔다. 정몽주가 오자 이성계는 아무 일 없는 듯이 그를 맞이했다. 이때 이방원이 술자리를 마련하고 정몽주의 마음을 떠보기 위해 시 한 수를 읊었다.

이런들 어떠하리 저런들 어떠하리
만수산 드렁칡이 얽혀진들 그 어떠리
우리도 이같이 얽혀 백년까지 누리리

이 시조가 세상에 널리 알려진 이방원의 〈하여가(何如歌)〉이다. 다 썩어가는 고려 왕실을 붙들고 전전긍긍할 것이 아니라 새로운 세력과 힘을 합하여 칡넝쿨처럼 얽혀 살아가면 어떻겠는가 하는 내용이었다.

정몽주는 취흥이 싹 가셨다. 자기의 마음을 떠보는 시조임이 분명했다. 정몽주는 마음을 가다듬고 화답의 시조를 읊었다.

이 몸이 죽고 죽어 일백 번 고쳐 죽어

백골이 진토되어 넋이라도 있고 없고
　　　임 향한 일편단심이야 가실 줄이 있으랴

　이 시조가 화답의 시로 유명한 〈단심가(丹心歌)〉이다. 시조도 시조이러니와 이방원에게는 호령처럼 들렸다. 이방원은 크게 실망했다.
　이방원은 드디어 결심을 굳혔다. 정몽주가 돌아간 뒤 급히 심복인 조영규를 불렀다.
　"오늘 처치하시오!"
　"알겠습니다."
　결국 정몽주를 포섭할 수 없음을 확인한 이방원은 때를 놓쳐서는 안 된다고 생각하였다. 이방원은 부하 조영규을 시켜 집으로 돌아가는 정몽주를 선지교(選地橋, 선죽교)에서 쇠뭉치로 격살하였다. 이때 정몽주의 나이 56세였다.
　뒤늦게 정몽주가 사살되었다는 소식을 접한 이성계는 크게 노하며 아들 이방원을 나무랐다. 그러나 수습하는 길밖에 없다고 판단한 그는 공양왕에게 "정몽주가 대간을 꾀어 충량을 무함하였으므로 죽여 없앴소."라며 거짓 보고를 올렸다.
　결국 이성계 일파로부터 역적 혐의를 뒤집어 쓴 정몽주는 거리에 효수되는 신세가 되고 그의 집은 모두 적몰되는 참변을 겪고 말았다.

고려왕조 최후의 날

1392년 6월, 정몽주 일파마저 제거되자 조정은 이성계 일파로 득세했다. 이에 공양왕은 죽음을 두려워한 나머지 친히 이성계를 문병하고 "내가 비록 후히 보답하지는 못하였으나 어찌 은혜를 잊겠느냐." 며 눈물까지 흘렸다.

자신이 물러날 때가 얼마 남지 않았음을 직감한 공양왕은 이방원과 조용을 불러들였다.

"어서들 오시오."

밀직부사 이방원과 사예 조용이 공양왕 앞에 무릎을 꿇었다.

"내가 장차 시중 이성계와 동맹하려 하니 경들은 이 말을 이 시중에게 전하여 그의 말을 들어 보고, 맹서를 초안해 오라."

이 말을 들은 조용이 부당함을 아뢰었다.

"자고로 열국의 동맹이라면 옛적에도 있었으나 군주와 신하 간의 동맹은 있었던 적이 없었습니다."

"어쨌든 작성만 하라."

불안과 공포감을 떨쳐 버리지 못한 공양왕은 막무가내였다.

공양왕의 명을 받은 조용은 물러나와 다음과 같이 맹서를 작성했다.

"경(이성계)이 없었더라면 내가 어떻게 이에 이르렀겠는가. 경의 공덕을 내가 어찌 잊으랴. 황천후토(皇天后土)가 위에 있고 옆에 있으니 세세자손이 서로 해를 끼침이 없으리라. 내가 경에게 빚진 것이 많아서 이와 같이 맹약한다."

 이방원이 이 초안문을 가져다 보이자 공양왕은 "좋다."며 곧 동맹을 맺었다. 그러나 이성계는 맹서의 글이 채 마르기도 전에 공양왕을 재위 4년 만에 폐위시켜 버리고 왕비, 세자와 함께 원주로 쫓아냈다. 공양왕은 그 뒤 간성으로 옮겨져서 공양군에 봉해졌다가 3년 뒤 삼척에서 50세를 일기로 사사되었으며, 조선 태종 16년(1416)에 가서야 공양왕으로 다시 추봉되었다.

 이로써 고려는 개국한 지 474년 만에 제34대 공양왕을 끝으로 파란만장한 막을 내리며 역사의 뒤안길로 사라졌다.

 이성계는 1392년 7월 11일 수창궁에서 등극했다. 이로써 조선 왕조와 함께 우리 역사는 새로운 시대를 맞이하게 되었다.

고려왕조표

1 태조 918-943

- 신혜왕후 — 정주 유천궁의 딸
- 장화왕후 — 나주 다련군의 딸
- 신명순성왕후 — 충주 유긍달의 딸
- 신정왕후 — 황주 황보제공의 딸
- 신성왕후 — 경주 김억렴의 딸 ···· 선의왕후 ···· 대종
- 정덕왕후 — 정주 유덕영의 딸
  - 흥덕원군 규
- 헌목대부인 — 경주 평준의 딸
- 정목부인 — 울주 왕경의 딸
- 동양원부인 — 평주 유금필의 딸
- 숙목부인 — 진주 명필의 딸
- 천안부원부인 — 경주 임언의 딸
- 흥복원부인 — 홍주 홍규의 딸
- 후대량원부인 — 협주 이원의 딸

2 혜종 943-945
- 홍화군
- 경화궁부인 ···· 광종
- 정현공주
- 의화왕후 — 진주 임희의 딸
- 후광주원부인 — 광주 왕규의 딸
- 청주원부인 — 청주 김긍률의 딸

3 정종 945-949
- 문공왕후 — 승주 박영규의 딸
- 문성왕후 — 승주 박영규의 딸
- 청주남원부인 — 청주 김긍률의 딸

4 광종 949-975
- 대목왕후 — 태조의 딸
- 경화궁부인 — 혜종의 딸

- 문원대왕 정
- 대종 욱
- 선의왕후 — 태조의 딸
- 대목왕후 ···· 광종

5 경종 975-981
- 헌숙왕후 — 신라 경순왕의 딸
- 헌의왕후 — 문원대왕 정의 딸
- 헌애왕후 — 대종의 딸
- 헌정왕후 — 대종의 딸
- 대명궁부인 — 원장태자의 딸
- 문덕왕후 ···· 성종 — 청주 김긍률의 딸

6 성종 981-997
- 문덕왕후 — 광종의 딸 ···· 원정왕후 ···· 현종
- 문화왕후 — 선주 김원숭의 딸 ···· 원화왕후 ···· 현종
- 연창궁부인 — 최행언의 딸

7 목종 997-1009
- 선정왕후 — 흥덕원군 규의 딸

고려왕조표

대명주원부인
명주 왕예의 딸

광주원부인
광주 왕규의 딸

소광주원부인
광주 왕규의 딸

동산원부인
승주 박영규의 딸

예화부인
춘천 왕유의 딸

대서원부인
동주 김행파의 딸

소서원부인
동주 김행파의 딸

서전원부인

신주원부인
신주 강기주의 딸

월화원부인
영장의 딸

소황주원부인
순행의 딸

성무부인
평주 박지윤의 딸

의성부부인
의성부 홍유의 딸

월경원부인
평주 박수문의 딸

몽량원부인
평주 박수경의 딸

해량원부인
선필의 딸

안종 욱

헌정왕후 — **경종**
대종의 딸

8 현종 1009~1031

- **원정왕후** 성종의 딸
- **원화왕후** 성종의 딸
- **원성태후** 안산 김은부의 딸
- **원혜태후** 안산 김은부의 딸
- **원용왕후** 경장태자의 딸
- **원목왕후** 이천 서눌의 딸
- **원평왕후** 안산 김은부의 딸
- **원순숙비** 경주 김은위의 딸
- **원질귀비** 청주 왕가도의 딸
- **귀비 유씨**
- **궁인 한씨**
- **궁인 이씨**
- **궁인 박씨**

9 덕종 1031~1034

- **경성왕후** 현종의 딸
- **경목현비** 청주 왕가도의 딸
- **효사왕후** 현종의 딸
- **이씨** 부여 이품언의 딸
- **유씨** 충주 유용거의 딸

10 정종 1034~1046

- **용신왕후** 단주 한조의 딸
- **용의왕후** 단주 한조의 딸
- **용목왕후** 부여 이품언의 딸
- **용절덕비** 덕주 김원충의 딸
- **연창궁주 노씨**

— **인평왕후** — **문종**
— **경숙공주**

— **평양공 기**
— **효사왕후** …… **덕종**
— **경성왕후** …… **덕종**

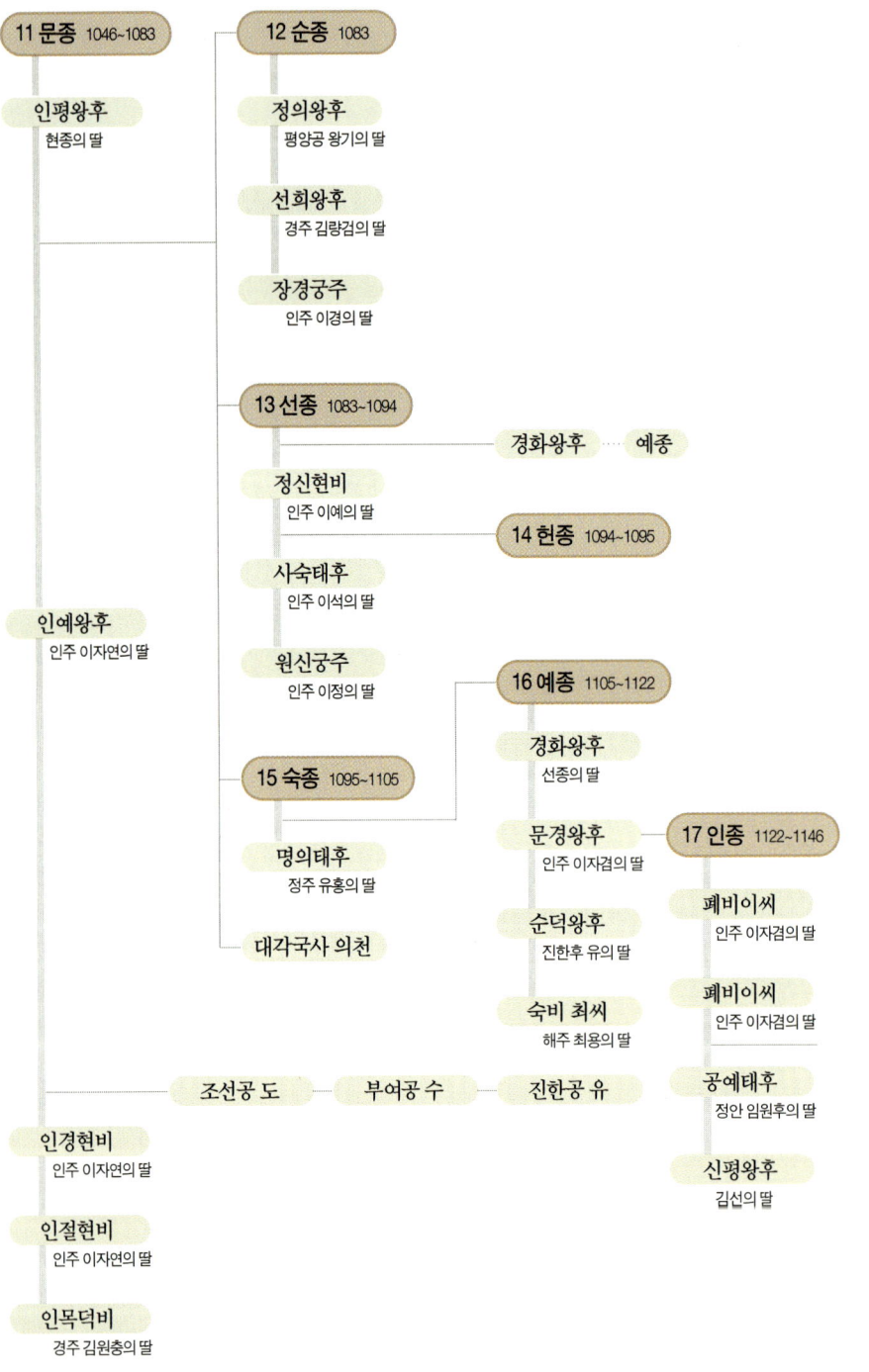

28 충혜왕
1330~1332, 1339~1344

29 충목왕 1344~1348

덕녕공주
원 진서무정왕의 딸

30 충정왕 1349~1351

희비
파평 윤계종의 딸

화비
당성 홍탁의 딸

은천옹주
임신의 딸

31 공민왕 1351~1374

노국대장공주
원 위왕의 딸

혜비
계림 이제현의 딸

익비
덕풍군 의의 딸

정비
죽주 안극인의 딸

신비
서원 염제신의 딸

반야
신돈의 비첩

32 우왕 1374~1388

근비
고성 이림의 딸

영비
철원 최영의 딸

의비
노영수의 딸

숙비

안비

정비
신아의 딸

덕비

선비
왕흥의 딸

현비
안숙로의 딸

33 창왕 1388~1389

34 공양왕 1389~1392

순비
교하 노진의 딸

찾아보기

ㄱ
강감찬 125, 132
강동 6주 107
강조 115
강조의 변란 136
개경 28, 38, 115
개정전시과 109
거란 96, 120, 125
견훤 28, 37
경대승 270
경순왕 10, 33
경애왕 30, 85
경학 86
고려 12, 142, 167, 368, 425
고려도경 212
고창 전투 35
공양왕 425
공음전시법 158
공주 명학소 265
과거제 74, 89
관학 177
광종 72
광학보 69
교장도감 164, 174
교정도감 289, 301
교정별감 298, 325
구분전 140, 157
9성 208
국자감 150, 168
궁예 15
권문세가 74, 171, 384

권근 423
금국정벌론 236
김방경 343
김보당 260
김부식 231, 243
김사미 278
김준 332

ㄴ
나주 16, 25
남경 188
노국대장공주 386, 392
노비안검법 73, 93
노비환천법 87
녹과전 376
녹봉 158, 338
농민항쟁 285

ㄷ
다루가치 307, 374
대몽 항쟁 338
대장경 142, 272, 311
대장도감 301
도방 273, 288
동녕부 334
동북 9성 203
둔전 143, 348

ㅁ
만적 283
말갈 196

망이·망소이 265
명종 257, 286
목종 109, 113, 118
몽골 96, 295, 297
묘련사 373
묘청 231, 233, 240
무신 222, 246
무신정권 258, 293
무신정변 246
문종 157, 159

ㅂ
박술희 45, 59
박위 427
발해 45, 96
배중손 339
백관의 공복 77
법상종 166
변발 355, 388
별무반 198
보문각 194
〈봉사 10조〉 286
부곡성 35
부원 세력 375, 382
불교 10, 45, 90, 133

ㅅ
사대부 346
사병 183, 279
사심관 40, 403
사전 59, 241
사학 169, 194
《삼국사기》 29, 228
《삼국유사》 56

삼별초 337
삼사 85, 169
3성 6부 85, 94
서경 69, 231
서방 301
서희 96
선종 176
선죽교 432
성균관 151
성리학 168
성종 83
소배압 128
소손녕 98, 103
속장경 164
송나라 162
숙종 186, 188
〈시무 28조〉 88
신검 37
신돈 396
신분해방 268, 285
신숭겸 24, 33
신진 사대부 346
심왕 고 371
12목 94
쌍기 73, 87
쌍성총관부 391

ㅇ
안향 357, 373
야율아보기 14
양전 384
여신 196, 206
역분전 82
연등회 46, 94, 113, 136

예종 193, 195, 196
왕건 10, 12, 24
왕규 60
왜구 96, 391, 414
외척 148
요 52, 61, 66
요동 정벌 416
원 352, 358
원종 331, 401
위화도 회군 346, 416, 422
유학 167
은병 190
음서 214, 281
응방 355, 384
의종 247, 260
의천 148, 159, 162, 164
이고 258, 262
2군 6위 268
이규보 288
이문소 391
이방원 423, 432
이색 422
이성계 222, 393, 415
이의민 273, 278
이의방 254, 260
이자겸 148, 212, 222, 255
이자연 170
이자의 182
이제현 71, 174, 369, 403
인종 212
임연 332

ㅈ

전민변정도감 402

정도전 425, 432
정몽주 431
정방 301
정종 66, 153
정중부 253, 270
정지상 233, 241
조위총의 반란 262
조준 427, 432
중방 268
지공거 75, 87, 169

ㅊ

창왕 422
척준경 206, 217, 222
천리장성 153
천태종 164
철원 18, 23
청연각 194
최승로 85, 88
최영 395, 418
최우 298, 304
최의 326, 332
최충헌 278, 280, 287, 289
최치원 11, 144
추밀원 198, 276
충렬왕 347, 355, 358
충선왕 347, 366
충순현 266
충혜왕 376, 381
친원파 346, 389
《칠대실록》 144
칭기즈칸 302, 352

ㅌ

탐라 344, 346

ㅍ

팔관회 46, 84, 91, 136
팔만대장경 311
풍수지리설 14, 27

ㅎ

한안인 212, 215
해동통보 190
현종 135, 136, 142
현화사 143, 161
혜민국 195
혜종 58, 60
호족 10, 12, 43, 152
혼인 정책 43
홍건적 96, 387, 392
홍유 24
화엄경 122, 162
화폐 190
환관 195, 248, 293
황룡사 311, 326
효심 151, 226
후백제 10, 16, 41
〈훈요십조〉 10, 43, 45

참고문헌

| 기본자료 | 《高麗史》《高麗史節要》《朝鮮王朝實錄》
《高麗圖經》《三國史記》《三國遺事》《國朝人物考》
《高麗名賢集》 |

| 저서 | 고병익,《東亞交涉史의 硏究》, 서울대출판부, 1970
김당택,《高麗武人政權硏究》, 새문사, 1987
《元干涉下의 高麗政治史》, 일조각, 1998
김상기,《高麗時代史》, 동국문화사, 1961
남인국,《高麗中期 政治勢力硏究》, 신서원, 1999
박동백,《高麗 王位繼承 硏究》, 동아대학교대학원 박사학위논문, 1989
박영규,《한권으로 읽는 고려왕조실록》, 들녘, 1996
박용운,《高麗時代史》상·하, 일지사, 1985
변태섭,《高麗政治制度史硏究》, 일조각, 1971
양주동 외,《韓國의 人間像》, 신구문화사, 1974
이기백,《高麗兵制史硏究》, 일조각, 1972
이기백편,《高麗光宗硏究》, 일조각, 1981
이병도,《高麗時代의 硏究》, 을유문화사, 1948
《韓國史 中世篇》, 을유문화사, 1961
이선근,《大韓國史》, 신태양사, 1973
이수건,《韓國中世社會史硏究》, 일조각, 1983
정용숙,《고려 시대의 后妃》, 대우학술총서, 1992
허흥식,《高麗社會史硏究》, 아세아문화사, 1981
황운룡,《高麗閥族에 관한 硏究》, 신흥사, 1978 |

| 논문 | 강희웅,〈高麗惠宗朝 王位繼承의 新解釋〉,《한국학보》7, 1977
고병익,〈忠宣王의 元武宗擁立〉,《역사학보》17·18, 1962
고혜령,〈李仁任政權에 대한 一考察〉,《역사학보》91, 1981
김광수,〈高麗光宗代의 專制王權과 豪族〉,《한국학보》15, 1979
김광철,〈高麗忠烈王代 政治勢力의 動向〉,《창원대학논문집》7-1, 1985
김낙훈,〈高麗肅宗의 卽位過程에 관한 硏究〉,《고고사학지》2, 1987
김철준,〈崔承老의 時務二十八條〉,《조명기박사졸갑기념불교사학논총》
민현구,〈辛旽의 執權과 그 政治的 性格〉,《호남문화연구》6, 1974
박천식,〈高麗禑王代의 政治權力의 性格과 推移〉,《전북사학》4, 1980
이만열,〈高麗 慶源李氏家門의 展開過程〉,《한국학보》21, 1980
하현강,〈高麗惠宗代의 政變〉,《사학연구》20, 1968
〈高麗初期 崔承老의 政治思想硏究〉,《이대사원》12, 1975
〈高麗毅宗代의 性格〉,《동방학지》26, 연세대, 1980 |